万卷楼

国学经典

修订版

汲取先贤智慧

铺就成功阶梯

万卷楼国学经典

修订版

史记精华本

[西汉] 司马迁 著 夏华 等 编译 梁浩 修订

北方联合出版传媒（集团）股份有限公司
万卷出版有限责任公司
2023年·沈阳

## 图书在版编目（CIP）数据

史记精华本 /（西汉）司马迁著；夏华等编译；梁浩修订. — 沈阳：万卷出版有限责任公司，2023.5
（万卷楼国学经典：修订版）
ISBN 978-7-5470-6209-8

Ⅰ.①史… Ⅱ.①司…②夏…③梁… Ⅲ.①中国历史—古代史—纪传体—通俗读物 Ⅳ.①K204.2-49

中国国家版本馆CIP数据核字（2023）第035393号

出　品　人：王维良
出版发行：北方联合出版传媒（集团）股份有限公司
　　　　　万卷出版有限责任公司
　　　　　（地址：沈阳市和平区十一纬路 29 号　邮编：110003）
印　刷　者：辽宁新华印务有限公司
经　销　者：全国新华书店
幅面尺寸：170mm×240mm
字　　数：450 千字
印　　张：23
出版时间：2023 年 5 月第 1 版
印刷时间：2023 年 5 月第 1 次印刷
责任编辑：高　爽
装帧设计：徐春迎
责任校对：张　莹
ISBN 978-7-5470-6209-8
定　　价：58.00 元
联系电话：024-23284090
邮购热线：024-23284050

# 出版说明

"读万卷书，行万里路"这是中国古人"修身"的两条基本途径。晋代著名史学家陈寿给自己的书斋命名为"万卷楼"，此后，历代以"万卷楼"命名的书斋，由宋至清有数十家：宋代有方略、石待旦等；元代有陈杰、汪惟正等；明代有项笃寿、杨仪、范钦等；清代有孙承泽、黄彭年等。可见，"读万卷书"的理想在中国传统知识分子中是何等的根深蒂固。

读"万卷书"不仅是古人的理想，当我们懂得了读书的意义，都会自然而然地产生强烈的"博览群书"的愿望。然而，人类历史悠久，书籍浩如汪洋大海，时代发展到今天，科技与经济的发展更使得人类的精神领域空前丰富，获取信息与知识的途径不断增加。"万卷书"早已不再是一个象征性的概念，如何从这"万卷"之中，找到最值得细细品读的作品，已经成为人们必须解决的问题。

爱因斯坦曾说过："在阅读的书中找出可以把自己引到深处的东西，把其他一切统统抛掉。"这正是在阐述读书时选择的重要性。而他所说的把我们"引到深处的东西"无疑就是我们所需要深度阅读的作品，也就是我们常说的经典作品。

卡尔维诺对经典作出的定义之一是：经典就是我们正在重读的。的确，在对经典作品反反复复的品味中，人们思想得到了升华，从浅薄走向思考，最后走到通达。我们都曾有这样的感触，面对海量的书籍和信息，一方面，人们在向着功利性浅阅读大张其道，另一方面，我们的精神深处又在不断地呼唤能够滋养自己内心的深度阅读。因此，经典的价值不仅没有因为浅阅读时代的到来而有所损失，反而更显示出其珍贵来。

在惜字如金的中国传统典籍当中，从来不乏这种需要反复品味的经典。从先秦诸子到历代的经史子集，这些经典为一代代的中国人提供了取之不尽的精神滋养，为中华文化的传承和发展建立了基础。我们把这种包蕴中国文化的学问称为国学。国学的范围非常广泛，它包含了文学、历史、哲学、艺术、语言、音韵等在内的一系列内容。

包罗万象的国学经典为我们提供了广泛的教育。阅读国学经典，也就是在与我们的"先圣先贤"对话和交流，一步步地揳进我们的历史和传统。这个过程可以让我们领会先贤的旨趣，把握他们的神髓，形成恢宏的历史意识，可以让我们通晓文义、熟习经史、通彻学问，让我们成为博学之士。另一方面，国学经典所代表的传统学问，更是具有极为厚重的伦理色彩。阅读国学经典的过程，不仅是增进知识的过程，而且是一个熏陶气质、改善性情、提高涵养的过程，这个过程在潜移默化中培养着行谊谨厚、品行端方、敦品励行的谦谦君子。

当然，随着时代的发展，国学早已不再是人们追求事功的唯一法典，我们也不赞成对国学的功能无限夸大。但毫无疑问，阅读国学经典，必能促进我们对真、善、美的崇敬之心，唤起我们对伟大、深邃、美好事物的敏感和惊奇，同时也让我们了解到先贤们在探寻知识过程中思考的重大课题和运用的基本原则。这些作品体现着我们民族精神的精髓，如《周易》所阐述的"自强不息"的君子人格，《论语》所强调的"和而不同"的包容精神,《诗经》所培养的温柔敦厚的情感,《道德经》所闪耀的思辨智慧,等等,它们共同构筑了中华民族传统的精神范式。品读先贤留下的经典,恰如与他们进行一次次心灵的直接触碰,进而去审视我们自己的内心,见贤思齐,激浊扬清。

正是基于对国学经典的这种认识,我们精选了这套《万卷楼国学经典》系列丛书,以期引导步履匆匆的现代人走近国学经典、了解国学经典。在选编过程中,我们希望能够体现这样一些特点。

首先,我们希望这套丛书能够最具代表性。在选目中,我们注重于最经典、最根源的作品,在有限的时间内,把那些最具影响力,最应该知道的作品提交给读者。四书五经、先秦诸子、唐诗宋词等这些具有符号意义的作品无疑是最应该为我们所熟知的,因此,丛书所选的 30 种作品都是这些经典中的经典。

其次,我们希望能够做出好读的经典。在面对国学作品时,佶屈的文言和生僻的字词常让普通读者望而却步。所以,我们试图用简洁易懂的形式呈现经典,使读者可随时随地以自己的时间、自己的速度来进入阅读。因此,我们为原著精心添加了注音、注释和译文,使读者能够真正地"无障碍阅读"。同时,我们还邀请北京大学、南京大学、复旦大学等知名学府的古代文学方面专家对丛书进行了整体修订,对原文字句及标点进行核准,适当增删注释条目、校订注释内容,对白话翻译做进一步校订疏通,使图书内容臻于完善,整体品质得到了大幅度提升。作为一名读者,也许你会常常感慨,以前没有花更多的时间去读更多的经典,如今没有机会或能力来细读,但实际上,读经典什么时间开始都不算晚,"万卷楼"就是一个极好的途径。重读或是初读这些经典,一样可以塑造我们未来的生活。

第三,我们希望呈现一套富有美感的读物。对于经典而言,内容的意义永远排在第一位,但同时,我们也希望有精彩的形式与内容相匹配,因而,我们在编辑过程中选取了大量的古代优秀版画作为本书的插图,对图片的说明也做了精心设计。此外,图书的编排、版式等细节设计都凝聚了我们大量的思索。我们希望这套经典不只是精神的食粮,拥有文本意义上的价值,更能带来无限美感,成为诗意的渊薮。

"经典作品是这样一些书,我们越是道听途说,以为我们懂了,当我们实际读它们,我们就越是觉得它们独特、意想不到和新颖。"卡尔维诺经典的评论让人击节叹赏,我们也希望这套丛书能够彰显经典的价值,使读者在细细品读中真正融化经典,真正做到"开茅塞、除鄙见、得新知、增学问、广识见"。同时,经典又是可以被享受的。当我们走进经典之时,不能只作为被动的接受者,也可用个人自我的方式进入经典,做精神的逍遥之游,对经典作品进行贴近个体生命的诠释和阅读,在现实社会之中营造自由的人生意境和精神家园,获取一种诗意盎然的人生。

# 怎样阅读本书

**译文**：流畅、贴切，以现代白话完整展现原著全貌。

**赏析**：总结本篇写作特点与手法，讲解本篇的文学特色与史学价值，让读者能够对文章有更加深入的了解。

**原文**：根据权威版本，精心核校，确保准确性，对生僻字反复注音，使读者无障碍阅读。

**图注**：以图释义，扩展阅读，丰富全书知识含量。

**注释**：准确、简明，极具启发性。

# 内容概要

　　《史记》是著名史学家司马迁撰写的一部纪传体史书，是中国历史上第一部纪传体通史，被列为"二十四史"之首，记载了上至上古传说中的黄帝时代，下至汉武帝元狩元年间共三千多年的历史。全书包括十二本纪、三十世家、七十列传、十表、八书，共一百三十篇，与后来的《汉书》《后汉书》《三国志》合称"前四史"。同时，《史记》也是一部优秀的文学著作，在中国文学史上有重要地位，被鲁迅誉为"史家之绝唱，无韵之《离骚》"。

　　本书节选了《史记》最为精华的部分，并辅以注释、译文及插画，以今人的视角为读者解读这部国学经典。

# 目 录

五帝本纪……………………………… 〇〇一

殷本纪………………………………… 〇一八

周本纪………………………………… 〇三二

孔子世家……………………………… 〇六六

老子韩非列传………………………… 〇九六

商君列传……………………………… 一〇六

张仪列传……………………………… 一一八

魏公子列传…………………………… 一四五

秦始皇本纪…………………………… 一五七

陈涉世家……………………………… 二〇七

项羽本纪……………………………… 二二〇

高祖本纪……………………………… 二五二

留侯世家……………………………………… 二八七

萧相国世家…………………………………… 三〇三

吕太后本纪…………………………………… 三一二

孝文本纪……………………………………… 三二九

孝景本纪……………………………………… 三五〇

# 五帝本纪

## 题 解

　　《五帝本纪》是《史记》的开篇第一卷,也是本纪部分的第一卷,主要取材于《尚书》《世本》和《大戴礼记·五帝德》。本篇记载了远古传说当中的五位部落联盟首领——黄帝、颛顼、帝喾、尧、舜的事迹,并记录了当时部落间的战争,部落联盟首领的禅让制度与传承过程,远古人民治洪水、勤耕耘、观天文、推历法等诸多方面的情况。

## 原 文

　　黄帝者,少典①之子②,姓公孙③,名曰轩辕。生而神灵,弱而能言,幼而徇齐,长而敦敏,成而聪明。

　　轩辕之时,神农氏世衰。诸侯相侵伐,暴虐百姓,而神农氏弗能征。于是轩辕乃习用干戈④,以征不享,诸侯咸⑤来宾从。而蚩尤最为暴,莫能伐。炎帝欲侵陵诸侯,诸侯咸归轩辕。轩辕乃修德振兵,治五气⑥,艺五

---

　　① 少典:《索隐》:"少典者,诸侯国号,非人名也。"这里提到的"诸侯国号"实际上就是远古的部族名。

　　② 子:后代。

　　③ 公孙:《索隐》引皇甫谧云:"黄帝生于寿丘,长于姬水,因以为姓。"据此,黄帝姓姬。《会注考证》云:"《大戴礼·五帝德》无'姓公孙'三字,未详史公所本。"认为公孙并非是黄帝的姓。

　　④ 干戈:干和戈均为古代兵器。

　　⑤ 咸:都,全。

　　⑥ 五气:五行之气。古代将五行与四时相匹配,春为木,夏为火,季夏(夏季的第三个月,即农历六月)为土,秋为金,冬为水。"治五气"指研究四时节气的变化规律。

●黄帝陵

种，抚万民，度四方，教熊、罴、貔、貅、貙、虎①，以与炎帝战于阪泉之野。三战，然后得其志。蚩尤作乱，不用帝命。于是黄帝乃征师诸侯，与蚩尤战于涿鹿之野，遂禽杀蚩尤。而诸侯咸尊轩辕为天子，代神农氏，是为黄帝。天下有不顺者，黄帝从而征之，平者去之，披山通道，未尝宁居。

东至于海，登丸山，及岱宗。西至于空桐，登鸡头。南至于江，登熊、湘。北逐荤粥②，合符釜山，而邑于涿鹿之阿。迁徙往来无常处，以师兵为营卫。官名皆以云命，为云师。置左右大监，监于万国。万国和，而鬼神山川封禅与为多焉。获宝鼎，迎日推策。举风后、力牧、常先、大鸿以治民。顺天地之纪，幽明之占，死生之说，存亡之难。时③播百谷草木，淳化鸟兽虫蛾，旁罗日月星辰水波土石金玉，劳勤心力耳目，节用水火材物。有土德之瑞，故号黄帝。

黄帝二十五子，其得姓者十四人。黄帝居轩辕之丘，而娶于西陵之女，是为嫘祖。嫘祖为黄帝正妃，生二子，其后皆有天下：其一曰玄嚣，是为青阳，青阳降居江水；其二曰昌意，降居若水。昌意娶蜀山氏女，曰昌仆，生高阳，高阳有圣德焉。黄帝崩，葬桥山。其孙昌意之子高阳立，是为帝颛顼也。

帝颛顼高阳者，黄帝之孙而昌意之子也。静渊以有谋，疏通而知事；养材以任地，载时以象天，依鬼神以制义，治气以教化，洁诚以祭

---

① 熊、罴、貔、貅、貙、虎：均为猛兽名。《索隐》认为这些猛兽经过训练都可以用于作战。《史记正义》认为这些猛兽名是用来为军队命名的，借以威吓敌人。六种猛兽或许是六个氏族的图腾。

② 荤粥：部族名，即匈奴。

③ 时：按季节。也有人认为"时"通"莳"，栽种。

史记精华本

祀。北至于幽陵，南至于交阯，西至于流沙，东至于蟠木。动静之物，大小之神，日月所照，莫不砥属。

帝颛顼生子曰穷蝉。颛顼崩，而玄嚣之孙高辛立，是为帝喾。帝喾高辛者，黄帝之曾孙也。高辛父曰蟜极，蟜极父曰玄嚣，玄嚣父曰黄帝。自玄嚣与蟜极皆不得在位，至高辛即帝位。高辛于颛顼为族子。

高辛生而神灵，自言其名。普施利物，不于其身。聪以知远，明以察微。顺天之义，知民之急。仁而威，惠而信，修身而天下服。取地之财而节用之，抚教万民而利诲之，历日月而迎送之，明鬼神而敬事之。其色郁郁，其德嶷嶷。其动也时，其服也士。帝喾溉①执中而遍天下，日月所照，风雨所至，莫不从服。

帝喾娶陈锋氏女，生放勋。娶娵訾氏女，生挚。帝喾崩，而挚代立。帝挚立，不善崩，而弟放勋立，是为帝尧。帝尧者，放勋。其仁如天，其知②如神。就之如日，望之如云。富而不骄，贵而不舒。黄收纯衣，彤车乘白马。能明驯德，以亲九族。九族既睦，便章百姓。百姓昭明，合和万国。

乃命羲、和，敬顺昊天，数法日月星辰，敬授民时。分命羲仲，居郁夷，曰旸谷。敬道日出，便程③东作。日中，星鸟，以殷中春。其民析，鸟兽字④微⑤。申命羲叔，居南交。便程南为，敬致。日永，星火，以正中夏。其民因，鸟兽希革⑥。申命和仲，居西土，曰昧谷。敬道日入，便程西成。夜中，星虚，以正中秋。其民夷易，鸟兽毛毨。申命和叔，居北方，曰幽都。便在伏物。日短，星昴，以正中冬。其民燠，鸟兽氄毛。岁

---

① 溉：灌溉。一说同"概"，本义指称量粮食时用来刮平升斗的工具，引申为公平。

② 知：同"智"。

③ 便程：做事要有步骤。

④ 字：生子。

⑤ 微：通"尾"，交尾。

⑥ 希革：指夏季较为炎热，鸟兽皮上的毛发与羽毛稀少。"希"，同"稀"。"革"，兽皮。

三百六十六日，以闰月正四时。信饬<sup>①</sup>百官，众功皆兴。

尧曰："谁可顺此事？"放齐曰："嗣子丹朱开明。"尧曰："吁！顽凶，不用。"尧又曰："谁可者？"讙兜曰："共工旁聚布功，可用。"尧曰："共工善言，其用僻，似恭漫天，不可。"尧又曰："嗟，四岳，汤汤<sup>②</sup>洪水滔天，浩浩怀山襄陵，下民其忧，有能使治者？"皆曰鲧可。尧曰："鲧负命毁族，不可。"岳曰："异哉，试不可用而已。"尧于是听岳用鲧。九载，功用不成。

尧曰："嗟！四岳：朕在位七十载，汝能庸命<sup>③</sup>，践朕位？"岳应曰："鄙德忝帝位。"尧曰："悉举贵戚及疏远隐匿者。"众皆言于尧曰："有矜<sup>④</sup>在民间，曰虞舜。"尧曰："然，朕闻之。其何如？"岳曰："盲者子。父顽，母嚚，弟傲，能和以孝，烝烝治，不至奸。"尧曰："吾其试哉。"于是尧妻之二女，观其德于二女。舜饬下二女于妫汭，如妇礼。尧善之，乃使舜慎和五典，五典能从。乃遍入百官，百官时序。宾于四门，四门穆穆，诸侯远方宾客皆敬。尧使舜入山林川泽，暴风雷雨，舜行不迷。尧以为圣，召舜曰："女<sup>⑤</sup>谋事至而言可绩，三年矣。女登帝位。"舜让于德不怿。正月上日，舜受终于文祖。文祖者，尧大祖也。

于是帝尧老，命舜摄行天子之政，以观天命。舜乃在璇玑玉衡，以齐七政<sup>⑥</sup>。遂类于上帝，禋于六宗，望于山川，辩<sup>⑦</sup>于群神。揖<sup>⑧</sup>五瑞，择

---

① 饬：通"敕"，告诫。

② 汤汤：水流浩大的样子。

③ 庸命：指顺应天命。"庸"同"用"。

④ 矜：通"鳏"，失去妻子的成年男子。

⑤ 女：同"汝"，你。

⑥ 齐七政：测定日、月、五星运行是否正常，来判断执政的得失。古人认为天象上的变化，如日食、月食、五星相聚等与人事吉凶有着直接关联。齐，排列。七政，指金、木、水、火、土五星及日、月。

⑦ 辩：通"遍"，普遍地进行祭祀。

⑧ 揖：通"辑"，聚敛。

吉月日，见四岳诸牧，班<sup>①</sup>瑞。

岁二月，东巡狩，至于岱宗，柴<sup>②</sup>，望秩于山川。遂见东方君长，合时月正日，同律度量衡，修五礼五玉三帛二生一死为挚<sup>③</sup>，如五器，卒乃复。五月，南巡狩；八月，西巡狩；十一月，北巡狩：皆如初。归，至于祖祢庙，用特牛礼。五岁一巡狩，群后四朝。遍告以言，明试以功，车服以庸。肇十有二州，决川。象以典刑，流宥五刑，鞭作官刑，扑作教刑，金作赎刑。眚灾过，赦；怙终贼，刑。钦哉，钦哉，惟刑之静哉！

讙兜进言共工，尧曰："不可。"而试之工师，共工果淫辟。四岳举鲧治鸿水，尧以为不可，岳强请试之，试之而无功，故百姓不便。三苗在江淮、荆州数为乱。于是舜归而言于帝，请流共工于幽陵，以变北狄；放讙兜于崇山，以变南蛮；迁三苗于三危，以变西戎；殛<sup>④</sup>鲧于羽山，以变东夷：四罪而天下咸服。

尧立七十年得舜，二十年而老，令舜摄行天子之政，荐之于天。尧辟位<sup>⑤</sup>凡二十八年而崩。百姓悲哀，如丧父母。三年，四方莫举乐，以思尧。尧知子丹朱之不肖<sup>⑥</sup>，不足授天下，于是乃权授舜。授舜，则天下得其利而丹朱病；授丹朱，则天下病而丹朱得其利。尧曰"终不以天下之病而利一人"，而卒授舜以天下。尧崩，三年之丧毕，舜让辟丹朱于南河之南。诸侯朝觐者不之丹朱而之舜，狱讼者不之丹朱而之舜，讴歌者不讴歌丹朱而讴歌舜。舜曰"天也"，夫而后之中国践天子位焉，是为帝舜。

虞舜者，名曰重华。重华父曰瞽叟，瞽叟父曰桥牛，桥牛父曰句望，句望父曰敬康，敬康父曰穷蝉，穷蝉父曰帝颛顼，颛顼父曰昌意：以至舜

① 班：同"颁"，颁发。

② 柴：同"柴"，古代的一种祭祀名称，烧柴祭天称为柴祭。

③ 挚：通"贽"，古代第一次拜见尊长时所赠送的礼物。

④ 殛：通"极"，流放到远方。

⑤ 辟位：退位。"辟"同"避"。

⑥ 不肖：不成才。

七世矣。自从穷蝉以至帝舜，皆微为庶人。舜父瞽叟盲，而舜母死，瞽叟更娶妻而生象，象傲。瞽叟爱后妻子，常欲杀舜，舜避逃；及有小过，则受罪。顺事父及后母与弟，日以笃谨，匪①有解②。

舜，冀州之人也。舜耕历山，渔雷泽，陶河滨，作什器于寿丘，就时于负夏。舜父瞽叟顽，母嚚，弟象傲，皆欲杀舜。舜顺适不失子道，兄弟孝慈。欲杀，不可得；即求，尝③在侧。舜年二十以孝闻。三十而帝尧问可用者，四岳咸荐虞舜，曰可。于是尧乃以二女妻舜以观其内，使九男与处以观其外。舜居妫汭，内行弥谨。尧二女不敢以贵骄事舜亲戚，甚有妇道。尧九男皆益笃。舜耕历山，历山之人皆让畔；渔雷泽，雷泽上人皆让居；陶河滨，河滨器皆不苦窳。一年而所居成聚，二年成邑，三年成都。尧乃赐舜絺衣，与琴，为筑仓廪，予牛羊。

瞽叟尚复欲杀之，使舜上涂廪，瞽叟从下纵火焚廪。舜乃以两笠自扞而下，去，得不死。后瞽叟又使舜穿井，舜穿井为匿空旁出。舜既入深，瞽叟与象共下土实井，舜从匿空出，去。瞽叟、象喜，以舜为已死。象曰："本谋者象。"象与其父母分，于是曰："舜妻尧二女，与琴，象取之。牛羊仓廪予父母。"象乃止舜宫居，鼓其琴。舜往见之，象鄂④不怪，曰："我思舜正郁陶！"舜曰："然，尔其庶矣！"舜复事瞽叟爱弟弥谨。于是尧乃试舜五典百官，皆治。

昔高阳氏有才子八人，世得其利，谓之"八恺"。高辛氏有才子八人，世谓之"八元"。此十六族者，世济其美，不陨其名。至于尧，尧未能举。舜举八恺，使主后土，以揆百事，莫不时序。举八元，使布五教于四方，父义，母慈，兄友，弟恭，子孝，内平外成。

---

① 匪：没有。

② 解：同"懈"，怠慢。

③ 尝：通"常"。

④ 鄂：通"愕"，吃惊。

史记精华本

昔帝鸿氏有不才子，掩义隐贼，好行凶慝，天下谓之浑沌。少皞氏有不才子，毁信恶忠，崇饰恶言，天下谓之穷奇。颛顼氏有不才子，不可教训，不知话言，天下谓之梼杌。此三族世忧之。至于尧，尧未能去。缙云氏有不才子，贪于饮食，冒于货贿，天下谓之饕餮。天下恶之，比之三凶。舜宾于四门，乃流四凶族，迁于四裔，以御螭魅，于是四门辟，言毋①凶人也。

舜入于大麓，烈风雷雨不迷，尧乃知舜之足授天下。尧老，使舜摄行天子政，巡狩。舜得举用事二十年，而尧使摄政。摄政八年而尧崩。三年丧毕，让丹朱，天下归舜。而禹、皋陶、契、后稷、伯夷、夔、龙、倕、益、彭祖自尧时而皆举用，未有分职。于是舜乃至于文祖，谋于四岳，辟四门，明通四方耳目，命十二牧论帝德，行厚德，远佞人，则蛮夷率服。舜谓四岳曰："有能奋庸美尧之事者，使居官相事？"皆曰："伯禹为司空，可美帝功。"舜曰："嗟，然！禹，汝平水土，维是勉哉。"禹拜稽首，让于稷、契与皋陶。舜曰："然，往矣。"舜曰："弃，黎民始饥，汝后稷播时百谷。"舜曰："契，百姓不亲，五品不驯，汝为司徒，而敬敷五教，在宽②。"舜曰："皋陶，蛮夷猾夏，寇贼奸轨③，汝作士，五刑有服，五服三就；五流有度，五度三居：维明能信。"舜曰："谁能驯予工？"皆曰垂可。于是以垂为共工。舜曰："谁能驯予上下草木鸟兽？"皆曰益可。于是以益为朕虞。益拜稽首，让于诸臣朱虎、熊罴。舜曰："往矣，汝谐。"遂以朱虎、熊罴为佐。舜曰："嗟！四岳，有能典朕三礼？"皆曰伯夷可。舜曰："嗟！伯夷，以汝为秩宗，夙夜维敬，直哉维静洁。"伯夷让夔、龙。舜曰："然。以夔为典乐，教稚子，直而温，宽而栗④，刚而毋虐，简而毋

---

① 毋：同"无"。

② 宽：宽厚。也可以将宽理解为缓，指缓慢进行。

③ 轨：通"宄"，在外做坏事。

④ 栗：战栗，这里指严厉，令人敬畏。

傲；诗言意，歌长言，声依永，律和声，八音能谐，毋相夺伦，神人以和。"夔曰："於<sup>①</sup>！予击石拊石，百兽率舞。"舜曰："龙，朕畏忌谗说殄伪<sup>②</sup>，振惊朕众，命汝为纳言，夙夜出入朕命，惟信。"舜曰："嗟！女二十有二人，敬哉，惟时相天事。"三岁一考功，三考绌<sup>③</sup>陟，远近众功咸兴。分北<sup>④</sup>三苗。

此二十二人咸成厥功：皋陶为大理，平，民各伏得其实；伯夷主礼，上下咸让；垂主工师，百工致功；益主虞，山泽辟；弃主稷，百谷时茂；契主司徒，百姓亲和；龙主宾客，远人至；十二牧行而九州莫敢辟违；唯禹之功为大，披九山，通九泽，决九河，定九州，各以其职来贡，不失厥宜。方五千里，至于荒服。南抚交阯、北发，西戎、析枝、渠廋、氏、羌，北山戎、发、息慎，东长、鸟夷，四海之内咸戴帝舜之功。于是禹乃兴《九招》之乐，致异物，凤凰来翔。天下明德皆自虞帝始。

舜年二十以孝闻，年三十尧举之，年五十摄行天子事，年五十八尧崩，年六十一代尧践帝位。践帝位三十九年，南巡狩，崩于苍梧之野。葬于江南九疑，是为零陵。舜之践帝位，载天子旗，往朝父瞽叟，夔夔<sup>⑤</sup>唯谨，如子道。封弟象为诸侯。舜子商均亦不肖，舜乃豫<sup>⑥</sup>荐禹于天。十七年而崩。三年丧毕，禹亦乃让舜子，如舜让尧子。诸侯归之，然后禹践天子位。尧子丹朱，舜子商均，皆有疆土，以奉先祀。服其服，礼乐如之。以客见天子，天子弗臣，示不敢专也。

自黄帝至舜、禹，皆同姓而异其国号，以章明德。故黄帝为有熊，帝颛顼为高阳，帝喾为高辛，帝尧为陶唐，帝舜为有虞。帝禹为夏后而别

---

① 於：表示感叹。

② 殄伪：道德败坏的行为。伪，通"为"。

③ 绌：通"黜"，贬退。

④ 分北：分离。"北"，同"背"。

⑤ 夔夔：恭敬的样子。

⑥ 豫：通"预"，事先。

氏，姓姒氏。契为商，姓子氏。弃为周，姓姬氏。

太史公①曰：学者多称五帝，尚矣。然《尚书》独载尧以来；而百家言黄帝，其文不雅驯，荐绅先生难言之。孔子所传宰予问《五帝德》及《帝系姓》，儒者或不传。余尝西至空桐，北过涿鹿，东渐于海，南浮江淮矣，至长老皆各往往称黄帝、尧、舜之处，风教固殊焉，总之不离古文者近是。予观《春秋》《国语》，其发明《五帝德》、《帝系姓》章矣，顾弟弗深考，其所表见皆不虚。《书》缺有间矣，其轶乃时时见于他说。非好学深思，心知其意，固难为浅见寡闻道也。余并论次，择其言尤雅者，故著为本纪书首。

黄帝是少典氏的后裔，姓公孙，名轩辕。他生下来就神奇而又灵异，在襁褓中就能够说话，幼年时就非常聪明，年纪稍长时就纯朴敏慧，成年后更显得睿智而练达。

轩辕氏所处的时代，神农氏的势力已经变得衰微。诸侯间彼此征伐，百姓深受残害，而神农氏也无力进行征讨。于是轩辕氏便操练士兵，用来征讨那些没有来朝贡的诸侯，四方诸侯于是都来俯首称臣。而蚩尤是这些诸侯当中最残暴的，没有谁可以征服他。炎帝想要欺凌诸侯，诸侯都来归顺轩辕氏。轩辕氏修养德行训练军队，研究气候，种植五谷，安抚百姓，测量四方的土地，训练出犹如熊、罴、貔、貅、貙、虎等猛兽的强大军队，率领他们同炎帝在阪泉的郊外作战。经过三次激战，终于赢得胜利。蚩尤作乱，拒绝听从黄帝的命令。于是黄帝便征集各地诸侯的军队，与蚩尤在涿鹿的野外大战，活捉蚩尤，并把他处死。各地诸侯都尊奉轩辕氏为天子，取代了神农氏的地位，这就是黄帝。天下如有不顺从黄帝的，黄帝便去征讨，直至收服他们后才离去。黄帝开山筑路，没有安闲的时候。

黄帝在东边到达大海边，登上丸山与泰山。在西边到达空桐，登上了鸡头山。在南边到达长江，登上熊耳山、湘山。在北方驱逐了荤粥人，在釜山与诸侯勘验符契，在涿鹿山下宽广平坦的所在修建城邑。迁徙往来都没有固定的居所，用军队驻扎在这里进行防卫。用云的名称来命名百官职衔，军队也被称为云师。设立左右大监，监察各方的诸侯。各国诸侯都很和顺，在祭祀鬼神山川的封禅大典当中，很多人都来参加

---

① **太史公**：司马迁的自称。"太史公曰"后面的文字是司马迁对于本篇的论赞。论赞是一篇的结语，其内容或是发表议论，或是说明立篇的意义，或补充史实。

黄帝主持的盛典。黄帝得到宝鼎，推算天文历法。他任用风后、力牧、常先、大鸿等人来管理人民。顺应天地间的法则，阴阳的变化规律，养生送死的社会制度，研究国家兴亡的道理。按时种植百谷与草木，驯化鸟兽昆虫，广泛研究日月星辰的运行变化规律及水流、土石、金玉的状况，勤思考，多实践，多倾听，多观察，节省使用水火材物。因为出现了土德的祥瑞，所以号为黄帝。

黄帝总共有二十五个儿子，其中获得姓氏的有十四人。黄帝住在轩辕之丘，迎娶西陵氏的女子为妻，这便是嫘祖。嫘祖是黄帝的正妃，生下来两个儿子，他们的后代都曾经统领天下：其中一个名为玄嚣，就是青阳，青阳居住在江水一带；第二个名为昌意，昌意居住在若水地区。昌意娶蜀山氏的女子，名为昌仆，生下高阳。高阳有着非常高尚的品德。黄帝死后，葬在桥山。他的孙子，即昌意的儿子高阳，继承了帝位，这便是帝颛顼。

帝颛顼高阳，是黄帝的孙子，昌意的儿子。他文静深沉而富有智谋，通达明白而清楚事理；种植各种作物来让地力得以充分利用，按时节行事，顺应自然，尊奉鬼神，制定礼仪，调和五行之气，教化民众，洁净虔诚地举行祭祀。向北到达幽陵，向南到达交趾，向西到达流沙，向东到达蟠木，无论有生命的还是没有生命的，无论是大山大河还是丘陵小溪的神，凡是日月可以照耀的地方，没有不服从他、依附他的。

帝颛顼生的儿子名为穷蝉。颛顼死后，玄嚣的孙子高辛继承了帝位，就是帝喾。帝喾高辛，是黄帝的曾孙。高辛的父亲名为蟜极，蟜极的父亲名为玄嚣，玄嚣的父亲是黄帝。自玄嚣到蟜极都没能得到帝位，到高辛才得以继承帝位。高辛对于颛顼而言是同族兄弟之子。

高辛刚生下来就显得神奇灵异，能够说出自己的名字。他广施恩泽，惠及万物，却从不为一己私利。他明辨是非，可以洞察远方的事情，审事细微，能烛照隐幽。他顺应天帝的旨意，了解百姓疾苦。他仁厚而又威严，慈惠而守信，自我修身，天下都归服于他。他获取大地的物产而节制地加以使用，抚育教导百姓，让他们清楚利益所在，用历法来掌握日月节气的变化规律，尊显鬼神，恭敬地予以侍奉。他面容谦恭，品德高尚，举止适时，穿着朴素。帝喾犹如清泉灌溉土地一样，恩德不偏不倚，惠及天下，凡日月照耀，风雨所及的地方，没有不跟随顺服他的。

帝喾迎娶陈锋氏的女子，生放勋；娶了娵訾氏的女子，生挚。帝喾死后，挚继承了帝位。帝挚在位，治理的并不好，他的弟弟放勋继位，这便是帝尧。他的仁德犹如天空那样浩大无边，他的智慧犹如神灵那样渊深莫测。人们犹如追随太阳一样追随着他，人们如同渴望祥云那样期盼着他。他富有而不骄纵，显贵而从不傲慢。他头戴黄

色的冠冕，穿着黑色的衣服，乘坐红色的车子，驾着白色的骏马。他能将高尚的品德情操发扬光大，把各部族团结得亲密无间。在亲密无间的各个部族当中，明确百官的职责。表彰政绩卓著的官员，天下万国都融洽和睦。

于是命令羲氏、和氏，恭敬地顺应上天。根据日月星辰的运行轨迹来制定历法，把时令谨慎地传授给各地的百姓。发布命令，派遣羲仲居住在郁夷，也叫旸谷。恭敬地迎接朝阳升起，审慎地预报春季适宜耕种的时日。白天同夜晚的时间一样长，黄昏时鸟星在正南方的上空出现，依据这种景象来确定春分的时间。这时人们分散到田野当中破土耕种，鸟兽交尾生育。又命令羲叔居住在南交，审慎地预报夏季耕耘的时间，恭敬地迎接夏至的到来。一年当中白天的时间最长，黄昏时火星在正南方的上空出现，根据这种景象来断定夏至的时间。这时，人们忙于在田中除草，鸟兽的羽毛开始变得稀疏。又命令和仲居住在西方，叫作昧谷，恭敬地送别太阳离去，审慎地预报庄稼收获的日子。夜晚同白天的时间一样长，黄昏时虚星在正南方的上空出现，根据这种景象来确认秋分的日子。这时人们忙于收割庄稼，鸟兽更换羽毛。又命令和叔居住在北方，叫作幽都，审慎地预报储藏谷物的时间。一年中白天时间最短，黄昏时分昴星在正南方的上空出现，根据这种景象来确认冬至的日子。这时人们留在屋中取暖，鸟兽的羽毛变得既厚又密。一年总共有三百六十六天，用设置闰月的方法来把四季调整准确。告诫整顿百官，各项事业都能够兴旺发达。

尧说："哪一位可以理顺国家大事？"放齐说："太子丹朱聪明而通达。"尧说："唉！他不讲道德又好争辩，不能任用。"尧又说："哪一位能够当此重任呢？"讙兜说："共工广泛地聚集民众，做了很多事情，可以任用。"尧说："共工会说迎合众意的话，但实际行动却违背正道，对神明看似恭敬，实际上却极为轻慢。不能重用。"尧又说："唉，各位首领，滚滚洪水漫天而来，浩浩荡荡，已经将群山包围，淹没了丘陵，百姓忧心忡忡，有谁能够去治理呢？"首领们都说鲧能够治水。尧说："鲧时常违反命令，危害同族，不能任用。"首领们说："恐怕不会这样吧？试用不行，再罢免了他。"尧于是听从了首领们的意见，任用鲧来治理洪水。鲧治水九年，毫无成效。

尧说："唉！各位首领，我在位已经有七十年之久了，你们哪一位可以按天命行事，接替我的职位？"首领们答道："我们的德行卑下，会玷辱帝位。"尧说："只要是真正贤能的人，不管是达官显贵，还是至亲，还是被疏远的或已隐居的人，全都要向我举荐。"大家都对尧说："在百姓当中有位还没娶妻的人，名叫虞舜。"尧说："是的，我听说过那个人，他究竟是怎样的人？"首领们说："他是一个盲人的儿子。父亲心地险恶，母亲愚悍狡诈，弟弟骄纵而不法，舜能用孝行与他们和睦亲近，使他们的心向善，免于邪恶。"尧说:"那么我还是考验一下他吧!"于是尧将自己的两个女儿嫁给舜,通过他对待妻子的态度来考察他的品德。舜把两个妻子安置到妫水的入河口,让她们遵守身为儿媳的礼节。尧对此很满意,便让舜负责推行五教,使百姓可以按五教行事。又让他按五教整饬百官,使百官都能够遵章守法。又让他在国门接待各方使者,国门充满了肃穆的氛围,各方诸侯和远道而来的宾客都十分钦敬他。尧又让舜进入山林川泽,遇到暴风雷雨,舜依旧坚持前进,不会迷失方向。尧认为舜是伟大的,召见舜说:"你考虑问题非常周到,说过的事,都可以建功立业,已经过了三年。你接替我登上帝位吧。"舜一再推让,认为自己的德行不足以接任帝位,心中十分不安。正月初一,舜在文祖庙前受命登上帝位。文祖,就是尧的太祖。

这时,帝尧年纪老迈,让舜代行天子政务,以便观察天帝的意愿。舜就观察璇玑玉衡,调整对日月五星的测算结果。然后又祭祀上天向上天告之此事,又祭祀周边上下四方,举行望礼遥祭天下名山大川,遍祭群神。准备了齐全的五种玉制礼器,选择吉利的月份与时日,召见四方的诸侯君长,向他们颁赐玉制礼器。

这一年的二月,舜前往东方巡察,到达泰山,烧柴祭天,又举行望礼遥祭天下名山大川。然后又接见东方各诸侯国的首领,校正历法,同他们核对季节、月份以及时日,统一音律及度、量、衡,制定五类礼仪,以五种玉制的礼器、三种彩缯、两种活牲、一种死禽分别作为诸侯、卿大夫与士相见的礼物。朝觐礼毕后,五种玉器全部归还给各方诸侯。五月,舜前往南方巡察。八月,前往西方巡察。十一月,前往北方巡察。每到一方就都像到东方那样,接见当地的诸侯君长,统一相关的行政制度。回来后,前往祖庙父庙,举行最为隆重的祭祀之礼,祭祀列祖列宗。舜每五年都会巡察天下一次,各地诸侯则每四年都会来朝见一次。向天下宣示自己的政令,体察各地的政绩,根据功绩的大小赏赐车马与服饰。舜开始设立十二州,疏浚各地河流。他用图画的方式公示刑法,用流放的办法来减免五刑,用鞭刑来作为官府的刑罚,学校以戒尺作为处罚的器具,罪犯可以用金钱来减免刑罚。对由于偶然的过失而犯罪的人予以赦免;对怙恶不悛的人施以重刑。慎重啊,慎重啊,对于施行刑罚,必须要小心谨慎哪!

讙兜向尧推荐共工接任,尧说:"不行。"便试着让他担任工师一职,共工果然放纵作恶。四方诸侯首领举荐鲧来治理洪水,尧觉得不行,首领们一再恳请应当试用鲧,经试用后,不见成效,百姓依然深受洪水之苦。三苗部族在长江、淮河、荆州一带多次作乱。这时,舜巡视回来,便向帝尧报告,请求将共工放逐到幽陵,变为北狄;把讙兜放逐到崇山,变为南蛮;把三苗迁徙到三危,成为西戎;把鲧放逐到羽山,变为东夷。惩办了这四个罪犯,天下人都感到心悦诚服。

尧登帝位七十年后找到了舜，又过了二十年就辞去帝位，让舜代行天子职务，向上天举荐舜继任。尧让位二十八年后去世，百姓非常悲伤，就像失去了亲生父母一样。尧死后的三年中，天下都停止奏乐，以此来表示对帝尧的哀思。尧清楚自己的儿子丹朱不够贤明，不能将治理天下的责任交给他，于是便将帝位传给了舜。将帝位传给舜，天下人都将得到好处，而只有丹朱一人感到忧愁；把帝位传授给丹朱，则天下人都会受苦，而只有丹朱一人得利。尧说："总不能让天下人都受苦，而只让一人得利。"尧终于将天下交给了舜。帝尧去世，三年的丧期结束后，舜表示将帝位让给丹朱，自己则躲到南河南岸。朝见天子的诸侯却没有人去丹朱那里，而都去朝拜舜。争讼告状的也不到丹朱那里，而去找舜。赞美首领的人不讴歌丹朱，而只是歌颂舜。舜说："这就是天意吧！"从此以后，舜才回到国中，登上天子之位，这就是帝舜。

虞舜的名字是重华。重华的父亲叫瞽叟，瞽叟的父亲是桥牛，桥牛的父亲名为句望，句望的父亲是敬康，敬康的父亲是穷蝉，穷蝉的父亲是颛顼，颛顼的父亲是昌意。从昌意到舜已经传承了七代。从穷蝉到帝舜，都是籍籍无名的平民。舜的父亲瞽叟是个盲人，舜的母亲死后，瞽叟就又娶妻生了象，象骄纵不法。瞽叟溺爱后妻生下的儿子，时常准备杀害舜，舜都设法躲开了他的毒手。遇到有小的过失，舜就会接受处罚。舜恭顺地侍奉父亲、后母与弟弟，天天真诚如一，谨小慎微，没有丝毫松懈怠慢。

舜是冀州人，曾经在历山种田，在雷泽捕鱼，在黄河岸边烧制过陶器，在寿丘制作过各种类型的生产工具与生活用具，在负夏做过生意。舜的父亲瞽叟心地极为险恶，母亲愚悍奸诈，弟弟象骄纵不法，都想杀掉舜。舜依旧对他们恭顺，坚持为人子者应有的责任，待弟弟亲爱友善。父母兄弟想要杀他，却总也无法实现；如果有事要找他，他却总是能及时出现在身边。舜在二十岁时，就以孝顺而闻名于世。三十岁时，帝尧询问可以予以重用的人，四方诸侯首领都推荐虞舜。于是帝尧就将两个女儿嫁给他，观察他在内怎样治家。又让自己的九个儿子与他相处，观察他在外如何待人接物。舜居住在妫水边，在家中非常谨慎。尧的两个女儿也不敢因为出身尊贵，而以傲慢的态度对待舜的亲属，非常懂得做媳妇的规矩。尧的九个儿子都更加纯朴厚道。舜在历山种田，历山地区的人们在划分田界时，都懂得彼此谦让；在雷泽捕鱼时，雷泽附近的人都互相谦让自己的住处；在黄河边制作陶器时，黄河边出产的陶器完全没有粗制滥造的情况。他住过一年的地方，都形成了村落，住过两年的地方，就形成了城镇，住过三年的地方，就足以发展成都市。于是尧就赏赐舜穿细葛布做的衣服，又赠给他琴，为他修建可以容纳粮食的仓廪，送给他牛羊。

瞽叟又想杀掉舜，让舜到仓廪上面去涂泥修补屋顶，然后在下面放火焚烧仓廪，舜就用两个斗笠护住身体，从仓廪上面跳下来逃走，得以免死。后来瞽叟又让舜去挖一口井，挖井时，舜在井壁的侧面挖了一个通向外面的暗道。舜下到井的深处之后，瞽叟与象就一起往井下填土，将井填实。舜则从隐蔽的通道出来，逃脱了。瞽叟和象很高兴，认为舜已经死去。象说："这主意原本是我出的。"象同父母一起瓜分舜的财产，这时他说："舜的两个老婆，也就是尧的女儿，还有那把瑶琴，都归我。牛羊与仓廪里的东西给父母。"象就跑到舜的屋子里住下来，弹着舜的琴。舜这时回来见到象，象愕然失色，说："我很思念你，正在难过伤心！"舜说："是这样啊，对于兄弟情谊，你还真是尽心呢！"舜又侍奉瞽叟，爱护弟弟，更加勤谨。这时尧便试着让舜掌管五种礼教，担任各类的官职，舜都做得非常出色。

从前，高阳氏有八个儿子，他们都非常有才干，天下人都受到过他们的恩惠，称他们为"八恺"。高辛氏同样有八个非常有才干的儿子，世人称他们为"八元"。这十六支宗族，世世代代都能增加他们的美德，从未损毁过他们先人的声誉。到了尧帝时期，尧没有任用他们的首领。舜任用了"八恺"的后人，让他们负责管理农业生产，总揽各项事务，所有事情都处理得极为及时，井然有序。还任用了"八元"的后人，指派他们到四方传播五教，于是，父亲重义，母亲慈爱，哥哥友善，弟弟恭谨，儿子孝顺，国内一片太平盛世，域外无不向往。

从前，帝鸿氏有不成器的后裔，不行仁义，阴毒而又残忍，专门喜欢行凶作恶，天下人称其为"混沌"。少暤氏也有不成器的后裔，专门喜欢诽谤诚实的人，憎恶忠直的人，推崇及粉饰邪恶的言论，天下人称其为"穷奇"。颛顼氏也有不成器的后裔，不接受任何教育，不懂得分辨好话与坏话，天下人称其为"梼杌"。这三个部族，使世人倍感忧虑，到尧时，尧也没有清除他们。缙云氏有不成器的后裔，贪吃贪喝，谋夺财物，天下人称其为"饕餮"。世人没有不憎恶他的，将他与混沌、穷奇、梼杌这三个凶恶的人相提并论。舜为了能够打开国都的四门迎接天下宾客，将这四个凶恶的部族流放到四方最偏远的地方，让他们去抵御妖魔鬼怪。于是国都的四门始终大开，因为再也没有凶恶的人了。

舜进入高山下面的密林，遇到暴风雷雨而不会迷失方向，尧由此认为舜是足以将天下托付给他的。尧让位时，让舜代理天子的职务，巡视天下。舜做了二十年的工作，尧便让他代理政事。代理政事的八年后，尧去世。三年服丧期结束后，舜让位给丹朱，天下人却都归向舜。禹、皋陶、契、后稷、伯夷、夔、龙、倕、益、彭祖这些人，尧在世时就已经得到了任用，只是没有得到封邑和被任命适当的官职。于是舜来到了文祖庙，同四方诸侯首领们进行商议，大开四面国门，畅通言路，命令十二个州

的长官来评议天子的品德，认为广施德政，疏远谄佞的人，那么偏远的部族就都前来归顺。舜对四方诸侯首领说："哪一位可以奋力做出成绩，发扬光大帝尧遗留下来的事业，我将任命他官职，辅佐我治理天下？"首领们都表示："伯禹出任司空，能够发扬光大帝尧的功业。"舜对禹说："嗯，好！禹，你来治理水土，你可要努力办好这件事。"禹跪拜叩头，要推让给稷、契与皋陶。舜说："尽管如此，还是你去办吧。"舜说："弃，百姓开始吃不饱了，你掌管农事，负责种植各种庄稼。"舜说："契，老百姓之间不能做到亲睦，君臣、父子、夫妇、长幼、朋友这五者相处，应有的道德无法信守，因此由你来担任司徒，细心地推行五教，让百姓做到宽厚待人。"舜说："皋陶，边境的少数民族经常到中原来骚扰，内外贼寇都非常猖獗。现在任命你担任士，触犯了五刑的要予以惩戒，五刑分别在市、朝、野三个地方行刑。五种流放之刑各有流放之所，五种流放地分为三个等级：只有刑法严明才可以取信于百姓。"舜说："谁可以管理好我的各种工匠？"大家都认为垂可以胜任。于是任命垂为共工。舜又说："谁可以管理好各地的山林原野、草木鸟兽？"大家都认为益能够胜任。于是任命益为负责山林原野的虞官。益跪拜，想把这个位置让给大臣朱虎、熊罴。舜说："还是你前去吧，你非常适合。"便派朱虎、熊罴给益当助手。舜说："喂！各位首领们，谁适合为我主持三大祭典呢？"大家都认为伯夷可以。舜说："喂！伯夷，任命你担任秩宗，每天每时每刻都要恭谨，内心应当安静、纯洁，公正无私。"伯夷要将这个职位推让给夔、龙。舜说："好吧，任命夔来掌管音乐，教育青少年。应当正直而温和，宽宏而谨慎，刚强而不暴虐，办事干练而不会傲慢失礼；诗是用来表达思想的，歌可以加长诗的音节，声调应当依据歌咏，音律要让声调和谐。八种乐器的声音都可以和谐，就不会出现伦理错乱，神灵和世人都能够安宁和睦。"夔说："啊！我敲打起石制的乐器，各种兽类都会随着我的节拍而载歌载舞。"舜说："龙，我最憎恶谗言及道德败坏的行为，惊扰我的百姓，任命你为纳言，不论早晚都要负责颁发我的政令，坚守信用。"舜说："啊！你们这二十二个人，一定要恭谨啊，每时每刻都要辅佐我完成上天交给的事业。"舜每三年都会考核一次大家的政绩，考核三次之后，决定罢免或是升迁。因此，无论远近，各项事业都得以兴盛起来，将三苗部族分隔开来。

这二十二人都非常成功地完成了自己的各项工作：皋陶担任法官，执法公正，实事求是，百姓都极为信服；伯夷负责礼仪，上上下下都能够谦恭礼让；垂统管工师，各种工匠都干出了成绩；益掌管山泽，山林湖泽都被开发利用起来；弃主管农业，各种谷物都生长得极为苗壮茂盛；契担任司徒，百姓彼此间都亲密和谐；龙主管接待宾客，远方的部族都前来归附；十二个地区的长官巡视四方，九州百姓没有人敢躲避与

违抗的；他们当中只有禹的功绩最大，他凿通了九座山脉，疏通了九个湖泊，治理了九条泛滥的江河，划定了九州的疆界，各州都以本地的特产前来进贡，没有不符合相关规定的。疆域方圆五千里，延伸到了最为遥远的不毛之地。在南方，安抚了交趾、北发，在西方安抚了戎、析枝、渠廋、氐、羌，在北方安抚了山戎、发、息慎，在东方则安抚了长夷、鸟夷，四海之内，都非常感念帝舜的功德。于是，禹创作了《九招》乐曲，引来了珍奇异物，凤凰飞翔。天下的文明德政都从虞帝时代开始。

舜二十岁时即以孝顺而闻名于世，三十岁时尧举用了他，五十岁时舜开始代理天子政务，五十八岁时尧去世了，六十一岁时舜登上了帝位。登上帝位的三十九年后，舜前往南方巡视，在苍梧乡间去世。安葬于长江南面的九嶷山上，这便是零陵。舜登上帝位，车子上竖立着天子的旗帜，去拜见父亲瞽叟，态度和悦而恭谨，始终恪守身为人子的规矩。封弟弟象为诸侯。舜的儿子商均也是个没有才能的人，舜就事先将禹推荐给天帝。十七年后，舜去世了。服丧三年后，禹也将帝位让给舜的儿子，就像舜当

### ●皋陶

皋陶，与尧、舜、禹并称为"上古四圣"，是舜帝执政时代的士师，相当于国家的最高司法长官。皋陶又是上古时代伟大的政治家、思想家及教育家，被史学界及司法界公认为"司法鼻祖"。禹依据皋陶的品德及功劳而推举他为继承人，并授政于他。但皋陶还没等到继位就去世了。

年让尧的儿子继承帝位一样。然而诸侯全部归顺了禹，后来禹才登上了帝位。尧的儿子丹朱，舜的儿子商均，均有自己的封地，用来供奉祖先。他们的服饰完全保持着本部族的传统，礼乐制度也遵照过去的模式。他们以宾客的身份去拜见天子，天子也不会将他们当作臣下看待，表示不敢独自占有天下。

从黄帝到舜、禹，均为同姓，只是国号不同，以此来昭示各人的美德。所以黄帝号有熊，帝颛顼号高阳，帝喾号高辛，帝尧号陶唐，帝舜号有虞。帝禹称夏后，以不同的氏来加以区别，姓姒氏。契是商族的祖先，姓子氏。弃为周的祖先，姓姬氏。

太史公说：很多学者都在讨论五帝，但他们距离我们实在太过遥远了。而《尚书》只记载尧以来的事迹；且各家述说黄帝事迹的文字都做不到典雅。有学问的人也难以

说清楚。孔子所传授的宰予问《五帝德》和《帝系姓》，有些儒生也不传习。我曾向西抵达空桐山，往北经过涿鹿，往东来到海边，往南渡过长江、淮河，所到之处，长老们时常谈及黄帝、尧、舜，风俗教化迥异，总而言之，以不悖于古文记载的那些说法比较可信。我读《春秋》《国语》，认为可以阐明《五帝德》《帝系姓》的地方还是相当清楚的，只是没有进行深入的研究，其实，它们的记述并不虚妄。《尚书》出现残缺已有很长时间了，散佚的部分时常在其他著作中见到。不是好学深思，心领神会，是很难就此与见识浅陋的人讨论的。我综合了各家的著述，进行研究与编排，选择文辞显得最为典雅可靠的，写成这篇本纪，作为全书的第一篇。

由于年代过于久远，本篇中的绝大多事件都属于传说，但是从人类整体历史发展的规律来看，它为我们了解及研究远古时代人类社会及政治制度发展历程提供了宝贵的线索或信息。中华民族拥有五千年的悠久历史，就是由远古传说拉开序幕的，黄帝和炎帝两个部落融为一体，在黄河中下游流域开始定居繁衍，最终形成了华夏民族，创造了我国的远古文化。

材料安排巧妙是本篇最为突出的特点之一。如黄帝与蚩尤的涿鹿之战、黄帝与炎黄的阪泉之战，并非不能用重笔加以描绘，但都平平带过，而将笔力集中到尧、舜二帝身上。这或许与史料不足有一定关系，但其效果是突出了黄帝开创基业，由尧、舜继承并最终发扬光大，又使历史事件与全篇的结构显得紧凑而和谐。

本篇在叙写方式上，开头对黄帝、颛顼、帝喾的记叙，都是以叙述的口吻娓娓道来。到了本篇的中心部分，则又采用了叙、议结合的方式，叙事中穿插对话的形式，突出了尧、舜知人善任、从谏如流的政治家风范，烘托了历代儒家所不断赞颂的自由、民主、君臣和睦、天下大同的祥和政治环境。

《五帝本纪》在记事上梳理了历史发展的整体脉络，在写作上为后面各篇的铺展埋下了伏笔。司马迁采用连锁叙写的方式，环环相扣。如在写尧时会提到舜，而重点在于尧的知人善任；写舜时继续紧扣对尧的叙写，同时又突出了对舜的深入刻画，同时还带出了禹、契、后稷等人，为此后的各篇打下基础。

五帝本纪

# 殷本纪

题 解

《殷本纪》是《史记》的第三卷,本纪部分的第三篇。殷原先叫作商,也是一个非常古老的部落,其始祖契大约与夏禹是同时代人,被封于商。到公元前16世纪,商逐渐强大起来,首领汤发动了灭夏战争,夏朝灭亡后,商朝得以正式建立,定都于亳,成为我国历史上第二个奴隶制王朝。大约到公元前13世纪前后,盘庚迁都于殷,此后,直到商纣时期灭亡,共二百七十余年,商也称之为殷。

原文

殷契,母曰简狄,有娀(sōng)氏之女,为帝喾次妃。三人行浴,见玄鸟堕其卵,简狄取吞之,因孕生契。契长而佐禹治水有功。帝舜乃命契曰:"百姓不亲,五品不训,汝为司徒而敬敷五教,五教在宽。"封于商,赐姓子氏。契兴于唐、虞、大禹之际,功业著于百姓,百姓以平。

契卒,子昭明立。昭明卒,子相土立。相土卒,子昌若立。昌若卒,子曹圉(yǔ)立。曹圉卒,子冥立。冥卒,子振立。振卒,子微立。微卒,子报丁立。报丁卒,子报乙立。报乙卒,子报丙立。报丙卒,子主壬(rén)立。主壬卒,子主癸(guǐ)立。主癸卒,子天乙立,是

●伊尹

为成汤。

成汤，自契至汤八迁。汤始居亳，从先王居，作《帝诰》。

汤征诸侯。葛伯不祀，汤始伐之。汤曰："予有言：人视水见形，视民知治不<sup>①</sup>。"伊尹曰："明哉！言能听，道乃进。君国子民，为善者皆在王官。勉哉，勉哉！"汤曰："汝不能敬命，予大罚殛之，无有攸<sup>②</sup>赦。"作《汤征》。

伊尹名阿衡。阿衡欲干汤而无由，乃为有莘氏媵臣，负鼎俎，以滋味说汤，致于王道。或曰，伊尹处士，汤使人聘迎之，五反然后肯往从汤，言素王及九主之事。汤举任以国政。伊尹去汤适夏。既丑有夏，复归于亳。入自北门，遇女鸠、女房，作《女鸠女房》。

汤出，见野张网四面，祝曰："自天下四方皆入吾网。"汤曰："嘻，尽之矣！"乃去其三面，祝曰："欲左，左。欲右，右。不用命，乃入吾网。"诸侯闻之，曰："汤德至矣，及禽兽。"

当是时，夏桀为虐政淫荒，而诸侯昆吾氏为乱。汤乃兴师率诸侯，伊尹从汤，汤自把钺以伐昆吾，遂伐桀。汤曰："格女众庶，来，女悉听朕言。匪<sup>③</sup>台小子敢行举乱，有夏多罪，予维<sup>④</sup>闻女众言，夏氏有罪。予畏上帝，不敢不正<sup>⑤</sup>。今夏多罪，天命殛之。今女有众，女曰'我君不恤我众，舍我啬事<sup>⑥</sup>而割<sup>⑦</sup>政<sup>⑧</sup>。'女其曰'有罪，其奈何？'夏王率止众力，率夺夏国。有众率怠不和，曰'是日何时丧？予与女皆亡！'夏德若兹，今

① **不**：同"否"。

② **攸**：同"所"。

③ **匪**：同"非"。

④ **维**：通"虽"。

⑤ **正**：通"征"。

⑥ **啬事**：指稼穑之事。"啬"通"穑"，指收割庄稼。

⑦ **割**：夺取。

⑧ **政**：通"征"。又说"割"通"害"，"割政"也就是害民之政。

朕必往。尔尚<sup>①</sup>及予一人致天之罚，予其大理<sup>②</sup>女。女毋不信，朕不食言。女不从誓言，予则帑戮<sup>③</sup>女，无有攸赦。"以告令师，作《汤誓》。于是汤曰"吾甚武"，号曰武王。

桀败于有娀之虚<sup>④</sup>，桀奔于鸣条，夏师败绩。汤遂伐三㚇，俘厥宝玉，义伯、仲伯作《典宝》。汤既胜夏，欲迁其社，不可，作《夏社》。伊尹报。于是诸侯毕服，汤乃践天子位，平定海内。

汤归至于泰卷陶，仲虺作诰。既绌<sup>⑤</sup>夏命，还亳，作《汤诰》："维三月，王自至于东郊。告诸侯群后：'毋不有功于民，勤力乃事。予乃大罚殛女，毋予怨。'曰：'古禹、皋陶久劳于外，其有功乎民，民乃有安。东为江，北为济，西为河，南为淮，四渎已修，万民乃有居。后稷降播，农殖百谷。三公咸有功于民，故后有立。昔蚩尤与其大夫作乱百姓，帝乃弗予，有状。先王言不可不勉。'曰：'不道，毋之在国，女毋我怨。'"以令诸侯。伊尹作《咸有一德》，咎单作《明居》。

汤乃改正朔，易服色，上<sup>⑥</sup>白，朝会以昼。

汤崩，太子太丁未立而卒，于是乃立太丁之弟外丙，是为帝外丙。帝外丙即位三年，崩，立外丙之弟中壬，是为帝中壬。帝中壬即位四年，崩，伊尹乃立太丁之子太甲。太甲，成汤适<sup>⑦</sup>长孙也，是为帝太甲。帝太甲元年，伊尹作《伊训》，作《肆命》，作《徂后》。

帝太甲既立三年，不明，暴虐，不遵汤法，乱德，于是伊尹放之于桐宫。三年，伊尹摄行政当国，以朝诸侯。

---

① 尚：通"倘"，如果。

② 理：《尚书》"理"字作"赉"，赏赐。

③ 帑戮："帑"通"奴"，这里指收编为奴隶。一说"帑"通"孥"，指妻子与儿女。

④ 虚：同"墟"，旧址。

⑤ 绌：通"黜"，废弃。

⑥ 上：同"尚"，崇尚。

⑦ 适：通"嫡"。

帝太甲居桐宫三年，悔过自责，反<sup>①</sup>善，于是伊尹乃迎帝太甲而授之政。帝太甲修德，诸侯咸归殷，百姓以宁。伊尹嘉之，乃作《太甲训》三篇，褒帝太甲，称太宗。太宗崩，子沃丁立。帝沃丁之时，伊尹卒。既葬伊尹于亳，咎单遂训伊尹事，作《沃丁》。

　　沃丁崩，弟太庚立，是为帝太庚。帝太庚崩，子帝小甲立。帝小甲崩，弟雍己立，是为帝雍己。殷道衰，诸侯或不至。帝雍己崩，弟太戊立，是为帝太戊。帝太戊立伊陟（zhì）为相。亳有祥桑穀（gǔ）共生于朝，一暮大拱。帝太戊惧，问伊陟。伊陟曰："臣闻妖不胜德，帝之政其有阙<sup>②</sup>（quē）与？帝其修德。"太戊从之，而祥桑枯死而去。伊陟赞言于巫咸。巫咸治王家有成，作《咸艾》，作《太戊》。帝太戊赞伊陟于庙，言弗臣，伊陟让，作《原命》。殷复兴，诸侯归之，故称中宗。

　　中宗崩，子帝中丁立。帝中丁迁于隞（áo）。河亶（dǎn）甲居相。祖乙迁于邢。帝中丁崩，弟外壬（rén）立，是为帝外壬。《仲丁》书阙（quē）不具。帝外壬崩，弟河亶甲立，是为帝河亶甲。河亶甲时，殷复衰。河亶甲崩，子帝祖乙立。帝祖乙立，殷复兴。巫贤任职。

　　祖乙崩，子帝祖辛立。帝祖辛崩，弟沃甲立，是为帝沃甲。帝沃甲崩，立沃甲兄祖辛之子祖丁，是为帝祖丁。帝祖丁崩，立弟沃甲之子南庚，是为帝南庚。帝南庚崩，立帝祖丁之子阳甲，是为帝阳甲。帝阳甲之时，殷衰。

　　自中丁以来，废适（dí）而更立诸弟子，弟子或争相代立，比九世乱，于是诸侯莫朝。帝阳甲崩，弟盘庚立，是为帝盘庚。帝盘庚之时，殷已都河北，盘庚渡河南，复居成汤之故居，乃五迁，无定处。殷民咨胥<sup>③</sup>（xū）皆怨，不欲徙。盘庚乃告谕诸侯大臣曰："昔高后成汤与尔之先祖俱定天下，法则

---

①反：同"返"，归向。

②阙：同"缺"，缺点。

③胥：文言副词，都。

可修。舍而弗勉，何以成德！”乃遂涉河南，治亳，行汤之政，然后百姓由宁，殷道复兴。诸侯来朝，以其遵成汤之德也。帝盘庚崩，弟小辛立，是为帝小辛。帝小辛立，殷复衰。百姓思盘庚，乃作《盘庚》三篇。帝小辛崩，弟小乙立，是为帝小乙。

帝小乙崩，子帝武丁立。帝武丁即位，思复兴殷，而未得其佐。三年不言，政事决定于冢宰，以观国风。武丁夜梦得圣人，名曰说。以梦所见视群臣百吏，皆非也。于是乃使百工营求之野，得说于傅险中。是时说为胥靡，筑于傅险。见于武丁，武丁曰是也。得而与之语，果圣人，举以为相，殷国大治。故遂以傅险姓之，号曰傅说。

帝武丁祭成汤，明日，有飞雉登鼎耳而呴①，武丁惧。祖己曰：“王勿忧，先修政事。”祖己乃训王曰：“唯天监下典厥义，降年有永有不永，非天夭民，中绝其命。民有不若德，不听罪，天既附命正厥德，乃曰其奈何。呜呼！王嗣敬民，罔非天继，常祀毋礼于弃道。”武丁修政行德，天下咸欢，殷道复兴。

帝武丁崩，子帝祖庚立。祖己嘉武丁之以祥雉为德，立其庙为高宗，遂作《高宗肜日》及《训》。帝祖庚崩，弟祖甲立，是为帝甲。帝甲淫乱，殷复衰。帝甲崩，子帝廪辛立。帝廪辛崩，弟庚丁立，是为帝庚丁。帝庚丁崩，子帝武乙立。殷复去亳，徙河北。

帝武乙无道，为偶人，谓之天神。与之博，令人为行。天神不胜，乃僇辱之。为革囊，盛血，卬②而射之，命曰“射天”。武乙猎于河渭之间，暴雷，武乙震死。子帝太丁立。帝太丁崩，子帝乙立。帝乙立，殷益衰。

帝乙长子曰微子启，启母贱，不得嗣。少子辛，辛母正后，辛为嗣。帝乙崩，子辛立，是为帝辛，天下谓之纣③。

---

① 呴：同“雊”，野鸡叫。

② 卬：同“仰”。

③ 纣：古代谥法，“残义损善”为“纣”。

帝纣资辨①捷疾，闻见甚敏；材力过人，手格猛兽；知足以距②谏，言足以饰非；矜人臣以能，高天下以声，以为皆出己之下。好酒淫乐，嬖于妇人。爱妲己，妲己之言是从。于是使师涓作新淫声，北里之舞，靡靡之乐。厚赋税以实鹿台之钱，而盈钜桥之粟。益收狗马奇物，充仞③宫室。益广沙丘苑台，多取野兽蜚鸟④置其中。慢于鬼神。大聚乐戏于沙丘，以酒为池，悬肉为林，使男女倮⑤相逐其间，为长夜之饮。

　　百姓怨望而诸侯有畔者，于是纣乃重刑辟，有炮烙之法。以西伯昌、九侯、鄂侯为三公。九侯有好女，入之纣。九侯女不憙⑥淫，纣怒，杀之，而醢九侯。鄂侯争之强，辨之疾，并脯鄂侯。西伯昌闻之，窃叹。崇侯虎知之，以告纣，纣囚西伯羑里。西伯之臣闳夭之徒，求美女奇物善马以献纣，纣乃赦西伯。西伯出而献洛西之地，以请除炮烙之刑。纣乃许之，赐弓矢斧钺，使得征伐，为西伯。而用费中为政。费中善谀，好利，殷人弗亲。纣又用恶来。恶来善毁谗，诸侯以此益疏。

　　西伯归，乃阴修德行善，诸侯多叛纣而往归西伯。西伯滋大，纣由是稍失权重。王子比干谏，弗听。商容贤者，百姓爱之，纣废之。及西伯伐饥国，灭之，纣之臣祖伊闻之而咎周，恐，奔告纣曰："天既讫我殷命，假人元龟，无敢知吉，非先王不相我后人，维王淫虐用自绝，故天弃我，不有安食，不虞知天性，不迪率典。今我民罔不欲丧，曰'天曷不降威，大命胡不至'？今王其奈何？"纣曰："我生不有命在天乎？"祖伊反，曰："纣不可谏矣。"西伯既卒，周武王之东伐，至盟津，诸侯叛殷会周者八百。诸侯皆曰："纣可伐矣。"武王曰："尔未知天命。"乃复归。

---

① 辨：同"辩"，有口才。

② 距：同"拒"，拒绝。

③ 仞：通"牣"，满。

④ 蜚鸟：即飞鸟。

⑤ 倮：同"裸"。

⑥ 憙：同"喜"。

●脯林酒池

纣愈淫乱不止。微子数谏不听，乃与大师、少师谋，遂去。比干曰："为人臣者，不得不以死争①。"乃强谏纣。纣怒曰："吾闻圣人心有七窍。"剖比干，观其心。箕子惧，乃详②狂为奴，纣又因之。殷之大师、少师乃持其祭乐器奔周。周武王于是遂率诸侯伐纣。纣亦发兵距之牧野。甲子日，纣兵败。纣走，入，登鹿台，衣其宝玉衣，赴火而死。周武王遂斩纣头，悬之白旗。杀妲己。释箕子之囚，封比干之墓，表商容之闾。封纣子武庚禄父，以续殷祀，令修行盘庚之政。殷民大说。于是周武王为天子。其后世贬帝号，号为王。而封殷后为诸侯，属周。

周武王崩，武庚与管叔、蔡叔作乱，成王命周公诛之，而立微子于宋，以续殷后焉。

太史公曰：余以《颂》次契之事，自成汤以来，采于《书》《诗》。契为子姓，其后分封，以国为姓，有殷氏、来氏、宋氏、空桐氏、稚氏、北殷氏、目夷氏。孔子曰，殷路车为善，而色尚白。

**译　文**

殷族始祖契，母亲名叫简狄，是有娀氏的女子，帝喾的居于次位的妃子。她跟另外两个女子一同到水边洗澡，看到一个燕子蛋掉落下来，简狄就把蛋拿起来吞吃了了，因此怀孕生下了契。契长大后协助禹治水有功，帝舜任命契担任司徒，舜说："百姓彼此不能亲睦，家庭关系不能够和顺，你担任司徒，恭谨地推行伦理道德教育，要以宽厚为根本。"并把他封在商这个地方，赐予他这一族姓。契兴起于唐、虞、大禹的

① **争**：同"诤"，谏诤。
② **详**：通"佯"，假装。

史记精华本

时代，为百姓干了很多好事，百姓因此生活安定下来。

契死后，儿子昭明继承了他的位置。昭明死后，儿子相土接任。相土死后，儿子昌若接任。昌若死后，儿子曹圉接任。曹圉死后，儿子冥接任。冥死后，儿子振接任。振死后，儿子微接任。微死后，儿子报丁接任。报丁死后，儿子报乙接任。报乙死后，儿子报丙接任。报丙死后，儿子主壬接任。主壬死后，儿子主癸接任。主癸死后，儿子天乙接任，这便是成汤。

从契到汤，居住地总共迁徙了八次。成汤才开始在亳地居住下来，这是帝喾曾住过的地方，《尚书》中的《帝诰》就是由于迁居于亳而作的。

汤征伐诸侯。葛伯不奉命进行祭祀，汤首先征伐他。汤说："我有一句话：人们能够从水中看到自己的样子，观察人民就能知道国家治理得好不好。"伊尹说："非常明智啊！能听别人的话，才有人向你述说治国的道理。君临国家，视民如子，为善的人就全都前来任职了。努力啊，努力啊！"汤对众人说："你们如果不能够遵从我的命令，我就会重重地惩罚你们，决不宽恕。"《尚书》中的《汤征》就是此时作的。

伊尹名叫阿衡。他想拜见汤，苦于没有门路，就当了汤所娶的有莘氏女子的陪嫁奴隶，背着厨房用具，通过割烹调味的道理来游说汤，使他成为天下间的圣王。也有人提出，伊尹原本是一个隐士，汤派人聘请了他，请了五次他才愿意去见汤，向汤讲述无为而治的素王之道，还有九种君主的优劣。汤任用他来治理国家。伊尹曾离开汤前往夏国。他看到了夏的丑恶，又返回了亳。他从亳的北门进城，遇见了汤的臣下女鸠、女房，《尚书》中的《女鸠女房》就是记录伊尹跟他们所说的话的。

商汤外出，看到野外的猎人正在四面张网，祷告说："（鸟）从四方都飞到我的网子里来。"汤说："啊，那样就会一网打尽了！"就撤掉了其中三面的网，祷告说："要向左的就向左，要向右的就向右，不听命的才到我的网中来。"诸侯们听说这件事，都说："汤的德行好到了极点，连禽兽都得到了恩惠。"

正当此时，夏王桀对人民非常暴虐，荒淫无道，诸侯里的昆吾氏也经常做坏事。汤就发兵率领诸侯前去讨伐，伊尹跟随汤，汤亲自手拿大钺去打昆吾，接着就去攻打夏桀。汤说："你们大家都来听我讲话。并非我这个小子敢起来叛乱，而是夏作恶多端，我听到你们都在说夏是有罪的。我敬畏上帝，不敢不前去惩罚。现在夏作恶多端，是上天要去诛灭他。现在你们大家却说：'我们的君王不去怜恤我们，荒废我们的农事去征伐别人。'你们还会说：'夏有罪，又能把他怎么样呢？'夏王破坏人民的生产，在整个夏国进行恣意掠夺。民众都因此懈怠，不愿听从他的命令，还诅咒他说：'这个太阳何时才能灭亡？我们愿与你同归于尽！'夏的德行已经败坏到了这个地步，现在我一定要去征伐他。你们倘若帮助我奉行上天的惩戒，我将会重赏你们。你们不要不相信，我是绝对会信守诺言的。你们如果不能服从誓言，我就要严惩你们还有你们的妻子儿女，决不宽恕。"当时把这些话当作命令告谕全军，史官将其记录下来，就成了《尚书》中的《汤誓》。于是汤说"我非常勇武"，因此将武王当作称号。

桀在有娀氏的旧地被打败，逃奔鸣条，夏军溃败。汤接着就攻打三𡽍，获得了那里的宝玉，义伯、仲伯因此写下了《典宝》。汤打败了夏，想迁徙社神而不成，因此写下了《夏社》。伊尹向汤报告了各地的状况。这时，诸侯都归附于汤，汤即天子之位，平定了四海。

汤在伐三𡽍的归途里走到泰卷陶这个地方时，大臣仲虺写了一篇诰。汤已经推翻了夏朝，返回了亳，写下了《汤诰》："在三月里，王亲自来到东郊，告谕各位诸侯及各位首领说：'不要无功于百姓，努力处理你们的事务。不然我就会重重地惩罚你们，你们不要怨恨我。'又说：'古代时，禹和皋陶长年在外辛劳，才能有功于百姓，百姓才得以安定下来。他们东治江，北治济，西治河，南治淮，这四条大河被治理好以后，民众才有地方得以居住。后稷教导民众播种，努力种植百谷。这三位都有大功于民，所以他们的后代才能建立国家。过去，蚩尤与他的臣下侵害百姓，上帝就不会保佑他。这些都是事实。大家应当努力去按照先代圣王的话去做。'又说：'假如无道，就不让他去统治国家。你们可不要怨恨我。'"这些话作为命令遍告给诸侯。这时还有伊尹写下了《咸有一德》，咎单写下了《明居》。

汤于是改定建丑之月为正月，将车马等东西的颜色改为以白色为上，群臣要在白天朝见天子。

汤死后，由于太子太丁还没有继位就已死去，就立太丁的弟弟外丙为君，这便是帝外丙。帝外丙在位三年后死去，又立外丙的弟弟仲壬为君，这便是帝仲壬。帝仲壬在位四年后死去。伊尹于是让太丁的儿子太甲当了国君。太甲是成汤的嫡长孙，这便是帝太甲。帝太甲元年，伊尹为了训诫太甲写下了《伊训》《肆命》和《徂后》。

帝太甲为君三年，不明事理，又比较暴虐，没有遵守汤的法度，德行败坏。因此伊尹将太甲放逐到桐宫当中，太甲在那里度过了三年时间。伊尹代理掌管国政，接受诸侯的朝见。

帝太甲在桐宫当中住了三年，终于悔过向善，于是伊尹将他迎了回来，把政权交还给他。帝太甲的德行不断变好起来，诸侯都归服于殷朝，百姓由此获得了安宁。伊尹非常赞赏，就写了《太甲训》三篇来褒扬太甲，尊称他为太宗。

太宗死后，儿子沃丁继位。帝沃丁在位期间，伊尹死去。安葬伊尹于亳的事办完

后，咎单就论说了伊尹的行事，写下《沃丁》一文。

沃丁死后，弟弟太庚继位，这便是帝太庚。帝太庚死后，儿子帝小甲继位。帝小甲死后，弟弟雍己继位，这就是帝雍己。此时，殷朝开始衰落，有的诸侯就不来朝贡了。帝雍己死后，弟弟太戊继位，这就是帝太戊。帝太戊任命伊陟担任宰相。在亳都，朝廷上忽然有桑树与楮树合在一起生长，一晚上就长得要用两只手围握那么粗。帝太戊非常害怕，就去问伊陟。伊陟说："我听说怪异的事物都无法敌过好的德行，难道是您治理国家有什么缺点吗？您应该让自己的德行变得更好。"太戊听从了他的建议，怪树很快就枯死而消失了。伊陟向巫咸赞美并讲述了这件事，巫咸治理王家也非常有成绩，于是写下了《咸艾》和《太戊》。帝太戊在宗庙里称赞伊陟，并说为了尊重他而不将他当作臣下来对待，伊陟谦让不敢当，因此写下了《原命》。这时，殷朝复兴，诸侯臣服，所以太戊尊称为中宗。

中宗死后，儿子帝仲丁继位。帝仲丁将都城迁移到隞，河亶甲迁到相，祖丁又迁到邢。帝仲丁死后，弟弟外壬继位，这就是帝外壬。《尚书》当中的《仲丁篇》已经亡佚，无法见到。帝外壬死后，弟弟河亶甲继立，这便是帝河亶甲。河亶甲在位期间，殷朝又衰落了。河亶甲死后，儿子帝祖乙继位。帝祖乙继位后，殷朝再次兴盛起来，巫贤得到任用。

祖乙死后，儿子帝祖辛继位。帝祖辛死后，弟弟沃甲继位，这便是帝沃甲。帝沃甲死后，立沃甲的哥哥祖辛的儿子祖丁为国君，这就是帝祖丁。帝祖丁死后，立沃甲的儿子南庚为国君，这便是帝南庚。帝南庚死后，立帝祖丁的儿子阳甲为国君，这便是帝阳甲。帝阳甲在位期间，殷朝又衰落了。

从仲丁以来，常常撇开嫡子而由王弟及王子们来轮流继位，有时王弟和王子还彼此争位，接连九世的情况都非常混乱，于是诸侯就都不来朝贡了。帝阳甲死了之后，他的弟弟盘庚继位，这便是帝盘庚。帝盘庚继位时，殷都已经迁到了黄河以北。盘庚渡河向南，迁回到成汤的故居。到盘庚迁都时，殷朝已经迁徙了五次国都，总是不能长期定居下来。殷人都愁叹怨恨，不愿继续迁徙。盘庚就告谕诸侯与大臣们说："过去先王成汤与你们的先祖一起打天下，他的法则是可以一直遵循的。舍弃他的法则而不进行努力，怎么可以弄得好呢？"于是就渡河南迁，定都于亳，遵行汤当初的治国方法。这样做了之后，百姓得以安宁生活，殷朝的国势重新兴盛，诸侯都来朝见，这都是由于盘庚可以像成汤那样行事的缘故。帝盘庚去世之后，他的弟弟小辛继位，这就是帝小辛。帝小辛继位之后，殷朝再次衰落。百姓思念盘庚，就写下了《盘庚》三篇。帝小辛死后，弟弟小乙继位，这便是帝小乙。

●商高宗武丁

帝小乙死后，儿子帝武丁继位。帝武丁继位后，希望复兴殷朝，但没能找到合适的助手。因此三年没有说话，政事都由太宰来决定，暗中观察国家的情况。武丁在夜里梦到一个圣人，名叫说。他观察了众多的官吏，没有一个能跟梦中所见的人相符合的。于是就派出很多画工在民间到处寻找，终于在傅险这个地方找到了梦中的那个说。当时说作为刑徒正在傅险修建房屋。说被送到武丁那里，武丁看到他后就说"找对了人"。跟他一交谈，果然是一位圣人，就任命他为宰相，他将国家治理得非常好。于是就根据傅险这个地名来确定其姓氏，称他为傅说。

帝武丁祭祀成汤的第二天，有野鸡飞来，站在鼎耳上鸣叫，武丁感到很害怕。祖己说："王不必忧愁，先搞好政事要紧。"祖己于是告诫武丁："上天观察下民，主要看他们的行为是否合乎道理，天赐予人的寿命有长有短，寿命短是因为人的行为不合道理，并不是天要让人夭折，使人的生命过早中断。有的人不顺应道理，又不肯认罪，等到上天已按照他的表现给予了他相应的命运，才说应该怎样改变，这就已经太迟了。唉！选王应当慎重地对待民事，大家全都是上天的后代，经常举行祭祀的时候，礼仪不可以不合乎道理。"武丁进行政治改革，布施恩惠，使得天下的人都很欢欣，殷朝国势又再次兴盛起来。

帝武丁死后，儿子帝祖庚继立。祖己赞美武丁能够因为怪异的野鸡而修德行善，为他立庙，尊其为高宗，于是写下《高宗肜日》和《高宗之训》。帝祖庚死后，他的弟弟祖甲继位，这就是帝甲。帝甲荒淫败德，殷朝再次衰落。帝甲死后，儿子帝廪辛继位。帝廪辛死后，弟弟庚丁继立，这便是帝庚丁。帝庚丁死后，儿子帝武乙继位，殷都又从亳迁到了黄河以北。

帝武乙无道，制作了假人，把他称为天神，跟他玩博戏，命令人代他走博棋，天神输了，就会侮辱他。还用皮革制成袋子，盛了血，高高地挂起来，仰面射它，称为"射天"。武乙在大河与渭水之间进行田猎，天上忽然打雷，武乙被雷震死。儿子帝太丁继位。帝太丁死后，儿子帝乙继立。帝乙继位后，殷朝变得更加衰落了。

帝乙的长子叫作微子启。启的母亲地位较低，因此启无法继承王位。小儿子是辛，辛的母亲是王后，因此辛成为王位的继承人。帝乙死后，儿子辛继位，这就是帝辛，天下人称他为纣。

帝纣口才极佳，思维敏捷，耳朵、眼睛都很灵敏，勇力过人，可以徒手与猛兽搏斗；智慧足够用来驳斥劝谏，口才足以掩饰自身的过错；以才能向臣下自夸，以名声来压服天下，认为所有的人都不如自己。他很喜欢喝酒，享乐过度，亲近妇女；特别是宠爱妲己，就听信妲己的话。他让乐师涓创作了新的极为放荡的曲调，还有北里之舞与轻柔而颓废的音乐。为了装满鹿台的钱库及钜桥的粮仓，大大加重了各类税收。又大量搜取狗、马及各种珍奇的东西，塞满了宫室。还扩大沙丘的园子，增修亭台楼阁，猎取了很多野兽飞鸟放到园子里。他怠慢鬼神，他在沙丘当中大搞舞乐杂技等表演，用大池子装酒，把大量的肉挂起来犹如一个树林，让大量男女光着身子在其中互相追逐，通宵饮酒取乐。

百姓怨恨纣，诸侯也有很多人反叛，于是纣就加重刑罚，还想出来残酷的炮烙之刑。纣任命周君西伯昌、九侯和鄂侯为三公。九侯有一个很漂亮的女儿，他把她献给了纣。九侯的女儿讨厌淫乱，纣非常恼怒，就杀掉了她，还将九侯剁成肉酱。鄂侯为这件事与纣争吵得很厉害，纣于是将鄂侯也处死，把他的肉做成肉干。西伯昌听到这件事后，私下里叹息，被崇侯虎知道，他向纣告了密，纣将西伯囚禁在羑里。西伯的臣下闳夭等人，搜罗美女、珍奇的东西及好马献给纣，纣就赦免了西伯。西伯出狱后献出洛水西面的一部分土地，请求纣废掉炮烙之刑。纣答应了他，还赐予他弓箭斧钺，使他有权征伐不听命令者，让他担任西方诸侯的首领。纣任用费仲主管政务，费仲善于逢迎，又非常贪财，殷人都不喜欢他。纣又任用恶来。恶来喜欢说人坏话，诸侯因此更加疏远纣了。

西伯返回自己的国家，暗地修德行善，有很多诸侯背叛纣而投奔西伯。西伯不断变得强大，纣的权威日渐削弱。王子比干劝谏纣，纣不听。商容是一位贤人，百姓都很喜欢他，纣却并不任用他。等到西伯伐没掉了饥国，纣的臣下祖伊知道后，认定周是殷的大害，非常恐慌，跑去报告纣说："上天已经终止了殷朝的国运，知道天意的人不敢再说我们拥有好的命运，大卜龟也不再显示吉兆，并非先王不帮助我们这些后人，是王荒淫暴虐，自绝于上天。所以上天抛弃了我们，使我们无法安稳地生活。大家都不求知道天性，都不按照常法。现在我们的人民全都希望我们殷朝灭亡，他们说：'上天为什么不降下惩罚呢，天命为什么还不到来啊？'现在王准备要怎么办呢？"纣说："我生下来不是就有命在天吗？"祖伊回去后说："纣已经无法进行劝谏了。"西伯死后，周武王东征，到达盟津，诸侯背叛殷朝来与周人会合的有八百个之多。诸侯都说："可以讨伐纣了。"武王却说："你们还没有知道天命。"于是就回国了。

纣越来越放肆地胡作非为。微子屡次劝谏，纣都不听，于是微子就与太师、少师商量，下决心离纣而去。比干说："身为臣子，就算要丢掉性命也得据理力争。"就在纣面前极力谏诤。纣发怒说："我听说圣人的心总共有七个窍。"就剖开比干的胸来查看他的心。箕子很害怕，假装发狂去当奴隶，纣将他囚禁起来。殷朝的太师与少师看到如此情况，就带着祭祀时所用的乐器逃往周。于是周武王就率领诸侯去讨伐纣，纣也发兵在别都妹邑郊外的牧野与周军作战。甲子那一天，纣军大败。纣逃回妹邑，登上了鹿台，穿上自己的宝玉衣，投火而死。周武王砍下了纣的头，将它挂在"大白"旗上；并杀掉了妲己。另一方面，释放了箕子，为比干的墓加上封土，在商容居住的里巷的大门上加了褒扬他的标志；又封纣的儿子武庚禄父为国君，继续奉祀殷商的先祖，并让他遵循盘庚的治国方法。殷人很高兴。于是周武王就成了天子。周朝后来取消了帝号，降级称王。殷王的后人被封为诸侯，附属于周。

周武王去世后，武庚联合周武王的弟弟管叔、蔡叔一同作乱，成王让周公前去讨伐，杀掉了武庚，随后将微子立为宋君，使得殷商的先人仍有后代能够继续奉祀他们。

太史公说：我依据《商颂》当中的记载来叙述契的事迹。从成汤以下，依据《尚书》与《诗经》里的内容。契的姓是子，后代分封，以国名为姓，有殷氏、来氏、宋氏、空桐氏、稚氏、北殷氏、目夷氏。孔子说，殷的路车非常好，颜色上崇尚白色。

纣王摘星楼自焚

●纣王摘星楼自焚

赏 析

《殷本纪》当中非常系统地记录了商朝的历史，描绘了一幅商部族从兴起、建立、灭亡的宏伟画卷。商朝在其统治的约六百年时间当中，几经兴衰。成汤的兴起，盘庚、武丁的中兴，纣的灭亡，是商朝历史当中发挥着关键作用的几个最为重大的事件。司马迁以饱含热情的笔触歌颂了成汤、盘庚、武丁等贤君敬畏上天、推行德政、全心为民的政治业绩；又无情地贬抑了殷纣刚愎自用、荒淫无道、迫害忠良、残害百姓等诸多暴行。

　　商朝共传承十七代三十一王，共约五百余年，历史相当漫长，而司马迁只抓住其中几个重点时代进行集中叙述与描写，浓墨重彩，其他的都一带而过，使得全篇整体虚实相映，详略有当。在刻画人物层面，司马迁抓住可以凸显人物个性的几个典型事例进行叙述、描写，体现历史的整体真实性，使人物形象变得丰满、栩栩如生。如成汤祝网、太甲思过等，都是历史当中的经典故事，将各位贤君修行德政的宽厚姿态表现得淋漓尽致。对于纣的描写，几乎完全都是以叙述的口吻，一件一件地将史实罗列出来，再加上有周文王、周武王进行映衬，一个暴君的形象跃然纸上，成为一个流传千古的反面典型。

# 周本纪

题 解

《周本纪》选自《史记》卷四,也是本纪部分的第四卷。周朝是继殷商之后,我国历史上的第三个王朝。周也是一个极为古老的部族,活跃于我国西北的黄土高原。早在唐尧时期,周的始祖后稷就担任了农师,负责管理农业生产。后稷的后裔公刘、古公亶父率领族人继续推行兴农举措,使部族逐渐变得强大起来。古公亶父为了躲避戎狄的侵袭,率部族离开豳地,移居到岐下,营建城邑,修治村落,设立官职,广行仁政,周国至此兴盛。又经过公季、文王的苦心经营,增强了国力。后来,周武王带领天下诸侯一举灭掉了商朝,建立了周王朝。周王朝作为中国历史上延续时间最长的王朝,在中国历史上有着特殊的地位。

**原 文**

周后稷,名弃。其母有邰氏女,曰姜原。姜原为帝喾元妃。姜原出野,见巨人迹,心忻① 然说② ,欲践之,践之而身动如孕者。居期而生子,以为不祥,弃之隘巷,马牛过者皆辟不践;徙置之林中,适会山林多人,迁之;而弃渠中冰上,飞鸟以其翼覆荐之。姜原以为神,遂收养长之。初欲弃之,因名曰弃。

弃为儿时,屹如巨人之志。其游戏,好种树麻、菽,麻、菽美。及为成人,遂好耕农,相地之宜,宜谷者稼穑焉,民皆法则之。帝尧闻之,举弃为农师,天下得其利,有功。帝舜曰:"弃,黎民始饥,尔后稷播时百

---

① 忻:同"欣"。
② 说:同"悦",喜悦。

谷。"封弃于邰，号曰后稷，别姓姬氏。后稷之兴，在陶唐、虞、夏之际，皆有令德。

后稷卒，子不窋立。不窋末年，夏后氏政衰，去稷不务，不窋以失其官而奔戎狄之间。不窋卒，子鞠立。鞠卒，子公刘立。公刘虽在戎狄之间，复修后稷之业，务耕种，行地宜，自漆、沮度渭，取材用，行者有资，居者有畜积，民赖其庆。百姓怀之，多徙而保归焉。周道之兴自此始，故诗人歌乐思其德。公刘卒，子庆节立，国于豳。

庆节卒，子皇仆立。皇仆卒，子差弗立。差弗卒，子毁隃立。毁隃卒，子公非立。公非卒，子高圉立。高圉卒，子亚圉立。亚圉卒，子公叔祖类立。公叔祖类卒，子古公亶父立。古公亶父复修后稷、公刘之业，积德行义，国人皆戴之。薰育戎狄攻之，欲得财物，予之。已复攻，欲得地与民。民皆怒，欲战。古公曰："有民立君，将以利之。今戎狄所为攻战，以吾地与民。民之在我，与其在彼，何异。民欲以我故战，杀人父子而君之，予不忍为。"乃与私属遂去豳，度漆、沮，逾梁山，止于岐下。豳人举国扶老携弱，尽复归古公于岐下。及他旁国闻古公仁，亦多归之。于是古公乃贬戎狄之俗，而营筑城郭室屋，而邑别居之。作五官有司。民皆歌乐之，颂其德。

古公有长子曰太伯，次曰虞仲。太姜生少子季历，季历娶太任，皆贤妇人，生昌，有圣瑞。古公曰："我世当有兴者，其在昌乎？"长子太伯、虞仲知古公欲立季历以传昌，乃二人亡如荆蛮，文身断发，以让季历。古公卒，季历立，是为公季。公季修古公遗道，笃于行义，诸侯顺之。

公季卒，子昌立，是为西伯。西伯曰文王，遵后稷、公刘之业，则古公、公季之法，笃仁，敬老，慈少。礼下贤者，日中不暇食以待士，士以此多归之。伯夷、叔齐在孤竹，闻西伯善养老，盍往归之。太颠、闳夭、散宜生、鬻子、辛甲大夫之徒皆往归之。

崇侯虎谮西伯于殷纣曰："西伯积善累德，诸侯皆向之，将不利于

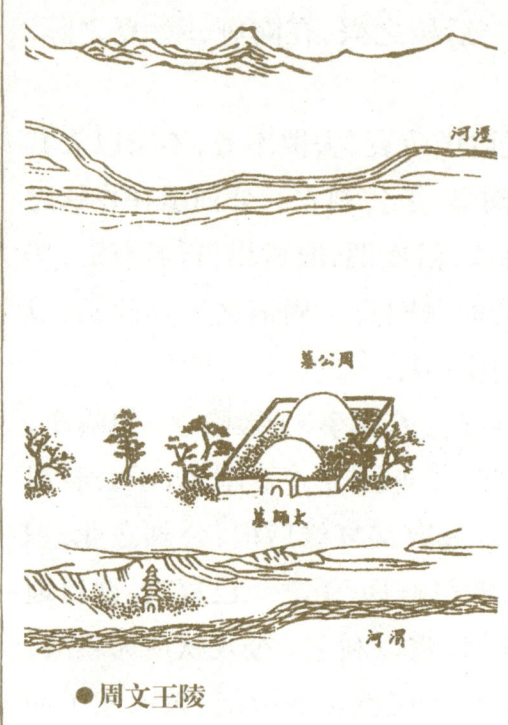

河渭

墓公周

墓師水

河渭

● 周文王陵

史记精华本

帝。"帝纣乃囚西伯于羑里。闳夭之徒患之，乃求有莘氏美女，骊戎之文马，有熊九驷，他奇怪物，因殷嬖臣费仲而献之纣。纣大说，曰："此一物足以释西伯，况其多乎！"乃赦西伯，赐之弓矢斧钺，使西伯得征伐。曰："谮西伯者，崇侯虎也。"西伯乃献洛西之地，以请纣去炮烙之刑。纣许之。

西伯阴行善，诸侯皆来决平。于是虞、芮之人有狱不能决，乃如周。入界，耕者皆让畔，民俗皆让长。虞、芮之人未见西伯，皆惭，相谓曰："吾所争，周人所耻，何往为，只取辱耳。"遂还，俱让而去。诸侯闻之，曰"西伯盖受命之君"。

明年，伐犬戎。明年，伐密须。明年，败耆国。殷之祖伊闻之，惧，以告帝纣。纣曰："不有天命乎？是何能为！"明年，伐邘。明年，伐崇侯虎。而作丰邑，自岐下而徙都丰。

明年，西伯崩，太子发立，是为武王。西伯盖即位五十年。其囚羑里，盖益《易》之八卦为六十四卦。诗人道西伯，盖受命之年称王而断虞芮之讼。后十年而崩，谥为文王。改法度，制正朔矣。追尊古公为太王，公季为王季：盖王瑞自太王兴。

武王继位，太公望为师，周公旦为辅，召公、毕公之徒左右王，师修文王绪业。

九年，武王上祭于毕。东观兵，至于盟津。为文王木主，载以车，中军。武王自称太子发，言奉文王以伐，不敢自专。乃告司马、司徒、司空、

〇三四

诸节："齐栗，信哉！予无知，以先祖有德臣，小子受先功，毕立赏罚，以定其功。"遂兴师。师尚父号曰："总尔众庶，与尔舟楫，后至者斩！"武王渡河，中流，白鱼跃入王舟中，武王俯取以祭。既渡，有火自上复于下，至于王屋，流为乌，其色赤，其声魄云。是时，诸侯不期而会盟津者八百诸侯。诸侯皆曰："纣可伐矣。"武王曰："女未知天命，未可也。"乃还师归。

　　居二年，闻纣昏乱暴虐滋甚，杀王子比干，囚箕子。太师疵、少师强抱其乐器而奔周。于是武王遍告诸侯曰："殷有重罪，不可以不毕伐。"乃遵文王，遂率戎车三百乘，虎贲三千人，甲士四万五千人，以东伐纣。十一年十二月戊午，师毕渡盟津，诸侯咸会。曰："孳孳①无怠！"武王乃作《太誓》，告于众庶："今殷王纣乃用其妇人之言，自绝于天，毁坏其三正，离逷②其王父母弟，乃断弃其先祖之乐，乃为淫声，用变乱正声，怡说妇人。故今予发维共③行天罚，勉哉夫子，不可再，不可三！"

　　二月甲子昧爽，武王朝至于商郊牧野，乃誓。武王左杖黄钺，右秉白旄，以麾。曰："远矣西土之人！"武王曰："嗟！我有国冢君，司徒、司马、司空、亚旅、师氏、千夫长、百夫长，及庸、蜀、羌、髳、微、纑、彭、濮人，称尔戈，比尔干，立尔矛，予其誓。"王曰："古人有言'牝鸡无晨。牝鸡之晨，惟④家之索⑤'，今殷王纣维⑥妇人言是用，自弃其先祖肆祀不答，昏⑦弃其家国，遗其王父母弟不用，乃维四方之多罪逋逃是崇是长，

---

①孳孳：同"孜孜"，不断努力的样子。

②逷：同"逖"，远。

③共：通"恭"。

④惟：同"唯"，只。

⑤索：尽，这里含有破败的意思。

⑥维：同"唯"。

⑦昏：通"泯"，蔑。

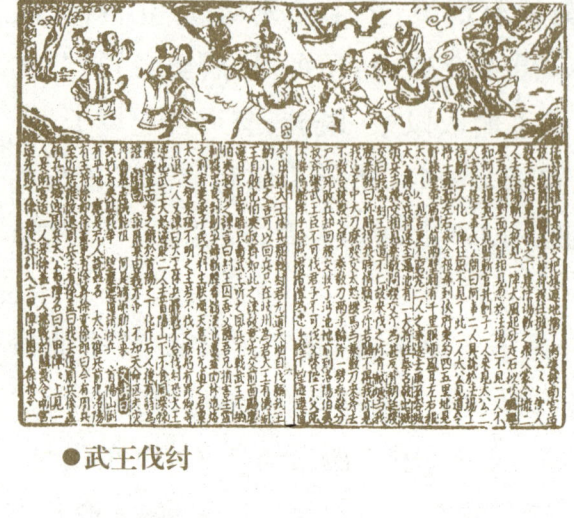

●武王伐纣

是信是使，俾暴虐于百姓，以奸轨①于商国。今予发维共行天之罚。今日之事，不过六步七步，乃止齐焉，夫子勉哉！不过于四伐五伐六伐七伐，乃止齐焉，勉哉夫子！尚桓桓，如虎如罴，如豺如离②，于商郊，不御克奔，以役西土，勉哉夫子！尔所不勉，其于尔身有戮。"誓已，诸侯兵会者车四千乘，陈师牧野。

帝纣闻武王来，亦发兵七十万人距③武王。武王使师尚父与百夫致师，以大卒驰帝纣师。纣师虽众，皆无战之心，心欲武王亟入。纣师皆倒兵以战，以开武王。武王驰之，纣兵皆崩畔④纣。纣走，反入登于鹿台之上，蒙衣其殊玉，自燔于火而死。武王持大白旗以麾诸侯，诸侯毕拜武王，武王乃揖诸侯，诸侯毕从。武王至商国，商国百姓咸待于郊。于是武王使群臣告语商百姓曰："上天降休！"商人皆再拜稽首，武王亦答拜。遂入，至纣死所。武王自射之，三发而后下车，以轻剑击之，以黄钺斩纣头，悬大白之旗。已而至纣之嬖妾二女，二女皆经自杀。武王又射三发，击以剑，斩以玄钺，悬⑤其头小白之旗。武王已乃出复军。

其明日，除道，修社及商纣宫。及期，百夫荷罕旗以先驱。武王弟叔振铎奉陈常车，周公旦把大钺，毕公把小钺，以夹武王。散宜生、太颠、

---

① 轨：通"宄"，内乱。

② 离：同"螭"，传说当中一种类似龙的动物。

③ 距：同"拒"，抗拒。

④ 畔：通"叛"，背叛。

⑤ 悬：悬挂。

闳夭皆执剑以卫武王。既入，立于社南大卒之左，左右毕从。毛叔郑奉明水，卫康叔封布兹，召公奭赞采，师尚父牵牲。尹佚筴祝曰："殷之末孙季纣，殄废先王明德，侮蔑神祇不祀，昏暴商邑百姓，其彰显闻于天皇上帝。"于是武王再拜稽首，曰："膺更大命，革殷，受天明命。"武王又再拜稽首，乃出。

封商纣子禄父殷之余民。武王为殷初定未集，乃使其弟管叔鲜、蔡叔度相禄父治殷。已而命召公释箕子之囚。命毕公释百姓之囚，表商容之闾。命南宫括散鹿台之财，发钜桥之粟，以振①贫弱萌②隶。命南宫括、史佚展九鼎保玉。命闳夭封比干之墓。命宗祝享祠于军。乃罢兵西归。行狩，记政事，作《武成》。封诸侯，班赐③宗彝，作《分殷之器物》。武王追思先圣王，乃褒封神农之后于焦，黄帝之后于祝，帝尧之后于蓟，帝舜之后于陈，大禹之后于杞。于是封功臣谋士，而师尚父为首封。封尚父于营丘，曰齐。封弟周公旦于曲阜，曰鲁。封召公奭于燕。封弟叔鲜于管，弟叔度于蔡。余各以次受封。

武王征九牧之君，登豳之阜，以望商邑。武王至于周，自夜不寐。周公旦即王所，曰："曷为不寐？"王曰："告女：维天不飨④殷，自发未生于今六十年，麋鹿在牧，蜚鸿满野。天不享殷，乃今有成。维天建殷，其登名民三百六十夫，不显亦不宾⑤灭，以至今。我未定天保，何暇寐！"王曰："定天保，依天室，悉求夫恶，贬从殷王受。日夜劳来定我西土，我维显服，及德方明。自洛汭延于伊汭，居易毋固，其有夏之居。我南望三涂，北望岳鄙，顾詹有河，粤詹雒、伊，毋远天室。"营周居于雒邑而后去。纵马于华山之阳，放牛于桃林之虚；偃干戈，振兵释旅：示天下不

①振：同"赈"，救济。

②萌：通"氓"，泛指百姓。

③班赐：分赐。班，同"颁"，颁发。

④飨：同"享"，古代将鬼神所享用的祭品称为飨。

⑤宾：通"摈"，排斥。

复用也。

武王已克殷，后二年，问箕子殷所以亡。箕子不忍言殷恶，以存亡国宜告。武王亦丑，故问以天道。武王病。天下未集，群公惧，穆卜，周公乃祓斋，自为质，欲代武王，武王有瘳。后而崩，太子诵代立，是为成王。

成王少，周初定天下，周公恐诸侯畔周，公乃摄行政当国。管叔、蔡叔群弟疑周公，与武庚作乱，畔周。周公奉成王命，伐诛武庚、管叔，放蔡叔。以

●周公

微子开代殷后，国于宋。颇收殷余民，以封武王少弟封为卫康叔。

晋唐叔得嘉谷，献之成王，成王以归①周公于兵所。周公受禾东土，鲁天子之命。初，管、蔡畔周，周公讨之，三年而毕定，故初作《大诰》，次作《微子之命》，次《归禾》，次《嘉禾》，次《康诰》《酒诰》《梓材》，其事在《周公》之篇。周公行政七年，成王长，周公反②政成王，北面就群臣之位。

成王在丰，使召公复营洛邑，如武王之意。周公复卜申视，卒营筑，居九鼎焉。曰："此天下之中，四方入贡道里均。"作《召诰》《洛诰》。成王既迁殷遗民，周公以王命告，作《多士》《无佚》。召公为保，周公为师，东伐淮夷，残奄，迁其君薄姑。成王自奄归，在宗周，作《多方》。既绌殷命，袭淮夷，归在丰，作《周官》。兴正礼乐，度制于是改，而民和睦，颂声兴。成王既伐东夷，息慎来贺，王赐荣伯作《贿息慎之命》。

成王将崩，惧太子钊之不任，乃命召公、毕公率诸侯以相太子而立

---

① 归：通"馈"，赠送。

② 反：同"返"，指交还。

之。成王既崩，二公率诸侯，以太子钊见于先王庙，申告以文王、武王之所以为王业之不易，务在节俭，毋多欲，以笃信临之，作《顾命》。太子钊遂立，是为康王。康王继位，遍告诸侯，宣告以文武之业以申之，作《康诰》。故成康之际，天下安宁，刑错<sup>①</sup>四十余年不用。康王命作策毕公分居里，成周郊，作《毕命》。

康王卒，子昭王瑕立。昭王之时，王道微缺。昭王南巡狩不返，卒于江上。其卒不赴告，讳之也。立昭王子满，是为穆王。穆王即位，春秋已五十矣。王道衰微，穆王闵文武之道缺，乃命伯冏申诫太仆国之政，作《冏命》。复宁。

穆王将征犬戎，祭公谋父谏曰："不可。先王燿德不观兵。夫兵戢而时动，动则威，观则玩，玩则无震。是故周文公之颂曰：'载戢干戈，载櫜弓矢，我求懿德，肆于时夏，允王保之。'先王之于民也，茂<sup>②</sup>正其德而厚其性，阜其财求而利其器用，明利害之乡，以文修之，使之务利而辟害，怀德而畏威，故能保世以滋大。昔我先王世后稷以服事虞、夏。及夏之衰也，弃稷不务，我先王不窋用失其官，而自窜于戎狄之间。不敢怠业，时序其德，遵修其绪，修其训典，朝夕恪勤，守以敦笃，奉以忠信。奕世载德，不忝前人。至于文王、武王，昭前之光明而加之以慈和，事神保民，无不欣喜。商王帝辛大恶于民，庶民不忍，䜣载武王，以致戎于商牧。是故先王非务武也，勤恤民隐而除其害也。夫先王之制，邦内甸服，邦外侯服，侯卫宾服，夷蛮要服，戎翟荒服。甸服者祭，侯服者祀，宾服者享，要服者贡，荒服者王。日祭，月祀，时享，岁贡，终王。先王之顺祀也，有不祭则修意，有不祀则修言，有不享则修文，有不贡则修名，有不王则修德，序成而有不至则修刑。于是有刑不祭，伐不祀，征不享，让不

---

① 错：同"措"，搁放。

② 茂：通"懋"，尽力。

●周穆王八骏巡游

贡,告①不王。于是有刑罚之辟,有攻伐之兵,有征讨之备,有威让之命,有文告之辞。布令陈辞而有不至,则增修于德,无②勤民于远。是以近无不听,远无不服。今自大毕、伯士之终也,犬戎氏以其职来王,天子曰'予必以不享征之,且观之兵',无乃废先王之训,而王几顿乎?吾闻犬戎树敦,率旧德而守终纯固,其有以御我矣。"王遂征之,得四白狼四白鹿以归。自是荒服者不至。

诸侯有不睦者,甫侯言于王,作修刑辟。王曰:"吁,来!有国有土,告汝祥刑。在今尔安百姓,何择非其人,何敬非其刑,何居非其宜与?两造具备,师听五辞。五辞简信,正于五刑。五刑不简,正于五罚。五罚不服,正于五过。五过之疵,官狱内狱,阅实其罪,惟钧其过。五刑之疑有赦,五罚之疑有赦,其审克之。简信有众,惟讯有稽。无简不疑,共严天威。黥辟疑赦,其罚百率,阅实其罪。劓辟疑赦,其罚倍洒,阅实其罪。膑辟疑赦,其罚倍差,阅实其罪。宫辟疑赦,其罚五百率,阅实其罪。大辟疑赦,其罚千率,阅实其罪。墨罚之属千,劓罚之属千,膑罚之属五百,宫罚之属三百,大辟之罚其属二百:五刑之属三千。"命曰《甫刑》。

穆王立五十五年,崩,子共王繄扈立。共王游于泾上,密康公从,有三女奔之。其母曰:"必致之王。夫兽三为群,人三为众,女三为粲。王田不取群,公行不下众,王御不参一族。夫粲,美之物也。众以美

史记精华本

〇四〇

① 告:同"诰",谕告,指身份高的人告知身份低的人。

② 无:同"毋",不要。

物归<sup>①</sup>女,而何德以堪之? 王犹不堪,况尔之小丑乎! 小丑备物,终必亡。"康公不献,一年,共王灭密。共王崩,子懿王囏立。懿王之时,王室遂衰,诗人作刺。

懿王崩,共王弟辟方立,是为孝王。孝王崩,诸侯复立懿王太子燮,是为夷王。

夷王崩,子厉王胡立。厉王即位三十年,好利,近荣夷公。大夫芮良夫谏厉王曰:"王室其将卑乎? 夫荣公好专利而不知大难。夫利,百物之所生也,天地之所载也,而有专之,其害多矣。天地百物皆将取焉,何可专也? 所怒甚多,而不备大难。以是教王,王其能久乎? 夫王人者,将导利而布之上下者也。使神人百物无不得极,犹日怵惕惧怨之来也。故《颂》曰'思文后稷,克配彼天,立我蒸<sup>②</sup>民,莫匪<sup>③</sup>尔极<sup>④</sup>',《大雅》曰'陈锡载周'。是不布利而惧难乎,故能载周以至于今。今王学专利,其可乎? 匹夫专利,犹谓之盗,王而行之,其归鲜矣。荣公若用,周必败也。"厉王不听,卒以荣公为卿士,用事。

王行暴虐侈傲,国人谤王。召公谏曰:"民不堪命矣。"王怒,得卫巫,使监谤者,以告则杀之。其谤鲜矣,诸侯不朝。三十四年,王益严,国人莫敢言,道路以目。厉王喜,告召公曰:"吾能弭谤矣,乃不敢言。"召公曰:"是鄣之也。防民之口,甚于防水。水壅而溃,伤人必多,民亦如之。是故为水者决之使导,为民者宣之使言。故天子听政,使公卿至于列士献诗,瞽献曲,史献书,师箴,瞍赋,矇诵,百工谏,庶人传语,近臣尽规,亲戚补察,瞽史教诲,耆艾修之,而后王斟酌焉,是以事行而不悖。民之有口也,犹土之有山川也,财用于是乎出;犹其有原隰衍沃

---

① 归:通"馈",赠予。

② 蒸:同"烝",众多。

③ 匪:同"非",不。

④ **尔极**:即"极尔",以你为榜样。该句为宾语前置句。

● 感谏勤政

宣王中兴周朝，除了依靠贤臣的辅佐，也得力于王后姜氏的贤能。宣王尽管贤明，但也有很不好的习惯，那便是贪睡，每日都睡得很早，第二天起得很晚。姜后害怕他耽误了国事，希望劝谏他，于是，摘掉了首饰，身上穿着素衣，将自己幽禁到关押女囚的永巷内，并派人向宣王请罪。宣王说："这是我自身的懒惰，才会出现这样的过失，怎么能是王后的罪过呢？不是夫人的罪呀。"于是将王后请来相见，褒奖了王后。自此以后，宣王就勤于政事，每日都早起处理朝政，直到很晚行完晏礼才休息。

也，衣食于是乎生。口之宣言也，善败于是乎兴。行善而备败，所以产财用衣食者也。夫民虑之于心而宣之于口，成而行之，若壅(yōng)其口，其与能几何？"王不听。于是国莫敢出言，三年，乃相与畔，袭厉王。厉王出奔于彘(zhì)。

厉王太子静匿召(shào)公之家，国人闻之，乃围之。召公曰："昔吾骤谏王，王不从，以及此难(nàn)也。今杀王太子，王其以我为仇而怼怒(duì)乎？夫事君者，险而不仇怼(duì)，怨而不怒，况事王乎！"乃以其子代王太子，太子竟得脱。

召公、周公二相行政，号曰"共和"。共和十四年，厉王死于彘(zhì)。太子静长于召公家，二相乃共立之为王，是为宣王。宣王即位，二相辅之，修政，法文、武、成、康之遗风，诸侯复宗周。十二年，鲁武公来朝。宣王不修籍(jiè)于千亩，虢(guó)文公谏曰不可，王弗听。三十九年，战于千亩，王师败绩于姜氏之戎。

宣王既亡南国之师，乃料民于太原。仲山甫谏曰："民不可料也。"宣王不听，卒料民。

四十六年，宣王崩，子幽王宫涅(shēng)立。幽王二年，西周三川皆震。伯阳甫(fǔ)曰："周将亡矣。夫天地之气，不失其序；若过其序，民乱之也。阳伏而不能出，阴迫而不能蒸，于是有地震。今三川实震，是阳失其所而填阴①也。阳失而在阴，原②必塞；原塞，国必亡。夫水土演而民用也。土无所演，民乏财用，不亡何待！昔伊、洛竭而夏亡，河竭而商亡。今周德若二代之季矣，其川原又塞，塞必竭。夫国必依山川，山崩川竭，亡国之征也。川竭必山崩。若国亡不过十年，数之纪也。天之所弃，不过其纪。"是岁也，三川竭，岐山崩。

三年，幽王嬖爱褒姒。褒姒生子伯服，幽王欲废太子。太子母申侯女，而为后。后幽王得褒姒，爱之，欲废申后，并去太子宜臼，以褒姒为后，以伯服为太子。周太史伯阳读史记曰："周亡矣。"昔自夏后氏之衰也，有二神龙止于夏帝庭而言曰："余，褒之二君。"夏帝卜杀之与去之与止之，莫吉。卜请其漦而藏之，乃吉。于是布币而策告之，龙亡而漦在，椟而去之。夏亡，传此器殷。殷亡，又传此器周，比三代，莫敢发之，至厉王之末，发而观之。漦流于庭，不可除。厉王使妇人裸而噪之。漦化为玄鼋，以入王后宫。后宫之童妾既齓而遭之，既笄而孕，无夫而生子，惧而弃之。宣王之时童女谣曰："檿弧箕服，实亡周国。"于是宣王闻之，有夫妇卖是器者，宣王使执而戮之。逃于道，而见乡③者后宫童妾所弃妖子出于路者，闻其夜啼，哀而收之，夫妇遂亡，奔于褒。褒人有罪，请入童妾所弃女子者于王以赎罪。弃女子出于褒，是为褒姒。当幽王三年，王之后宫见而爱之，生子伯服，竟废申后及太子，以褒姒为后，伯服为太子。太史伯阳曰："祸成矣，无可奈何！"

褒姒不好笑，幽王欲其笑万方，故不笑。幽王为烽燧大鼓，有寇至则举烽火。诸侯悉至，至而无寇，褒姒乃大笑。幽王说之，为数举烽火。其后不信，诸侯益亦不至。幽王以虢石父为卿，用事，国人皆怨。石父为人佞巧善谀好利，王用之。又废申后，去太子也。申侯怒，与缯、西夷

---

① 填阴：被阴气所镇伏。填，通"镇"。

② 原：同"源"，指水源。

③ 乡：同"向"。

犬戎攻幽王。幽王举烽火征兵，兵莫至。遂杀幽王骊山下，虏襃姒，尽取周赂而去。于是诸侯乃即申侯而共立故幽王太子宜臼，是为平王，以奉周祀。

平王立，东迁于雒邑，辟戎寇。平王之时，周室衰微，诸侯强并弱，齐、楚、秦、晋始大，政由方伯。

四十九年，鲁隐公即位。

五十一年，平王崩，太子泄父蚤① 死，立其子林，是为桓王。桓王，平王孙也。

桓王三年，郑庄公朝，桓王不礼。五年，郑怨，与鲁易许田。许田，天子之用事太山田也。八年，鲁杀隐公，立桓公。十三年，伐郑，郑射伤桓王，桓王去归。

二十三年，桓王崩，子庄王佗立。庄王四年，周公黑肩欲杀庄王而立王子克。辛伯告王，王杀周公。王子克奔燕。

十五年，庄王崩，子釐王胡齐立。釐王三年，齐桓公始霸。

五年，釐王崩，子惠王阆立。惠王二年。初，庄王嬖姬姚，生子穨，穨有宠。及惠王即位，夺其大臣园以为囿，故大夫边伯等五人作乱，谋召燕、卫师，伐惠王。惠王奔温，已居郑之栎。立釐王弟穨为王。乐及遍舞，郑、虢君怒。四年，郑与虢君伐杀王穨，复入惠王。惠王十年，赐齐桓公为伯。

二十五年，惠王崩，子襄王郑立。襄王母蚤死，后母曰惠后。惠后生叔带，有宠于惠王，襄王畏之。三年，叔带与戎、翟谋伐襄王，襄王欲诛叔带，叔带奔齐。齐桓公使管仲平戎于周，使隰朋平戎于晋。王以上卿礼管仲。管仲辞曰："臣贱有司也，有天子之二守国、高在。若节春秋来承王命，何以礼焉。陪臣敢辞。"王曰："舅氏②，余嘉乃勋，毋逆朕命。"

---

① 蚤：通"早"。

② 舅氏：当时将异姓大夫称为舅。

管仲卒受下卿之礼而还。九年，齐桓公卒。十二年，叔带复归于周。

十三年，郑伐滑，王使游孙、伯服请滑，郑人囚之。郑文公怨惠王之入不与厉公爵，又怨襄王之与卫滑，故囚伯服。王怒，将以翟伐郑。富辰谏曰："凡我周之东徙，晋、郑焉依。子颓之乱，又郑之由定，今以小怨弃之！"王不听。十五年，王降翟师以伐郑。

王德翟人，将以其女为后。富辰谏曰："平、桓、庄、惠皆受郑劳，王弃亲亲翟，不可从。"王不听。十六年，王绌翟后，翟人来诛，杀谭伯。富辰曰："吾数谏不从，如是不出，王以我为怼乎？"乃以其属死之。

初，惠后欲立王子带，故以党开翟人，翟人遂入周。襄王出奔郑，郑居王于氾。子带立为王，取①襄王所绌翟后与居温。十七年，襄王告急于晋，晋文公纳王而诛叔带。襄王乃赐晋文公珪鬯弓矢，为伯，以河内地与晋。二十年，晋文公召襄王，襄王会之河阳、践土，诸侯毕朝，书讳曰"天王狩于河阳"。

二十四年，晋文公卒。

三十一年，秦穆公卒。

三十二年，襄王崩，子顷王壬臣立。顷王六年，崩，子匡王班立。匡王六年，崩，弟瑜立，是为定王。

定王元年，楚庄王伐陆浑之戎，次洛，使人问九鼎。王使王孙满应设以辞，楚兵乃去。十年，楚庄王围郑，郑伯降，已而复之。十六年，楚庄王卒。

二十一年，定王崩，子简王夷立。简王十三年，晋杀其君厉公，迎子周于周，立为悼公。

十四年，简王崩，子灵王泄心立。灵王二十四年，齐崔杼弑其君庄公。

二十七年，灵王崩，子景王贵立。景王十八年，后太子圣而蚤卒。

① 取：同"娶"。

二十年，景王爱子朝，欲立之，会崩，子丐之党与争立，国人立长子猛为王，子朝攻杀猛。猛为悼王。晋人攻子朝而立丐，是为敬王。

敬王元年，晋人入敬王，子朝自立，敬王不得入，居泽。四年，晋率诸侯入敬王于周，子朝为臣，诸侯城周。十六年，子朝之徒复作乱，敬王奔于晋。十七年，晋定公遂入敬王于周。

三十九年，齐田常杀其君简公。

四十一年，楚灭陈。孔子卒。

四十二年，敬王崩，子元王仁立。元王八年，崩，子定王介立。

定王十六年，三晋灭智伯，分有其地。

二十八年，定王崩，长子去疾立，是为哀王。哀王立三月，弟叔袭杀哀王而自立，是为思王。思王立五月，少弟嵬（wéi）攻杀思王而自立，是为考王。此三王皆定王之子。

考王十五年，崩，子威烈王午立。

考王封其弟于河南，是为桓公，以续周公之官职。桓公卒，子威公代立。威公卒，子惠公代立，乃封其少子于巩以奉王，号东周惠公。

威烈王二十三年，九鼎震。命韩、魏、赵为诸侯。

二十四年，崩，子安王骄立。是岁盗杀楚声王。

安王立二十六年，崩，子烈王喜立。烈王二年，周太史儋（dān）见秦献公曰：“始周与秦国合而别，别五百载复合，合十七岁而霸王者出焉。”十年，烈王崩，弟扁立，是为显王。

显王五年，贺秦献公，献公称伯。九年，致文武胙（zuò）于秦孝公。二十五年，秦会诸侯于周。

二十六年，周致伯于秦孝公。三十三年，贺秦惠王。三十五年，致文武胙（zuò）于秦惠王。四十四年，秦惠王称王。其后诸侯皆为王。

四十八年，显王崩，子慎靓王定立。慎靓王立六年，崩，子赧（nǎn）王延立。王赧时东西周分治。王赧徙都西周。

西周武公之共太子死，有五庶子，毋适立。司马[jiǎn]谓楚王曰："不如以地资公子咎，为请太子。"左成曰："不可。周不听，是公之知困而交疏于周也。不如请周君孰[shú]欲立，以微告[jiǎn]，[jiǎn]请令楚资之以地。"果立公子咎为太子。

八年，秦攻宜阳，楚救之。而楚以周为秦故，将伐之。苏代为周说楚王曰："何以周为秦之祸也？言周之为秦甚于楚者，欲令周入秦也，故谓'周秦'也。周知其不可解，必入于秦，此为秦取周之精者也。为王计者，周于秦因善之，不于秦亦言善之，以疏之于秦。周绝于秦，必入于郢[yǐng]矣。"

秦借道两周之间，将以伐韩，周恐借之畏于韩，不借畏于秦。史厌谓周君曰："何不令人谓韩公叔曰'秦之敢绝周而伐韩者，信东周也。公何不与周地，发质使之楚'？秦必疑楚不信周，是韩不伐也。又谓秦曰'韩强与周地，将以疑周于秦也，周不敢不受'。秦必无辞而令周不受，是受地于韩而听于秦。"

秦召西周君，西周君恶[wù]往，故令人谓韩王曰："秦召西周君，将以使攻王之南阳也，王何不出兵于南阳？周君将以为辞于秦。周君不入秦，秦必不敢逾[yú]河而攻南阳矣。"

东周与西周战，韩救西周。或为东周说[shuì]韩王曰："西周故天子之国，多名器重宝。王案兵毋出，可以德东周，而西周之宝必可以尽矣。"

王赧[nǎn]谓成君。楚围雍氏，韩征甲与粟于东周，东周君恐，召苏代而告之。代曰："君何患于是。臣能使韩毋征甲与粟于周，又能为君得高都。"周君曰："子苟能，请以国听子。"代见韩相国曰："楚围雍氏，期三月也，今五月不能拔，是楚病也。今相国乃征甲与粟于周，是告楚病也。"韩相国曰："善。使者已行矣。"代曰："何不与周高都？"韩相国大怒曰："吾毋征甲与粟于周亦已多矣，何故与周高都也？"代曰："与周高都，是周折而入于韩也，秦闻之必大怒忿周，即不通周使，是以弊高都得完周

也。曷为不与？"相国曰："善。"果与周高都。

三十四年，苏厉谓周君曰："秦破韩、魏，扑师武，北取赵蔺、离石者，皆白起也。是善用兵，又有天命。今又将兵出塞攻梁，梁破则周危矣。君何不令人说白起乎？曰'楚有养由基者，善射者也。去柳叶百步而射之，百发而百中之。左右观者数千人，皆曰善射。有一夫立其旁，曰"善，可教射矣"。养由基怒，释弓搤剑，曰"客安能教我射乎？"客曰"非吾能教子支左诎右也。夫去柳叶百步而射之，百发而百中之，不以善息，少焉气衰力倦，弓拨矢钩，一发不中者，百发尽息"。今破韩、魏，扑师武，北取赵蔺、离石者，公之功多矣。今又将兵出塞，过两周，倍①韩，攻梁，一举不得，前功尽弃。公不如称病而无出'。"

四十二年，秦破华阳约。马犯谓周君曰："请令梁城周。"乃谓梁王曰："周王病若死，则犯必死矣。犯请以九鼎自入于王，王受九鼎而图犯。"梁王曰："善。"遂与之卒，言戍周。因谓秦王曰："梁非戍周也，将伐周也。王试出兵境以观之。"秦果出兵。又谓梁王曰："周王病甚矣，犯请后可而复之。今王使卒之周，诸侯皆生心，后举事且不信。不若令卒为周城，以匿事端。"梁王曰："善。"遂使城周。

四十五年，周君之秦。客谓周冣曰："公不若誉秦王之孝，因以应为太后养地，秦王必喜，是公有秦交。交善，周君必以为公功。交恶，劝周君入秦者必有罪矣。"秦攻周，而周冣谓秦王曰："为王计者不攻周。攻周，实不足以利，声畏天下，天下以声畏秦，必东合于齐。兵弊于周，合天下于齐，则秦不王矣。天下欲弊秦，劝王攻周。秦与天下弊，则令不行矣。"

五十八年，三晋距秦。周令其相国之秦，以秦之轻也，还其行。客谓相国曰："秦之轻重未可知也。秦欲知三国之情。公不如急见秦王曰'请为王听东方之变'，秦王必重公。重公，是秦重周，周以取秦也；

① 倍：同"背"，背对。

齐重，则固有周聚以收齐：是周常不失重国之交也。"秦信周，发兵攻三晋。

五十九年，秦取韩阳城负黍，西周恐，倍秦，与诸侯约从，将天下锐师出伊阙攻秦，令秦无得通阳城。秦昭王怒，使将军摎攻西周。西周君奔秦，顿首受罪，尽献其邑三十六，口三万。秦受其献，归其君于周。周君、王赧卒，周民遂东亡。秦取九鼎宝器，而迁西周公于𢠸狐。后七岁，秦庄襄王灭东周。东西周皆入于秦，周既不祀。

太史公曰：学者皆称周伐纣，居洛邑，综其实不然。武王营之，成王使召公卜居，居九鼎焉，而周复都丰、镐。至犬戎败幽王，周乃东徙于洛邑。所谓"周公葬于毕"，毕在镐东南杜中。秦灭周。汉兴九十有余载，天子将封泰山，东巡狩至河南，求周苗裔，封其后嘉三十里地，号曰周子南君，比列侯，以奉其先祭祀。

**周本纪**

**〔译　文〕**

　　周的始祖是后稷，名叫弃。他的母亲是有邰氏部落当中的女子，名叫姜原。姜原是帝喾的正妃。姜原在野外时，见到有一个巨人的脚印，心中感到喜悦，想去踩它，一踩上去就感到腹中有什么东西在动，就这样怀孕了。之后，她怀胎十月生下了一个男孩，觉得非常不吉利，就将孩子丢到一个狭小的巷子当中，但途经的马牛却都躲开，没有踩他；于是又将他丢到林子当中，正赶上山林当中人非常多，只能带他走；又将他丢弃在水渠的冰面上，有很多飞鸟用自己的翅膀将他护在中间来保护他。姜原认为这实在是太神奇了，于是将他抱回去抚养。由于最初想将这个孩子给扔掉，因此给他取名为弃。

　　弃小时候，就非常高大勇武，有远大的志向。他做游戏时，就喜欢栽麻种豆，种下去的麻、豆都长得极为苗壮。等他长大之后，也就喜欢上了种庄稼，能根据土地适宜栽培的特性，选择适宜的谷物进行种植，人民都向他学习农事。帝尧听说了这件事，就让弃担任农师，天下的人都受到了他的恩惠，弃有功劳。帝舜说："弃，百姓们起初忍饥挨饿，全靠你这位后稷来播种各种谷物。"所以将弃分封到邰，号称后稷，另外得姓姬氏。后稷的成名，都在陶唐、虞舜、夏禹几个君主当政时期，这期间后稷都有着极高的德望。

后稷

主我烝民莫匪尔极
於古蒙恩与天合德

●后稷

后稷死后，其子不窋继位。不窋晚年，夏后氏的政治衰败，废弃了农官，不再鼓励百姓务农，不窋因此失去了官职，逃奔到戎狄地区。不窋死后，其子鞠继承其位置。鞠死了，其子公刘继承其位置。公刘尽管身处戎狄之中，却重新恢复了后稷的事业，致力于耕种，按照土地的栽培特性进行耕种，从漆、沮二水渡过渭水伐木，使得行路之人都有盘缠，居家之人有余粮，人民仰赖其恩德。百姓对他感恩戴德，很多人都迁居来投靠他。周人治道的兴盛自此开始，因此诗人用诗歌赞美他，感怀公刘的恩德。公刘去世，其子庆节继位，在豳建都。

庆节死后，其子皇仆继位。皇仆死后，其子差弗继位。差弗死后，其子毁隃继位。毁隃死后，其子公非继位。公非死后，其子高圉继位。高圉死后，其子亚圉继位。亚圉死后，其子公叔祖类继位。公叔祖类死后，其子古公亶父继位。古公亶父重新恢复了后稷、公刘的旧业，积德行善，国都当中的人都非常拥戴他。薰育等戎狄部族前来攻打他，希望获得财物，他就将财物送给他们。过了一阵子又来攻打他们，还想获得土地与人民。人民都非常愤怒，希望迎战。古公说："人民拥立君主，是为了让君主为他们谋得福利。现在戎狄前来攻打我们，是为了获取土地和人民。人民处于我的统治下，与在他们的统治下，有什么差异呢？人民是为了拥护我的原因才要去打仗，但依靠牺牲其他人的父亲和孩子来统治，我不忍心这样做。"因此同他的亲信离开了豳，渡过漆、沮两条河，翻过了梁山，定居在岐山的脚下。而豳地的百姓举国扶老携幼，也全部追随着古公来到了岐山脚下定居。连周边的国家听说古公非常仁慈，也都来投奔他。从此古公才贬斥戎狄的习俗，营建城郭与房屋，分成邑落居住，设立司徒、司马、司空、司士、司寇这五种官职。人民都用诗歌来极力赞美他，歌颂其恩德。

古公的长子名叫太伯，次子名叫虞仲，太姜生下小儿子季历，季历娶太任为妻，太姜、太任都是非常贤惠的妻子。太任生了一个儿子叫昌，有圣明的先兆。古公说："我的后代当中能做成大事的人，大概就是昌吧！"长子太伯与虞仲知道古公希望传位给季历，以便将来可以传位给昌，所以两人就逃亡到荆蛮，按照当地的风俗文身，剪短了头发，让位给季历。古公去世后，季历继位，这便是公季。公季遵循古公遗留下来的原则，笃行仁义，诸侯都归顺他。

公季去世，其子昌继位，这就是西伯。西伯即文王，他继承了后稷、公刘的事业，遵照古公、公季订立下来的法则，笃行仁义，尊重长者，慈爱幼小。他可以屈节礼遇贤能，为了可以接待士人，每天到中午都顾不上吃早饭，士人都来投奔他。伯夷、叔齐身处孤竹国，听说西伯真心敬养老人，就一起投奔了他。太颠、闳夭、散宜生、鬻子、辛甲大夫等人也都去投奔了他。

崇侯虎在殷纣面前说西伯的坏话："西伯积德行善，诸侯都归附他，将来会对天子不利。"因而帝纣将西伯囚禁在羑里。闳夭等人非常担心，就去找来了有莘氏的美女，骊戎的彩色骏马，有熊的九匹马拉动的车，还有其他各种珍奇之物，通过纣的宠臣费仲进献给纣。纣很高兴，说："有这里面的任何一件东西就足以让我释放西伯，何况还有其他许多东西呢？"因此赦免了西伯，赐予他弓箭斧钺，使西伯拥有征伐的权力。告诉他："讲西伯坏话的人，是崇侯虎。"西伯趁机献上洛水以西的一部分土地，请求纣废止炮烙之刑。纣答应了他。

西伯暗中行善，诸侯都来请他裁断是非。当时虞、芮两国的人有诉讼无法裁决，于是前往周国。他们进入周国境内后，发现这里种田的人都彼此谦让田界，人民都以谦让长者为美德。虞、芮两国的人还没等见到西伯，就已非常惭愧了，相互说："我们所争夺的，正是周人所耻的，还去找西伯干什么，去了也只是自取其辱罢了。"于是掉头返回，互相谦让离开了这里。诸侯听说了这件事，都说："西伯应当是受有上天之命的君主。"

第二年，讨伐犬戎。又过了一年，讨伐密须。接下来一年，击败了耆国。殷商的祖伊听说这件事后，感到害怕，将这一情况报告给帝纣。纣说："不是有天命帮助我吗？他能将我怎么样呢！"第二年，讨伐邘。接下来一年，西伯讨伐崇侯虎，并开始营建丰邑，从岐山脚下迁都到丰邑。

又过了一年，西伯病死，太子发继位，就是周武王。西伯约在位五十年。当他被囚羑里期间，应该是曾经把《易经》的八卦推演为六十四卦。从《诗》的作者对西伯的称颂来看，西伯是在那一年受命称王的，并且裁决虞、芮两国的讼事。十年后去世，谥号为文王。从此修改法度，制定正朔。追封古公为太王，公季为王季：这恐怕是由于称王的吉祥征兆是从太王开始出现的。

武王继位，太公望担任他的师，周公旦担任他的傅，召公、毕公等人一起辅佐武王，遵循文王遗留下来的事业。

九年，武王首先在毕祭祀文王，然后前往东方进行阅兵，到达盟津。设文王的灵位，用车子运载，放置在军中。武王自称太子发，表示是以文王的名义进行征伐，不敢独断专行。然后向司马、司徒、司空、诸节告诫说："一定要小心谨慎，说到做到！我无知，完全依靠先祖遗留下来的有德之臣，我这个晚辈继承了祖先留下的功业，应当致力于赏罚，来巩固他们的功业。"终于起兵。师尚父下令："集结你们的部下，带上你们的船，迟到者会被斩首。"武王渡过黄河时，船行到河中间，有白鱼跳到王的船上，武王俯身捡起这条鱼用来祭祀。渡过河之后，有一个火团从天上而降下，落到王的屋顶上，凝固成乌鸦的形状，它的颜色为红色，降落时发出轰隆隆的声音。这时，诸侯不约而同地来到盟津会盟，共有八百诸侯。诸侯都认为："纣可以讨伐了。"武王说："你们还没有知晓天命，现在还不行。"因此班师回去。

过了两年，听说纣与过去相比更加昏乱暴虐，杀死了王子比干，囚禁箕子。太师疵、少师强带着祭祀的乐器投奔了周。这时，武王才对所有诸侯宣告："殷犯下了大罪，不可以不合力讨伐。"因此遵循文王遗志，带领战车三百辆，虎贲三千人，身戴甲胄的战士有四万五千人，东进讨伐纣王。十一年十二月的戊午日，周的军队全都渡过了盟津，诸侯都前来加入讨伐队伍，武王说："应当勤勤恳恳，不可以懈怠呀！"武王因此写下了《太誓》，向众人宣告："如今殷王纣居然听信妻妾之言，自绝于上天，违背了日、月与北斗的运行规律，疏远了自己的同宗兄弟，居然废弃了其先祖的音乐，用淫乱的音乐替代典雅的音乐，以取悦妻妾。因此现在我要恭敬地执行上天降下的惩罚。应当努力呀，男子汉们，不会有第二次征伐，更不会有第三次！"

二月甲子日的凌晨，武王赶到商别都朝歌郊外的牧野，进行誓师活动。武王左手拿着黄色的钺，右手握有用白色旄牛尾作为装饰的旗帜，用于指挥。说："大家一路辛苦了，来自西方的人们！"武王又说："啊！友好邻邦的君主们，司徒、司马、司空、亚旅、师氏、千夫长、百夫长，还有庸、蜀、羌、髳微、卢彭、濮等各地各族的人民，举起你们的戈，拿好你们的盾，竖立起你们的矛，我要宣誓了。"武王说："古人有句话'母鸡是不会在黎明时分啼叫的，如果母鸡在黎明时啼叫，那么这家人就要灭亡了'。现在殷王纣什么都听从女人的，放弃了对其先祖的祭祀，而不予回报，抛弃了自己的家族与国家，不再任用自己的同宗兄弟，反而对四方各国犯罪逃亡的人如此推崇，如此看重，信任他们，任用他们，让他们对百姓横征暴敛，极为残酷，对商国大肆破坏。现在我即将极为恭敬地执行上天降下的惩罚。今天的作战，每次前进不要超出六七步，就要停顿整理一下，要努力呀，男子汉们！每次刺击不超出四下、五下、六下、七下，就应当停顿整理一下，要努力呀，男子汉们！希望大家都能勇武作战，有如虎、罴、豺、螭一样，我们是在商朝的郊外作战，不可迎击前来投降的人，而要让他们成为我西方之人的力量，要努力呀，男子汉们！你们谁不努力，被杀的就是你们自己。"誓师完毕，

诸侯派兵参与会盟的兵力共有战车四千辆，列阵于牧野。

帝纣听说武王率军前来，也集结了七十万人马抵御武王。武王派师尚父与百夫长挑战，用大卒驰击纣的军队。纣的军队尽管数量多，但都无心作战，只盼望武王能够赶快攻入。纣的军队都掉转武器进攻纣，为武王当内应。武王驰击纣的军队，纣的军队大败，背叛了纣。纣逃跑，退到了城中，登上鹿台，将他的代表身份的玉器都穿戴到身上，自焚而死。武王手持大白旗指挥各路诸侯，诸侯都朝武王致敬，武王也向诸侯拱手回礼，诸侯都听从他的命令。武王来到了商朝的别都，城中的百姓都来到城郊迎接。于是武王派群臣告知商的百姓说："上天将会赐福给大家！"商人一起稽首行礼共两次，武王也还礼拜谢。于是众人进城，来到纣死去的地方。武王亲自用箭射他，连射三箭才下车，用佩剑刺他，用黄色的钺砍下了纣的首级，挂到大白旗上。然后又来到纣的两个宠妾那里，发现这两个宠妾都已经自杀了。武王又射了三箭，用剑刺她们，举起黑色的钺砍下她们的首级，将她们的头挂到小白旗上。武王做完这一切才出城，返回军中。

第二天，清扫道路，整修宗庙及商纣的宫室。此时，一百名士兵扛着"罕旗"走在前面开路。武王的弟弟叔振铎为武王赶车，周公旦手拿大钺，毕公手拿小钺，夹立在武王的两侧。散宜生、太颠、闳夭都拿剑在周围保护武王。武王进城后，站在社庙的南面，部队的左边，左右的人们都跟随着他。毛叔郑端着"明水"，卫康叔封铺草席，召公奭帮着拿起彩帛，师尚父牵着祭牲。尹佚朗读着竹简上面的祭文说："殷的末代子孙季纣，背弃了先王的美德，蔑视神明，不进行祭祀，对商族的百姓昏乱暴虐，这些皇天上帝都已知道得非常清楚了。"于是武王稽首行礼两次，说："承受天命，革除殷所受的命，得到上天降临光明之命。"武王又稽首行礼两次，然后出城。

武王将殷商的遗民分封给商纣的儿子禄父。武王由于天下初定，还没有和睦，所以派自己的弟弟管叔鲜、蔡叔度辅佐禄父治理殷国。然后又命召公将箕子释放出狱。命毕公将被关押的百姓释放，在商容的闾门上设立标志用来表彰他的功绩。命南宫括散发聚集在鹿台当中的钱财与钜桥囤积的粮食，用来赈济贫苦的百姓。命南宫括、史佚搬走殷人的九鼎及宝玉。命闳夭给比干的坟墓培土为冢。命宗祝在军队中祭祀。然后撤兵返回西方。武王巡狩，记录其政事，写下了《武成》一文。分封诸侯，分赐殷的宗庙祭器，写下《分殷之器物》一文。武王追忆古代的圣王，因此将神农的后代分封于焦，将黄帝的后代分封于祝，帝尧的后代分封于蓟，帝舜的后代分封于陈，大禹的后代分封于杞。接着，又封功臣谋士，而师尚父是被封的第一个功臣。武王将尚父分封于营丘，为齐国。将自己的弟弟周公旦分封于曲阜，为鲁国。将召公奭分封于燕

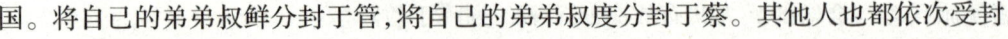

国。将自己的弟弟叔鲜分封于管，将自己的弟弟叔度分封于蔡。其他人也都依次受封。

武王召见九州的长官，登上豳地的高地，遥望商朝的都城。武王返回周国，彻夜难眠。周公旦来到武王的住处，问："为什么还不去睡？"王说："告诉你，只因上天不接受殷的享祭，从我还没有出生到现在六十年，远郊及更远处到处是麋鹿和飞鸟。天不接受殷的享祭，所以才有我们今天的成功。上天建立了殷国，殷国任用的贤人达到三百六十人，却既不重用也不放弃，所以会有今天的结局。我还没有真正得到上天的保佑，哪有时间去睡觉？"王说："要想真正得到上天的保佑，应当依靠太室山，将作恶的人全都找出来，加以贬黜，与殷王同罪。日夜犒劳人民，安定我西方，我要提倡恪尽职守，直到我们的德教能够散布四方。从洛水拐弯处直到伊水拐弯处，人们定居在平坦处而非险隘处，这是夏人活动的中心。我在南面可以看到三涂山，北面能够看到太行山，回头可以看见黄河以及洛水、伊水，不要远离太室山。"于是武王在雒邑营建周城，随后离去。将马放牧到华山之南，将牛放牧到桃林之野，放下武器不再使用，整顿军队，解除武装，向天下人表示不再出兵。

武王已经打败了殷，两年后，问起箕子殷会灭亡的原因。箕子不忍说关于殷商的坏话，于是只说了一些应当怎么保存被亡之国的话。武王也感到很惭愧（不应该向亡国之臣问这种残酷的话），于是只向他询问天道。武王生病了，此时天下还没和睦，诸位公卿们都感到很害怕，于是进行了"穆卜"，卜问武王的下一代，周公因此举行了祛灾邪的祭祀并斋戒，自愿做替身，愿意代替武王去死，武王的病情随后有好转。后来，武王去世，太子诵继位，就是成王。

成王年纪很小，周国又刚平定天下，周公害怕诸侯会背叛周，于是摄政负责主持国家大事。管叔、蔡叔等兄弟都对周公心存怀疑，于是勾结武庚叛乱，背弃了周。周公遵奉成王的命令，讨伐武庚、管叔，将蔡叔流放。用微子启取代武庚作为殷的后代，建立了宋国。聚拢了很多殷遗民，用来分封武王的最小的弟弟，他就是卫康叔。

晋唐叔得到了代表着吉祥的谷穗，献给成王，成王将它送到周公驻兵的地方。周公在东方接收了这个吉祥的谷穗，并赞美天子之命。起初，管叔、蔡叔反叛周朝，周公带兵讨伐，经过三年时间才彻底平定了这次叛乱，所以先是写下了《大诰》，向天下阐述东征讨伐叛逆的重要性；接着又写了《微子之命》，分封微子，使得殷商的后裔得以延续；写下了《归禾》《嘉禾》，记述与颂扬天子赠送的嘉禾；写下《康诰》《酒诰》《梓材》，下令分封康叔于卫，训诫他放弃嗜酒，教给他为政之道。那些事件的过程记录在《鲁周公世家》当中。周公代行国政七年，成王已经成年，周公将朝政交还给成王，自己又退回到群臣的行列中去。

成王居住在丰邑，派召公再前往洛邑进行测量，目的是为了遵循武王的遗命。周公又进行占卜，反复勘验地形，最后修建成功，将九鼎放置在那里。说："此处是天下的中心，四方进贡的路程都是一样的。"在测量与修建洛邑的过程当中，写下了《召诰》《洛诰》。成王将殷朝遗民迁徙到那边，周公向他们宣告了成王的命令，写下了训诫殷民的《多士》与《无佚》。召公出任太保，周公出任太师，向东征伐淮夷，灭掉了奄国，将奄国国君迁徙到薄姑。成王从奄国赶回，在宗周写下《多方》，目的在于告诫天下诸侯。成王消灭了殷朝的残余势力，击败淮夷，返回丰邑，写下《周官》，说明周朝设官分职的用人方法。重新制定了礼仪，谱制了音乐，法令、制度此时也都予以修改，百姓和睦、太平，颂歌到处出现。成王讨伐了东夷后，息慎前来祝贺，成王命令荣伯写下《贿息慎之命》。

　　成王快要去世了，害怕太子钊无法胜任国君之位，便命召公、毕公率领诸侯一起辅佐太子使其继位。成王死后，召公、毕公率领诸侯，带着太子钊拜谒先王的宗庙，向他反复告诫文王、武王创立基业来之不易，要求他必须注意节俭，不要有太多的欲望，以笃厚诚实来治理天下，因此写下了《顾命》。太子钊继位，这便是康王。康王登基后遍告诸侯，反复宣传文王、武王的功业，因此写下《康诰》。所以成、康两王在位期间，天下安宁，刑罚弃置不用长达四十多年。康王命作策毕公依照等级划分居住范围，组成周的四郊，因而写下了《毕命》。

　　康王去世，其子昭王瑕继位。昭王在位期间，王道稍有缺损。昭王前往南方巡狩未能返回，死在江上。死后也不告丧，是为了掩饰。昭王之子满继位，就是穆王。穆王继位时，年龄已经五十岁了。当时王道衰败，穆王痛心文王与武王的治国之道已缺损，命伯冏为太仆，反复告诫他国家政事，写下《冏命》。天下又重新安定下来。

　　穆王准备讨伐犬戎，祭公谋父劝谏说："不可以。先王向世人显露的是德行，而并非武力。军队平时积蓄力量，等到必要时才会动用，一动用就有威力。假如只是为了炫耀武力，就会显得漫不经心，漫不经心就不会有人惧怕了。所以歌颂周公的颂诗说：'收起干戈，藏起弓箭。求贤要注重美德，华夏都会传遍其声名，王业永远得以保全。'先王对待民众，努力端正其品德，使他们的性情变得纯厚，使他们的财产增多，改善他们的器用，让他们明白利害所在，用礼法来约束他们，使他们能够专心致力于有利的事情而规避那些有害的事情，心怀德政而害怕刑威，因此才可以保住先王的事业世代传承，并日益壮大。过去我们的先祖世代担任农师，帮助虞舜、夏禹做事。当夏朝衰落时，夏朝废弃了农师，不关心农事，我们的先王不窋因此失去官职，自己流落到戎狄地区，但对农事依旧不敢有任何松懈，时常宣扬着先祖弃的德行，继续他的事业，修习他流传下来的教化法度，从早到晚都恭谨努力，用敦厚笃实的态度来保持，用忠实诚信的态度来奉行。后来世代都继承了这种美德，没有玷污前人的美德。到文王、武王的时期，发扬了先人的美德，再加上慈祥和善，侍奉鬼神，爱惜民众，普天之下没有人不为之欢欣。商王帝辛对民众犯下了极大的罪恶，民众再也无法忍受，都真心拥戴武王，因此才发动了牧野之战。所以说，先王从不崇尚武力，而是勤勤恳恳地体恤百姓疾苦，为民除害。依照先王的制度，邦畿之内为'甸服'，邦畿之外为'侯服'，设置侯、卫的地方称为'宾服'，蛮夷之地称为'要服'，戎翟之地称为'荒服'。属于甸服的应当'祭'，属于侯服的要'祀'，属于宾服的应当祭享，属于要服的应当进贡，属于荒服的要奉以为王。'祭'是以日计的，'祀'是以月计的，'享'是以季节计的，'贡'则是以年计的，'王'是以终身计的。依照先王遗训，如果不'祭'就应当端正其意志，如果不'祀'就应当端正其言辞，如果不'享'就应当端正其礼法，如果不'贡'就应当端正其名分，如果不'王'要端正其道德，依次做了而依旧不能尽其职守，就要处以刑罚。因而才有对不祭者的惩罚，对不祀者的讨伐，对不享者的征讨，对不贡者的谴责，对不王者的昭告天下。因而也才有刑罚上面的各种规定，才有讨伐的各种武器，才有征讨之前的各种准备，才有了严厉谴责的命令，才有昭告天下的文辞。用命令及文辞宣告而依旧不来述职者，则应当进一步端正其道德，无须劳民远征。这样才能使邻近的国家全都听从命令，远方的国家无不前来归顺。现在犬戎氏二君大毕、伯士去世，犬戎氏可以世守其职，前来奉事天下，而天子却说：'我一定要按"不享"的罪名进行征讨，而且还要炫耀武力'，这是抛弃先王留下的经验教训，而让您身处险境吗？我听说犬戎氏提倡敦厚的风气，遵循前人的德行而能够始终如一，他们拥有足以抵御我们的东西呀。"但穆王依旧还是出兵征讨，得到了四只白狼与四只白鹿回来。从这以后，属于荒服的国家就不再进贡了。

诸侯各国当中有些国家彼此不太和睦，甫侯将这一情况报告给王，王因此订立了各种刑法。王说："喂，到我这里来！凡是拥有国邑与土地的诸侯们，我要告诉你们怎样慎重地使用刑法。如今你们应当安顿好百姓，应选择的难道并非是执法人才吗？应尊重的难道不是刑法本身吗？应当掌握的难道并非量刑尺度吗？原告与被告都已到齐了，士师就应当对从言辞、表情、呼吸、听觉反应还有目光等'五辞'来进行观察。通过这些观察进而摸清情况，即可以用'五刑'来定罪。假如犯罪事实还不足以用'五刑'惩戒，就用'五罚'来定罪。如果犯罪的事实还不足以适用'五罚'，被判者不服，就以'五过'来定罪。属于'五过'方面的诸多问题，如高官显贵不便诉诸刑法的各种讼事，应当查核其罪，使罪名与过失相符合。凡是遇到该按'五刑'治罪而有疑问，

史记精华本

不得不进行赦免的讼事，凡遇到应当按‘五罚’治罪，而有疑问而不得不赦免的讼事，应当仔细查验。取证应当从众，审讯应当有据。如果没有充分证据就不可以定罪，要知道苍天在上。属于黥刑而不足以定罪的，其罚金为一百率，要核实其罪过。属于劓刑而不足以定罪的，其罚金应当为前者的两倍，要核实其罪过。属于膑刑而不足以定罪的，其罚金应当是前者的两倍半，要核实其罪过。属于宫刑而不足以定罪的，其罚金为五百率，要核实其罪过。属于大辟之刑而不足以定罪的，其罚金为一千率，要核实其罪过。应当处以墨刑的罚金条文超过千条，属于劓刑的罚金条文超过千条，属于膑刑的罚金条文为五百条，属于宫刑的罚金条文为三百条，属于大辟之刑的罚金条文为二百条，五种刑罚的相关条文共约三千条。”被称之为《甫刑》。

穆王在位五十五年后去世，其子共王繄扈继位。共王在泾水上面游玩，密康公在一旁服侍，有三个女子前来投奔密康公。密康公的母亲说：“你必须要把这三个女子都献给王。兽，三只以上称为‘群’；人，三人以上称为‘众’，女子，三人以上称为‘粲’。王田猎从来不猎取超过三只野兽，公行事必须虚心听取三人以上的意见，王的妃嫔没有三个人均属于同族。粲字，是用于形容美好的事物。众人将美好的事物送给你，你有怎样的德行配去享用呢？王都不配享用，更何况你这种小人物呢？小人物占有这类东西，终将招致灭亡。”密康公没有听从这个建议，过了一年，共王灭密。共王死后，其子懿王囏继位。懿王在位期间，王室陷入衰败，诗人对时局加以讥刺。

懿王死，共王的弟弟辟方继位，就是孝王。孝王死，诸侯又迎立懿王的太子燮继位，就是夷王。

夷王死，其子厉王胡继位。厉王在位三十年，贪图财利，宠信荣夷公。大夫芮良夫劝谏厉王：“王室只怕是要衰落了吧？荣夷公喜欢垄断财利却不清楚大难临头。财利，原本是天地万物所生所长，想要进行垄断，害处实在太多了。天地万物是供大家来使用的，怎么能够垄断呢？他触怒的人非常多，却不防范大难。还用这些来教导王，王难道可以长治久安吗？身为百姓的王，本应广开财源而施以恩惠。尽管使神、人、万物能够各得其所，仍然整日提心吊胆，害怕引发不满。所以《颂》说：‘追思祖先后稷，可以配享于天，安定我诸多百姓，没有人不以你为榜样。’《大雅》说：‘布施赐予，成我周邦。’这不正是广施财利而畏惧灾难吗？所以我周邦可以绵延至今。现在王学的是垄断财利，怎么可以这样去做呢？一个普通人垄断财利，尚且可以称之为‘盗’，作为王也这样去做，愿意归附的人就非常少了。荣夷公如果得到重用，周朝必定会衰败。”厉王不听，到底还是任命荣夷公为卿士，让他主持国家大事。

王实行暴政，奢侈傲慢，住在国都当中的人非议王。召公劝谏说：“人民已经不相信您的政令了。"王大怒，找到了一个卫国的巫师，派他监视对王心存不满，暗中腹诽的人，凡是报告上来有犯这种罪的人都会杀掉。这样非议确实减少了，诸侯也不再来朝贡。厉王三十四年，王的控制越发严厉，国都中的人都不敢说话了，走在路上也只能依靠目光彼此示意。厉王非常得意，告诉召公："我要平息人们的非议，使他们都不敢讲话。"召公说："这是由于您把他们的嘴给堵起来了。堵人民的嘴要比堵河流还要危险。水被堵塞会导致决堤出现洪水，伤人肯定非常多，人民也是一样的。因此管理水的人要对河流加以疏导，管理人民的人应当让人们畅所欲言。因此天子为了了解民众的情况，要让上自公卿，下至士人都献诗，让盲乐师献曲，让史官献书，让师规劝，让没有眼珠的盲人叙事，让有眼珠的盲人进行朗诵，让百工劝谏，让庶人能够街谈巷议，让近臣都来进行规劝，让亲戚补察过失，让盲乐师与史官进行教诲，让老人们来整理，而后由帝王进行斟酌，所以政事得以施行而不会违背情理。人民说话的权利，犹如地上的山川为财货之源，平原沃野为衣食之源。让人们能够开口讲话，好事、坏事都可以反映出来。做好事而要防备坏事，是财货与衣食的真正来源。人民心中怎么想，嘴上就应当怎么讲，才能将事情办好。如果将他们的嘴堵住，又怎么可以长久呢？"王不听，因此国内没有人胆敢评说政事，三年后，居然一同发动叛乱，袭击厉王。厉王逃离国都来到了彘地。

厉王的太子静躲藏在召公家里，国都当中的人听说了这件事，便将召公的家团团包围起来。召公说："过去我多次劝谏王，王没有听从，因而遭遇了如此大难。现在假如杀死了太子，王大概认为我是记仇而泄私愤吧？侍奉主人，尽管身处危难也不记仇，尽管带有怨气也不会去发泄，何况是侍奉天子呢？"因此用自己的儿子替代了太子，太子幸免于难。

召公、周公两相共同执掌朝政，号称"共和"。共和十四年，厉王死在了彘地。太子静在召公家里长大，两相一同拥立他为王，就是宣王。宣王继位后，两相一同辅佐他，政治修明，遵循文王、武王、成王、康王留下的遗风，诸侯又重新归附周朝。宣王十二年，鲁武公前来朝见。宣王废弃了天子籍田上的籍礼，虢文公劝谏不可以这样做。王没有听从。三十九年，王的军队在千亩与姜氏之戎交战，被击败。

宣王失去了征伐南方的军队后，居然在太原直接统计民户。仲山甫劝谏："民户是不可以由国王直接进行统计的。"宣王没有听从，还是对民户进行了统计。

四十六年，宣王去世，其子幽王宫湦继位。幽王二年，周朝西部丰、镐和泾、渭、洛一带都出现了地震。伯阳甫说："周将灭亡。天地二气，不可以丧失其秩序，如果超出了其秩序，是人使其混乱的。阳气伏藏而不能出，被阴气压迫而无法上升，因而

才会出现地震。现在泾、渭、洛一带经常出现地震，是由于阳气不能得到有效生发而被阴气镇伏，水源随之必然会被堵塞；水源被堵塞，国家必然会灭亡。土壤当中的水脉能够通畅，人民才会获得财利。土壤中的水脉不够通畅，人民缺乏财利，国家难道不会灭亡吗？过去伊水、洛水枯竭导致了夏的灭亡，黄河枯竭导致了商的灭亡。如今周的德行已犹如夏、商两代的末年，其水源又被堵塞，堵塞了就会导致枯竭。建立国都必须依山傍河，山陵崩颓，水源枯竭，为亡国征兆。水源枯竭必定会导致山陵崩颓。如果亡国，应当会在十年之内，因为数是以十为进位的。上天假如要抛弃我们，是不会超过这一数字的。"这一年，泾、渭、洛三条河流枯竭，岐山崩颓。

三年，幽王宠爱褒姒。褒姒生下了儿子伯服，幽王准备废黜太子。太子的母亲是申侯之女，被封为王后。后来幽王得到了褒姒，非常宠爱她，准备废黜申后，并除掉太子宜臼，立褒姒为王后，伯服为太子。周太史伯阳阅读历史记录后说："周即将亡国了。"过去当夏后氏衰败时，有两条神龙降落到夏帝的庭院，开口说："我们是褒国的两位君主。"夏帝卜问到底应该杀掉它，还是赶走它或是留下它，发现这些做法都不吉利。卜问是否能够将龙的涎沫收藏起来，这才获得了吉兆。于是铺设布帛，写在简策上，向神龙祷告，龙走后留下了涎沫，将其盛放在匣中收藏起来。夏灭亡后，此器被传给了商。商灭亡后，此器又传给了周。接连三个朝代，都没人敢于打开它。到了厉王末年，才打开观看。涎沫流到了庭院当中，无法去除。厉王让女人赤身裸体而大喊大叫。涎沫变成黑色蜥蜴，钻进了后宫当中。后宫有一个童女才七岁，遇到了它，到十五岁行过笄礼后怀孕了，由于没有丈夫就生下了孩子，感到非常害怕，就把孩子扔掉了。宣王时有童女演唱歌谣："看到山桑制成的弓与箕木制成的箭囊，周国即将灭亡。"当时宣王听到了这个歌谣，正好有夫妇二人在卖这两样东西，宣王就派人将他们抓起来准备杀掉。他们逃了出去，在途中看到此前后宫童女遗弃在路边的孩子，听到孩子夜里啼哭，出于怜悯而收养了她。夫妇俩逃亡来到褒国。后来，褒国人犯了罪，请求献上童女遗弃的女儿给王以求得赦免。这个被扔掉的女孩来自褒国，这就是褒姒。当幽王三年时，王到后宫，一看到她就喜欢上了她，与她生下了儿子伯服，居然废黜申后和太子，立褒姒为王后，伯服为太子。太史伯阳说："灾祸已然形成，没有任何办法了！"

褒姒不爱笑。幽王想尽一切办法去逗她笑，她却不笑。幽王设置了烽燧与大鼓，有敌人前来进犯则举烽火。有一次，幽王举起烽火，诸侯都来了，却没有来犯者，褒姒大笑。幽王喜欢上了这个办法，为褒姒多次举烽火。后来，丧失了信用，诸侯们渐渐再也不来了。幽王任命虢石父为卿士，主持国政，国都当中的人都很有怨气。虢石父善于言辞，喜欢阿谀奉承并贪图财利，王却重用他。再加上废黜了申后与太子。申侯大怒，联合缯及属于西夷的犬戎进攻幽王。幽王举起烽火征发诸侯大军，但诸侯的军队都没有来。他们将幽王杀死在骊山（古代别称为郦山）脚下，掳走了褒姒，将周人的财物劫掠一空。当时，诸侯都到申侯这里来，共同拥立幽王此前的太子宜臼，就是平王，以延续周朝的祀统。

平王继位，将都城东迁到雒邑，来躲避戎寇。平王在位时，周王室变得衰败，强大的诸侯吞并弱小的诸侯，齐、楚、秦、晋这些国家开始强大起来，政令往往由称霸的君主来颁布。

四十九年，鲁隐公继位。

五十一年，平王死，他的太子泄文早死，立太子的儿子林为王，就是桓王。桓王，是平王的孙子。

桓王三年，郑庄公前来朝见，桓王没有予以礼遇。五年，郑国心生怨恨，与鲁国互换许田。许田，是周天子用来祭祀泰山的土地。八年，鲁国人杀掉了隐公，立桓公。十三年，桓王讨伐郑国，郑国射伤了桓王，桓王逃回来。

二十三年，桓王死，其子庄王佗继位。庄王四年，周公黑肩准备杀死庄王而迎立王子克。辛伯报告了王，王杀死了周公黑肩。王子克逃亡到燕国。

十五年，庄王死，其子釐王胡齐继位。釐王三年，齐桓公开始称霸。

五年，釐王死，其子惠王阆继位。惠王二年，当初庄王的宠妾姚氏生下子穨，得到宠幸。等到惠王继位，惠王夺取了大臣的园林作为自己的猎场，因此大夫边伯等五人作乱，策划召集燕、卫两国的军队，讨伐惠王。惠王逃到了温，不久又居住在郑国的栎。他们迎立釐王的弟弟穨为王。设礼招待五位大夫，演奏全套的舞乐。郑、虢两国的国君非常愤怒，四年，郑国及虢国的国君前来讨伐，杀死王穨，重新迎立惠王。惠王十年，封齐桓公为伯爵。

二十五年，惠王死，其子襄王郑继位。襄王的母亲很早就去世了，继母是惠王的王后。王后生下了叔带，非常受惠王的宠爱，襄王对叔带很不放心。三年，叔带与戎国、翟国商议进攻襄王，襄王想杀掉叔带，叔带逃到齐国。齐桓公派出管仲为戎与周进行调解，派隰朋为戎与晋进行调解。王用上卿的礼节招待管仲。管仲辞谢说："我是身份卑微的官员，现在有天子的两个上卿国氏与高氏在。如果在春秋两季朝聘之节来接受王命，将以什么为礼呢？作为诸侯之臣的我申请免去此礼。"王说："大夫，我要奖励你的功绩，不要违背我的命令。"管仲最后还是只接受了下卿之礼，然后回国。九年，齐桓公死。十二年，叔带又返回周。

十三年，郑国讨伐滑国，王派游孙、伯服为滑国求情，郑人将他们囚禁起来。郑文公怨恨惠王复国没有分封郑厉公爵位，又怨恨襄王帮助卫国为滑国求情，于是将伯服囚禁起来。王大怒，准备派翟人伐郑。富辰劝谏说："我们周人东迁，完全依靠晋、郑两国。子穨之乱，也是依靠郑国才得以平定，今日竟然因为一点小事就抛弃它们吗？"王不听从。十五年，王派翟人的军队进攻郑。

　　王感谢翟人，准备封他们的女子为王后。富辰劝谏："平、桓、庄、惠四位国王都接受过郑国的帮助，王抛弃本族而去亲近翟人，这样做是不行的。"王不听。十六年，王废黜翟女王后，翟人前来讨伐，杀死谭伯。富辰说："我多次劝谏都不听，假如遇到这种情况还不出战，王会认为我是心存怨恨吧？"竟率其族众殉难。

　　当初，惠后打算立叔带为王，因此派其党羽充当翟人的内应，翟人因此攻入周。襄王逃亡到郑国，郑把王安顿在氾。叔带继位，带上被襄王废黜的翟后一起居住在温。十七年，襄王向晋求援，晋文公送王回国并杀死了叔带。襄王因此赐给晋文公珪鬯瓒、弓矢，封他为伯爵，将河内的土地赐给晋。二十年，晋文公召襄王，襄王与他在河阳、践土相会，其他诸侯都来朝见，史书对这一事件进行掩饰，说"天王巡狩至于河阳"。

　　二十四年，晋文公死。

　　三十一年，秦穆公死。

　　三十二年，襄王死，其子顷王壬臣继位。顷王六年，死，其子匡王班继位。匡王六年，死，其弟瑜继位，就是定王。

　　定王元年，楚庄王讨伐陆浑之戎，驻扎在洛，派人询问九鼎的大小轻重。王派王孙满用言辞回应，楚兵才撤退。十年，楚庄王包围了郑国都城，郑伯出降，不久郑国又得以重建。十六年，楚庄王死。

　　二十一年，定王死，其子简王夷继位。简王十三年，晋国杀掉了他们的国君厉公，从周接回了子周，将他立为悼公。

　　十四年，简王死，其子灵王泄心继位。灵王二十四年，齐国的崔杼杀掉了齐庄公。

　　二十七年，灵王死，其子景王贵继位。景王十八年，王后、太子贤明却早亡。二十年，景王宠爱子朝，准备立他为太子，但景王却在这时去世，子丐一伙人与子朝争夺王位，国都当中的人立长子猛为王，子朝进攻并杀死了猛。猛就是悼王。晋人攻打子朝而立丐为王，这就是敬王。

　　敬王元年，晋人送敬王返回周，子朝与之争夺王位，已自立为王。敬王无法回国，住在泽。四年，晋率诸侯送敬王返回周都，子朝称臣，诸侯修筑周都的城墙。十六年，子朝一伙人再次叛乱，敬王逃亡到晋国。十七年，晋定公将周王送回周都。

三十九年，齐国的田常杀死了齐简公。

四十一年，楚灭陈国。孔子死。

四十二年，敬王死，其子元王仁继位。元王八年，死，其子定王介继位。

定王十六年，赵、魏、韩三国杀掉智伯，瓜分其土地。

二十八年，定王死，长子去疾继位，就是哀王。哀王继位三个月，其弟叔袭杀掉哀王自立为王，就是思王。思王继位五个月，其少弟嵬进攻并杀死思王，自立为王，就是考王。这三个王全都是定王的儿子。

考王十五年，死，其子威烈王午继位。

考王将他的弟弟分封在河南，这便是西周桓公，让他接掌周公的官职。桓公死，其子威公继位。威公死，其子惠公继位，而将惠公的幼子分封在巩，让他侍奉周王，称为东周惠公。

威烈王二十三年，放置九鼎的王城出现地震。册封韩、魏、赵三家为诸侯。

二十四年，威烈王死，其子安王骄继位。这一年有强盗杀死了楚声王。

安王在位二十六年，死，其子烈王喜继位。烈王二年，周太史儋拜见秦献公，说："当初周与秦国是一体的而又分开，分开五百年又会合在一起，合在一起十七年就会出现霸王。"十年，烈王死，其弟扁继位，这就是显王。

显王五年，祝贺秦献公，献公称伯。九年，将祭祀文、武二王的祭肉赐给秦孝公。二十五年，秦在周大会诸侯。

二十六年，周封秦孝公为伯爵。三十三年，祝贺秦惠王。三十五年，将祭祀文、武二王的祭肉赐给秦惠王。四十四年，秦惠王称王。此后，诸侯都称王。

四十八年，显王死，其子慎靓王定继位。慎靓王在位六年，死，其子赧王延继位。王赧时东周和西周出现分裂，各自为政。王赧迁都到西周。

西周武公的共太子去世，还有五个儿子全都是庶出，没有嫡子能够被立为太子。司马翦对楚王说："不如用土地来资助公子咎，帮他立为太子。"左成说："不行。如果我们用土地资助公子咎，而周却不听从我们的，这样您的主意就失败了，与周的交情也变得疏远了。不如去询问周君希望立谁为太子，暗中告诉翦，然后翦再让楚国资助给他土地。"结果，西周真的让公子咎当了太子。

八年，秦进攻宜阳，楚派兵前去援救。而楚国认为周是在帮助秦国，所以准备攻打周。苏代为周游说楚王："您怎么得知周是帮助秦国？说周帮助秦国要比帮助楚国更卖力的人，是想让周投靠到秦国方面去，所以人们都将周、秦放在一起称为'周秦'啊。周清楚自己解脱不了，就必然会偏向秦国一方，这的确是帮助秦国取得周的妙计呀。

如果为大王考虑，周为秦出力，您要好好待他；不为秦出力，依旧要好好待他，这样，才能够让它与秦变得疏远。周与秦绝交，就必然会投向楚国这一方的。"

秦向东周与西周借路，希望通过两周间的地方去攻打韩国，周担心借道会得罪韩国，不借又会得罪秦国。史厌对周君说："为什么不派人去面见韩公叔呢？对韩公叔说：'秦国胆敢穿过周地进攻韩国，是因为信任东周。您为什么不送给周一些土地，并派人质去楚国呢？'这样，秦国必定会怀疑楚国，不相信周君，也就不会前去攻打韩国了。您再派人告诉秦国：'韩国一定给周一些土地，想以此来让秦国对周君有所怀疑，周不敢不接受。'秦国也就没有说辞，不让周接受韩国的土地，这样就可以同时得到韩国的土地并且算是听命于秦了。"

秦召见西周君，西周君不愿意前往那里，所以派人告诉韩王："秦召见西周君，想让他派兵进攻王的南阳，王为什么不出兵南阳？西周君将以此为理由不去朝见秦。如果西周君不前往秦国，秦也就必然不敢越过黄河来攻打南阳了。"

东周与西周作战，韩国救援西周。有人帮东周劝说韩王："西周是过去天子的旧都，有很多名贵器物及珍宝，大王假如按兵不动，能够有恩德于东周，而西周的珍宝也能够尽归于韩。"

王赧被称为成君。楚围攻雍氏，韩国向东周征用甲胄及粮食，东周君很害怕，召见苏代并将这种情况告诉他。苏代说："您何须为此而担心。臣下能让韩国不向东周征用甲胄及粮食，还能为您取得高都。"东周君说："您要是真能做到这些事，我要让整个国家都听命于您。"苏代去见韩国的相邦说："楚包围雍氏，曾保证三个月就能够攻下，而现在已经过去五个月了却仍不能拔取，楚已损失严重。现在相邦您竟然向周征用甲胄及粮食，等于表明韩国也损失惨重。"韩国相邦说："有道理。但使者已然出发了。"苏代说："为何不把高都送给周？"韩国相邦大怒，说："我不向东周征用甲胄及粮食就已经很好了，为什么还得把高都也送给周？"苏代说："将高都送给周，则周就会亲附韩国，秦听说此事后必定会大怒，焚毁出使周的符节，不再与周互派使节，这就等于失去疮痍的高都来换取完整的周地。又为什么不可以呢？"相邦说："不错。"于是真的把高都给了周。

三十四年，苏厉对周君说："秦击败韩国、魏国，杀师武，在北面攻取赵国的蔺、离石，都是白起领兵。白起善用兵，又有天命为助。现在他又率兵出塞进攻魏都大梁，大梁被攻破则周也就危险了。您为什么不派人去游说白起呢？就说：'楚国有一个叫养由基的人，非常擅长射箭。距离柳叶有百步的距离放箭，百发百中。左右围观的人有几千个，都称赞他箭术好。唯独有一个男子站在他旁边，却说："不错，可以去学射箭了。"养由基大怒，放下弓，握住剑柄，说："外来人，你有什么资格来教我射箭呢？"外来人说："我并没有真教您左手执弓、右手拉弦的本领。像刚才那样，距离柳叶百步远射箭，百发百中，却不清楚见好就收，用不了多久就会力量衰竭，弓歪矢曲，只要一发没有射中，此前的百发百中也就前功尽弃。"现在就依靠攻破韩、魏，杀师武，北取赵国的蔺、离石这些事，您的功劳已太多、太大了。现在您又要领兵出塞，途经东周、西周，背对韩国，围攻大梁，一战不胜，就会前功尽弃。您不如告病，不领兵出征。'"

四十二年，秦国攻占华阳要塞。马犯对周君说："请派我去魏国游说，使其为周筑城。"马犯对魏王说："周王假如由于担心秦伐周而忧患到要死去，那么我也必死无疑。我请求主动将九鼎献给大王，大王得到九鼎就要考虑我的请求。"魏王说："好。"于是派兵给他，声称是守护周城。马犯借此又去游说秦王："魏派兵并非是去守卫周城，而是要进攻周。大王您不妨出兵境外去看看情形如何。"秦国果然出兵。马犯趁机又告诉魏王："周王的心病已经好了，我请求到了条件允许时再来报答。现在大王派兵到周，诸侯都会有所顾虑，以后再进行什么行动，人家都不会相信了。不如让士兵帮助周筑城，以掩盖我们的最初目的。"魏王说："好。"于是派兵去修筑周城。

四十五年，西周君前往秦国。有说客告诉周㝠："您不如赞誉秦王的孝顺，趁机将应这个地方送给秦太后，作为其供养之地，秦王必然会高兴，这样您与秦国就有了交情。关系好，西周君必定觉得是您的功劳。关系不好，劝周君入秦的人就必然会有罪。"秦进攻周，而周㝠对秦王说："为大王思量，最好不要进攻周。攻周，其实获利不多，而却在天下间留下了坏名声。天下由于秦国的坏名声而厌弃秦国，必定会联合东面的齐国。由于攻周而损耗兵力，使得天下与齐联合，那么秦就无力称王了。天下为了损害秦，因此劝大王进攻周。秦如果接受这种损害，那么号令也就很难通行了。"

五十八年，三晋联合抗秦。周派其相邦前往秦国，因为秦国轻视周，因此推迟了行动。有说客对相邦说："秦对周的态度还不清楚。秦很希望了解三晋各国的情形。您如果不赶紧去面见秦王说'请为王刺探东方各国的情报'，秦王必定会看重您。看重您，秦也就会看重周，周也就会与秦亲善；齐国重视周，则周会与齐亲善：这样周就可以始终保持与大国的交谊。"秦相信了周，发兵进攻三晋。

五十九年，秦占领了韩国的阳城及负黍，西周感到畏惧，背叛了秦，与诸侯合纵，率天下精兵出伊阙山进攻秦，使秦无法通过阳城。秦昭王大怒，派将军摎进攻西周。西周君逃到秦国，叩首认罪，将城邑三十六座，人口三万人都献给秦国。秦接受其城镇与人口，释放西周君回到周。周君、王赧死后，周的居民因此向东方逃亡。秦获得

史记精华本

〇六四

了九鼎等贵重器物，而将西周君迁去恩狐。七年后，秦庄襄王灭掉东周。东周、西周都归属于秦，周朝的祭祀从此断绝。

太史公说：学者都认为周伐商纣，定都洛邑，但其实事实并非如此。虽然武王曾经规划洛邑，成王也派召公占卜其位置，将九鼎放到那里，但周依旧以丰、镐为都城。直到犬戎杀死幽王，周都才东迁到洛邑。所谓"周公葬于毕"，毕就位于镐京东南的杜中。秦最终灭亡了周。汉朝建立以来九十多年，天子要在泰山行封禅礼，来到河南，访求周的后裔，封给周的后人嘉三十里土地，号称周子南君，爵位等同列侯，以延续对其祖先的祭祀。

## 赏　析

《周本纪》概括地记录了整个周王朝的兴衰史，勾勒出一个天下朝宗、幅员辽阔的强大王朝的历史概况，还有其间不同时期、不同君主厚民、爱民，或是伤民、害民的不同政治作风，君臣间或彼此协力相助，共襄大业，或彼此倾轧、各执己见的不同政治氛围。

司马迁用儒家的思想来看待评价周史，宣扬仁义兴邦之道。这突出地展现在对文王、武王、成王、周公的叙述与描写上。这几个人全都是儒家理想当中的圣主贤臣的榜样，周朝初年那种君臣和睦的局面也恰恰是儒家理想当中的政治环境。本篇当中对武王进行了重点刻画，在记录完他灭殷的过程后，又详细叙述了他实行分封、以殷制殷等治国安邦、攘边安内的举措，为读者展示出一个拥有宏图大略及经世济民之术的经典古代政治家形象。

周朝在成王之后，基本没有什么贤能君主，却出现了几位昏庸暴君。司马迁对表现平庸的君主都只是寥寥数笔带过，而对几个昏庸的暴君则浓墨重彩地描述。如厉王的专利塞言及幽王的烽火戏诸侯都写得犹如精彩的戏剧，既有历史背景的铺排，还有人物性格的充分展现，在严峻的形势下，突出了他们的昏庸暴虐、刚愎拒谏等，精彩之处不亚于传世小说。与此同时，司马迁还向读者展现了几位尽忠直谏的辅臣形象，例如祭公谋父、芮良夫、召公等，都相当精彩感人。

周本纪

○六五

# 孔子世家

## 题 解

　　《孔子世家》选自《史记》卷四十七,世家第十七。孔子是我国古代最为著名,也是影响力最大的思想家、教育家,同时也是儒家学派的创始者。司马迁提出孔子是文化领袖,其社会地位不亚于诸侯,因此将其传记列到世家中。《孔子世家》非常详细地记述了孔子的生平及诸方面的成就,是研究孔子生平及其思想的重要文章。

### 原 文

　　孔子生鲁昌平乡陬(zōu)邑。其先宋人也,曰孔防叔。防叔生伯夏,伯夏生叔梁纥(hé)。纥与颜氏女野合①而生孔子,祷于尼丘得孔子。鲁襄公二十二年而孔子生。生而首上圩(yú)顶,故因名曰丘云。字仲尼,姓孔氏。

　　丘生而叔梁纥死,葬于防山。防山在鲁东,由是孔子疑其父墓处,母讳(huì)之也。孔子为儿嬉戏,常陈俎(zǔ)豆,设礼容。孔子母死,乃殡五父之衢(qú),盖其慎也。陬②人挽(wǎn)父之母诲孔子父墓,然后往合葬于防焉。

　　孔子要③绖(dié),季氏飨(xiǎng)士,孔子与往。阳虎绌(chù)④曰:"季氏飨士,非敢飨子也。"孔子由是退。

---

　　① **野合**:据《索隐》《正义》等文献的解释,叔梁纥与颜徵在结婚时已超过六十四岁,而徵在还很年轻,二人的年龄相差很大,此种婚姻在当时是不合礼法的,因此称为野合。

　　② **陬**:陬邑。

　　③ **要**:通"腰"。

　　④ **绌**:通"黜",排除,贬退。

孔子年十七，鲁大夫孟僖子病且死，诫其嗣懿子曰："孔丘，圣人之后，灭于宋。其祖弗父何始有宋而嗣让厉公。及正考父佐戴、武、宣公，三命兹益恭，故鼎铭云：'一命而偻，再命而伛，三命而俯，循墙而走，亦莫敢余侮。饘于是，粥于是，以糊余口。'其恭如是。吾闻圣人之后，虽不当世，必有达者。今

●孔子

孔丘年少好礼，其达者欤？吾即没，若必师之。"及僖子卒，懿子与鲁人南宫敬叔往学礼焉。是岁，季武子卒，平子代立。

　　孔子贫且贱。及长，尝为季氏史，料量平；尝为司职吏而畜蕃息。由是为司空。

　　已而去鲁，斥乎齐，逐乎宋、卫，困于陈蔡之间，于是反鲁。孔子长九尺有六寸，人皆谓之"长人"而异之。鲁复善待，由是反鲁。

　　鲁南宫敬叔言鲁君曰："请与孔子适周。"鲁君与之一乘车，两马，一竖子俱，适周问礼，盖见老子云。辞去，而老子送之曰："吾闻富贵者送人以财，仁人者送人以言。吾不能富贵，窃仁人之号，送子以言，曰：'聪明深察而近于死者，好议人者也。博辩广大危其身者，发人之恶者也。为人子者毋以有己，为人臣者毋以有己。'"孔子自周反于鲁，弟子稍益进焉。

　　是时也，晋平公淫，六卿擅权，东伐诸侯；楚灵王兵强，陵轹中国；齐大而近于鲁。鲁小弱，附于楚则晋怒；附于晋则楚来伐；不备于齐，齐师侵鲁。

　　鲁昭公之二十年，而孔子盖年三十矣。齐景公与晏婴来适鲁，景公

问孔子曰："昔秦穆公国小处辟<sup>①</sup>，其霸何也？"对曰："秦，国虽小，其志大；处虽辟，行中正。身举五羖，爵之大夫，起累绁之中，与语三日，授之以政。以此取之，虽王可也，其霸小矣。"景公说。

孔子年三十五，而季平子与郈昭伯以斗鸡故得罪鲁昭公，昭公率师击平子，平子与孟氏、叔孙氏三家共攻昭公，昭公师败，奔于齐，齐处昭公乾侯。其后顷之，鲁乱。孔子适齐，为高昭子家臣，欲以通乎景公。与齐太师语乐，闻《韶》音，学之，三月不知肉味，齐人称之。

景公问政孔子，孔子曰："君君，臣臣，父父，子子。"景公曰："善哉！信如君不君，臣不臣，父不父，子不子，虽有粟，吾岂得而食诸！"他日又复问政于孔子，孔子曰："政在节财。"景公说，将欲以尼谿田封孔子。晏婴进曰："夫儒者滑稽而不可轨法；倨傲自顺，不可以为下；崇丧遂<sup>②</sup>哀，破产厚葬，不可以为俗；游说乞贷，不可以为国。自大贤之息，周室既衰，礼乐缺有间。今孔子盛容饰，繁登降之礼，趋详之节，累世不能殚其学，当年不能究其礼。君欲用之以移齐俗，非所以先细民也。"后景公敬见孔子，不问其礼。异日，景公止孔子曰："奉子以季氏，吾不能。"以季孟之间待之。齐大夫欲害孔子，孔子闻之。景公曰："吾老矣，弗能用也。"孔子遂行，反乎鲁。

孔子年四十二，鲁昭公卒于乾侯，定公立。定公立五年，夏，季平子卒，桓子嗣立。

季桓子穿井得土缶，中若羊，问仲尼云"得狗"。仲尼曰："以丘所闻，羊也。丘闻之，木石之怪夔、罔阆<sup>③</sup>，水之怪龙、罔象，土之怪坟羊。"

吴伐越，堕<sup>④</sup>会稽，得骨节专车。吴使使问仲尼："骨何者最大？"仲

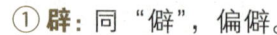

① 辟：同"僻"，偏僻。
② 遂：通"久"。
③ 罔阆：即"魍魉"。
④ 堕：同"隳"，毁坏。

尼曰："禹致群神于会稽山，防风氏后至，禹杀而戮<sup>lù</sup>之，其节专车，此为大矣。"吴客曰："谁为神？"仲尼曰："山川之神足以纲纪天下，其守为神，社稷为公侯，皆属于王者。"客曰："防风何守？"仲尼曰："汪罔氏之君守封<sup>wǎng</sup>、禹之山，为釐<sup>yú</sup>姓。在虞、夏、商为汪罔，于周为长翟<sup>dí</sup>，今谓之大人。"客曰："人长几何？"仲尼曰："僬侥氏三尺，短之至也。长者不过十之，<sup>jiāo yáo</sup>数之极也。"于是吴客曰："善哉圣人！"

　　桓子嬖臣曰仲梁怀，与阳虎有隙<sup>bì</sup>。阳虎欲逐怀，公山不狃止之。其<sup>niǔ</sup>秋，怀益骄，阳虎执怀。桓子怒，阳虎因囚桓子，与盟而醳<sup>shì</sup>①之。阳虎由<sup>huán</sup>此益轻季氏。季氏亦僭于公室，陪臣执国政，是以鲁自大夫以下皆僭离于正道。故孔子不仕，退而修《诗》《书》《礼》《乐》，弟子弥众，至自远方，莫不受业焉。

　　定公八年，公山不狃不得意于季氏，因阳虎为乱，欲废三桓之适<sup>niǔ</sup>②，<sup>huán</sup>更立其庶孽阳虎素所善者，遂执季桓子。桓子诈之，得脱。定公九年，<sup>niè</sup>阳虎不胜，奔于齐。是时孔子年五十。

　　公山不狃以费畔季氏，使人召孔子。孔子循道弥久，温温③无所试，<sup>niǔ</sup><sup>mí</sup>莫能己用，曰："盖周文武起丰镐而王，今费虽小，傥④庶几乎！"欲往。<sup>tǎng</sup>子路不说，止孔子。孔子曰："夫召我者岂徒哉？如用我，其为东周乎！"<sup>yuè</sup>然亦卒不行。

　　其后定公以孔子为中都宰，一年，四方皆则之。由中都宰为司空，由司空为大司寇。

　　定公十年春，及齐平。夏，齐大夫黎鉏言于景公曰："鲁用孔丘，其<sup>chú</sup>势危齐。"乃使使告鲁为好会，会于夹谷。鲁定公且以乘车好往。孔子

---

①醳：通"释"。

②适：通"嫡"。

③温温：柔和。又说同"蕴蕴"，形容郁郁不得志。

④傥：义同"倘"，或许。

摄相事,曰:"臣闻有文事者必有武备,有武事者必有文备。古者诸侯出疆,必具官以从。请具左右司马。"定公曰:"诺。"具左右司马。会齐侯夹谷,为坛位,土阶三等,以会遇之礼相见,揖让而登。献酬之礼毕,齐有司趋而进曰:"请奏四方之乐。"景公曰:"诺。"于是旍<sup>①</sup>旄羽袚矛戟剑拨鼓噪而至。孔子趋而进,历阶而登,不尽一等,举袂而言曰:"吾两君为好会,夷狄之乐何为于此!请命有司!"有司却之,不去,则左右视晏子与景公。景公心怍,麾而去之。有顷,齐有司趋而进曰:"请奏宫中之乐。"景公曰:"诺。"优倡侏儒为戏而前。孔子趋而进,历阶而登,不尽一等,曰:"匹夫而营惑诸侯者罪当诛!请命有司!"有司加法焉,手足异处。景公惧而动,知义不若,归而大恐,告其群臣曰:"鲁以君子之道辅其君,而子独以夷狄之道教寡人,使得罪于鲁君,为之奈何?"有司进对曰:"君子有过则谢以质,小人有过则谢以文。君若悼之,则谢以实。"于是齐侯乃归所侵鲁之郓、汶阳、龟阴之田以谢过。

定公十三年夏,孔子言于定公曰:"臣无藏甲,大夫毋百雉之城。"使仲由为季氏宰,将堕三都。于是叔孙氏先堕郈。季氏将堕费,公山不狃、叔孙辄率费人袭鲁。公与三子入于季氏之宫,登武子之台。费人攻之,弗克,入及公侧。孔子命申句须、乐颀下伐之,费人北。国人追之,败诸姑蔑。二子奔齐,遂堕费。将堕成,公敛处父谓孟孙曰:"堕成,齐人必至于北门。且成,孟氏之保鄣,无成是无孟氏也。我将弗堕。"十二月,公围成,弗克。

定公十四年,孔子年五十六,由大司寇行摄相事,有喜色。门人曰:"闻君子祸至不惧,福至不喜。"孔子曰:"有是言也。不曰'乐其以贵下人'乎?"于是诛鲁大夫乱政者少正卯。与闻国政三月,粥<sup>②</sup>羔豚者弗饰贾<sup>①</sup>；男女行者别于途途不拾遗；四方之客至乎邑者不求有司，皆予之以归。

齐人闻而惧，曰："孔子为政必霸，霸则吾地近焉，我之为先并矣。盍致地焉？"黎鉏曰："请先尝沮之；沮之而不可则致地，庸迟乎！"于是选齐国中女子好者八十人，皆衣文衣而舞《康乐》，文马三十驷，遗鲁君。陈女乐文马于鲁城南高门外，季桓子微服往观再三，将受，乃语鲁君为周道游，往观终日，怠于政事。子路曰："夫子可以行矣。"孔子曰："鲁今且郊，如致膰乎大夫，则吾犹可以止。"桓子卒受齐女乐，三日不听政；郊，又不致膰俎于大夫。孔子遂行，宿乎屯。而师己送，曰："夫子则非罪。"孔子曰："吾歌可夫？"歌曰："彼妇之口，可以出走；彼妇之谒，可以死败。盖优哉游哉，维以卒岁！"师己反，桓子曰："孔子亦何言？"师己以实告。桓子喟然叹曰："夫子罪我以群婢故也夫！"

孔子遂适卫，主于子路妻兄颜浊邹家。卫灵公问孔子："居鲁得禄几何？"对曰："奉粟六万。"卫人亦致粟六万。居顷之，或谮孔子于卫灵公。灵公使公孙余假一出一入。孔子恐获罪焉，居十月，去卫。

将适陈，过匡，颜刻为仆，以其策指之曰："昔吾入此，由彼缺也。"匡人闻之，以为鲁之阳虎。阳虎尝暴匡人，匡人于是遂止孔子。孔子状类阳虎，拘焉五日，颜渊后，子曰："吾以汝为死矣。"颜渊曰："子在，回何敢死！"匡人拘孔子益急，弟子惧。孔子曰："文王既没，文不在兹乎？天之将丧斯文也，后死者不得与于斯文也。天之未丧斯文也，匡人其如予何！"孔子使从者为宁武子臣于卫，然后得去。

去即过蒲。月余，反乎卫，主蘧伯玉家。灵公夫人有南子者，使人谓孔子曰："四方之君子不辱欲与寡君为兄弟者，必见寡小君。寡小君愿见。"孔子辞谢，不得已而见之。夫人在绤帷中。孔子入门，北面稽首。夫人自帷中再拜，环佩玉声璆然。孔子曰："吾乡为弗见，见之礼答焉。"

————————

①贾：同"价"。

孔子世家

〇七一

子路不说。孔子矢之曰："予所不者，天厌之！天厌之！"居卫月余，灵公与夫人同车，宦者雍渠参乘，出，使孔子为次乘，招摇市过之。孔子曰："吾未见好德如好色者也。"于是丑之，去卫，过曹。是岁，鲁定公卒。

孔子去曹适宋，与弟子习礼大树下。宋司马桓魋欲杀孔子，拔其树。孔子去。弟子曰："可以速矣。"孔子曰："天生德于予，桓魋其如予何！"

孔子适郑，与弟子相失，孔子独立郭东门。郑人或谓子贡曰："东门有人，其颡似尧，其项类皋陶，其肩类子产，然自要以下不及禹三寸。累累若丧家之狗。"子贡以实告孔子。孔子欣然笑曰："形状，末也。而谓似丧家之狗，然哉！然哉！"孔子遂至陈，主于司城贞子家。岁余，吴王夫差伐陈，取三邑而去。赵鞅伐朝歌。楚围蔡，蔡迁于吴。吴败越王句践会稽。

有隼集于陈廷而死，楛矢贯之，石砮，矢长尺有咫。陈湣公使使问仲尼。仲尼曰："隼来远矣，此肃慎之矢也。昔武王克商，通道九夷百蛮，使各以其方贿来贡，使无忘职业。于是肃慎贡楛矢石砮，长尺有咫。先王欲昭其令德，以肃慎矢分大姬，配虞胡公而封诸陈。分同姓以珍玉，展亲；分异姓以远职，使无忘服。故分陈以肃慎矢。"试求之故府，果得之。

孔子居陈三岁，会晋楚争强，更伐陈，及吴侵陈，陈常被寇。孔子曰："归与归与！吾党之小子狂简，进取不忘其初。"于是孔子去陈。

过蒲，会公叔氏以蒲畔，蒲人止孔子。弟子有公良孺者，以私车五乘从孔子。其为人长贤，有勇力，谓曰："吾昔从夫子遇难于匡，今又遇难于此，命也已。吾与夫子再罹难，宁斗而死。"斗甚疾。蒲人惧，谓孔子曰："苟毋适卫，吾出子。"与之盟，出孔子东门。孔子遂适卫。子贡曰："盟可负邪？"孔子曰："要盟也，神不听。"

卫灵公闻孔子来，喜，郊迎。问曰："蒲可伐乎？"对曰："可。"灵公曰："吾大夫以为不可。今蒲，卫之所以待晋楚也，以卫伐之，无乃不可乎？"

孔子曰："其男子有死之志，妇人有保西河之志。吾所伐者不过四五人。"灵公曰："善。"然不伐蒲。

灵公老，怠于政，不用孔子。孔子喟然叹曰："苟有用我者，期月而已，三年有成。"孔子行。佛肸为中牟宰。赵简子攻范、中行，伐中牟。佛肸畔，使人召孔子。孔子欲往。子路曰："由闻诸夫子，'其身亲为不善者，君子不入也'今佛肸亲以中牟畔，子欲往，如之何？"孔子曰："有是言也。不曰坚乎，磨而不磷；不曰白乎，涅而不淄。我岂匏瓜也哉，焉能系而不食？"孔子击磬。有荷蒉而过门者，曰："有心哉，击磬乎！ 硁硁乎，莫己知也夫而已矣！"

孔子学鼓琴师襄子，十日不进。师襄子曰："可以益矣。"孔子曰："丘已习其曲矣，未得其数也。"有间，曰："已习其数，可以益矣。"孔子曰："丘未得其志也。"有间，曰："已习其志，可以益矣。"孔子曰："丘未得其为人也。"有间，有所穆①然深思焉，有所怡然高望而远志焉。曰："丘得其为人，黯然而黑，几②然而长，眼如望羊，如王四国，非文王其谁能为此也！"师襄子辟席再拜，曰："师盖云《文王操》也。"

孔子既不得用于卫，将西见赵简子。至于河而闻窦鸣犊、舜华之死也，临河而叹曰："美哉水，洋洋乎！ 丘之不济此，命也夫！"子贡趋而进曰："敢问何谓也？"孔子曰："窦鸣犊，舜华，晋国之贤大夫也。赵简子未得志之时，须此两人而后从政；及其已得志，杀之乃从政。丘闻之也，刳胎杀夭则麒麟不至郊，竭泽涸渔则蛟龙不合阴阳，覆巢毁卵则凤凰不翔。何则？ 君子讳伤其类也。夫鸟兽之于不义也尚知辟之，而况乎丘哉！"乃还息乎陬乡，作为《陬操》以哀之。而反乎卫，入主蘧伯玉家。

他日，灵公问兵陈。孔子曰："俎豆之事则尝闻之，军旅之事未之学

---

① 穆：通"默"，沉默。

② 几：通"颀"。

孔子世家

也。”明日，与孔子语，见蜚（fēi）雁，仰视之，色不在孔子。孔子遂行，复如陈。夏，卫灵公卒，立孙辄（zhé），是为卫出公。六月，赵鞅内太子蒯聩（kuǎi kuì）于戚。阳虎使太子绖，八人衰①绖（cuī dié），伪自卫迎者，哭而入，遂居焉。冬，蔡迁于州来。是岁鲁哀公三年，而孔子年六十矣。齐助卫围戚，以卫太子蒯聩在故也。

夏，鲁桓僖庙燔，南宫敬叔救火。孔子在陈，闻之，曰：“灾必于桓僖庙乎？”已而果然。秋，季桓子病，辇而见鲁城，喟然叹曰：“昔此国几兴（niǎn）矣，以吾获罪于孔子，故不兴也。”顾谓其嗣康子曰：“我即死，若必相鲁；相鲁，必召仲尼。”后数日，桓子卒，康子代立。已葬，欲召仲尼。公之鱼曰：“昔吾先君用之不终，终为诸侯笑。今又用之，不能终，是再为诸侯笑。”康子曰：“则谁召而可？”曰：“必召冉求（rǎn）。”于是使使召冉求。冉求将行，孔子曰：“鲁人召求，非小用之，将大用之也。”是日，孔子曰：“归乎归乎！吾党之小子狂简，斐然成章，吾不知所以裁之。”子赣（gàn）知孔子思归，送冉求，因诫曰“即用，以孔子为招”云。冉求既去，明年，孔子自陈迁于蔡。蔡昭公将如吴，吴召之也。前昭公欺其臣迁州来，后将往，大夫惧复迁，公孙翩射杀昭公。楚侵蔡。秋，齐景公卒。

明年，孔子自蔡如叶。叶公问政，孔子曰：“政在来远附迩（ěr）。”他日，叶公问孔子于子路，子路不对。孔子闻之，曰：“由，尔何不对曰‘其为人也，学道不倦，诲人不厌，发愤忘食，乐以忘忧，不知老之将至’云尔。”

去叶，反于蔡。长沮（jǔ）、桀溺（jié nì ǒu）耦而耕，孔子以为隐者，使子路问津焉。长沮曰：“彼执舆者为谁？”子路曰：“为孔丘。”曰：“是鲁孔丘与？”曰：“然。”曰：“是知津矣。”桀溺谓子路曰：“子为谁？”曰：“为仲由。”曰：“子，孔丘之徒与？”曰：“然。”桀溺曰：“悠悠者天下皆是也，而谁以易之？且与其从辟人之士，岂若从辟世之士哉！”耰（yōu）而不辍。子路以告孔子，孔子怃然（wǔ）曰：“鸟兽不可与同群。天下有道，丘不与易也。”

他日，子路行，遇荷蓧<sup>diào</sup>丈人，曰："子见夫子乎？"丈人曰："四体不勤，五谷不分，孰为夫子！"植其杖而芸。子路以告，孔子曰："隐者也。"复往，则亡。

孔子迁于蔡三岁，吴伐陈。楚救陈，军于城父。闻孔子在陈蔡之间，楚使人聘孔子。孔子将往拜礼，陈蔡大夫谋曰："孔子贤者，所刺讥皆中诸侯之疾。今者久留陈蔡之间，诸大夫所设行皆非仲尼之意。今楚，大国也，来聘孔子。孔子用于楚，则陈蔡用事大夫危矣。"于是乃相与发徒役围孔子于野。不得行，绝粮。从者病，莫能兴。孔子讲诵弦歌不衰。子路愠<sup>yùn</sup>见曰："君子亦有穷乎？"孔子曰："君子固穷，小人穷斯滥矣。"子贡色作。孔子曰："赐，尔以予为多学而识之者与？"曰："然。非与？"孔子曰："非也。予一以贯之。"

孔子知弟子有愠<sup>yùn</sup>心，乃召子路而问曰："《诗》云'匪兕匪虎，率彼旷野'。吾道非邪？吾何为于此？"子路曰："意者吾未仁邪？人之不我信也。意者吾未知邪<sup>yé</sup>？人之不我行也。"孔子曰："有是乎！由，譬使仁者而必信，安有伯夷、叔齐？使知者而必行，安有王子比干？"子路出，子贡入见。孔子曰："赐，《诗》云'匪兕匪虎，率彼旷野'。吾道非邪？吾何为于此？"子贡曰："夫子之道至大也，故天下莫能容夫子。夫子盖少贬焉？"孔子曰："赐，良农能稼而不能为穑<sup>sè</sup>，良工能巧而不能为顺。君子能修其道，纲而纪之，统而理之，而不能为容。今尔不修尔道而求为容。赐，而志不远矣！"

子贡出，颜回入见。孔子曰："回，《诗》云'匪兕匪虎，率彼旷野'。吾道非邪？吾何为于此？"颜回曰："夫子之道至大，故天下莫能容。虽然，夫子推而行之，不容何病，不容然后见君子！夫道之不修也，是吾丑也。夫道既已大修而不用，是有国者之丑也。不容何病，不容然后见君子！"孔子欣然而笑曰："有是哉颜氏之子！使尔多财，吾为尔宰。"于是使子贡至楚。楚昭王兴师迎孔子，然后得免。

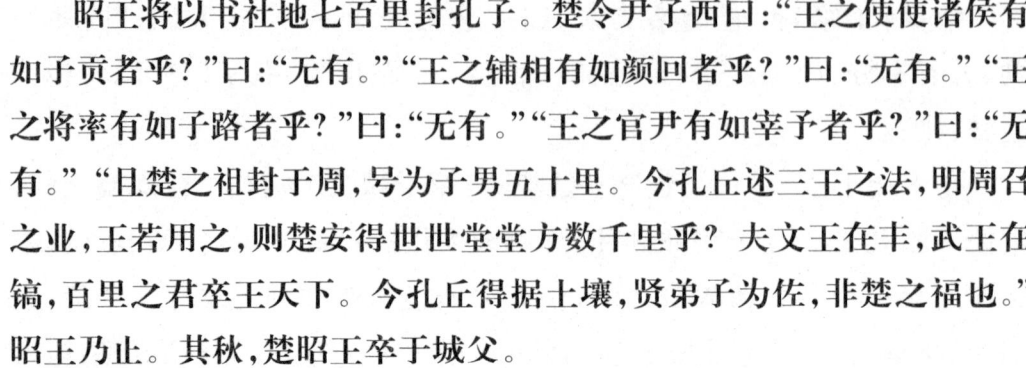

昭王将以书社地七百里封孔子。楚令尹子西曰："王之使使诸侯有如子贡者乎？"曰："无有。""王之辅相有如颜回者乎？"曰："无有。""王之将率有如子路者乎？"曰："无有。""王之官尹有如宰予者乎？"曰："无有。""且楚之祖封于周，号为子男五十里。今孔丘述三王之法，明周召之业，王若用之，则楚安得世世堂堂方数千里乎？夫文王在丰，武王在镐，百里之君卒王天下。今孔丘得据土壤，贤弟子为佐，非楚之福也。"昭王乃止。其秋，楚昭王卒于城父。

楚狂接舆歌而过孔子，曰："凤兮凤兮，何德之衰！往者不可谏兮，来者犹可追也！已而已而，今之从政者殆而！"孔子下，欲与之言。趋而去，弗得与之言。

于是孔子自楚反乎卫。是岁也，孔子年六十三，而鲁哀公六年也。

其明年，吴与鲁会缯（zèng），征百牢。太宰嚭（pǐ）召季康子。康子使子贡往，然后得已。孔子曰："鲁卫之政，兄弟也。"是时，卫君辄父不得立，在外，诸侯数以为让。而孔子弟子多仕于卫，卫君欲得孔子为政。子路曰："卫君待子而为政，子将奚先？"孔子曰："必也正名乎！"子路曰："有是哉，子之迂也！何其正也？"孔子曰："野哉由也！夫名不正则言不顺，言不顺则事不成，事不成则礼乐不兴，礼乐不兴则刑罚不中，刑罚不中则民无所错手足矣。夫君子为之必可名，言之必可行。君子于其言，无所苟而已矣。"

其明年，冉有为季氏将师，与齐战于郎，克之。季康子曰："子之于军旅，学之乎？性之乎？"冉有曰："学之于孔子。"季康子曰："孔子何如人哉？"对曰："用之有名；播之百姓，质诸鬼神而无憾。求之至于此道，虽累千社，夫子不利也。"康子曰："我欲召之，可乎？"对曰："欲召之，则毋以小人固之，则可矣。"而卫孔文子将攻太叔，问策于仲尼。仲尼辞不知，退而命载而行，曰："鸟能择木，木岂能择鸟乎！"文子固止。会季康子逐公华、公宾、公林，以币迎孔子，孔子归鲁。孔子之去鲁凡

十四岁而反乎鲁。

鲁哀公问政，对曰："政在选臣。"季康子问政，曰："举直错诸枉，则枉者直。"康子患盗，孔子曰："苟子之不欲，虽赏之不窃。"然鲁终不能用孔子，孔子亦不求仕。

孔子之时，周室微而礼乐废，《诗》《书》缺。追迹三代之礼，序《书传》，上纪唐虞之际，下至秦缪<sup>①</sup>，编次其事。曰："夏礼吾能言之，杞不足征也。殷礼吾能言之，宋不足征也。足，则吾能征之矣。"观殷夏所损益，曰："后虽百世可知也，以一文一质。周监二代，郁郁乎文哉。吾从周。"故《书传》《礼记》自孔氏。

孔子语鲁大师："乐其可知也。始作翕如，纵之纯如，皦如，绎如也，以成。""吾自卫反鲁，然后乐正，《雅》《颂》各得其所。"

古者《诗》三千余篇，及至孔子，去其重，取可施于礼义，上采契后稷，中述殷周之盛，至幽厉之缺，始于衽席，故曰"《关雎》之乱以为《风》始，《鹿鸣》为《小雅》始，《文王》为《大雅》始，《清庙》为《颂》始"。三百五篇孔子皆弦歌之，以求合《韶》《武》《雅》《颂》之音。礼乐自此可得而述，以备王道，成六艺。

孔子晚而喜《易》，序《彖》《系》《象》《说卦》《文言》。读《易》，韦编三绝。曰："假我数年，若是，我于《易》则彬彬矣。"

孔子以《诗》《书》《礼》《乐》教，弟子盖三千焉，身通六艺者七十有二人。如颜浊邹之徒，颇受业者甚众。

孔子以四教：文，行，忠，信。绝四：毋意，毋必，毋固，毋我。所慎：齐<sup>②</sup>，战，疾。子罕言利与命与仁。不愤不启，举一隅不以三隅反，则弗复也。

其于乡党，恂恂似不能言者。其于宗庙朝廷，辩辩言，唯谨尔。朝，

———————

① **缪**：古同"穆"。

② **齐**：同"斋"，斋戒。

●孔子周游列国雕塑

与上大夫言，誾誾如也；与下大夫言，侃侃如也。

入公门，鞠躬如也；趋进，翼如也。君召使傧，色勃如也。君命召，不俟驾行矣。鱼馁，肉败，割不正，不食。席不正，不坐。食于有丧者之侧，未尝饱也。是日哭，则不歌。见齐衰、瞽者，虽童子必变。

"三人行，必得我师。""德之不修，学之不讲，闻义不能徙，不善不能改，是吾忧也。"使人歌，善，则使复之，然后和之。子不语：怪，力，乱，神。

子贡曰："夫子之文章，可得闻也。夫子言天道与性命，弗可得闻也已。"颜渊喟然叹曰："仰之弥高，钻之弥坚。瞻之在前，忽焉在后。夫子循循然善诱人，博我以文，约我以礼，欲罢不能。既竭我才，如有所立，卓尔。虽欲从之，蔑由也已。"达巷党人曰："大哉孔子，博学而无所成名。"子闻之曰："我何执？执御乎？执射乎？我执御矣。"牢曰："子云'不试，故艺'。"

鲁哀公十四年春，狩大野。叔孙氏车子鉏商获兽，以为不祥。仲尼视之，曰："麟也。"取之。曰："河不出图，雒不出书，吾已矣夫！"颜渊死，孔子曰："天丧予！"及西狩见麟，曰："吾道穷矣！"喟然叹曰："莫知我夫！"子贡曰："何为莫知子？"子曰："不怨天，不尤人，下学而上达，知我者其天乎！""不降其志，不辱其身，伯夷、叔齐乎！"谓"柳下惠、少连降志辱身矣"。谓"虞仲、夷逸隐居放言，行中清，废中权"。"我则异于是，无可无不可。"

子曰:"弗乎弗乎,君子病没世而名不称焉。吾道不行矣,吾何以自见于后世哉?"乃因史记作《春秋》,上至隐公,下讫哀公十四年,十二公。据鲁,亲周,故殷,运之三代。约其文辞而指<sup>①</sup>博。故吴楚之君自称王,而《春秋》贬之曰"子";践土之会实召周天子,而《春秋》讳之曰"天王狩于河阳":推此类以绳当世。贬损之义,后有王者举而开之。《春秋》之义行,则天下乱臣贼子惧焉。

孔子在位听讼,文辞有可与人共者,弗独有也。至于为《春秋》,笔则笔,削则削,子夏之徒不能赞一辞。弟子受《春秋》,孔子曰:"后世知丘者以《春秋》,而罪丘者亦以《春秋》。"

明岁,子路死于卫。孔子病,子贡请见。孔子方负杖逍遥于门,曰:"赐,汝来何其晚也?"孔子因叹,歌曰:"太山坏乎!梁柱摧乎!哲人萎乎!"因以涕下。谓子贡曰:"天下无道久矣,莫能宗予。夏人殡于东阶,周人于西阶,殷人两柱间。昨暮予梦坐奠两柱之间,予始殷人也。"后七日卒。

孔子年七十三,以鲁哀公十六年四月己丑卒。

哀公诔之曰:"旻天不吊,不慭遗一老,俾屏余一人以在位,茕茕余在疚。呜呼哀哉!尼父,毋自律!"子贡曰:"君其不没于鲁乎!夫子之言曰:'礼失则昏,名失则愆。失志为昏,失所为愆。'生不能用,死而诔之,非礼也。称'余一人',非名也。"

孔子葬鲁城北泗上,弟子皆服三年。三年心丧毕,相诀而去,则哭,各复尽哀;或复留。唯子赣<sup>②</sup>庐于冢上,凡六年,然后去。弟子及鲁人往从冢而家者百有余室,因命曰孔里。鲁世世相传以岁时奉祠孔子冢,而诸儒亦讲礼乡饮大射于孔子冢。孔子冢大一顷。故所居堂弟子内,后世因庙藏孔子衣冠琴车书,至于汉二百余年不绝。高皇帝过鲁,以太

① **指**:同"旨",宗旨。

② **子赣**:即子贡。

牢祠焉。诸侯卿相至，常先谒然后从政。

孔子生鲤，字伯鱼。伯鱼年五十，先孔子死。

伯鱼生伋，字子思，年六十二。尝困于宋。子思作《中庸》。

子思生白，字子上，年四十七。子上生求，字子家，年四十五。子家生箕，字子京，年四十六。子京生穿，字子高，年五十一。子高生子慎，年五十七，尝为魏相。子慎生鲋，年五十七，为陈王涉博士，死于陈下。

鲋弟子襄，年五十七。尝为孝惠皇帝博士，迁为长沙太守。长九尺六寸。子襄生忠，年五十七。忠生武，武生延年及安国。安国为今皇帝博士，至临淮太守，蚤卒。安国生卬，卬生驩。

太史公曰：《诗》有之："高山仰止，景行行止。"虽不能至，然心乡往之。余读孔氏书，想见其为人。适鲁，观仲尼庙堂车服礼器，诸生以时习礼其家，余祇回留之不能去云。天下君王至于贤人众矣，当时则荣，没则已焉。孔子布衣，传十余世，学者宗之。自天子王侯，中国言六艺者折中于夫子，可谓至圣矣！

孔子出生于鲁国的昌平乡陬邑，他的先祖为宋国人，名为孔防叔。防叔生下伯夏，伯夏生下叔梁纥。叔梁纥年老时迎娶了颜姓的少女才生下了孔子。他们是在尼丘山祷告之后才生下孔子的。鲁襄公二十二年，孔子出生。孔子降生时，头顶是下凹的，因此取名为丘，字仲尼，姓孔氏。

孔子出生后，叔梁纥去世了，埋葬在防山。防山位于鲁国东部，因此孔子不清楚父亲的坟墓究竟位于什么地方，他的母亲对他隐瞒了此事。孔子幼年嬉戏玩耍时，时常陈列俎豆等礼器，举行各类礼仪。孔子的母亲去世以后，装殓后安放于五父之衢，因为慎重而没有埋葬。陬邑人挽父的母亲告知孔子其父亲的墓地，他才将母亲与父亲合葬到防山。

孔子腰间还系有孝带时，季氏宴请名士，孔子也前去参加。阳虎拦住他说："季氏接待名士，不敢请你前来。"孔子因此退出来了。

孔子十七岁时，鲁国大夫孟僖子即将去世，他告诫儿子懿子说："孔丘乃是圣人的后代，他的先祖在宋国隐没。他的先祖弗父何当初原本可以做宋国国君，却将国君

的位置让给弟弟厉公。到正考父时，曾经辅佐戴公、武公、宣公，三次受命而越发恭谨，因此铸鼎铭说：'第一次任命曲身接受，第二次任命折腰接受，第三次任命俯身接受。不在路的中间行走，谦逊地沿墙行走，也没有敢欺侮我的。煮稠粥用这个鼎，煮稀粥用这个鼎，依靠它糊口度日。'他恭谨到如此程度。我听说圣人的后裔，尽管未必可以执掌大权，但一定会有人显达。如今孔丘年纪轻轻就喜好礼仪，他大概就是会显达的人吧。我快死了，你一定要以孔丘为师。"僖子死后，懿子与鲁国人南宫敬叔就前往孔子那里学礼仪。这一年，季武子去世，季平子继承其位置。

孔子贫穷，地位又低。成年后，曾经在季氏家中做小吏，出纳粮食与财物都非常公平精确。曾担任掌管畜牧的小吏，牲畜繁殖兴旺。因此出任司空。

不久离开了鲁国，被齐国排斥，被宋、卫所驱逐，困于陈国与蔡国之间，这时又返回了鲁国。孔子身高九尺六寸，人们都叫他"长人"，觉得他很奇异。鲁国再度给予他很好的待遇，因此他回到鲁国。

鲁国南宫敬叔对鲁君说："请让我与孔子去周王室。"鲁君给他们一辆车，两匹马，一名童子，去周王室那里学习礼仪，拜见老子。辞行时，老子送别，说："我听说富贵的人送行时会以财物馈赠，仁德的人送行时会以言语相赠。我没有富贵，假冒仁德之人的称号，以言语赠送给你。赠送的话是：'聪明深察的人与死亡相伴，因为他喜欢评论人。博识善辩、非常有能力的人会危害自身，是因为他会揭发出别人的短处。做子女的不要只想着自己，做臣子的不要只是考虑自己。'"孔子从周王室回到鲁国，弟子逐渐多起来。

当时，晋平公放荡而淫乱，六卿专权，去东面讨伐诸侯。楚灵王的兵力强大，欺凌中原。齐国的疆域广大，靠近鲁国。鲁国弱小，投靠楚国，则晋国愤怒，投靠晋国则楚国会来讨伐，侍奉齐国出现问题，齐国的军队就会侵犯鲁国。

鲁昭公二十年，孔子已经三十岁了。齐景公与晏婴来到鲁国，景公询问孔子："过去秦穆公领土小，地处偏远，他能够称霸是什么原因呢？"孔子回答说："秦国虽小，它的志向非常大；位置尽管偏远，所作所为却极为恰当。秦君亲自提拔了用五张黑羊皮赎回来的百里奚，授予他大夫的爵位，将他从拘禁的绳索当中解救出来，秦君与他谈了三天，将国政交给了他。以这种方法来治理国家，就是称王天下也是能做到的，只是称霸就太小了。"景公听了很高兴。

孔子三十五岁时，季平子由于与郈昭斗鸡的原因而得罪了鲁昭公，昭公带兵进攻平子，平子与孟氏、叔孙氏三家一起进攻昭公，昭公的军队战败，昭公逃到齐国，齐国将昭公安置在乾侯。不久后，鲁国出现变乱。孔子前往齐国，成为高昭子的家臣，想借此与景公搞好关系。孔子与齐国乐官谈论音乐，听见了歌颂舜的《韶》乐，学习它，三个月都尝不出肉的味道，齐国人都称赞他。

齐景公向孔子询问如何施政，孔子说："国君应当像国君，大臣应当像大臣，父亲应当像父亲，儿子应当像儿子。"景公说："说得非常好。如果国君不像国君，大臣不像大臣，父亲不像父亲，儿子不像儿子，即便有粮食，我难道能吃得到吗？"还有一天，齐景公又询问孔子应如何施政，孔子说："施政的关键在于节省财物。"景公非常高兴，准备把尼谿的田地分封给孔子。晏婴劝谏说："儒者能言善辩，不可以用法规约束他们；傲慢任性，不适宜作为臣下；重视丧事，追求尽丧，破费家产也要进行厚葬，不能让这些做法成为风俗；四处游说，谋求官禄，不能用他们来治理国家。自从伟大的圣贤离世后，周王室已然衰微，礼乐制度残缺已很久了。现在孔子极力修饰仪容，提出朝会时升降的冗繁礼仪，快步走、仪态恭谨的规矩，让人几辈子都无法穷尽他的学问，一年都学不完各种礼仪。您希望用这一套来改变齐国的风俗，我认为不应当以此来倡导民众。"后来景公恭敬地会见了孔子，不去询问他的礼制。有一天，景公留下孔子说："以季氏那样高的规格来接待你，我是无法做到的。"就用介于季氏、孟孙之间的规格接待孔子。齐国大夫打算加害孔子，孔子听说了这件事。景公说："我已经老了，不能任用你了。"孔子就离开齐国，返回了鲁国。

孔子四十二岁时，鲁昭公死在了乾侯，定公继位。定公继位的五年夏天，季平子去世，桓子继承季平子的位置做了上卿。

季桓子凿井获得了一个瓦罐，其中有一个类似羊的东西，询问孔子，说是"获得了一只狗"。孔子说："据我所知，是羊。我听说，山林当中的怪物是叫夔的一足兽，还有名叫罔阆的山精鬼怪，水中的怪物为龙，还有叫罔象的水怪，土中的怪物是名为坟羊的非雌非雄的土精。"

吴国进攻越国，摧毁了越国的都城会稽，获得了有一车长的骨节。吴国派遣使者询问孔子："什么骨头是最大的？"孔子说："大禹召集群神在会稽山集会，防风氏迟到，禹杀了他并陈尸示众，他的骨节长度达到一车，这是骨头当中最大的。"吴国使者说："谁是神？"孔子说："山川之神完全能够兴云布雨，经营天下，负责山川祭祀的便是神，负责土地及谷物的就是公侯，都是隶属于王的。"使者："防风是负责什么事务的呢？"孔子说："汪罔氏部落的君主负责封山、禺山的祭祀，是釐姓。在虞、夏、商称为汪罔，在周被称作长翟，现在被称为大人。"使者说："人的身长是多少？"孔子说："僬侥氏身长三尺，是最矮的。最高的不会超过十尺，这已经是身高的极限了。"这时吴国使臣说："好极了，是圣人啊。"

季桓子的宠臣名为仲梁怀，与阳虎有仇怨。阳虎想要驱逐仲梁怀，季氏的家臣公山不狃阻止了他。这年秋天，仲梁怀更加骄纵，阳虎将他抓起来。桓子很恼怒，阳虎就将桓子也囚禁起来，阳虎与桓子盟誓后才将桓子释放。阳虎从此越发轻视季氏。对鲁君来说，季氏也超越了应有的权限，一个臣子把持了国政，因此鲁国从大夫以下都超越了正确的原则。所以孔子不再为官，退出了仕途，整理研究《诗》《书》《礼》《乐》等经典，弟子更多了，都来自遥远的地方，没有不跟着他学习知识的。

鲁定公八年，季氏不再宠信公山不狃，公山不狃依靠阳虎发起叛乱，准备废掉三桓季孙氏、叔孙氏、孟孙氏的嫡长子，另立阳虎平日喜欢的庶子，于是拘禁季桓子。桓子欺骗他，得以逃脱出来。鲁定公九年，阳虎没有获胜，逃到齐国。这时孔子五十岁。

公山不狃依靠费邑反叛季氏，派人去邀请孔子。孔子探寻治国的法则已很久了，郁郁不得志，无处可以施行，没有人任用他，就说："周文王、武王在丰、镐之地兴起，而称王天下，现在费邑尽管狭小，或许与丰、镐差不多吧？"准备前往费邑。子路内心不快，劝阻孔子。孔子说："请我去，我会徒劳无功吗？如果任用我，大概可以在东方实行周朝的礼乐制度啊。"然而孔子最终没有成行。

在这之后，鲁定公任用孔子担任中都长官，一年时间，四面八方的人都效仿孔子的治理方法。孔子从中都长官升任司空，从司空改任大司寇。

鲁定公十年春天，鲁国与齐国和解。夏天，齐国大夫黎鉏告诉景公："鲁国任用孔丘，这对齐国有威胁。"于是就派使者通知鲁国，双方要举行友好会晤，可以在夹谷相见。鲁定公将本着友好的态度乘车前去。孔子身为大司寇代理司仪，说："我听说办理文事就必须有武力准备，办理武事的必须要有文官准备。古代诸侯走出了国界，一定要配齐文武官员与之相随，请安排左右司马陪同前去。"定公说："好的。"于是安排左右司马随行。与齐侯在夹谷会见，修建了盟会祭祀所需要的高台，设定位次，有三级土台阶，双方依照会见的礼节相见，拱手揖让后登上了高台。彼此馈赠礼品并敬酒完毕，齐国官员快步上前请示："请演奏四方各族的乐曲。"景公说："可以。"此时齐国乐队，举起旌旗，头插羽毛，身披皮衣，手持矛、戟、剑、大楯，鼓噪而来。孔子快步走上前，迅速登上了台阶，但是没有登上最后的一级台阶，举起衣袖说："齐鲁两国的君主举行会晤，夷狄的乐队到这里是要干什么？请命令官员将乐队撤下。"主管官员让乐队撤下，乐队不愿意离去。左右环视晏子与景公。景公心中感到惭愧，挥手让乐队撤下。不一会儿，齐国的主管官员快步上前说："请演奏宫里的音乐。"景公说："可以。"倡优及侏儒戏谑着走上来。孔子快步来到前方，迅速登上了台阶，没有登上最后的一级台阶，说："无知匹夫迷惑戏弄诸侯者，理应处死。请命令主管官员去办理。"主管官员依法执行，倡优与侏儒都被处死。景公心中感到恐惧而被震撼，清楚自己在道义方面不如鲁国，回去后感到很惊恐，将自己的担心告诉大臣们，说："鲁国大臣以君子的原则辅佐其国君，唯有你们用夷狄的原则来指教我，使我开罪了鲁国君主，该当怎么办呢？"主事的官员上前回答："君子出现过错就应当老实赔礼，小人有了过错就会文过饰非。您假如对此事痛心，就应当赔礼道歉。"于是，齐侯就归还了齐国所侵占的鲁国郓、汶阳、龟阴的土地，以此来表示歉意。

鲁定公十三年夏天，孔子对定公说："大臣不可以私藏兵器，大夫不可以拥有高一丈、长三百丈的城墙。"让仲由出任季氏的家臣，准备拆掉季孙、叔孙、孟孙三家都邑的城墙。此时，叔孙氏率先拆毁了郈邑。季氏准备拆毁都邑费，公山不狃、叔孙辄则带领费邑人袭击鲁君。定公与季孙、叔孙、孟孙三人来到季氏住宅，登上武子台。费邑人进攻他们，没能攻克，但有人已经接近了定公。孔子命令申句须、乐颀攻打费邑人，费邑人败逃。鲁国人追击他们，在姑蔑击败了他们。公山不狃、叔孙逃到齐国，终于拆掉了费邑的城墙。将要拆毁孟孙氏的都邑成，公敛处父对孟孙氏说："拆毁成的城墙，齐国人一定会直接进攻北门。况且成是孟氏的重要屏障，没有成，也就没有了孟氏。我不会拆掉成的城墙。"十二月，定公围攻成，没能攻克。

鲁定公十四年，孔子五十六岁，由大司寇代理宰相一职，面带喜色。弟子说："听说君子当灾难来临时不恐惧，大福来临也不喜形于色。"孔子说："是有这话。我不是也说过'乐在地位显贵而礼贤下士'吗？"这时，孔子诛杀了扰乱国政的鲁国大夫少正卯。孔子参与主持国政三个月，贩卖羊与猪的人不敢抬高价格，男女行走时会分道行走，路不拾遗，四面八方的游客来到城里不必朝官员乞求，都会把所需要的东西给予他们，让他们满意而归。

齐国人听说这种情况感到很恐惧，有人说："孔子治理国政必定可以称霸，称霸后，我们的国土靠近鲁国，首先会被吞并。为什么不送一些国土给鲁国呢？"齐国大夫黎鉏说："请事先尝试能否阻止鲁国称霸，阻止不了，再赠送国土，这难道还会迟吗？"于是，挑选齐国美貌的女子八十人，都身穿色彩艳丽的衣服，可以跳《康乐》舞，以毛色斑斓的马匹组成三十辆马车，全都馈送给鲁国国君。在鲁国都城南面的大门之外将女乐队、毛色斑斓的马匹都摆放好。季桓子身穿便服去看了好几次，准备接受馈赠，就告诉鲁国国君安排环城巡游，乘机前去长时间观看，不再管理国政。子路说："先生，我们可以走了。"孔子说："鲁国如今将要郊祭天地，如果将祭祀用的肉分给大夫，那么我还能够留下来。"桓子最终接受了齐国的女乐队，鲁君三天没有处理朝政；举行郊祭，也没有将祭肉与郊祭用的礼器送给大夫。于是，孔子离开鲁国，在屯地住下过夜。师已来送行，说："先生没有错误。"孔子说："我可以唱歌吗？"孔子唱起来："那个女子的一张嘴，能够将大臣赶走；那个女子前来觐见，能够使国破身亡。悠闲啊悠闲，只能这样度过岁月。"师已返回后，桓子说："孔子说了什么话？"师已如实禀告。桓子大为感叹地说："先生是由于一群婢女的原因在责怪我呀。"

孔子于是前往卫国，寄居在子路妻子的兄长颜浊邹家中。卫灵公询问孔子："在鲁国可以得到多少俸禄？"回答说："俸米为六万小斗。"卫国人也给予孔子俸米六万小斗。住了之后不久，有人在卫灵公面前诋毁孔子。卫灵公派公孙余假监视孔子的行动。孔子害怕得罪卫君，在卫国住了十个月，随后离开了卫国。

孔子即将前往陈国，途经卫国的匡地，颜刻为其驾车，用其鞭子指着匡地，说："过去我来到这个地方，是从那个缺口进去的。"匡地人听说此事，认为孔子是鲁国的阳虎。阳虎曾经对匡人很残暴，匡人于是将孔子围困。孔子长得与阳虎相似，被拘禁了五天。颜渊后来赶到，孔子说："我认为你死了。"颜渊说："先生还健在，我哪里就敢死。"匡人越来越严密地围困孔子，弟子们都非常恐惧。孔子说："周文王已死，周代的礼乐制度不是都保存在我这里吗？上天如果要毁灭周代的礼乐制度，就不会让我这后来之人知道这种礼乐制度的。上天不想要毁灭这种礼乐制度，匡人又能将我怎样呢？"孔子让一个随从向卫国的宁武子称臣，然后得以脱身离去。

离开匡地后，孔子等人来到蒲地。一个多月，返回卫国，寄居在蘧伯玉的家中。卫灵公有一位夫人名叫南子，派人告诉孔子："各方的君子没有受到侮辱，想与我们国君建立兄弟一般的友谊，必须要见到国君的夫人。国君的夫人非常愿意见您。"孔子辞谢了，后来出于不得已去见她。夫人待在细葛布帷帐当中。孔子进门，面朝北行礼。夫人在帷帐当中拜了两拜，身上的环佩、玉器、首饰碰击发出清脆的声响。孔子回来之后说："我之前不愿见她，既然见到她就要以礼答谢。"子路听后非常不高兴。孔子发誓说："我如果有不对的地方，上天厌弃我吧！上天厌弃我吧！"孔子在卫国住了一个多月，卫灵公与夫人同乘一辆车，宦官雍渠在右边陪坐，驶出宫廷，让孔子坐到第二辆车上，大摇大摆地从街市上面走过。孔子说："我没有看到过爱好德行犹如爱好美色一样的人。"此时，孔子厌恶了卫灵公的所作所为，离开卫国，前往曹国。这一年，鲁定公去世了。

孔子离开曹国，来到宋国，与弟子们在大树下教习礼仪。宋国的司马桓魋想要害孔子，派人砍倒了那棵大树，孔子离开了。弟子说："可以迅速离开这里。"孔子说："上天赋予我这种品德，桓魋能将我怎么样呢？"

孔子去往郑国，与弟子走散了，孔子独自站在外城的东门。郑国有人告诉子贡："东

门有一个人，他的额头像尧，他的后颈像皋陶，他的肩像子产，而从腰部以下的部位比禹短三寸，狼狈得犹如丧家之犬。"子贡将这番话告诉孔子。孔子非常欣喜地笑着说："外貌是微不足道的。而说我像是丧家狗，是这样啊！是这样啊！"于是，孔子来到陈国，寄居在司城贞子家中。过了一年多时间，吴王夫差进攻陈国，占领了三座城后才撤军。赵鞅攻打朝歌。楚国包围了蔡国，蔡国迁徙到吴地。吴国在会稽击败了越王勾践。

有一只隼降落在陈国的宫廷当中死去，有支木箭射在它身上，箭头是石质的，箭长一尺八寸。陈湣公派出使者去询问孔子。孔子说："隼是从非常遥远的地方飞来的，这便是肃慎族的箭。当年周武王灭掉商朝，打通了通向东方九夷与南方百蛮的道路，让各族都以自己的特产前来进贡，使他们不可以忘记自己的职责和义务。于是肃慎族进贡了木箭与石制箭头，长一尺八寸。先王准备宣扬他的美德，将肃慎族的箭送给长女大姬，把她许配给虞胡公，将虞胡公分封在陈国。拿珍宝、玉石分赠给同姓，是为了表示亲密无间；将远方的贡品赠给异姓诸侯，是为了让他们不要忘记听从王命。因此将肃慎部族的箭分赠给陈国。"陈侯让人去过去的仓库中寻找，果然找到了木箭。

孔子在陈国住了三年，这时晋、楚两国争霸，交替攻击陈国，等到吴国进攻陈国，陈国时常遭到抢掠。孔子说："回去吧！回去吧！我的弟子有着远大的志向，富有进取精神，没有忘掉原有的善性。"于是，孔子离开了陈国。

途经蒲地，正遇到公叔氏占据蒲地反叛，蒲地人拘捕了孔子。孔子的弟子当中有个人叫公良孺，用个人的五辆车追随着孔子。他这个人身材很高大，贤德而勇猛，对孔子说："我过去追随先生在匡地遇难，如今又在这里遇难，这是命运啊！我与先生又一次遭灾，宁愿搏斗战死。"拼搏得极为凶狠。蒲地人感到胆怯了，对孔子说："如果不去卫国，我们就放你走。"孔子与蒲地人进行盟誓，从东门放走了孔子。孔子随后前往卫国。子贡说："盟誓是可以违背的吗？"孔子说："被胁迫的情况下订立的盟誓，神是不会赞同的。"

卫灵公听说孔子到来，非常高兴，来到郊外迎接。灵公问孔子："蒲地能够攻打吗？"孔子回答："是可以攻打的。"灵公说："我的大夫们觉得不可以。现在，蒲地是卫国用于阻挡晋、楚两国的缓冲地带，动用卫国的兵力去进攻它，恐怕是不可以的吧？"孔子说："蒲地的男子拥有誓死保卫家乡的精神，妇女拥有保卫家乡的志气，不愿意反叛，我认为应当讨伐的只是四五个鼓动叛乱的人。"灵公说："说得好。"但是最终还是没攻打蒲地。

卫灵公年纪大了，不愿意处理政事，不任用孔子。孔子叹息说："假如有人愿意任用我，一年可以见到成效，三年就非常有成绩了。"孔子离开卫国。佛肸担任中牟邑的长官。赵简子进攻范氏、中行氏，攻打中牟。佛肸反叛，派人去召见孔子。孔子打算去。子路说："我从先生这里听说，'那种亲自做坏事的人，君子是不会去那里的'。如今佛肸利用中牟进行叛乱，您准备前往，这话对您有作用吗？"孔子说："有过这话。我不是还曾说过，坚硬的东西，打磨之后不会变薄；不是还说过，洁白的东西，黑色染料是无法染黑的。我难道是匏瓜吗，怎么可以挂着给人看，而不让人去食用呢？"孔子击打石磬。有一个背着草筐的人从门前走过，说："非常有心思呀，击打石磬的这个人。磬声又响又急，似乎是在说，没有人真的了解我呀。别人不了解自己，那就算了吧。"

　　孔子跟着师襄子学习弹琴，十天之内都没增加新的内容。师襄子说："可以增加一些学习内容。"孔子说："我对曲子已经很熟悉了，但还没有学到弹琴的技法。"过了一段时间，师襄子说："你已熟悉了弹琴技法，应该多学一些了。"孔子说："我还没有领悟到曲子当中所表达的主题思想。"过了一段时间，师襄子说："你已经熟悉了曲子当中表达的主题思想，可以多学一些了。"孔子说："我还没能体会出作曲者到底是怎样的人。"过了一段时间，孔子沉静深思，心旷神怡，眼界变得高远，志向变得远大，便说："我知道他是什么样的人了。拥有黑黑的皮肤，高大的身材，眼睛明亮而富有高瞻远瞩，似乎在天下称王，不是文王谁可以做到这种地步呢？"师襄子离开座席拜了两次，说："我的老师说这首琴曲名为《文王操》。"

　　孔子既然无法得到卫国的重用，准备西行去面见赵简子。来到黄河边，听说窦鸣犊、舜华被赵简子杀掉了，面对黄河叹息："很壮美呀，黄河水，浩浩荡荡。我无法渡过黄河，是命中注定的呀。"子贡快步走上前来说："请问这话是什么意思？"孔子说："窦鸣犊及舜华都是晋国很贤德的大夫，赵简子不得志时，倚仗这两人才掌握住了政权。如今已得志，杀掉他们后才执掌政权。我听说，一个地方剖腹取胎，杀掉幼兽，麒麟是不会到它的郊外的；竭泽而渔，蛟龙就不会协调阴阳，来兴云布雨了；倾覆鸟巢，毁坏掉鸟卵，凤凰便不愿意到这里飞翔了。为什么呢？君子忌讳伤害其同类。那些鸟兽对不道德的行为也懂得躲避，何况是我孔丘啊。"于是返回陬乡，创作了《陬操》这支琴曲来哀悼去世的两位贤德之人。又回到卫国，住在蘧伯玉家里。

　　一天，卫灵公询问行军作战的布阵之法。孔子说："祭器俎、豆之类的事情曾听说过，布阵作战的事从没学习过。"次日，灵公与孔子进行交谈，看到飞过的大雁，他抬头仰望，从神色来看，注意力并没有放在孔子身上。于是，孔子离开这里，又前往陈国。夏天，卫灵公病死，孙子辄继位，这便是卫出公。六月，赵简子将卫灵公的太子蒯聩安置在戚邑。阳虎让太子蒯聩身穿丧服，八个人披麻戴孝，伪装成从卫国前来迎接太子蒯聩回去奔丧，哭着进入卫国，由于受到卫出公的阻拦，就居住在戚邑。冬天，蔡国迁都到州来。这一年为鲁哀公三年，孔子六十岁了。齐国帮助卫国进攻戚邑，是由于卫国太子蒯聩居住在那里的缘故。

夏天，鲁桓公、僖公的庙堂出现了火灾，南宫敬叔去救火。孔子在陈国得知这件事，说："火灾一定发生在桓公、僖公的庙堂吧？"后来才知道的确是如此。秋天，季桓子病了，坐在车上望着鲁城，喟然长叹："过去，这个国家几乎可以强盛起来，由于我得罪了孔子，没能兴盛起来。"回头告诉其继承人季康子说："我就要死了，你一定会担任鲁国的宰相。你任宰相后，一定要将仲尼请回来。"过了几天，桓子死了，康子继承宰相一职。埋葬桓子之后，康子准备请孔子回来。大夫公之鱼说："过去我们的先君任用他无法善始善终，最后被诸侯所耻笑。如今又任用他，不能够善始善终，是要被诸侯第二次耻笑的。"康子说："那么招请谁更加合适呢？"公之鱼说："一定要招请冉求。"于是，派人去找冉求。冉求准备前去，孔子说："鲁国人招请冉求，不是普通任用，一定会重用他的。"这一天，孔子说："回去吧！回去吧！我的弟子们志向远大，富有文采，我不清楚怎样去指导他们。"子贡得知孔子想返回故国，送别冉求时，便叮嘱"你如被重用，要将孔子请回去"。冉求已离开陈国，第二年，孔子从陈国迁徙至蔡国。蔡昭公准备去吴国，是吴国让他去的。过去昭公欺骗其大臣，迁都到州来，这次去吴国，大夫们害怕又会迁都，公孙翩就射杀了昭公。楚国进攻蔡国。秋天，齐景公死了。

第二年，孔子从蔡国来到叶邑。叶公询问应当怎样施政，孔子说："施政要招纳远方百姓，让附近的百姓前来归顺。"另一天，叶公向子路询问孔子的情况，子路没有回答。孔子知道了，说："仲由，你为什么不这样回答'他的为人，学习道理不知道疲倦，教诲别人不会感到厌烦，发愤忘掉了吃饭，欢乐而忘却了忧愁，不清楚衰老就要来临'。"

离开叶邑，来到蔡国。长沮、桀溺一起合作耕地，孔子觉得他们是隐居的人，派子路前去打听渡口在什么地方。长沮说："那个手拉车缰绳的人是谁？"子路说："是孔丘。"长沮说："是鲁国的孔丘吗？"子路说："是的。"长沮说："他是清楚渡口的位置的。"桀溺对子路说："你是谁？"子路回答说："是仲由。"桀溺说："你是孔丘的学生吗？"子路说："是的。"桀溺说："天下悠悠，到处都是一样，而哪个人可以改变现状呢？与其跟随躲避暴君乱臣的人，怎么比得上跟随躲避乱世的人啊！"说完还是不

停地播种。子路把这些话都告诉了孔子，孔子怅然若失地说："我们不能与鸟兽同群。天下太平，我孔丘就不会参与改变这种局面了。"

有一天，子路在走路，遇到一位肩膀上扛着除草工具的老人。子路说："您见到我的老师了吗？"老人说："四肢不去劳动，五谷都无法分辨，谁是你的老师呢？"老人把手杖插到泥土当中去锄草了。子路将这些话告诉孔子。孔子说："这是位隐居的人。"子路又去找老人，老人已经离开了。

孔子迁居蔡国的第三年，吴国攻打陈国。楚国援救陈国，军队驻扎在城父。听说孔子在陈国与蔡国之间，楚国就派人去聘请孔子。孔子准备前往以礼答谢，陈国、蔡国的大夫商议："孔子是一个贤德的人，所批评的事情都切中诸侯的弊端。如今他长期居住在陈国与蔡国之间，诸位大夫的所作所为全都不符合孔子的主张。楚是大国，如今前来聘请孔子。孔子在楚国会受到重用，那么，在陈国、蔡国执权的大夫就有危险了。"于是，就联合发动一些在服劳役的人在野外围困住孔子。孔子无法离开，断绝了粮食。随从的弟子很多都病了，爬不起来。孔子讲习、诵诗、弹琴、唱歌并没有停止。子路气愤地来见孔子，说："君子也会有陷入困窘的时候吗？"孔子说："君子困窘时可以坚守操守，小人困窘的话就什么事都干得出来了。"子贡脸色变了。孔子说："赐啊，你认为我是博学强记的人吗？"子贡说："是的。难道不是吗？"孔子说："不是。我是以一种原则贯穿到各个方面。"

孔子清楚弟子们心里不高兴，就把子路找来问他说："《诗》说'不是犀牛，不是老虎，却徘徊在旷野当中'。我的学说不正确吗？我为什么会被围困在此地？"子路说："我想我们的仁德还不足吧？人们不信任我们。我想我们的聪明还不够吧？人们不放我们通行。"孔子说："是这样的吗？仲由，假如仁德的人必定使人信任，哪里还会有伯夷、叔齐饿死在首阳山？假如聪明的人必定会通行无阻，哪里会有比干被剖心？"子路退出来，子贡进去拜见孔子。孔子说："赐啊，《诗》说'不是犀牛，不是老虎，却徘徊在旷野当中'。我的学说不正确吗？我为什么会被围困在此地？"子贡说："老师的学说是非常崇高而广阔的，所以天下各国都无法接纳老师。老师为何不稍降低一点标准呢？"孔子说："赐呀，优秀的农夫可以播种耕作，然而不

●孔子乘辂图

一定会取得好的收成；优秀的工匠能够做到技术精巧，然而不一定人人都可以对做出的器物称心如意；君子可以建立自己的思想体系，纲纪天下，统筹管理国家，然而不一定能够被人们接纳。如今你不去坚持自身主张，而追求能被人们接受。赐呀，你的志向不够远大啊！”

子贡退出来，颜回进去拜见孔子。孔子说：“颜回，《诗》说‘不是犀牛，不是老虎，却徘徊在旷野当中’。我的学说不正确吗？我为什么被围困在此地？”颜回说：“老师的学说是非常崇高广阔的，因此天下各国都不能接纳老师。尽管如此，老师还是应当努力推广并实践自己的学说，不被容纳有什么坏处，不被容纳，才可以显示君子的本色。不创立与完善思想体系，这乃是我们的耻辱。思想体系已经被完美地建立起来，而不被采纳，这是拥有国家权力的人的耻辱啊。不被接纳有什么坏处，不被容纳，然后才能显示君子本色。”孔子高兴地笑了，说：“是这样啊！颜氏的好后代！假如你有很多财物，我可以为你当主管。”于是，孔子派子贡前往楚国。楚昭王发兵去迎接孔子，孔子这才摆脱困境。

楚昭王准备将有户主名称登记到册籍上的七百里土地分封给孔子。楚国令尹子西说：“大王派使者出使诸侯国有如子贡这样的人吗？”昭王说：“没有。”子西说：“大王的辅佐官员中有像颜回这样的人吗？”昭王说：“没有。”子西说：“大王的将帅当中有如子路这样的人吗？”昭王说：“没有。”子西说：“大王的主事长官有如宰予这样的人吗？”昭王说：“没有。”子西说：“楚国的始祖被周王室分封，封爵是子爵，封地为五十里。如今孔丘遵循三皇五帝时代的法则，申明周公、召公的功业，假如大王任用他，那么楚国怎么能够世代保住如今几千里的疆域？周文王在丰邑，周武王在镐邑，是下辖百里土地的国君，最终称王天下。如今孔丘如拥有封地，贤明的弟子们辅佐他，这不是楚国的福祉啊。”昭王于是打消了原来的想法。这年秋天，楚昭王在城父去世。

楚国装疯的接舆唱着歌，路过孔子身边，歌词说：“凤凰啊，凤凰啊，你的德行为什么减少了呀！过去的事情不可以劝阻，未来的事情还来得及。算了吧，算了吧，如今的当权者都是危险的。”孔子下车，希望与他说说话。接舆快步离开了，孔子没能与他说话。

于是孔子从楚国返回到卫国。这一年，孔子六十三岁，此时为鲁哀公六年。

第二年，吴国和鲁国在缯地进行会盟，吴国向鲁国索要一百个用于祭祀的牛、豕、羊。吴国太宰嚭邀请季康子赴会。季康子派子贡前去，索要祭祀牲畜的事情才就此作罢了。孔子说：“鲁国、卫国的政治情况，犹如兄弟一般，都差不多。”当时，卫君辄的父亲还没有被立为国君，流落在国外，诸侯多次以此事来指责卫君辄。而孔子的弟子多数在卫国做官，卫君想让孔子参政。子路说："卫君让您参政，您将把何种工作放到首位？"孔子说："首先一定要端正名分。"子路说："是这样子啊。您真迂腐而不切实际！如何端正呢？"孔子说："粗野啊，仲由！名分不能端正，说话就不顺应道理，说话不顺应道理，事情就无法成功，事情不会成功，礼和乐就无法兴盛，礼与乐不能兴盛，刑罚就无法准确，刑罚就会失去标准，百姓就会变得手足无措。君子所作所为必须要符合名分，说话必须要付诸行动。君子对他说的话，没有苟且马虎的地方。"

第二年，冉有为季氏统领军队，与齐国在郎邑作战，打败了齐军。季康子说："您对军事学，是靠学习，还是天生就会？"冉有说："是从孔子那里学到的。"季康子说："孔子是怎样的人呢？"冉有回答："任用他要符合名分，向百姓宣布，对质于鬼神，而没有缺憾。像我冉求来到这里的这种状况，虽然被封给二千五百户，老师也不会贪图这种利益的。"季康子说："我准备请孔子来，可以吗？"冉有回答说："想要请他来这里，就不要让小人去阻碍他，那就是可以的。"卫国的孔文子准备进攻太叔，向孔子询问计策，孔子推辞说不知道，退出后吩咐驾车离开，说："鸟儿可以选择树木来栖息，树木怎可以选择鸟儿啊？"文子坚决挽留。恰好季康子赶走了公华、公宾、公林，拿着礼物去迎接孔子，孔子返回了鲁国。孔子离开鲁国十四年后，才返回鲁国。

鲁哀公询问应当怎样施政，孔子回答："施政的关键在于挑选大臣。"季康问怎样进行施政，孔子说："起用正直的人，安排他们位居心术不正的人之上，那么心术不正的人也会变正直。"季康子为了盗贼的事忧虑，孔子说："如果您没有贪欲，虽然奖赏他，他也不会去偷窃。"然而鲁国最终也没能任用孔子，孔子也不追求官位。

孔子时代，周王室衰微，礼崩乐坏，《诗》《书》都出现了残缺。孔子追溯夏、商、周三代的礼制，叙列《书传》，上记唐尧、虞舜时代，下到秦穆公时代，编次其间的各个历史事件。他说："夏代的礼制我可以说出它，但在杞国没能留下足够的文献来证明它。殷朝的礼制我可以说出它，但在宋国没留下充足的文献去证明它。文献充足，我就可以利用文献来证实这些礼制了。"孔子观察了殷朝、夏朝制度的增损变化情况以后，说："这些制度尽管过了百代，依旧是可以知道的。因此变化规律是一代有文采，一代质朴。周朝的礼制借鉴了夏、商两代的礼制，实在是丰富多彩啊！我赞成周朝的礼制。"所以《书传》《礼记》的整理编辑是出自孔子之手。

孔子对鲁国的乐官太师说："音乐演奏的过程是可知的。开始演奏，会非常热烈，继续下去，则显得和谐而清晰，乐声连续不断，直到演奏完整部乐曲。"孔子说："我从卫国返回鲁国，然后《诗》的乐章得以订正，《雅》《颂》的每一篇章都可以各得其所。"

古代的《诗》共有三千余篇，到了孔子时，删掉重复部分，选取能够用于礼义教化的诗篇，时代上起商朝始祖契、周朝始祖后稷，中间描述殷朝、周朝的兴盛，乃至于周幽王、周厉王时期的失误，开始于男女夫妇关系与爱情的诗篇。所以说"《关雎》篇是《风》的开端，《鹿鸣》篇是《小雅》的开端，《文王》篇是《大雅》的开端，《清庙》篇是《颂》的开端"。《诗》中的三百零五篇，孔子全都配乐弹唱，要求做到与《韶》《武》《雅》《颂》乐曲的情调彼此配合。先王的礼乐制度从此能够称述，并用它来完备仁德治国的原则，编修而成六经《诗》《书》《礼》《乐》《易》《春秋》。

孔子晚年非常喜欢《易》，撰述了《象》《系》《象》《说卦》《文言》。他阅读了《易》，连接竹简的皮绳被接连磨断了三次。他说："给我几年时间，这样的话，我对《易》的文辞以及义理就都可以掌握了。"

孔子用《诗》《书》《礼》《乐》来教育学生，弟子约有三千人，精通礼、乐、射、御、书、数这六种技艺的共有七十二人。如颜浊邹这种人，不在七十二人之列，却受到很多教育的弟子为数众多。

孔子从四个方面教育学生：文献知识、社会实践、对人忠诚、遵守信用。杜绝四种情况：不臆测、不武断、不固执、不自以为是。他所谨慎的是：斋戒、战争、疾病。孔子很少把利益与天命、与仁德联系在一起。弟子不到想要弄明白而又实在弄不明白的时候，孔子不去启发他。不能举一反三，就不再教授了。

孔子在自己家乡，温和谦逊得像个不善言谈的人。他在宗庙和朝廷，明辨而详细地谈论问题，然而小心谨慎。上朝时，与上大夫谈话，一副端庄正直的样子；与下大夫谈话，一副和乐安详的样子。

孔子进入国君宫门，是低头弯腰，恭恭敬敬的样子；快到国君面前时，小步快速前行，两臂向后，好像鸟儿的翅膀；国君叫他接待宾客，一副表情庄重的样子。国君命令召见他，不等到驾好车，就起身走了。鱼已腐败，肉已变质，不按规定宰割的肉，不吃。坐席摆得不正，不坐。在有丧事的人旁边吃饭，没有吃饱过。这天哭泣过，就不再唱歌。看见穿丧服的和盲人，即使是儿童，也一定改变面容，表示悲戚和同情。

孔子说："三人同行，从中必定能够得到可以做我老师的。"又说："品德不修养，学业不讲习，听到正义的事情不能去做，缺点和错误不能改正，这是我的忧虑。"让别人唱歌，唱得好，就请他重复唱一遍，然后自己和他一起唱。孔子不谈论怪异、暴力、悖乱、鬼神。

子贡说："老师关于文献方面的知识和议论，是可以听到的。老师关于天道和天性的言论，是不能够听到的。"颜渊深深地叹息说："老师的学说，抬头仰望，越望越

觉得崇高；钻研它，越钻越觉得坚实深厚。看见它在前面，忽然又在后面。老师善于循序渐进地诱导人，用各种文献扩大我们的知识面，用礼仪来约束我们，想要停止学习也不能办到。已经竭尽了我的全部才能，似乎能独立于社会了，可老师的学说仍卓然高耸，虽然想追上去，又摸不着门路了。"达巷这个地方的人说："伟大呀孔子，学问广博，却没有专长能够出名。"孔子听到了这话，说："我专长于干什么呢？驾车吗？射箭吗？我还是驾车吧。"子牢说："老师说：'没有受到重用，所以有技艺。'"

鲁哀公十四年春天，在大野狩猎。叔孙氏的车夫鉏商猎获一头野兽，认为是不祥之兆。孔子看了这头野兽，说："这是麒麟。"就把它拿走了。他说："黄河没有神龙背负八卦图出现，洛水没有神龟背负洛书出现，我算是完了！"颜渊去世，孔子说："这是上天让我去死啊！"等到西行狩猎看见麒麟，说："我的学说和理想已经到了山穷水尽的地步了！"喟然长叹说："没有人了解我啊！"子贡说："为什么没有人了解老师呢？"孔子说："不埋怨天，不归咎于人，下学人事，上达天命，了解我的大概只有上天啊！"孔子说："不降低自己的志向，不侮辱自身，是伯夷、叔齐吧！"又说："柳下惠、少连降低志向，侮辱自身。"又说："虞仲、夷逸避世隐居，放胆直言，所行所为符合清廉，自我废弃合乎权宜。"又说："我就不同于这些人，没有什么绝对可以，也没有什么绝对不可以。"

孔子说："不行啊，不行啊，君子担心死后而名声不被人称颂。我的学说不能推行了，我用什么自我显示于后世呢？"于是，孔子根据鲁国的历史记载撰写了《春秋》，上起鲁隐公，下迄鲁哀公十四年，记载了十二个国君。孔子写作《春秋》是以鲁国为基础，以周王室为宗主，兼顾追溯殷朝旧制，向上联系三代的法统，文辞简约而旨意博大。所以吴国、楚国君主自我称"王"，而《春秋》贬低它称"子"；在践土的盟会实际上是晋侯叫周天子前去的，而《春秋》避讳说"天王狩猎于河阳"：利用诸如此类的内容和方法作为衡量当世的标准。这种贬斥的大义，后代有以仁德治理天下的君王加以利用，推广开来，《春秋》大义得到贯彻执行，天下的乱臣贼子就恐惧了。

孔子当官时审理诉讼案件，文辞上如有要同别人商量的，从不独断专行。至于撰写《春秋》，该记录的就记录下来，该删削的就删削，子夏这样的一些弟子都不能参酌增删一字一词。弟子们听讲《春秋》时，孔子说："后世了解我孔丘的，是根据《春秋》，而责怪我孔丘的，也是根据《春秋》。"

第二年，子路死在卫国。孔子病了，子贡前来看望。孔子正拄着拐杖在门前闲步，说："赐，你来得为什么这样晚哪？"孔子就叹息起来，唱道："泰山崩毁呀！梁柱折断哪！哲人凋谢呀！"孔子便落下泪来。他对子贡说："天下无道已经很久了，没有人能够遵循我的学说。夏朝人死了停棺在东厢台阶，周朝人死了停棺在西厢台阶，殷朝人死了停棺在厅堂两柱当中。昨天晚上我梦见自己坐在两柱当中受人祭奠，说明我的始祖是殷人。"过了七天，孔子去世。

孔子卒年七十三，在鲁哀公十六年四月己丑日去世。

鲁哀公作的悼词说："上天不仁慈，不愿留下这一位老人，使他抛弃了我，我一人在位，孤独无依，令我内疚。啊呀！悲痛啊！尼父，我不能自己。"子贡说："君主他大概不会终老于鲁国吧！老师的话是说：'礼节丧失了就要混乱，名分丧失了就要发生错误。丧失了志向就是昏乱，失去了分寸就是过错。'生前不能重用，死后撰文悼念，这不符合礼节。本是诸侯，却称'我一人'，这不符合礼仪。"

孔子被埋葬在鲁城北面的泗水岸边，弟子们都服丧三年。三年服丧完毕，互相告别而去，都哭了，人人尽哀，有的弟子留下来。只有子贡在墓旁盖了一间小屋守墓，总共经历了六年，然后才离去。子弟和鲁国人前往墓地安家落户的有一百多家，因此，把这个地方命名为"孔里"。鲁地世世代代相传，每年按时祭祀孔子坟墓，而儒生们讲习礼仪、乡饮酒礼、比射仪式也在孔子墓地。孔子墓地有一顷地大。孔子故居堂屋和弟子住所，后来改成庙，收藏孔子的衣冠、琴、车辆、书籍，直到汉朝二百多年没有废除。高皇帝经过鲁地，用牛、猪、羊三牲齐备的太牢礼祭祀孔子。诸侯卿相一到任，常是先去拜谒孔子墓，然后就职视事。

孔子生了鲤，字伯鱼。伯鱼享年五十岁，早死于孔子。

伯鱼生了伋，字子思，享年六十二岁。曾被困于宋。子思撰写了《中庸》。

子思生了白，字子上，享年四十七岁。子上生了求，字子家，享年四十五岁。子家生了箕，字子京，享年四十六岁。子京生了穿，字子高，享年五十一岁。子高生了子慎，享年五十七岁，曾担任魏相。子慎生了鲋，享年五十七岁，作过陈王涉的博士，死在陈县。

鲋的弟弟子襄，享年五十七岁。曾作过孝惠皇帝的博士，迁升为长沙郡太守。身高九尺六寸。子襄生了忠，享年五十七岁。忠生了武，武生了延年和安国。安国担任当今皇帝的博士，官至临淮太守，早年去世。安国生了卬，卬生了骧。

太史公说：《诗》有这样的话："高高的山岭令人瞻仰，宽广的大路导人遵循。"我虽然没有赶上孔子时代，然而心里却向往他。我阅读了孔氏的著作，可以想见他的为人。前往鲁地，参观了仲尼的庙堂、车辆、衣服、礼器，目睹了儒生按时到孔子旧居演习礼仪，我怀着崇敬的心情，流连徘徊，不愿离去。自古以来，天下的君王以及贤达人士众多，在世时非常荣耀，去世后就一切终止了。孔子是一个布衣平民，他的名声和学说流传了十几代，使学者尊崇他。从天子王侯以下，中国谈论六艺人，都以孔子的学说为是非的标准，可以说孔子是至高无上的圣人了。

赏　析

　　孔子一生都拥有非常高涨的政治热情，就算是在他深受打击、排斥、嘲讽、围困时也仍然不减其风采与操守。为了宣扬自己的政治主张，他不辞劳苦，用了大半生的时间，带领弟子周游列国，奔走游说。尽管到处碰壁，但始终执着追求。本篇用了相当大的篇幅，真实记述了孔子一生当中的主要政治活动，写得非常生动具体。

　　孔子是我国教育史上第一个私人授徒讲学的人。在他之前，学在官府，孔子首先兴办私学，广收弟子，将教育对象从贵族扩大到了平民，将各种文化知识传播到民间，这在我国的教育史上，是一大重要创举，为古代的教育发展做出了极为巨大的贡献。《孔子世家》将孔子的办学思想、教学内容及方法，还有他循循善诱、诲人不倦的教学方式与指导思想，都进行了非常全面的描写，突出展现了这位伟大教育家的不俗风范。文章也专门提到了孔子渊博的知识还有高度的修养，以及他在整理及传播古代文化典籍方面的突出贡献。孔子整理及编纂过《诗》《易》《礼》《乐》《春秋》等重要古代文化典籍，并且将这些经典作为教学内容的重点，从而对这些古代文献的广泛保存与传播做出了突出的贡献。

　　孔子一生当中的事迹很多，头绪也相当纷乱，但司马迁在这篇不足万字的文章当中却记述得条理清楚，有条不紊，而且重点突出。在记述故事的同时，还非常注重人物性格特征的描写，从而较为全面地展现出孔子的形象及精神风貌。司马迁描写历史人物，都会在行文当中暗含爱憎褒贬的感情，有着相对较为鲜明的倾向性。他对孔子的向往与景仰，也在文中明显地流露了出来，加之引用了大量孔子的话，用孔子自身的语言来表现其人，不但让孔子的形象更具有真实感，也让人觉得更加亲切感人。

# 老子韩非列传

**题　解**

《老子韩非列传》选自《史记》卷六十三，列传第三。这是一篇有关先秦道家及法家代表人物的重要传记，属于合传，记录了道家的老子、庄子，法家的申不害、韩非子四个人的生平主要事迹，其中对申不害的记录最为简要。

**原　文**

老子者，楚苦县厉乡曲仁里人也，姓李氏，名耳，字聃（dān），周守藏室之史也。

孔子适周，将问礼于老子。老子曰："子所言者，其人与骨皆已朽矣，独其言在耳。且君子得其时则驾，不得其时则蓬累而行。吾闻之，良贾（gǔ）深藏若虚，君子盛德容貌若愚。去子之骄气与多欲，态色与淫志，是皆无益于子之身。吾所以告子，若是而已。"孔子去，谓弟子曰："鸟，吾知其能飞；鱼，吾知其能游；兽，吾知其能走。走者可以为罔①（wǎng），游者可以为纶，飞者可以为矰。至于龙，吾不能知其乘风云而上天。吾今日见老子，其犹龙邪！"

老子修道德，其学以自隐无名为务。居周久之，见周之衰，乃遂去。至关，关令尹喜曰："子将隐矣，强为我著书。"于是老子乃著书上下篇，言道德之意五千余言而去，莫知其所终。或曰：老莱子亦楚人也，著书十五篇，言道家之用，与孔子同时云。盖老子百有六十余岁，或言二百余岁，以其修道而养寿也。自孔子死之后百二十九年，而史记周太史

----
① 罔：同"网"。

儋见秦献公曰："始秦与周合，合五百岁而离，离七十岁而霸王者出焉。"或曰儋即老子，或曰非也，世莫知其然否。老子，隐君子也。

老子之子名宗，宗为魏将，封于段干。宗子注，注子宫，宫玄孙假，假仕于汉孝文帝。而假之子解为胶西王印太傅，因家于齐焉。

世之学老子者则绌[1]儒学，儒学亦绌老子。"道不同不相为谋"，岂谓是邪？李耳无为自化，清静自正。

庄子者，蒙人也，名周。周尝为蒙漆园吏，与梁惠王、齐宣王同时。其学无所不窥，然其要本归于老子之言。故其著书十余万言，大抵率寓言也。作《渔父》《盗跖》《胠箧》，以诋訿孔子之徒，以明老子之术。《畏累虚》《亢桑子》之属，皆空语无事实。然善属书离辞，指事类情，用剽剥儒、墨，虽当世宿学不能自解免也。其言洸洋自恣以适己，故自王公大人不能器之。

楚威王闻庄周贤，使使厚币迎之，许以为相。庄周笑谓楚使者曰："千金，重利；卿相，尊位也。子独不见郊祭之牺牛乎？养食之数岁，衣以文绣，以入大[2]庙。当是之时，虽欲为孤豚，岂可得乎？子亟去，无污我。我宁游戏污渎之中自快，无为有国者所羁，终身不仕，以快吾志焉。"

申不害者，京人也，故郑之贱臣。学术以干韩昭侯，昭侯用为相。内修政教，外应诸侯，十五年。终申子之身，国治兵强，无侵韩者。申子

●老子授经图

---

① 绌：通"黜"，贬斥。
② 大：同"太"。

之学本于黄老而主刑名。著书二篇，号曰《申子》。

韩非者，韩之诸公子也。喜刑名法术之学，而其归本于黄老。非为人口吃，不能道说，而善著书。与李斯俱事荀卿，斯自以为不如非。

非见韩之削弱，数以书谏韩王，韩王不能用。于是韩非疾治国不务修明其法制，执势以御其臣下，富国强兵而以求人任贤，反举浮淫之蠹<sup>dù</sup>而加之于功实之上。以为儒者用文乱法，而侠者以武犯禁。宽则宠名誉之人，急则用介胄<sup>zhòu</sup>之士。今者所养非所用，所用非所养，悲廉直不容于邪枉之臣。观往者得失之变，故作《孤愤》《五蠹》《内外储》《说<sup>shuì</sup>林》《说难》十余万言。然韩非知说之难，为《说难》书甚具<sup>①</sup>，终死于秦，不能自脱。

《说难》曰：凡说之难，非吾知之有以说之难也；又非吾辩之难能明吾意之难也；又非吾敢横失<sup>yì</sup><sup>②</sup>能尽之难也。凡说之难，在知所说之心，可以吾说当之。

所说出于为名高者也，而说之以厚利，则见下节而遇卑贱，必弃远矣。所说出于厚利者也，而说之以名高，则见无心而远事情，必不收矣。所说实为厚利而显为名高者也，而说之以名高，则阳收其身而实疏之；若说之以厚利，则阴用其言而显弃其身。此之不可不知也。

夫事以密成，语以泄败。未必其身泄之也，而语及其所匿之事，如是者身危。贵人有过端，而说者明言善议以推其恶者，则身危。周泽未渥也而语极知，说行而有功则德亡<sup>wàng</sup><sup>③</sup>，说不行而有败则见疑，如是者身危。夫贵人得计而欲自以为功，说者与知焉，则身危。彼显有所出事，乃自以为也故，说者与知焉，则身危。强之以其所必不为，止之以其所不能已者，身危。故曰：与之论大人，则以为间己；与之论细人，则以为

---

① 具：通"俱"，完全、周详。

② 横失：纵横奔放，没有顾忌。失，通"佚"。

③ 亡：通"忘"，忘记。

鬻权。论其所爱，则以为借资；论其所憎，则以为尝己。径省其辞，则不知而屈之；泛滥博文，则多而久之。顺事陈意，则曰怯懦而不尽；虑事广肆<sup>①</sup>，则曰草野而倨侮。此说之难，不可不知也。

凡说之务，在知饰所说之所敬，而灭其所丑。彼自知其计，则毋以其失穷之；自勇其断，则毋以其敌怒之；自多其力，则毋以其难概之。规异事与同计，誉异人与同行者，则以饰之无伤也。有与同失者，则明饰其无失也。大忠无所拂悟<sup>②</sup>，辞言无所击排，乃后申<sup>③</sup>其辩知焉。此所以亲近不疑，知尽之难也。得旷日弥久，而周泽既渥，深计而不疑，交争而不罪，乃明计利害以致其功，直指是非以饰其身，以此相持，此说之成也。

伊尹为庖，百里奚为虏，皆所由干其上也。故此二子者，皆圣人也，犹不能无役身而涉世如此其污也，则非能仕之所设也。

宋有富人，天雨墙坏。其子曰"不筑且有盗"，其邻人之父亦云，暮而果大亡其财，其家甚知其子而疑邻人之父。昔者郑武公欲伐胡，乃以其子妻之。因问群臣曰："吾欲用兵，谁可伐者？"关其思曰："胡可伐。"乃戮关其思，曰："胡，兄弟之国也，子言伐之，何也？"胡君闻之，以郑为亲己而不备郑。郑人袭胡，取之。此二说者，其知皆当矣，然而甚者为戮，薄者见疑。非知之难也，处知则难矣。

---

① **广肆**：指谋虑远而放纵，无所收敛。广，通"旷"，远。

② **拂悟**：违逆。悟，通"忤"。

③ **申**：同"伸"，舒展，引申为施展。

● 《韩非子》书影

韩非子卷第一

初见秦第一

存韩第二

难言第三

主道第五

爱臣第四

初见秦第一

臣闻不知而言不智，知而不言不忠，为人臣不忠当死，言而不当亦当死。虽然，臣愿悉言所闻，唯大王裁其罪。臣闻天下阴燕阳魏，连荆固齐，收韩而成从，将西面以与秦强为难。臣窃笑之。

昔者弥子瑕见爱于卫君。卫国之法，窃驾君车者罪至刖。既而弥子之母病，人闻，往夜告之，弥子矫驾君车而出。君闻之而贤之曰："孝哉，为母之故而犯刖罪！"与君游果园，弥子食桃而甘，不尽而奉君。君曰："爱我哉，忘其口而念啖我！"及弥子色衰而爱弛，得罪于君。君曰："是尝矫驾吾车，又尝食我以其余桃。"故弥子之行未变于初也，前见贤而后获罪者，爱憎之至变也。故有爱于主，则知当而加亲；见憎于主，则罪当而加疏。故谏说之士不可不察爱憎之主而后说之矣。

夫龙之为虫也，可扰狎而骑也。然其喉下有逆鳞径尺，人有婴①之，则必杀人。人主亦有逆鳞，说之者能无婴人主之逆鳞，则几矣。

人或传其书至秦。秦王见《孤愤》《五蠹》之书，曰："嗟乎，寡人得见此人与之游，死不恨矣！"李斯曰："此韩非之所著书也。"秦因急攻韩。韩王始不用非，及急，乃遣非使秦。秦王悦之，未信用。李斯、姚贾害之，毁之曰："韩非，韩之诸公子也。今王欲并诸侯，非终为韩不为秦，此人之情也。今王不用，久留而归之，此自遗患也，不如以过法诛之。"秦王以为然，下吏治非。李斯使人遗非药，使自杀。韩非欲自陈，不得见。秦王后悔之，使人赦之，非已死矣。

申子、韩子皆著书，传于后世，学者多有。余独悲韩子为《说难》而不能自脱耳。

太史公曰：老子所贵道，虚无，因应变化于无为，故著书辞称微妙难识。庄子散道德，放论，要亦归之自然。申子卑卑，施之于名实。韩子引绳墨，切事情，明是非，其极惨礉少恩。皆原于道德之意，而老子深远矣。

译　文

老子，为楚国苦县厉乡曲仁里人。姓李，名耳，字聃，是周朝负责掌管藏书室的史官。

孔子前往周朝的京城，准备向老子请教礼制的学问。老子说："你所说的礼，那

① 婴：触犯。

些制礼的人的骸骨都已腐朽了，只有他的言论还存在。况且君子生逢其时就可以驾车出仕，生不逢时就犹如蓬蒿那样四处飘荡。我听说，善于经商的人会将货物隐藏起来，似乎一无所有。君子的品德高尚，他的容貌谦虚得犹如愚人一般。去掉你的傲气以及各种欲望、淫荡的志趣，这些都对你自身没有好处。我可以告诉你的，就只有这些罢了。"孔子离去，告诉弟子："鸟，我清楚它能飞；鱼，我清楚它能游；野兽，我知道它可以跑。会跑的野兽能够用网捕捉，会游的鱼能够用线钓，会飞的鸟可以用箭去射。至于龙我就无法知道了，它乘风驾云可以直上青天。我今天见到的老子，他就犹如龙啊。"

老子讲修道德，他的学问以隐藏自身而不求功名为主旨。在周朝京城久居，他见到周王室的衰败，于是离去。来到关口，守关的长官喜说："你即将隐居，请尽力为我写一些东西吧。"于是老子便撰写了上下两篇，阐述道德的意义，共五千多字，随后离去，没人知道他的下落。有人说，老莱子也是楚国人，著述有十五篇，讲解道家思想的运用，和孔子是同时代人。老子大约活到一百六十多岁，有人说活到二百多岁，这是因为他修道而能够颐养天年的缘故。孔子死后一百二十九年，又有史书记录周朝太史儋拜见秦献公说："起初秦和周相结合，相结合五百年后会分离，分离七十年后而会有霸王出现。"有人说太史儋就是老子，有人说并不是，世人不清楚哪种说法正确。老子是一位隐士。

老子的儿子名宗，李宗担任魏国将领，被分封在段干。李宗的儿子名注，李注的儿子名宫，李宫的玄孙名假，李假在汉文帝时期为官。李假的儿子李解担任胶西王刘卬的太傅，因而在齐地定居。

世上学习老子学说的人，就会排斥儒家的学说；学习儒家学说的人，也会排斥老子学说。"主张不同，不彼此商量"，难道说的便是这种情况吗？李耳主张无为而治、自然感化，清净虚泊。

庄子是蒙地人，名周。庄周曾经担任过蒙地漆园的官吏，和梁惠王、齐宣王同一时代。他的学术对各种事物都有所研究，然而其要旨根本依旧要回归到老子的学说上来。所以他的著述十几万字，大多属于寓言。撰写了《渔父》《盗跖》《胠箧》，来抨击孔子这一派人，以阐明老子的学术思想。《畏累虚》《亢桑子》一类，都属于空话而没有事实根据。然而他擅长行文措辞，指事类比，用来批驳儒家与墨家的学说，就算是当代饱学之士也无法自己排解，避免其抨击。他的语言汪洋恣肆，随心所欲，因此当权的王公贵族无法器重他。

楚威王听说庄周非常贤能，派出使者携带极为丰厚礼物去迎接他，答应任命他为国相。庄周笑着告诉楚王的使者说："千金是重利，卿相为尊位。但您难道没看到过用作郊祀祭祖的牺牲吗？给它喂养食物几年后，披上彩绣锦缎，赶到太庙当中。在此时，就算想去做只非常孤独的小猪，难道可能吗？您马上离开这里，不要玷污我。我宁愿在污水沟当中玩耍而自得其乐，也不愿接受统治者的约束，终身不去做官，以此来快活我的心志。"

申不害为京地人，原本是郑国的下层官吏。学习刑名之术来朝韩昭侯求官，韩昭侯任命他为国相。他在国内修明政治与教化，对外应对各国诸侯，前后达十五年。到申子去世时，国家大治、军力变强，周边国家没有胆敢侵略韩国的。申子的学说源自于黄帝、老子之道，而专注于刑名之术。著作有两篇，名为《申子》。

韩非，是韩国公室的公子。喜好刑名法术之学，而其主旨归根于黄帝、老子。韩非有口吃的毛病，不善言辞，而善于著述。他和李斯一起跟随荀子学习，李斯认为自己不如韩非。

韩非看到韩国日益衰落，便多次上书规谏韩王，但韩王没有采用。于是韩非痛恨国君治理国家不能够致力于修明法制，掌握权势来驾驭其臣下，富国强兵而任人唯贤，反而任用一些浮夸淫乱犹如蠹虫一样的人，凌驾于有实际功绩的人之上。他认为儒者利用文辞可以扰乱法制，而侠客使用武力来冒犯禁令。宽松太平时节就宠幸徒有虚名之人，紧急危难时却任用全副武装的勇士。如今可以供养的不是可以派上用场的，而派上用场的却并非是所供养的，悲悼廉洁正直之士被奸邪枉乱的大臣所排挤。考察过往的得失成败变化，因此撰写了《孤愤》《五蠹》《内储说》《外储说》《说林》《说难》等十几万字。然而韩非清楚游说的困难之处，撰写了《说难》写得极为具体，但终究死在了秦国，无法使自己逃脱游说带来的灾难。

《说难》说：但凡游说的难处，并非指我能知道事理并可以用来说服对方的困难，也不是指我来辨析事理又可以说明我意思的困难，也不是指我敢于纵横驰骋、说尽事理的困难。但凡游说的困难，在于清楚游说对象的心思，可以用我的游说去满足他的要求。

游说对象意在追求高尚的名誉，但以丰厚的利益来进行劝说，就会被看作是志节低下而被受到卑贱的待遇，必定会被远远抛弃了。游说对象目的在于追求丰厚的利益，但以高尚的名誉来劝说他，就会被看作是缺少心机而远离事实的情理，必定不会被接受。游说对象实质上是要追求丰厚的利益，而在表面上装成是追求高尚的名誉，而以高尚的名誉去劝说他，就会被在表面上接纳，而实际上却会被疏远；如果用丰厚的利益去直接劝说他，就会被暗中采纳其建议，而表面上被抛弃。这是不可以不知道的。

事情是由于保密而获得成功，由于泄密而导致失败。未必是游说者本身故意泄密，而是由于无意当中谈到了隐匿的秘事，像这样说的人就会有生命危险。贵人有了过错，但游说者直白地陈述、巧妙地议论来推究其恶行，游说者就会有生命危险。贵人的恩泽还不够深厚，但游说者就尽其所能，所说的被采纳实行并且成功，就会被贵人忘掉功德；所说的没有被采纳实行而失败，就会被贵人怀疑，像这样，游说者就会有生命危险。权贵得计成功而想将其作为自己的功劳，游说者也同样想到而预先知道，就会有生命危险。权贵明面上做一件事，却在暗地里做另一件事，游说者预先知道，就会有生命危险。勉强劝权贵去做他不愿意做的事，阻止贵人难以停止的事，游说者会有生命危险。所以说：同权贵谈论其他贵族，就会被权贵认为是在离间自己；与权贵谈论其他贫贱的小人，就会被权贵认为是在卖弄权势；谈论权贵所宠爱的人，就会被认为是借助靠山；谈论权贵所讨厌的人，就会被认为是在试探自己。言辞直截了当，就会被认为缺少智慧而遭到斥退；辞藻空泛而华丽，就会被认为冗杂而被投闲置散。顺从事实来进行陈述，就会被看作是胆怯懦弱，不敢尽情进言；考虑事情太过宽泛无忌，就会被认为是粗野傲慢。这些游说的难处，是必须知道的。

　　大凡游说的关键，在于清楚美化对方所尊崇的东西，掩饰对方觉得耻辱的东西。对方自以为得计，就别指出他的失算来让其难堪；对方过于武断，就不要揭发他的过错来使他感到恼怒；对方自夸有力，就不要举困难来限制他。规划其他事而恰好与对方的考虑相同，称誉其他人而恰好与对方的品行相同，就要用话来粉饰那些事、那些人而不要予以中伤。有与对方同样过失的人，就应当当面夸奖他没有过失。等到对方觉得你完全忠诚而没有违逆时，言辞就能够没有约束限制，而后才可以施展游说者的口才与智慧。这就是游说者要得到对方的亲近并深信不疑，得以全力施展自己智慧的难处。能够旷日持久，而且恩泽越发深厚，游说者的深谋远略而不被怀疑，交锋争论而不会被治罪，就可以公开分析利害来建功立业，直言指摘是非来指出对方过失。双方都能以诚相待，这才是成功的游说。

　　伊尹当过厨子，百里奚做过奴仆，都是由于要依靠这种手段来谋求君主的信任。所以说，这两个人都是圣人，仍然必须役使自身而以这样卑贱的途径来谋求施展才能的途径，但这不是贤能之士会觉得是耻辱的事。

　　宋国有一个有钱人，天下雨毁坏了他家的墙。他的儿子说："不把墙修好将会有贼进来。"住在隔壁的老人也是这样说的。夜里他家果然丢失了很多财物，那家人都夸奖自己的儿子很聪明，却去怀疑住在隔壁的老人是贼。过去，郑武公准备攻打胡国，却将自己的女儿嫁给了胡国国君。于是询问群臣："我准备进攻，哪国可以攻伐？"大夫关其思说："胡国可以讨伐。"郑武公于是杀掉了关其思，说："胡国，是郑国的兄弟之国，你说进攻胡国，是什么道理？"胡国国君听说了这件事，认为郑武公是自己的亲戚而不去防备郑国。后来郑人袭击了胡国，占领了那里。这两件事当中进言的住在隔壁的老人及关其思，他们的见解都是对的，然而重则被杀，轻则被怀疑。可见并非知晓事理困难，而是应当怎样处置知晓事理才是困难的。

从前弥子瑕得到卫国国君的宠信。按照卫国的法律规定，私自驾驶国君马车的人要判处砍脚之刑。后来弥子瑕的母亲得病，有人闻讯，夜晚前去告诉弥子瑕，弥子瑕假传卫君的命令驾着国君车子出去。卫君听说这件事后称赞他："孝子呀，为了母亲而犯下了砍脚的罪！"弥子瑕与卫君在果园中，弥子瑕吃到一个桃子觉得很甜，于是将吃剩下的桃子送给卫君。卫君说："真是爱我呀，忘记了自己的嘴而只想到给我吃！"等到弥子瑕由于衰老失去了宠爱，得罪了卫君。卫君说："这个人曾假传我的命令驾驶我的车，又给我吃他吃剩的桃子。"弥子瑕的行为与当初没有变化，此前被认为贤能而之后却获罪，是因为卫君的爱憎出现了很大的变化。因此受到君主的宠爱，就会被认为是见识正确而越发亲爱；被君主所厌憎，则会有处罚降临而越发疏远。所以劝谏游说之士不可不明察君主的爱憎态度，然后才进行劝说。

龙作为虫类动物，能够驯服戏弄而骑坐。然而它的喉部之下有一尺多长的逆鳞，如果有人触犯到它，就必定会杀掉人。人主也拥有其逆鳞，游说者能够不触碰到人主的逆鳞，那就算是精于游说了。

有人将韩非的书传播到了秦国。秦王见到《孤愤》《五蠹》等文章，说："唉，寡人能与此人交往，就死而无憾了！"李斯说："这是韩非所写的书。"秦王于是急切地进攻韩国。韩王起初不任用韩非，等到情况危急，才派遣韩非去秦国出使。秦王非常喜欢韩非，但没能信任并起用他。李斯、姚贾忌妒韩非，诋毁他说："韩非是韩国的贵族。现在大王准备吞并诸侯，韩非终究是会帮助韩国而不会帮助秦国，这是人之常情。现在大王不任用他，长期留住而将其放回韩国，这是为自己留下祸患，不如以犯法的罪名杀掉他。"秦王觉得这样做是正确的，下令狱吏治韩非的罪。李斯派人送毒药给韩非，让其自杀。韩非希望自己能直接向秦王陈述，但无法见到秦王。秦王后来后悔，派人去赦免韩非，但韩非已死。

申子、韩非子都曾著书立说，流传后世，学者大多藏有他们的书。我唯独悲伤韩非撰写了《说难》，而自己无法逃脱游说带来的厄运。

太史公说：老子所推崇的道，虚无缥缈，顺应自然的变化而归于无为，所以他所写的书言辞都非常微妙难懂。庄子宣扬道德，放纵言论，要旨也同样归结于自然之道。

申子自强不息，理论在刑名之学当中。韩子以法令为准绳，处理事情，明辨是非，它的极端就是残酷苛刻、寡恩少德。他们都源于道德之意，因此老子的学说影响可谓深远。

赏　析

司马迁把老子、庄子、申不害与韩非这四个人合为一传，代表了汉代时人们对道家与法家之间关系的重要看法。汉人认为老子的理论为"君人南面之术"，而庄子继承老子。韩非子《解老》《喻老》也都是从法家的角度来阐述"道德"之意。司马迁将这四个人的传记合在一起，在当时来说，的确是一篇非常有气魄的雄文。不过，老子的理论以无为而有为，多数是在阐释有无之辩，"无为"是老子思想的核心所在。庄子的思想体系虽然根源于老子之言，但主要是进一步发展，尤其是庄子本人完全是无为的。申子的"术"，是一整套的控驭臣下的统治之术。韩非子的"法"，是在申子"术"的基础之上，提出以"法"作为中心的"法、术、势"三合一的统治之术。

四个人的学说尽管有所联系，但核心思想不同。老、庄都是隐士。隐君子是对于现实采取不合作的态度，尽管不是有力的反抗，却带有强烈的不满。申、韩则刻薄少恩，而韩非尤为明显。韩非子的书流传天下，被秦王所赞赏，其原因就是此书阐释"兼并者高诈术"。韩非子死在秦国牢狱，司马迁在本列传后收录《说难》全文，可见其痛惜韩非之意。

老子韩非列传

# 商君列传

## 题 解

　　《商君列传》出自《史记》卷六十八，列传第八。这篇列传主要记录了商鞅在秦国进行变法革新的事迹，并记录了商鞅的功过是非的史实，反映了司马迁对其刻薄少恩所持有的批评态度。

## 原 文

　　商君者，卫之诸庶孽<sup>niè</sup>公子也，名鞅，姓公孙氏，其祖本姬姓也。鞅少好刑<sup>①</sup>名之学，事魏相公叔座为中庶子。公叔座知其贤，未及进。会座病，魏惠王亲往问病，曰："公叔病有如不可讳，将奈社稷何？"公叔曰："座之中庶子公孙鞅，年虽少，有奇才，愿王举国而听之。"王嘿<sup>②</sup>然。王且去，座屏人言曰："王即不听用鞅，必杀之，无令出境。"王许诺而去。公叔座召鞅谢曰："今者王问可以为相者，我言若，王色不许我。我方先君后臣，因谓王即弗用鞅，当杀之。王许我。汝可疾去矣，且见禽<sup>③</sup>。"鞅曰："彼王不能用君之言任臣，又安能用君之言杀臣乎？"卒不去。惠王既去，而谓左右曰："公叔病甚，悲乎，欲令寡人以国听公孙鞅也，岂不悖<sup>bèi</sup>哉！"

　　公叔既死，公孙鞅闻秦孝公下令国中求贤者，将修缪<sup>mù④</sup>公之业，东复侵地，乃遂西入秦，因孝公宠臣景监以求见孝公。孝公既见卫鞅，

---

　① 刑：通"形"。指形体或是事实。

　② 嘿：同"默"。

　③ 禽：同"擒"，捕捉。

　④ 缪：通"穆"。

语事良久，孝公时时睡，弗听。罢而孝公怒景监曰："子之客妄人耳，安足用邪！"景监以让卫鞅。卫鞅曰："吾说公以帝道，其志不开悟矣。"后五日，复求见鞅。鞅复见孝公，益愈，然而未中旨。罢而孝公复让景监，景监亦让鞅。鞅曰："吾说公以王道而未入也。请复见鞅。"鞅复见孝公，孝公善之而未用也。罢而去。孝公谓景监曰："汝客善，可与语矣。"鞅曰："吾说公以霸道，其意欲用之矣。诚复见我，我知之矣。"卫鞅复见孝公。公与语，不自知膝之前于席也。语数日不厌。景监曰："子何以中吾君？吾君之欢甚也。"鞅曰："吾说君以帝王之道比三代，而君曰：'久远，吾不能待。且贤君者，各及其身显名天下，安能邑邑待数十百年以成帝王乎？'故吾以强国之术说君，君大说之耳。然亦难以比德于殷周矣。"

孝公既用卫鞅，鞅欲变法，恐天下议己。卫鞅曰："疑行无名，疑事无功。且夫有高人之行者，固见非于世；有独知之虑者，必见敖①于民。愚者闇①于成事，知者见于未萌。民不可与虑始而可与乐成。论至德者不和于俗，成大功者不谋于众。是以圣人苟可以强国，不法其故；苟可以利民，不循其礼。"孝公曰："善。"甘龙曰："不然。圣人不易民而教，知者不变法而治。因民而教，不劳而成功；缘法而治者，吏习而民安之。"卫鞅曰："龙之所言，世俗之言也。常人安于故俗，学者溺于所闻。以此两者居官守法可也，非所与论于法之外也。三代不同礼而王，五伯不同法而霸。智者作法，愚者制焉；贤者更礼，不肖者拘焉。"杜挚曰："利不百，不变法；功不十，不易器。法古无过，循礼无邪。"卫鞅曰："治世不一道，便国不法古。故汤武不循古而王，夏殷不易礼而亡。反古者不可非，而循礼者不足多。"孝公曰："善。"以卫鞅为左庶长，卒定变法之令。

_____

① **敖**：通"謷"，嘲笑。

令民为什（shí）伍，而相牧司连坐。不告奸者腰斩，告奸者与斩敌首同赏，匿奸者与降敌同罚。民有二男以上不分异者，倍其赋。有军功者，各以率受上爵；为私斗者，各以轻重被刑大小。僇力本业，耕织致粟帛多者复其身。事末利及怠而贫者，举以为收孥。宗室非有军功论，不得为属籍。明尊卑爵秩等级，各以差次名田宅，臣妾衣服以家次。有功者显荣，无功者虽富无所芬华。

令既具，未布，恐民之不信，已乃立三丈之木于国都市南门，募民有能徙置北门者予十金。民怪之，莫敢徙。复曰"能徙者予五十金"。有一人徙之，辄予五十金，以明不欺。卒下令。

令行于民期年，秦民之国都言初令之不便者以千数。于是太子犯法。卫鞅曰："法之不行，自上犯之。"将法太子。太子，君嗣也，不可施刑，刑其傅公子虔，黥（qián qíng）其师公孙贾。明日，秦人皆趋令。行之十年，秦民大说（yuè），道不拾遗，山无盗贼，家给人足。民勇于公战，怯于私斗，乡邑大治。秦民初言令不便者有来言令便者，卫鞅曰"此皆乱化之民也"，尽迁之于边城。其后民莫敢议令。

于是以鞅为大良造。将兵围魏安邑，降之。居三年，作为筑冀阙宫庭于咸阳，秦自雍徙都之。而令民父子兄弟同室内息者为禁。而集小乡邑聚为县，置令、丞，凡三十一县。为田开阡陌封疆，而赋税平。平斗桶权衡丈尺。行之四年，公子虔复犯约，劓（yì）之。居五年，秦人富强，天子致胙（zuò）于孝公，诸侯毕贺。

其明年，齐败魏兵于马陵，虏其太子申，杀将军庞涓（juān）。其明年，卫鞅说（shuì）孝公曰："秦之与魏，譬若人之有腹心疾，非魏并秦，秦即并魏。何者？魏居领厄[1]之西，都安邑，与秦界河而独擅山东之利。利则西侵秦，病则东收地。今以君之贤圣，国赖以盛。而魏往年大破于齐，诸侯畔[2]之，可

① 领厄：山岭的险要之处。领，通"岭"。厄，通"隘"，险要之处。
② 畔：通"叛"。

因此时伐魏。魏不支秦，必东徙。东徙，秦据河山之固，东乡<sup>①</sup>以制诸侯，此帝王之业也。"孝公以为然，使卫鞅将而伐魏。魏使公子卬将而击之。军既相距<sup>②</sup>，卫鞅遗魏将公子卬书曰："吾始与公子欢，今俱为两国将，不忍相攻，可与公子面相见，盟，乐饮而罢兵，以安秦魏。"魏公子卬以为然。会盟已，饮，而卫鞅伏甲士而袭虏魏公子卬，因攻其军，尽破之以归秦。魏惠王兵数破于齐秦，国内空，日以削，恐，乃使使割河西之地献于秦以和。而魏遂去安邑，徙都大梁。梁惠王曰："寡人恨不用公叔座之言也。"卫鞅既破魏还，秦封之於、商十五邑，号为商君。

　　商君相秦十年，宗室贵戚多怨望者。赵良见商君。商君曰："鞅之得见也，从孟兰皋，今鞅请得交，可乎？"赵良曰："仆弗敢愿也。孔丘有言曰：'推贤而戴者进，聚不肖而王者退。'仆不肖，故不敢受命。仆闻之曰：'非其位而居之曰贪位，非其名而有之曰贪名。'仆听君之义，则恐仆贪位贪名也。故不敢闻命。"商君曰："子不说吾治秦与？"赵良曰："反听之谓聪，内视之谓明，自胜之谓强。虞舜有言曰：'自卑也尚矣。'君不若道虞舜之道，无为问仆矣。"商君曰："始秦戎翟之教，父子无别，同室而居。今我更制其教，而为其男女之别，大筑冀阙，营如鲁卫矣。子观我治秦也，孰与五羖大夫贤？"赵良曰："千羊之皮，不如一狐之掖<sup>③</sup>；千人之诺诺，不如一士之谔谔。武王谔谔以昌，殷纣墨墨<sup>④</sup>以亡。君若不非武王乎，则仆请终日正言而无诛，可乎？"商君曰："语有之矣，貌言华也，至言实也，苦言药也，甘言疾也。夫子果肯终日正言，鞅之药也。鞅将事子，子又何辞焉！"赵良曰："夫五羖大夫，荆之鄙人也。闻秦缪公之贤而愿望见，行而无资，自粥于秦客，被褐食牛。期年，缪公知

----

① **乡**：同"向"。

② **距**：通"拒"，抵御。

③ **掖**：同"腋"。

④ **墨墨**：通"默默"，没有声息。

●车裂商鞅

之，举之牛口之下，而加之百姓之上，秦国莫敢望焉。相秦六七年，而东伐郑，三置晋国之君，一救荆国之祸。发教封内，而巴人致贡；施德诸侯，而八戎来服。由余闻之，款关请见。五羖大夫之相秦也，劳不坐乘，暑不张盖，行于国中，不从车乘，不操干戈，功名藏于府库，德行施于后世。五羖大夫死，秦国男女流涕，童子不歌谣，春者不相杵。此五羖大夫之德也。今君之见秦王也，因嬖人景监以为主，非所以为名也。相秦不以百姓为事，而大筑冀阙，非所以为功也。刑黥太子之师傅，残伤民以骏①刑，是积怨畜祸也。教之化民也深于命，民之效上也捷于令。今君又左建外易，非所以为教也。君又南面而称寡人，日绳秦之贵公子。《诗》曰：'相鼠有体，人而无礼；人而无礼，何不遄死。' 以《诗》观之，非所以为寿也。公子虔杜门不出已八年矣，君又杀祝懽而黥公孙贾。《诗》曰：'得人者兴，失人者崩。' 此数事者，非所以得人也。君之出也，后车十数，从车载甲，多力而骈胁者为骖乘，持矛而操闟戟②者，旁③车而趋。此一物不具，君固不出。《书》曰：'恃德者昌，恃力者亡。' 君之危若朝露，尚将欲延年益寿乎？则何不归十五都，灌园于鄙，劝秦王显岩穴之士，养老存孤，敬父兄，序有功，尊有德，可以少安。君尚将贪商於之富，宠秦国之教，畜百姓之怨，秦王一旦捐宾客而不立朝，秦国之所以收君者，岂其微哉？

---

① 骏：通"峻"。

② 闟戟：长戟。

③ 旁：同"傍"，依傍。

史记精华本

亡可翘足而待。"商君弗从。

后五月而秦孝公卒,太子立。公子虔之徒告商君欲反,发吏捕商君。商君亡至关下,欲舍客舍。客人不知其是商君也,曰:"商君之法,舍人无验者坐之。"商君喟然叹曰:"嗟乎,为法之敝<sup>①</sup>一至此哉!"去之魏。魏人怨其欺公子卬(áng)而破魏师,弗受。商君欲之他国。魏人曰:"商君,秦之贼。秦强而贼入魏,弗归,不可。"遂内秦。商君既复入秦,走商邑,与其徒属发邑兵北出击郑。秦发兵攻商君,杀之于郑黾(miǎn)池<sup>②</sup>。秦惠王车裂商君以徇,曰:"莫如商鞅反者!"遂灭商君之家。

太史公曰:商君,其天资刻薄人也。迹其欲干孝公以帝王术,挟持浮说,非其质矣。且所因由嬖(bì)臣,及得用,刑公子虔,欺魏将卬,不师赵良之言,亦足发明商君之少恩矣。余尝读商君《开塞》《耕战》书,与其人行事相类。卒受恶名于秦,有以也夫!

**译文**

商鞅是卫国国君的姬妾所生的公子。名鞅,姓公孙,他的先祖原本是姬姓。商鞅年少时喜好刑名的学问,在魏国相国公叔座手下担任中庶子。公叔座清楚他有才干,还没来得及朝魏王举荐。这时公叔座病重,魏惠王亲自来探望他的病情,说:"您的病如果无法治疗,国家将要怎么办呢?"公叔座说:"中庶子公孙鞅,年纪虽然比较轻,却是一位奇才,希望大王能够将国政完全交付给他。"魏王对此沉默不语。魏王快要离去时,公叔座让别人都出去后说道:"大王如果不能任用公孙鞅,就必须杀掉他,别让他离开魏国。"魏王答应了他的要求后离去。公叔座召见商鞅告诉他:"今日大王询问谁可以担任相国,我推荐了你,看大王的样子是不赞成我的意见。我理应先国君而后臣子,就告诉大王如果不能任用公孙鞅,就该杀掉他。大王已经答应了我。你可以赶紧离开魏国了,不然会被抓起来。"商鞅说:"大王他既然不能采纳您的话来任用我,又怎会采纳您的话来杀我呢?"最终没有离去。魏惠王离开公叔座之后,就对身边的人说:"公叔座病得相当重,让人悲伤啊!他想让我将国政交给公孙鞅,太荒唐了啊!"

---

① **敝**:通"弊",弊病。

② **黾池**:即"渑池"。

公叔座死后，公孙鞅听说秦孝公在国内下令访求贤才，准备重现秦穆公时期的霸业，在东面要收复被魏国占领的土地，于是就西行来到秦国，通过秦孝公的宠臣景监见到了孝公。秦孝公会见了卫鞅后，交谈了很长时间的政事，孝公时常打瞌睡，没有听。谈完后孝公对景监发火说："你的这位来客只是一个无知狂妄之徒而已，哪配得到任用呢？"景监为此责备卫鞅。卫鞅说："我用五帝之道来劝说国君，他并不予以理会呀。"五日后，卫鞅又要求孝公见自己。卫鞅又与孝公见面，谈得比之前更多，然而孝公依旧不感兴趣。谈完后孝公再次责备景监，景监也就再次责备卫鞅。卫鞅说："我以三王之道来劝说国君，而他不喜欢。请求让国君再一次召见我。"卫鞅再一次拜见秦孝公，孝公觉得他说得不错但没有采用。谈完后卫鞅离去。孝公告诉景监："你的那位来客不错，可以与他交谈了。"卫鞅："我这次是以霸道来劝说国君，他似乎已经被打动。如果再次召见我，我知道应当说什么了。"卫鞅果然又拜见秦孝公。孝公与他交谈，不知不觉间，膝盖在座席上不断往前挪动。交谈了数日还不满足。景监对卫鞅说："你用什么吸引了我们的国君？我们国君非常高兴啊。"卫鞅说："我以帝王之道来达到夏、商、周三代的盛世来劝说国君，可国君说：'时间太久了，我无法等待。何况贤能的君主，都在自身时期就可以扬名天下，哪能默默无闻地等待几十年、上百年才能成就帝王之业呢？'因此我就以强国之术与国君谈论，国君非常高兴。但这样就难以与商周时代的德治相比拟了。"

秦孝公马上重用卫鞅，卫鞅准备进行变法，但秦孝公担心天下人会非议自己。卫鞅说："行动上迟疑不决就无法成名，做事犹豫不定就不能成功。那些有着超常举动的人，原本就会被世俗之人所非难；有独到见识的谋划之人，必定会被百姓所讥讽。愚蠢的人对已完成的事情都会觉得困惑，有智慧的人对还没发生的事情都可以预见。百姓不可以与他们一起谋划事业的创始，只能同他们欢庆事业得以成功。讲论最高道德的人不会附和于世俗，成就伟大功绩的人不会征询民众的意见。因此，圣人假如能够强国，就不沿袭成法；如果能够利民，就不会遵循旧礼。"秦孝公说："好。"甘龙说："不对。圣人不会更改民俗而施教，智者不会变化法度而去治国。依照民俗而予以施教，不费气力就能得到成功；根据成法来治国，官吏会习惯而百姓得到平安。"卫鞅说："甘龙所说的话，都是凡夫俗子提出的言论。常人苟安于旧习陋俗，学者局限在自己的所见所闻。用这两种人当官守法还可以，但不是能与之探讨成法以外事情的人。三代的礼教不同，但都成就了王业，五伯的法制不同而都建立了霸业。有智慧的人能够制定法律，愚蠢的人被法律所限制；贤能的人能够更改礼教，无能的人却拘泥于旧有礼制。"杜挚说："没有百倍的利益，不可以改变法度；没有十倍的功效，不可以更换器具。效法古代没有过错，遵循旧礼没有罪恶。"卫鞅说："治理社会不仅存在一条道路，有利于国家不必效法古代。因此，商汤、周武不遵循古道而能够缔造王业，夏桀、商纣没有修改礼制却亡国。违反古道的不应受到否定，而因循旧礼的不值得去赞美。"秦孝公说："好。"任命卫鞅为左庶长，下达决定变法的命令。

下令百姓五家为伍，十家为什，彼此监视，实行连坐制。不告发奸恶者处腰斩之刑，告发奸恶者给予和斩获敌人首级相同的赏赐，藏匿奸恶者给予与投降敌人同样的惩罚。百姓家里有两个成年男子以上不分家的，则加倍征收他们的人头税。有战功的人，各按规定授予更高的爵位；私下斗殴者，各按情节的轻重处以不同的刑罚。努力从事农业生产，耕耘纺织送交粮食、布帛多的人，免除本人的徭役。专门从事工商末利还有由于懒惰而贫困的人，全部将他们逮捕，为官府当奴隶。国君宗室当中没有军功记录的，不得记录到宗室名册当中。明确尊贵卑贱与爵位俸禄等级，各按等级班次拥有田地宅第，奴婢、衣着服饰也要按照各家的爵禄等级来享用。有战功者显赫尊荣，没有战功者即便富有也没法炫耀显示。

法令已经完备，但还没公布，恐怕百姓不信任新法，于是在都城的市场南门竖立起一根有三丈长的木头，招募百姓有人能将其搬到北门的赏十镒黄金。百姓对此感到极为惊奇，没有人敢去搬。就又宣布说："有能搬走木头的人赏给五十镒黄金。"有一个人去搬走了木头，马上赏给他五十镒黄金，以表明没有欺骗。卫鞅终于颁下了法令。

法令在百姓当中施行了一年，秦国百姓来到国都来说新法不适宜的人多达数千。这时，太子触犯了法令。卫鞅说："法令无法施行，是因为身居高位的人触犯了法令。"准备依法惩罚太子。太子，是国君的继承人，不可以对其施加刑罚，便对太子的老师公子虔行刑，并对太子师公孙贾施以黥刑。第二天，秦国百姓都服从法令了。推行新法十年，秦国百姓都非常欢喜，在路上不会去捡拾他人的遗失物，山里没有蟊贼与强盗，家家都很富裕，人人都极为满足。百姓勇敢为国作战，却害怕私人间的斗殴，城乡大治。秦国百姓当中当初说法令不适宜的人有前来述说法令适宜的，卫鞅说："这些全都是扰乱教化的人。"将他们全都迁居到边境。此后百姓中就没人胆敢议论法令了。

于是秦孝公任命卫鞅担任大良造。卫鞅率领军队包围了魏国的安邑，迫使安邑投降。三年后，在咸阳大兴土木修建门阙、宫殿，秦国从雍都迁都到咸阳。同时下令禁止百姓父子兄弟同居共处一室来养育后代。合并小都、小乡、小邑、小聚为县，设置县令、县丞，全国共有三十一个县。整治田地，并设立阡陌封疆为地界，从而让赋税的征收变得整齐划一。统一斗桶、权衡、丈尺的标准。第二次新法施行四年时间，公子虔再次违背法规，被处以劓刑。经过五年，秦国国富兵强，周天子赠送祭肉给秦孝

公，诸侯都前来祝贺。

　　第二年，齐军在马陵打败魏军，俘虏了魏太子申，杀死了将军庞涓。过了一年，卫鞅劝说秦孝公："秦国与魏国，就犹如人有心腹之病，不能两全，不是魏国吞并秦国，就是秦国会吞并魏国。这是什么原因呢？魏国处于山岭险厄的西面，在安邑建立都城，与秦国以黄河为界，而独占了山东的地利。情况有利就会朝西侵略秦国，情况不妙就会朝东扩展土地。现在依靠国君的贤能圣明，国家得以强盛。而魏国去年被齐军打败，诸侯纷纷背离魏国，可乘此时机去攻伐魏国。魏国无法抵挡秦军，必定会向东迁徙。魏国东迁后，秦国拥有黄河、华山的天险，向东能够控制诸侯，这是千秋的帝王之业啊！"秦孝公认为有道理，派遣卫鞅带兵攻伐魏国。魏王派公子卬率军迎击秦军。两军相遇后，卫鞅送信给公子卬说："我当初与公子关系很好，如今身为两国的将领，不忍心彼此攻伐，是否可以与公子相见，缔结盟约，痛饮一番随后撤兵，以安定秦国与魏国。"魏公子卬认为很好。两人会面，订立盟约完毕后，设宴对饮，但是卫鞅事先埋伏了大量士兵袭击并俘虏了魏公子卬，趁机攻击他的军队，大败魏军后返回秦国。魏惠王由于军队多次被齐国、秦国击败，国内非常空虚，国力日益衰落，极为恐慌，于是派遣使者割让河西之地献给秦国来求得和解。随后，魏惠王就离开安邑，迁都到大梁。梁惠王说："我悔恨当年没有听公叔座的话啊！"卫鞅击败魏军归来，秦孝公将於、商十五邑分封给卫鞅，从此号称商君。

　　商君担任秦国国相十年，公室贵族当中有很多人对他怨恨不满。赵良会见商君。商君说："我能够见到你，是依靠孟兰皋，现在我请求能与您结交，可以吗？"赵良说："我不敢奢望这种事啊！孔丘有这样的话：'聚集有才能的人，而受到拥护的人才会前来，聚集不肖之徒，则能让可以成就王业的人也会远离。'我不才，因此不敢从命。我听说过这样的话：'拥有不该有的地位而占据它称为贪位，拥有不该有的名声而享有它称为贪名。'我如果听从您的意思，就怕我会成为贪位、贪名的人了。因此不敢从命。"商君说："您对我治理秦国感到不满吗？"赵良说："能听取反对意见的叫作聪，可以自我反省的称为明，能约束自己的称为强。虞舜有这样的话：'自我谦卑就会高尚了。'您不如实行虞舜之道，那就不必问我了。"商君说："当初秦国使用戎翟的习俗，父子间没有分别，男女同室而居。如今我改造了他们的陈规陋习，而明确了男女之间的区别，建立悬挂政教法令的门阙，造得犹如鲁国与卫国的一样。您看我治理秦国，跟五羖大夫比较起来谁更高明？"赵良说："一千只羊的皮，都不如一只狐狸的腋毛值钱；一千个人的随声附和，都不如一个士人的直言争辩可贵。周武王倡导直言争辩而得以昌盛，殷纣王喜欢众人不敢说话而灭亡。您倘若不将周武王的做法认为是错误的，那么我就

请求始终都直言进谏而不受责难，可以吗？"商君说："常言说得好：'花言巧语犹如花朵，直言不讳犹如果实，苦口逆耳犹如药石，甜言蜜语犹如疾病。'您如果真的始终直言，就是我治病的良药。我会以您为师，您又何必推辞？"赵良说："那位五羖大夫，原本是楚国的郊野之人，听说秦穆公贤明而希望拜谒，可没有盘缠，于是将自己卖给了秦国客商，身穿粗麻衣服去喂牛。一年后，秦穆公得知了他的才能，将他从牛口下提拔起来，让他凌驾于群臣之上，秦国没有人能够与他相比。他担任秦相的六七年时间里，东面讨伐郑国，三次拥立晋国的君主，一次消弭楚国北上进攻的祸患。在境内颁发政教，连巴人都会前来进贡；对诸侯广布德泽，连八方的戎翟都前来臣服。由余风闻，也前来叩关求见。五羖大夫担任秦国的相，就算疲劳也不会坐安车，即便酷暑也不打伞盖，在国内巡视，不需要随从的车辆，也不会携带武器，他的功绩与姓名被永载史册，他的德泽与品行流传子孙后代。五羖大夫去世时，秦国的百姓都痛哭流涕，小孩子不唱歌谣，舂谷人不哼唱小调。这便是五羖大夫的德行啊。如今您拜见秦王，利用宠臣景监作为推荐人，依靠的不是成名的正道。当秦相不重视百姓，而大建宫殿门阙，并非立功的举动。对太子的师、傅处以惩罚及黥刑，以严刑酷法来残害百姓，这是在积累怨恨、酝酿祸患啊。政教感化百姓的作用会比君命更加深入，百姓效力于上司的动作要比执行君令更迅速。如今您又用不正的权术使得君权旁落，这不是实施政治教化的办法。您同时又在封邑当中坐北朝南称孤道寡，却经常用法律来束缚秦国的贵族子弟。《诗经》中说：'看那老鼠都拥有肢体，做人的却没有礼仪；做人没有礼仪，为什么不迅速死去呢？'用《诗经》当中的话来观察您的行为，实在不是谋求长寿，得以善终的行为。公子虔闭门不出已有八年，您又杀掉了祝懽而判处公孙贾黥刑。《诗经》当中说：'得人心者兴旺，失人心者土崩瓦解。'这几件事，都是不得人心的啊。您每次出行，后面随从的马车有几十辆，车上装满了全副武装的卫士，力气大而肌肉发达的人作为陪乘，手持矛戟的武士护卫着您的车而飞奔。这中间有一样东西没有齐备，您就会坚决不外出。《周书》说："依仗德行的人得以昌盛，依仗暴力的人会灭亡。'您的生命犹如早晨的露水，太阳一出来就会消失。您还希望能够延年益寿吗？那就为什么不归还国君封赐给你的十五个都邑，自己到郊外躬耕菜园，劝说秦王起用身居山林的贤士，奉养老人，抚恤孤儿，敬重父兄，叙用有功之臣，尊崇有德之士，才能够稍求平安。您如果还贪恋商、於之地的财富，大权独揽，百姓的怨怒不断积聚，秦王一旦抛弃宾客而不再在朝，秦国用来处罚您的罪名，难道还会轻吗？到那时你的死期就不远了。"商君没有听从。

五个月后，秦孝公去世，太子继位。公子虔等人告发商君意欲谋反，国君就派官

吏前去逮捕商君。商君逃亡来到边关下，准备入住客栈。客栈的人不清楚他是商君，说："商君的法令：留宿不能拿出通行证件的人要判罪。"商君叹息道："唉，制定法令的弊端居然到如此地步！"离开秦国前往魏国。魏人怨恨他欺骗公子卬而打败魏军，拒绝接纳他。商君想去其他国家。魏国有人说："商君，是秦国的盗贼。秦国强大而其盗贼来到魏国，不遣返是不行的。"于是把商君送回到了秦国。商君再次回到秦国后，就直奔自己的封地商邑，与其党羽调动邑中的军队向北攻击郑邑。秦王派兵进攻商君，在郑国的黾池杀掉了他。秦惠王车裂了商君的尸体示众，说："不许再出现像商鞅这样的谋反者！"于是又诛灭了商君的家族。

太史公说：商君是个天性残忍，刻薄少恩的人。考察他当初以帝王之术来获得秦孝公的信任，不过是一时浮夸没有根源的游说，并非是缘于他的本性。况且通过宠臣作为晋身之道，等到取得国君信任，对宗室公子虔动用刑罚，欺骗魏将公子卬，没有听从赵良的话，也都足以证明商君的寡恩德了。我曾阅读过商君《开塞》《耕战》等著作，与他的行为处世非常类似。他最终在秦国蒙受了恶名，是有其原因的呀！

赏　析

商鞅变法是我国历史上最成功的改革之一。秦孝公时期，天下已进入七雄争霸时代，周室衰微，诸侯彼此攻伐，斗争极为激烈，谁希望立于不败之地，谁就得迅速找到自强之路。商鞅变法正是顺应了这一历史潮流。他三次拜见孝公，以强国之术游说他，君臣默契，奠定了变法成功的重要政治基础。

记述变法过程中出现的矛盾冲突是本篇的一大特点。商鞅变法还没正式开始，就已经遭到守旧派的公然反对。商鞅与甘龙、杜挚面对面进行斗争，其焦点就集中到应当"法古""循礼"与"治世不一道，便国不法古"的观点与利益冲突上。变法实行，天下哗然，"言初令之不便者以千数"，商鞅却利用立木悬赏，取信于民的方式，取得众人支持与信任；对太子师处刑，以肃其法。变法十年，"秦民大悦""家给人足""民勇于公战、怯于私斗"，国家逐渐强盛。秦师包围安邑，俘获魏公子卬，迫使魏国割地迁都，这些都是秦国变法非常富有成效的佐证。

商鞅的悲剧结局是与守旧派斗争的延续。与赵良的一席谈话可以看出，其祸端早已萌生，但商鞅最终没能采纳赵良建议，受制于自己的变法举措，作茧自缚，最终身死族灭。从章法的结构上来看，通篇以变法作为骨干前有蓄势，后有照应。开篇说商鞅"好刑名法术之学"，为变法做出铺垫；继而"鞅欲变法"，导出革新派与守旧派之间的斗争；"卒定变法之令"，具体记录了新法的内容；而结尾处则点出"嗟乎，为法之

敝一至此"。材料取舍紧密围绕变法这一核心，使得主题高度突出。

　　《商君列传》是历史实录，但其浓烈的文学色彩，尤其是恰如其分的小说元素，更加突出了这篇列传特性。本文调动了夸张、比照、形容、对偶、排比、描写等多种文学手段，析理透彻、深刻，语言生动、形象。而这些文学手段大多着眼于人物精神世界的刻画以及细节描写，使得人物越发丰满、灵动、传神，而又不失去历史的真实性。商君逃难的这一段，颇有后世写小说惯用的"误会法"神韵，运用误会，产生矛盾，引发戏剧性的效果。这类细节不仅不会影响到历史的真实，而且使历史人物、历史事件的本质更加彰明、突出，增强历史感，从而给人带来更生动、更形象、更深刻的印象。

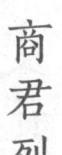

商
君
列
传

# 张仪列传

**题 解**

《张仪列传》选自《史记》卷七十,列传第十。战国时期,七雄并立,出现了很多名扬千古的纵横家。苏秦是合纵家当中的翘楚,主张合纵抗秦;张仪是连横家中的巨擘,主张连横抗楚。本篇主要记录了连横家张仪的事迹。

**原 文**

张仪者,魏人也。始尝与苏秦俱事鬼谷先生,学术,苏秦自以不及张仪。张仪已学游说诸侯。尝从楚相饮,已而楚相亡璧,门下意张仪,曰:"仪贫无行,必此盗相君之璧。"共执张仪,掠笞数百,不服,醳①之。其妻曰:"嘻!子毋读书游说,安得此辱乎?"张仪谓其妻曰:"视吾舌尚在不?"其妻笑曰:"舌在也。"仪曰:"足矣。"

苏秦已说赵王而得相约从②亲,然恐秦之攻诸侯,败约后负,念莫可使用于秦者,乃使人微感张仪曰:"子始与苏秦善,今秦已当路,子何不往游,以求通子之愿?"张仪于是之赵,上谒求见苏秦。苏秦乃诫门下人不为通,又使不得去者数日。已而见之,坐之堂下,赐仆妾之食。因而数让之曰:"以子之材能,乃自令困辱至此。吾宁不能言而富贵子,子不足收也。"谢去之。张仪之来也,自以为故人,求益,反见辱,怒,念诸侯莫可事,独秦能苦赵,乃遂入秦。

苏秦已而告其舍人曰:"张仪,天下贤士,吾殆弗如也。今吾幸先用,

---

① **醳**:通"释"。

② **从**:通"纵"。

而能用秦柄者，独张仪可耳。然贫，无因以进。吾恐其乐小利而不遂，故召辱之，以激其意。子为我阴奉之。”乃言赵王，发金币车马，使人微随张仪，与同宿舍，稍稍近就之，奉以车马金钱，所欲用，为取给，而弗告。张仪遂得以见秦惠王。惠王以为客卿，与谋伐诸侯。

苏秦之舍人乃辞去。张仪曰："赖子得显，方且报德，何故去也？"舍人曰："臣非知君，知君乃苏君。苏君忧秦伐赵败从约，以为非君莫能得秦柄，故感怒君，使臣阴奉给君资，尽苏君之计谋。今君已用，请归报。"张仪曰："嗟乎，此在吾术中而不悟，吾不及苏君明矣！吾又新用，安能谋赵乎？为吾谢苏君，苏君之时，仪何敢言。且苏君在，仪宁渠能乎！"张仪既相秦，为文檄告楚相曰："始吾从若饮，我不盗而璧，若笞我。若善守汝国，我顾且盗而城！"

苴、蜀相攻击，各来告急于秦。秦惠王欲发兵以伐蜀，以为道险狭难至，而韩又来侵秦。秦惠王欲先伐韩，后伐蜀，恐不利，欲先伐蜀，恐韩袭秦之敝。犹豫未能决。

司马错与张仪争论于惠王之前，司马错欲伐蜀，张仪曰："不如伐韩。"王曰："请闻其说。"

仪曰："亲魏善楚，下兵三川，塞什谷之口，当屯留之道，魏绝南阳，楚临南郑，秦攻新城、宜阳，以临二周之郊，诛周王之罪，侵楚、魏之地。周自知不能救，九鼎宝器必出。据九鼎，案图籍，挟天子以令于天下，天下莫敢不听，此王业也。今夫蜀，西僻之国而戎翟之伦也，敝兵劳众不足以成名，得其地不足以为利。臣闻争名者于朝，争利者于市。今三川、

●张仪周游列国

周室,天下之朝市也,而王不争焉,顾争于戎翟,去王业远矣。"

司马错曰:"不然。臣闻之,欲富国者务广其地,欲强兵者务富其民,欲王者务博其德,三资者备而王随之矣。今王地小民贫,故臣愿先从事于易。夫蜀,西僻之国也,而戎翟之长也,有桀纣之乱。以秦攻之,譬如使豺狼逐群羊。得其地足以广国,取其财足以富民缮兵,不伤众而彼已服焉。拔一国而天下不以为暴,利尽西海而天下不以为贪,是我一举而名实附也,而又有禁暴止乱之名。今攻韩,劫天子,恶名也,而未必利也,又有不义之名,而攻天下所不欲,危矣。臣请谒其故:周,天下之宗室也;齐,韩之与国也。周自知失九鼎,韩自知亡三川,将二国并力合谋,以因乎齐、赵而求解乎楚、魏,以鼎与楚,以地与魏,王弗能止也。此臣之所谓危也。不如伐蜀完。"

惠王曰:"善,寡人请听子。"卒起兵伐蜀,十月,取之,遂定蜀,贬蜀王更号为侯,而使陈庄相蜀。蜀既属秦,秦以益强,富厚,轻诸侯。

秦惠王十年,使公子华与张仪围蒲阳,降之。仪因言秦复与魏,而使公子繇质于魏。仪因说魏王曰:"秦王之遇魏甚厚,魏不可以无礼。"魏因入上郡、少梁,谢秦惠王。惠王乃以张仪为相,更名少梁曰夏阳。

仪相秦四岁,立惠王为王。居一岁,为秦将,取陕。筑上郡塞。

其后二年,使与齐、楚之相会啮桑。东还而免相,相魏以为秦,欲令魏先事秦而诸侯效之。魏王不肯听仪。秦王怒,伐取魏之曲沃、平周,复阴厚张仪益甚。张仪惭,无以归报。留魏四岁而魏襄王卒,哀王立。张仪复说哀王,哀王不听。于是张仪阴令秦伐魏。魏与秦战,败。

明年,齐又来败魏于观津。秦复欲攻魏,先败韩申差军,斩首八万,诸侯震恐。而张仪复说魏王曰:"魏地方不至千里,卒不过三十万。地四平,诸侯四通辐凑,无名山大川之限。从郑至梁二百余里,车驰人走,不待力而至。梁南与楚境,西与韩境,北与赵境,东与齐境,卒戍四方,守亭鄣者不下十万。梁之地势,固战场也。梁南与楚而不与齐,则齐

史记精华本

攻其东；东与齐而不与赵，则赵攻其北；不合于韩，则韩攻其西；不亲于楚，则楚攻其南：此所谓四分五裂之道也。

"且夫诸侯之为纵者，将以安社稷尊主强兵显名也。今纵者一天下，约为昆弟，刑白马以盟洹水之上，以相坚也。而亲昆弟同父母，尚有争钱财，而欲恃诈伪反覆苏秦之余谋，其不可成亦明矣。

"大王不事秦，秦下兵攻河外，据卷、衍、燕、酸枣，劫卫取阳晋，则赵不南，赵不南而梁不北，梁不北则纵道绝，纵道绝则大王之国欲毋危不可得也。秦折韩而攻梁，韩怯于秦，秦韩为一，梁之亡可立而须也。此臣之所为大王患也。

"为大王计，莫如事秦。事秦则楚、韩必不敢动；无楚、韩之患，则大王高枕而卧，国必无忧矣。

"且夫秦之所欲弱者莫如楚，而能弱楚者莫如梁。楚虽有富大之名而实空虚；其卒虽多，然而轻走易北，不能坚战。悉梁之兵南面而伐楚，胜之必矣。割楚而益梁，亏楚而适秦，嫁祸安国，此善事也。大王不听臣，秦下甲士而东伐，虽欲事秦，不可得矣。

"且夫纵人多奋辞而少可信，说一诸侯而成封侯，是故天下之游谈士莫不日夜搤腕瞋目切齿以言纵之便，以说人主。人主贤其辩而牵其说，岂得无眩哉。

"臣闻之，积羽沉舟，群轻折轴，众口铄金，积毁销骨，故愿大王审定计议，且赐骸骨辟魏。"

哀王于是乃倍①纵约而因仪请成于秦。张仪归，复相秦。三岁而魏复背秦为纵。

秦攻魏，取曲沃。明年，魏复事秦。

秦欲伐齐，齐楚纵亲，于是张仪往相楚。楚怀王闻张仪来，虚上舍而自馆之。曰："此僻陋之国，子何以教之？"仪说楚王曰："大王诚能听

---

① 倍：通"背"。

臣，闭关绝约于齐，臣请献商於<sup>wū</sup>之地六百里，使秦女得为大王箕帚之妾，秦楚娶妇嫁女，长为兄弟之国。此北弱齐而西益秦也，计无便此者。"楚王大说而许之。群臣皆贺，陈轸<sup>zhěn</sup>独吊之。楚王怒曰："寡人不兴师发兵得六百里地，群臣皆贺，子独吊，何也？"陈轸对曰："不然，以臣观之，商於之地不可得而齐秦合，齐秦合则患必至矣。"楚王曰："有说<sup>shuì</sup>乎？"陈轸对曰："夫秦之所以重楚者，以其有齐也。今闭关绝约于齐，则楚孤。秦奚贪夫孤国，而与之商於之地六百里？张仪至秦，必负王，是北绝齐交，西生患于秦也，而两国之兵必俱至。善为王计者，不若阴合而阳绝于齐，使人随张仪。苟与吾地，绝齐未晚也；不与吾地，阴合谋计也。"楚王曰："愿陈子闭口毋复言，以待寡人得地。"乃以相印授张仪，厚赂之。于是遂闭关绝约于齐，使一将军随张仪。

张仪至秦，详①<sup>suí duò</sup>失绥堕车，不朝三月。楚王闻之，曰："仪以寡人绝齐未甚邪？"乃使勇士至宋，借宋之符，北骂齐王。齐王大怒，折节而下秦。秦齐之交合，张仪乃朝，谓楚使者曰："臣有奉邑六里，愿以献大王左右。"楚使者曰："臣受令于王，以商於之地六百里，不闻六里。"还报楚王，楚王大怒，发兵而攻秦。陈轸曰："轸可发口言乎？攻之不如割地反以赂秦，与之并兵而攻齐，是我出地于秦，取偿于齐也，王国尚可存。"

楚王不听，卒发兵而使将军屈匄<sup>gài</sup>击秦。秦齐共攻楚，斩首八万，杀屈匄，遂取丹阳、汉中之地。楚又复益发兵而袭秦，至蓝田，大战，楚大败，于是楚割两城以与秦平。

秦要楚欲得黔中地，欲以武关外易之。楚王曰："不愿易地，愿得张仪而献黔中地。"秦王欲遣之，口弗忍言。张仪乃请行。惠王曰："彼楚王怒子之负以商於之地，是且甘心于子。"张仪曰："秦强楚弱，臣善靳尚，尚得事楚夫人郑袖，袖所言皆从。且臣奉王之节使楚，楚何敢加诛。假令诛臣而为秦得黔中之地，臣之上愿。"遂使楚。楚怀王至则囚张仪，

---

①**详**：通"佯"。

一二二

将杀之。靳尚谓郑袖曰："子亦知子之贱于王乎？"郑袖曰："何也？"靳尚曰："秦王甚爱张仪而不欲出之，今将以上庸之地六县赂楚，以美人聘楚，以宫中善歌讴者为媵。楚王重地尊秦，秦女必贵而夫人斥矣。不若为言而出之。"于是郑袖日夜言怀王曰："人臣各为其主用。今地未入秦，秦使张仪来，至重王。王未有礼而杀张仪，秦必大怒攻楚。妾请子母俱迁江南，毋为秦所鱼肉也。"怀王后悔，赦张仪，厚礼之如故。

张仪既出，未去，闻苏秦死，乃说楚王曰："秦地半天下，兵敌四国，被险带河，四塞以为固。虎贲之士百余万，车千乘，骑万匹，积粟如丘山。法令既明，士卒安难乐死，主明以严，将智以武，虽无出甲，席卷常山之险，必折天下之脊，天下有后服者先亡。且夫为纵者，无以异于驱群羊而攻猛虎，虎之与羊不格明矣。今王不与猛虎而与群羊，臣窃以为大王之计过也。

"凡天下强国，非秦而楚，非楚而秦，两国交争，其势不两立。大王不与秦，秦下甲据宜阳，韩之上地不通。下河东，取成皋，韩必入臣，梁则从风而动。秦攻楚之西，韩、梁攻其北，社稷安得毋危？

"且夫纵者聚群弱而攻至强，不料敌而轻战，国贫而数举兵，危亡之术也。臣闻之，兵不如者勿与挑战，粟不如者勿与持久。夫纵人饰辩虚辞，高主之节，言其利不言其害，卒有秦祸，无及为已。是故愿大王之孰计之。

"秦西有巴蜀，大船积粟，起于汶山，浮江已①下，至楚三千余里。舫船载卒，一舫载五十人与三月之食，下水而浮，一日行三百余里，里数虽多，然而不费牛马之力，不至十日而距扞关。扞关惊，则从境以东尽城守矣，黔中、巫郡非王之有。秦举甲出武关，南面而伐，则北地绝。秦兵之攻楚也，危难在三月之内，而楚待诸侯之救，在半岁之外，此其势不相及也。夫恃弱国之救，忘强秦之祸，此臣所以为大王患也。

---

① 已：通"以"。

●张仪欺楚

"大王尝与吴人战，五战而三胜，阵卒尽矣；偏守新城，存民苦矣。臣闻功大者易危，而民敝者怨上。夫守易危之功而逆强秦之心，臣窃为大王危之。

"且夫秦之所以不出兵函谷十五年以攻齐、赵者，阴谋有合天下之心。楚尝与秦构难，战于汉中，楚人不胜，列侯执珪（guī）死者七十余人，遂亡汉中。楚王大怒，兴兵袭秦，战于蓝田。此所谓两虎相搏者也。夫秦楚相敝而韩魏以全制其后，计无危于此者矣。愿大王孰计之。

"秦下甲攻卫阳晋，必大关天下之匈①。大王悉起兵以攻宋，不至数月而宋可举，举宋而东指，则泗上十二诸侯尽王之有也。

"凡天下而以信约纵亲相坚者苏秦，封武安君，相燕，即阴与燕王谋伐破齐而分其地；乃详有罪出走入齐，齐王因受而相之；居二年而觉，齐王大怒，车裂苏秦于市。夫以一诈伪之苏秦，而欲经营天下，混一诸侯，其不可成亦明矣。

"今秦与楚接境壤界，固形亲之国也。大王诚能听臣，臣请使秦太子入质于楚，楚太子入质于秦，请以秦女为大王箕帚之妾，效万室之都以为汤沐之邑，长为昆弟之国，终身无相攻伐。臣以为计无便于此者。"

于是楚王已得张仪而重出黔中地与秦，欲许之。屈原曰："前大王见欺于张仪，张仪至，臣以为大王烹之；今纵弗忍杀之，又听其邪说，不可。"怀王曰："许仪而得黔中，美利也。后而倍之，不可。"故卒许张仪，

———————————
① 匈：同"胸"，胸膛。

与秦亲。

张仪去楚，因遂之韩，说韩王曰："韩地险恶山居，五谷所生，非菽而麦，民之食大抵菽饭藿羹。一岁不收，民不餍糟糠。地不过九百里，无二岁之食。料大王之卒，悉之不过三十万，而厮徒负养在其中矣。除守徼亭鄣塞，见卒不过二十万而已矣。秦带甲百余万，车千乘，骑万匹，虎贲之士跿跔科头贯颐奋戟者，至不可胜计。秦马之良，戎兵之众，探前趹后蹄间三寻腾者，不可胜数。山东之士被甲蒙胄以会战，秦人捐甲徒裼以趋敌，左挈人头，右挟生虏。夫秦卒与山东之卒，犹孟贲之与怯夫；以重力相压，犹乌获之与婴儿。夫战孟贲、乌获之士以攻不服之弱国，无异垂千钧之重于鸟卵之上，必无幸矣。

"夫群臣诸侯不料地之寡，而听纵人之甘言好辞，比周以相饰也，皆奋曰'听吾计可以强霸天下'。夫不顾社稷之长利而听须臾之说，诖误人主，无过此者。

"大王不事秦，秦下甲据宜阳，断韩之上地，东取成皋、荥阳，则鸿台之宫、桑林之苑非王之有也。夫塞成皋，绝上地，则王之国分矣。先事秦则安，不事秦则危。夫造祸而求其福报，计浅而怨深，逆秦而顺楚，虽欲毋亡，不可得也。

"故为大王计，莫如为秦。秦之所欲莫如弱楚，而能弱楚者如韩。非以韩能强于楚也，其地势然也。今王西面而事秦以攻楚，秦王必喜。夫攻楚以利其地，转祸而说秦，计无便于此者。"

韩王听仪计。张仪归报，秦惠王封仪五邑，号曰武信君。使张仪东说齐湣王曰："天下强国无过齐者，大臣父兄殷众富乐。然而为大王计者，皆为一时之说，不顾百世之利。纵人说大王者，必曰'齐西有强赵，南有韩与梁。齐，负海之国也，地广民众，兵强士勇，虽有百秦，将无奈齐何'。大王贤其说而不计其实。夫纵人朋党比周，莫不以纵为可。臣闻之，齐与鲁三战而鲁三胜，国以危亡随其后，虽有战胜之名，而有亡国之实。是何也？齐大而鲁小也。今秦之与齐也，犹齐之与鲁也。秦赵战于河漳之上，再战而赵再胜秦；战于番吾之下，再战又胜秦。四战之后，赵之亡卒数十万，邯郸仅存，虽有战胜之名而国已破矣。是何也？秦强而赵弱。

"今秦楚嫁女娶妇，为昆弟之国。韩献宜阳；梁效河外；赵入朝渑池，割河间以事秦。大王不事秦，秦驱韩梁攻齐之南地，悉赵兵渡清河，指博关，临菑、即墨非王之有也。国一日见攻，虽欲事秦，不可得也。是故愿大王孰计之也。"

齐王曰："齐僻陋，隐居东海之上，未尝闻社稷之长利也。"乃许张仪。

张仪去，西说赵王曰："敝邑秦王使使臣效愚计于大王。大王收率天下以宾[1]秦，秦兵不敢出函谷关十五年。大王之威行于山东，敝邑恐惧慑伏，缮甲厉[2]兵，饰车骑，习驰射，力田积粟，守四封之内，愁居慑处，不敢动摇，唯大王有意督过之也。

"今以大王之力，举巴蜀，并汉中，包两周，迁九鼎，守白马之津。秦虽僻远，然而心忿含怒之日久矣。今秦有敝甲凋兵，军于渑池，愿渡河逾漳，据番吾，会邯郸之下，愿以甲子合战，以正殷纣之事，敬使使臣先闻左右。

"凡大王之所信为纵者恃苏秦。苏秦荧惑诸侯，以是为非，以非为是，欲反齐国，而自令车裂于市。夫天下之不可一亦明矣。今楚与秦为昆弟之国，而韩梁称为东藩之臣，齐献鱼盐之地，此断赵之右臂也。夫断右臂而与人斗，失其党而孤居，求欲毋危，岂可得乎？

"今秦发三将军：其一军塞午道，告齐使兴师渡清河，军于邯郸之东；一军军成皋，驱韩梁军于河外；一军军于渑池。约四国为一以攻赵，赵破，必四分其地。是故不敢匿意隐情，先以闻于左右。臣窃为大王计，

①宾：同"摈"，抛弃。
②厉：同"砺"。

莫如与秦王遇于渑池，面相见而口相结，请案兵无攻。愿大王之定计。"

赵王曰："先王之时，奉阳君专权擅势，蔽欺先王，独擅绾事，寡人居属师傅，不与国谋计。先王弃群臣，寡人年幼，奉祀之日新，心固窃疑焉，以为一纵不事秦，非国之长利也。乃且愿变心易虑，割地谢前过以事秦。方将约车趋行，适闻使者之明诏。"赵王许张仪，张仪乃去。

北之燕，说燕昭王曰："大王之所亲莫如赵。昔赵襄子尝以其姊为代王妻，欲并代，约与代王遇于句注之塞。乃令工人作为金斗，长其尾，令可以击人。与代王饮，阴告厨人曰：'即酒酣乐，进热啜，反斗以击之。'于是酒酣乐，进热啜，厨人进斟，因反斗以击代王，杀之，王脑涂地。其姊闻之，因摩①笄以自刺，故至今有摩笄之山。代王之亡，天下莫不闻。

"夫赵王之很②戾无亲，大王之所明见，且以赵王为可亲乎？赵兴兵攻燕，再围燕都而劫大王，大王割十城以谢。今赵王已入朝渑池，效河间以事秦。今大王不事秦，秦下甲云中、九原，驱赵而攻燕，则易水、长城非大王之有也。

"且今时赵之于秦犹郡县也，不敢妄举师以攻伐。今王事秦，秦王必喜，赵不敢妄动，是西有强秦之援，而南无齐赵之患，是故愿大王孰计之。"

燕王曰："寡人蛮夷僻处，虽大男子裁③如婴儿，言不足以采正计。今上客幸教之，请西面而事秦，献恒山之尾五城。"燕王听仪。

仪归报，未至咸阳而秦惠王卒，武王立。武王自为太子时不说张仪，及即位，群臣多谗张仪曰："无信，左右卖国以取容。秦必复用之，恐为天下笑。"诸侯闻张仪有却武王，皆畔衡④，复合纵。

---

①摩：通"磨"，物体彼此摩擦。
②很：通"狠"，凶暴。
③裁：通"才"，刚刚。
④衡：通"横"。

秦武王元年，群臣日夜恶张仪未已，而齐让又至。张仪惧诛，乃因谓秦武王曰："仪有愚计，愿效之。"王曰："奈何？"对曰："为秦社稷计者，东方有大变，然后王可以多割得地也。今闻齐王甚憎仪，仪之所在，必兴师伐之。故仪愿乞其不肖之身之梁，齐必兴师而伐梁。梁齐之兵连于城下而不能相去，王以其间伐韩，入三川，出兵函谷而毋伐，以临周，祭器必出。挟天子，按图籍，此王业也。"秦王以为然，乃具革车三十乘，入仪之梁。

齐果兴师伐之。梁哀王恐。张仪曰："王勿患也，请令罢齐兵。"乃使其舍人冯喜之楚，借使之齐，谓齐王曰："王甚憎张仪；虽然，亦厚矣王之托<sup>tuō</sup>仪于秦也！"齐王曰："寡人憎仪，仪之所在，必兴师伐之，何以托仪？"对曰："是乃王之托仪也。夫仪之出也，固与秦王约曰：'为王计者，东方有大变，然后王可以多割得地。今齐王甚憎仪，仪之所在，必兴师伐之。故仪愿乞其不肖之身之梁，齐必兴师伐之。齐梁之兵连于城下而不能相去，王以其间伐韩，入三川，出兵函谷而无伐，以临周，祭器必出。挟天子，案图籍，此王业也。'秦王以为然，故具革车三十乘而入之梁也。今仪入梁，王果伐之，是王内罢国而外伐与国，广邻敌以内自临，而信仪于秦王也。此臣之所谓'托仪'也。"齐王曰："善。"乃使解兵。

张仪相魏一岁，卒于魏也。

陈轸者，游说之士。与张仪俱事秦惠王，皆贵重，争宠。张仪恶陈轸于秦王曰："轸重币轻使秦楚之间，将为国交也。今楚不加善于秦而善轸者，轸自为厚而为王薄也。且轸欲去秦而之楚，王胡不听乎？"王谓陈轸曰："吾闻子欲去秦之楚，有之乎？"轸曰："然。"王曰："仪之言果信矣。"轸曰："非独仪知之也，行道之士尽知之矣。昔子胥忠于其君而天下争以为臣，曾参孝于其亲而天下愿以为子。故卖仆妾不出闾巷而售者，良仆妾也；出妇嫁于乡曲者，良妇也。今轸不忠其君，楚亦何以轸为忠乎？忠且见弃，轸不之楚何归乎？"王以其言为然，遂善待之。

居秦期年，秦惠王终相张仪，而陈轸奔楚。楚未之重也，而使陈轸使于秦。过梁，欲见犀首。犀首谢弗见。轸曰："吾为事来，公不见轸，轸将行，不得待异日。"犀首见之。陈轸曰："公何好饮也？"犀首曰："无事也。"曰："吾请令公厌事可乎？"曰："奈何？"曰："田需约诸侯纵亲，楚王疑之，未信也。公谓于王曰：'臣与燕、赵之王有故，数使人来，曰："无事何不相见"，愿谒行于王。'王虽许公，公请毋多车，以车三十乘，可陈之于庭，明言之燕、赵。"燕、赵客闻之，驰车告其王，使人迎犀首。楚王闻之大怒，曰："田需与寡人约，而犀首之燕、赵，是欺我也。"怒而不听其事。齐闻犀首之北，使人以事委焉。犀首遂行，三国相事皆断于犀首。轸遂至秦。

韩魏相攻，期年不解。秦惠王欲救之，问于左右。左右或曰救之便，或曰勿救便，惠王未能为之决。陈轸适至秦，惠王曰："子去寡人之楚，亦思寡人不？"陈轸对曰："王闻夫越人庄舄乎？"王曰："不闻。"曰："越人庄舄仕楚执珪，有顷而病。楚王曰：'舄故越之鄙细人也，今仕楚执珪，贵富矣，亦思越不？'中谢对曰：'凡人之思故，在其病也。彼思越则越声，不思越则楚声。'使人往听之，犹尚越声也。今臣虽弃逐之楚，岂能无秦声哉！"惠王曰："善。今韩魏相攻，期年不解，或谓寡人救之便，或曰勿救便，寡人不能决，愿子为子主计之余，为寡人计之。"陈轸对曰："亦尝有以夫卞庄子刺虎闻于王者乎？庄子欲刺虎，馆竖子止之，曰：'两虎方且食牛，食甘必争，争则必斗，斗则大者伤，小者死，从伤而刺之，一举必有双虎之名。'卞庄子以为然，立须之。有顷，两虎果斗，大者伤，小者死。庄子从伤者而刺之，一举果有双虎之功。今韩魏相攻，期年不解，是必大国伤，小国亡，从伤而伐之，一举必有两实。此犹庄子刺虎之类也。臣主与王何异也。"惠王曰："善。"卒弗救。大国果伤，小国亡，秦兴兵而伐，大克之。此陈轸之计也。

犀首者，魏之阴晋人也，名衍，姓公孙氏。与张仪不善。

张仪为秦之魏，魏王相张仪。犀首弗利，故令人谓韩公叔曰：“张仪已合秦魏矣，其言曰‘魏攻南阳，秦攻三川’。魏王所以贵张子者，欲得韩地也。且韩之南阳已举矣，子何不少委焉以为衍功，则秦魏之交可错矣。然则魏必图秦而弃仪，收韩而相衍。”公叔以为便，因委之犀首以为功。果相魏。张仪去。

义渠君朝于魏。犀首闻张仪复相秦，害之。犀首乃谓义渠君曰：“道远不得复过，请谒事情。”曰：“中国无事，秦得烧掇焚杅<sup>yú</sup>君之国；有事，秦将轻使重币事君之国。”

其后五国伐秦。会陈轸谓秦王曰：“义渠君者，蛮夷之贤君也，不如赂之以抚其志。”秦王曰：“善。”乃以文绣千纯，妇女百人遗<sup>wèi</sup>义渠君。义渠君致群臣而谋曰：“此公孙衍所谓邪<sup>yé</sup>？”乃起兵袭秦，大败秦人李伯之下。

张仪已卒之后，犀首入相秦。尝佩五国之相印，为约长。

太史公曰：三晋多权变之士，夫言纵衡强秦者大抵皆三晋之人也。夫张仪之行事甚于苏秦，然世恶<sup>wù</sup>苏秦者，以其先死，而仪振暴其短以扶其说，成其衡道。要<sup>yāo</sup>之，此两人真倾危之士哉！

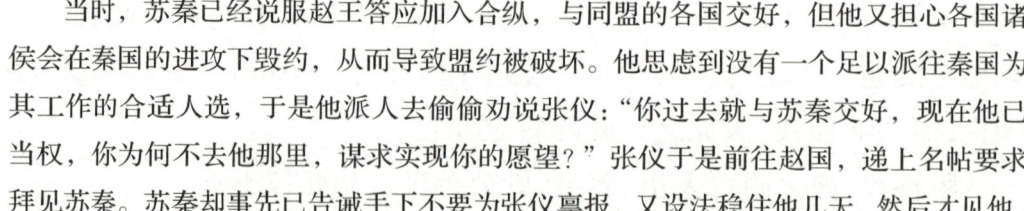

**译文**

张仪是魏国人，当初曾经与苏秦一起跟随鬼谷先生学习游说之术，苏秦自认才学不如张仪。张仪在学业完成之后，便外出游说诸侯。一次，他在楚相那里赴饮宴，席间，楚相发觉自己身上佩戴的玉璧没了，相府的幕僚们都认为是张仪偷的，说：“张仪这人，既贫穷又缺少品德，偷相国玉璧的，肯定是他！”于是大家抓住张仪，打了他几百竹板。张仪依旧不承认，大家只好将他放回家，妻子叹气说：“唉，你假如不去读书游说，又怎么会受到这般侮辱呢？”张仪对妻子说：“你看我的舌头还在吗？”妻子笑着回答：“舌头自然还在。”张仪说：“这样就足够了。”

当时，苏秦已经说服赵王答应加入合纵，与同盟的各国交好，但他又担心各国诸侯会在秦国的进攻下毁约，从而导致盟约被破坏。他思虑到没有一个足以派往秦国为其工作的合适人选，于是他派人去偷偷劝说张仪：“你过去就与苏秦交好，现在他已当权，你为何不去他那里，谋求实现你的愿望？”张仪于是前往赵国，递上名帖要求拜见苏秦。苏秦却事先已告诫手下不要为张仪禀报，又设法稳住他几天，然后才见他，

让他坐到堂下，赏给他的是仆人与丫鬟才吃的饭食，并不断奚落张仪说："像你这样有才能的人，居然穷愁潦倒到如此地步。我难道不可以举荐你而让你富贵吗，只是由于你不值得我收留啊！"苏秦说完就离去了。张仪这次来拜见苏秦，本以为都是旧交，可以获得好处，谁知反倒受到侮辱，非常气愤，想到各国诸侯都没有能够值得侍奉的，唯有秦国才可以威胁赵国，于是便前往秦国。

苏秦在张仪离去之后，告诉自己的一个门客，说："张仪是天下间的贤士，我不如他。现在我侥幸首先受到重用，但要说可以掌握秦国的大权的人，只有张仪。而且他眼下正处于穷困之中，没有得到重用的机会。我怕他满足于小利而不思进取，所以让他来当面羞辱他，以此来激发他的心志。请你为我暗中帮助他吧。"苏秦把自己的打算禀报赵王后，拿出了钱财与车马，派人一路暗中追随张仪，与张仪同住一个旅舍，逐渐与他热络起来，供给他车马钱财，凡是张仪需要用的，都拿出来供给他，但并不告诉他真实的情况，张仪终于会见了秦惠王。秦惠王任命张仪为客卿，与他共同商讨攻打各国诸侯的大计。

苏秦的门客这才向张仪告辞，张仪说："我依靠你的帮助才得以声名显赫，正准备报答你的恩德，为什么你却要就这样离开我呢？"门客回答说："我并不了解你，了解你的是苏先生啊！苏先生担心秦国进攻赵国来破坏他的合纵大计，认为只有你可以掌握秦国大权，因此故意来激怒你，然后派我暗中供给你各种费用，这都是出自苏先生的安排。现在你已经受到重用，请让我返回赵国回复苏先生。"张仪说："唉！这些计谋全都是我曾研习过的，而我居然没能发现，我不如苏先生是确定无疑的了。我刚被任用，怎么会去打赵国的主意呢？请你帮我答谢苏先生，只要苏君还当权，我怎么敢去打赵国的主意呢？何况苏君当政，我张仪哪有这个能力去威胁赵国呢！"张仪担任秦国的相国后，写文书警告楚相："过去我与你饮酒，并没有盗窃你的玉璧，可你却打了我。你好好守住你的国家，我回头会去盗取你的领土。"

苴国与蜀国彼此攻打，两国都朝秦国求援。秦惠王准备派兵攻蜀，又考虑到蜀道险要、狭窄，很难通行，韩国会趁机入侵。秦惠王想首先攻韩，随后攻蜀，又担心无法取胜；想首先打蜀，又担心韩国会乘机偷袭。惠王对此犹豫不决，拿不定主意。

司马错与张仪在秦惠王面前展开了激烈的争论，司马错主张先攻蜀，张仪说不如攻韩。秦惠王说："请让我听一听你们的理由。"

张仪说："与魏国亲近，与楚国交好，派兵去三川，阻断什谷的入口，阻挡住屯留的道路，让魏兵掐断去韩国南阳的道路，让楚国迫近南郑，我们则去攻打新城、宜阳，从而让军队逼近西周、东周的郊外，声讨周君的罪过，占领楚、魏的领地。周君

知道局势已无法挽救，必然会献上九鼎宝器。拥有了九鼎宝器，掌握天下的地图与户籍，挟持天子向天下发号施令，天下诸侯谁敢不听从？这正是称王天下的大事呀！而目前的蜀国，仅仅是西部偏远的国家，戎狄的头领。我们去进攻它，损军劳民，无法达到名扬天下的目的；夺得了他们的地盘，也得不到什么实际利益。我听说过一句话：争名的要去往朝廷，争利的应前往市集。如今三川、周室就恰恰是天下的朝廷与市集呀，大王您不去争夺，反倒去占领戎狄这种落后地区，这距离称王的事业太过遥远了。"

司马错说："并非如此。我听说过想要让国家变得富强的人，必须扩张他的国土；想要军队变得强大的人，必须让百姓变得富裕；想要称王，必须推行其德政。这三个条件都具备，王道大业也就随之而来了。目前大王的国土狭小，百姓穷困，所以我希望先从容易的地方开始做起。蜀国是西方偏远的国家，同时也是戎狄的领袖，它有着夏桀、商纣那样的混乱。用秦国的军队攻打蜀国，就犹如让豺狼去驱赶羊群。夺取蜀国的土地，可以扩大疆土，获取蜀国的财富，可以让百姓变得富裕而军备充足，不用损失多少人而蜀国就已臣服。我们灭掉蜀国，而天下人并不会认为我们暴虐；拥有西方的资源，天下人不会认为我们贪婪。这样不但名利双收，而且还可得到禁暴止乱的美名。现在如果攻打韩国，劫持周天子，对名誉不好，而且未必可以得到实利，还会落下不义的名声，攻打天下人都不愿意去攻打的国家，这是非常危险的。请大王允许我陈述这些理由：周为天下的宗室，齐国为韩国的盟国。周王室预料到会失去九鼎，韩国想到将要失去三川，两国必然会协力齐心，依靠齐、赵两国，与楚、魏谋求和解，周将九鼎送给楚国，韩把土地割让给魏国，大王是无法禁止的。这便是我所说的危险所在啊。还不如前去攻打蜀国更稳妥。"

秦惠王向司马错说："好，我就听取你的意见吧。"终于起兵攻打蜀。十月，占领了蜀国。平定蜀国后，贬谪蜀王，改将其称为"侯"，并派陈庄任蜀国的相国。蜀归秦后，秦国更加强大富裕，看不起各国诸侯。

秦惠王十年，惠王派公子华与张仪带兵围困魏国蒲阳，守军投降。张仪建议秦将蒲阳还给魏国，并派公子繇前往魏国当人质。张仪劝告魏王："秦王对魏国极为仁厚，魏国总不能没有任何表示。"魏国于是把上郡与少梁献给秦国，作为对惠王的答谢。惠王便任命张仪为相国，并把少梁改名为夏阳。

张仪担任了四年秦的相国，拥戴惠王称王。又过了一年，张仪任将军，领兵攻占陕邑，在上郡修筑了要塞。

两年后，张仪被派往啮桑，与齐、楚的使臣会盟。回国之后，张仪被免去秦相之位，为秦国的利益到魏国担任相国，想让魏国带头归附于秦国，再让其他各国都来仿

效魏国。但魏王没有听从张仪的意见。秦王恼怒之下，派兵攻占了魏国的曲沃、平周两座城，同时暗中给予张仪比过去更加丰厚的待遇。张仪感到很惭愧，觉得没有什么能够作为回报。张仪在魏居住了四年后，魏襄王去世，魏哀王继位。张仪又劝哀王依附秦国，哀王不听，于是张仪暗中让秦国进攻魏国。魏国起兵与秦交战，被秦打败。

　　第二年，齐兵又进攻魏国，在观津击败了魏兵。秦军又准备进攻魏国，首先打败了韩申差所率领的军队，斩首八万，使各国诸侯都感到惊恐。张仪便又游说魏王："魏国的土地方圆不足一千里，士兵不足三十万。地势平坦，与各国诸侯四通八达，没有高山大河的阻挡。从郑到魏也不过二百多里的距离，无论是战车或是步兵，都无须花多大力气就可以到达。魏国南边与楚国交界，西边与韩国相连，北面与赵国相连，东面与齐国交界，军队戍守四方边境，守卫的士兵应当在十万以上。魏国的地势，自来都是战场。如果南边与楚国交好，而在东面与齐国没交好，那齐国就会从东面进攻魏国；如果与东方的齐国友好，而不和赵国建立良好关系，那赵兵就会从北面发起进攻；与韩国不和睦，那韩兵就会攻击魏国的西面；与楚国不亲善，那楚兵就会进攻魏的南面。这正是人们所说的四战之国啊。

　　"再说各国诸侯会合纵结盟，是想谋求国家安全，巩固君主的地位，增强军队的实力，显示本国的声威。现在各合纵国将天下当成一家，他们彼此都结成兄弟，在洹水边上宰杀了白马，歃血为盟，表示会恪守盟约。然而同样是父母所生的亲兄弟，尚且会出现争夺钱财的事，那么合纵各国要想依靠虚伪的盟约来维持苏秦那杂乱的谋划，是不可能成功的，这是非常明确的。

　　"大王如果不依附于秦国，秦国就会出兵进攻黄河以南，占领卷、衍、燕、酸枣等地，威胁卫国，夺取阳晋，这样赵国无法南下援魏；赵国无法南下，那魏也就无法在北面和赵呼应；魏与赵无法联系，合纵各国的交通就会就此断绝；合纵各国的交通一旦断绝，大王的国家要想不存在危险是不可能的。秦国挟持韩国转而进攻魏，韩国畏惧秦国，与秦连为一体，魏的灭亡就快到了。这就是我会为大王担心的原因啊。

　　"现在为大王来着想，还是不如去依附秦国。依附了秦国就必然会让楚国、韩国不敢轻举妄动；没有了韩、楚两国侵扰的祸患，大王就能够高枕而卧，国家肯定没有什么能够去忧虑的事情了。

　　"况且秦最希望削弱的国家是楚国，而最有能力去削弱楚国的则是魏国。楚国尽管有民富国大的名声，但其实很空虚；它的军队数量虽多，但临阵容易败逃，无法坚持战斗。我们调集魏国的所有军队南下攻楚，获胜是能够肯定的。割裂楚国，对魏国有利；毁损楚国，让秦国高兴，转嫁灾祸，安定国家，的确是一件好事。大王如果不能听取我的意见，秦出兵东向进攻魏国，那时魏想要投秦，也是不可能了。

"再说那些认为应当合纵的策士吧，他们大多慷慨陈词，而很少有能靠得住的，只要说动一国之君，就可以被赐封为侯，所以天下进行游说的人全都随时在慷慨陈词，宣扬合纵的各种好处，希望借此打动一国之主。君主认为他们说得很好并受到影响，又怎么可能不会被迷惑呢？

"我听过这样的话：羽毛堆积多了也可以将船压沉，轻东西装多了可以将车轴压断，群众的舆论能够将铁熔化，众多的诽谤足以毁灭一个人。所以我请求大王审慎地决定国家大事，并请您让我辞职离开魏国。"

魏哀王于是背弃合纵的盟约，通过张仪，请求与秦交好。张仪回秦后，重新出任相国。三年后，魏又背叛了秦国，加入合纵阵营。

秦国出兵攻魏，占领了魏的曲沃城。第二年，魏又归附了秦国。

秦国准备进攻齐国，而齐与楚都参加了合纵，两国的关系非常密切，秦王便派张仪前往楚国出任相国。楚怀王听说张仪来到楚国，安排他住到上等的宾馆中，并亲自前来接待张仪。怀王问张仪："您来到我们这偏远的楚国来，不知有什么事情指教？"张仪对怀王说："大王假如真的可以听取我的意见，关闭边关与齐断交，我愿将商於一带六百里的土地献给大王，让秦王的女儿成为大王的妻子，秦、楚两国彼此娶妇嫁女，成为兄弟国家。这可以在北面削弱齐国，西面则对秦国有利，找不到比这更优秀的策略了。"怀王极为高兴地采纳了张仪的意见。群臣都向怀王道贺。只有陈轸朝怀王哀悼。怀王大怒道："我无须派兵便可以得到六百里土地，大臣们都前来庆贺，只有你表示哀悼，这是因为什么？"陈轸回答："事情没有这样简单。依我来看，商、於之地大王既不可能得到，齐、秦两国还会联合起来，齐秦联合，楚国的灾难就会随之降临。"怀王说："有什么依据吗？"陈轸回答："秦国之所以会看重楚国，是由于楚国有齐国支持。现在楚国关闭边界与齐国断绝关系，那么楚国就会变得孤立无援，秦国怎么会重视一个已经被孤立的国家，而送给它六百里土地呢？张仪返回秦国后，必定会背叛大王。这样，楚国北面与齐绝交，西面又从秦国招来了灾祸，两国军队必定同时进攻楚国。我妥善地为大王考虑，不如暗地里与齐修好，表面上则与齐绝交，派人跟随张仪到秦国。如果秦把土地给了我们，再与齐真的绝交也不晚；不给我们土地，我们与齐暗地里联合，再想办法。"怀王说："希望你不要再说下去了，等着看我获得秦国的土地吧。"于是怀王把楚国的相印交给张仪，还送了很多礼物。又关闭了边界，与齐国断交，派了一名将军随同张仪去秦国。

张仪回到秦国后，假装上车时没能拉稳绳子而从车上摔下来，三个月都没上朝。

楚怀王听说这件事后，说："张仪是因为我与齐国绝交还显得不够坚决吧？"于是派勇士前往宋国，借宋国的符节来到齐国，大骂齐王。齐王大怒，折断了符节，与秦国联合。秦与齐联合后，张仪才上朝，告诉楚国使臣："我有六里封地，愿意献给楚王。"使臣说："我奉楚王之命，来接受六百里土地，没听说是六里。"使臣回国将此事报告楚怀王，怀王大怒，发兵进攻秦国。陈轸说："我能够讲话了吗？攻打秦国，不如反过来割地来贿赂秦国，再与秦国联合进攻齐国，这样我们割让给秦国的土地，可以从齐国那里获得补偿，大王的国家还可以存在。"

怀王不听，最终发兵，派将军屈匄进攻秦国。秦国与齐国联合攻打楚国，杀掉楚兵八万，并杀死了屈匄接着占领了楚国的丹阳、汉中等地。楚国又增兵进攻秦国，在蓝田与秦军交战，楚军大败，楚国割让两城，与秦国议和。

秦国要挟楚国，希望用武关以外的土地与楚国的黔中交换。楚王说："我不希望用土地来交换，我希望在得到张仪后，献上黔中地区。"秦王想要派遣张仪去楚国，但不忍说出来。张仪主动请求前往楚国。秦惠王说："楚王痛恨你背弃了献上商於之地的诺言，所以不惜代价要得到你。"张仪说："秦强楚弱，我与楚国的靳尚交情好，靳尚负责侍奉楚王的夫人郑袖，郑袖说的话楚王都言听计从。况且我是拿着大王的符节出使楚国，楚国怎敢杀掉我呢。就算杀了我，而为秦国得到黔中的土地，也是我的愿望。"张仪于是出使楚国。楚怀王等到张仪赶到，就把他囚禁起来，准备杀他。靳尚对郑袖说："你清楚自己也许会被楚王抛弃吗？"郑袖问："这是为什么呢？"靳尚说："秦王非常喜爱张仪，一定要将他救出来。准备用上庸所属的六县送给楚国，还把美女嫁到楚国，以秦宫当中能歌善舞的女子为陪嫁。楚王喜欢土地，尊重秦国，秦国的美女必然会得宠，而夫人就会遭到冷落。还不如你来为张仪说情使他被释放出来。"郑袖于是不断向怀王进言："身为臣子为其君主效劳。如今土地还没交给秦国，秦国就派了张仪过来，这是极为尊敬大王的。大王没有以礼相待，反而准备杀掉张仪，秦王必定大怒，会进攻楚国。请让我们母子二人都搬迁到江南去，以免被秦兵残害。"怀王感到了后悔，赦免张仪，依旧像过去那样隆重地接待他。

张仪获释后，并没离开楚国，听说苏秦死了，便向楚王游说："秦国的土地相当于天下的一半，兵力足以抵御周边的国家，占据险要地形，有黄河围绕，周围都有要塞能够坚守。拥有雄兵百万，战车千辆，战马万匹，储存的粮食堆积如山。法令严明，士卒又甘愿为国临难赴死，国君明智而富有威严，将帅有谋有勇，不出兵则已，一出兵就能够占据险峻的山河，折断天下的脊梁。天下但凡归降晚了的国家就必然会被灭亡。再说合纵的国家与秦斗争，无异于驱赶羊群去攻击猛虎，虎与羊之间无法抵敌是极为明白的。现在大王不去亲附猛虎，却亲附群羊，我私下里觉得大王错了。

"天下的强国，不是秦即为楚，不是楚即为秦，两国你争我夺，这种形势下不可能让两国并立。大王不去亲附秦国，秦将会发兵占领宜阳，韩国上郡的地方就无法通行。秦再占据河东，夺取成皋，韩国必定投降，魏国也会趁此机会发起攻击，秦攻楚国的西面，韩、魏进攻楚国的北面，楚国哪能不陷入危险呢？

"再说合纵盟约是聚集起一群弱国去攻打最强大的国家，不估量对方的实力就轻率作战，国家贫穷却要不断发动战事，这是陷入危亡的道路。我听说过，兵力没有对方强，就不要挑起战端；粮食不如对方多，就不要与对方长期作战。那些谈合纵的人讲的都是一些好听却不切实际的言辞，使国君的思想、言行变得高傲，只谈合纵的好处，却不去说它的坏处，一旦惹来秦兵战祸，那时想要挽救就来不及了。所以请大王对此事详加考虑。

"秦国西面占据巴蜀之地，用大船装载粮食，从汶山出发，沿着长江，到达楚国有三千余里。两船相并来运载士兵，每两船可以搭载五十人与三个月的粮食，顺江水漂浮而下，一天可行三百多里，里程尽管很长，但不用耗费牛马牵引之力，不出十天就可以抵达楚国的武关。武关震动，边境以东的城邑就全部都要据城防守，黔中、巫郡将不再属于大王。秦再从武关进发，从南面进攻，那么楚国的北部边疆就被断绝。秦兵进攻楚国，不到三个月，楚国就会面临险境，然而楚国等候各国诸侯的援军来救，却要在半年之后，这势必来不及了。倚仗弱国的救援，忘掉了强秦的祸患，这是臣下为大王担心的呀。

"大王曾经与吴国交战，五战三胜，前线的士兵死光了；为了守卫刚攻占的城邑，活下来的百姓也吃足了苦头。我听说功业大的国君容易遇到危难，百姓穷困就会产生怨恨国君的情绪。为了维持易遭危难的功业而去违抗强秦的意愿，我私下为大王对此感到危险。

"秦国之所以十五年来不从函谷关出兵进攻齐、赵两国，是因为它在暗中策划，有吞并天下的想法。楚国曾与秦国发生冲突，双方在汉中进行战斗，楚国大败，高贵的侯爵、王公战死了七十多人，丢失了汉中。大王大怒，发兵进攻秦国，在蓝田交战。这就是常言所说的两虎相争啊。秦、楚两国就这样不断消耗着力量，而韩、魏两国以其完好无损的兵力从后面予以控制，没有比这更危险的计策了。请大王详加考虑。

"秦发兵进攻卫都与阳晋，必定会断绝天下间的交通要道。大王调集所有兵力进攻宋国，几个月就能够占领宋国，再一直向东，那么泗水边的十二个诸侯国就都归属于大王了。

"号召东方六国合纵彼此坚守盟约的人是苏秦,他被封为武安君,担任燕国相国后,就暗中与燕王策划进攻齐国,瓜分其土地;苏秦假装自己得罪了燕王,从燕国逃往齐国,齐王收留了他,让他出任相国;经过两年后才发觉了他的阴谋,齐王大怒,在街市上将苏秦车裂。任用一个狡诈、虚伪的苏秦,却想控制天下,统一各国,这是不可能成功的,这一点十分明显。

　　"如今秦国与楚国国土相连,原本就是地缘关系亲近的邻国。大王真的能听从我的话,我可以请秦王派太子到楚国来作为人质,大王也派太子到秦国去当人质,将秦王的女儿嫁给大王为妻,进奉有着万户人家的大城,收取赋税作为大王的沐浴费用,秦与楚长期作为兄弟邻邦,永远互不攻伐,我认为没有比这更完美的策略了。"

　　当时,楚怀王已得到了张仪,而不愿意割让黔中给秦国,想要答应张仪的请求。屈原说:"上一次大王被张仪欺骗,这次张仪来到楚国,我认为大王将会烹杀他;现在不忍心杀掉他,却还要听信他的话,不可以这样做啊!"楚怀王说:"答应了张仪而换回黔中,这是非常有利的事。我已经答应了他,随后又背弃他,不可以这样做。"怀王最终答应了张仪,与秦国亲善。

　　张仪离开楚国,来到韩国,游说韩王:"韩国的地势险恶,都是山区,生长的粮食,不是豆子便是麦子,老百姓多数吃的是豆子饭与豆叶汤。如果一年没收成,人们连吃糟糠都吃不饱。韩国方圆只有九百里,储存的粮食不够两年食用。估计大王的军队,总数不足三十万,其中还要将杂役人员包含在内。除了守卫边界的士兵,能够调动的最多不超过二十万。秦国的军队超过百万,战车千辆,战马万匹,勇猛的士兵能够飞奔突进,不穿盔甲,鼓着腮颊,持戟冲锋的人多不胜数。秦军的战马精良,士兵众多,马的前蹄飞腾,后蹄蹬地腾空而起,前后两蹄的相距超过两丈的,不可胜数。山东六国的军队身披铁甲,戴着头盔前去决战,秦军脱下盔甲,袒臂赤足前来迎战,每个士兵左手提着人头,右手抓着俘虏。秦国的士兵与山东六国的士兵相比,犹如勇士孟贲与胆小鬼一样;用重力相压,犹如力士乌获对付婴孩一样;用孟贲、乌获那样的勇士去进攻不肯降服的弱国,无异于将千钧重力直接压到鸟卵上,一定没有可以幸存的。

　　"各国的君臣不去考虑自己国小力弱,却去听信宣扬合纵者的甜言蜜语,他们勾结成为朋党,彼此掩饰,每个人都在慷慨激昂地说,'听从了我的主意便能够在天下称霸'。根本不顾及国家的长远利益而听信当前的谬论,贻误国君,没有比这更可怕的了。

　　"大王不依附于秦国,秦就会发兵占领宜阳,截断韩国与上党地区的联系,东进占领成皋、荥阳，那么鸿台的宫殿、桑林的苑囿就将不属于大王了。假如阻塞成皋，截断上党地区的联系，大王的国土就要被分割开了。及早归附秦国就安全，不归附秦国就会危险。假如制造的是祸端却希望得到福报，计谋浅陋，结怨非常深，违背秦国而顺从楚国，希望国家不灭亡，那是不可能的。

"所以为了大王策划，不如为秦国效劳。秦最大的期望是削弱楚国，而最能起到削弱楚国作用的就是韩国。并非因为韩国要比楚国强大，而是它的地势就是这样的。现在大王向西向秦国称臣，进攻楚国，秦王必然会高兴。进攻楚国，利用它的土地，转嫁祸患，取悦秦国，没有比这更棒的主意了。"

韩王听从张仪的意见。张仪回到秦国进行了汇报，秦惠王赏赐他五座城邑，封他为武信君，又派张仪前往东方出使，劝齐湣王说："天下间的强国没有可以超过齐国的，齐国的大臣与百姓都非常富裕安乐。但是为大王出谋划策的人，完全只顾一时之利，不顾及百代的利益。主张合纵的人向大王进行宣传，必然会说'齐国的西面有着强大的赵国，南面则有韩国与魏国。齐国是个临海的国家，地广人多，军强兵勇，就算有一百个秦国，也奈何不了齐国'。大王非常赞赏这种说法，但没有考虑实际情况。主张合纵的人拉帮结派，全都吹嘘合纵的各种好处。我听说，齐国与鲁国进行过三次交战，鲁国三次获胜，但随之而来的是国家陷入危亡的境地，虽然有战胜的名声，但带来的却是亡国的现实。这是由于什么原因呢？是因为齐国强大而鲁国弱小啊。如今的秦国与齐国，就犹如齐国与鲁国一样。秦、赵两国在黄河与漳水边进行交战，赵军两战两胜；在番吾城下进行交战，赵军又两次击败秦军。这四次战役结束后，赵国阵亡几十万士兵，才保住了邯郸，尽管赵国有战胜的名声，然而实力大损。这是因为什么呢？秦国强而赵国弱呀。

"如今秦、楚两国彼此嫁女娶妇，结为兄弟之国。韩国献出了宜阳，魏国献出了河外，赵王前往渑池朝见秦王，割让河间来向秦国称臣。大王假如不归附秦国，秦驱使韩、魏两国攻击齐国的南部地区，全部赵国军队渡过了清河，直奔博关，临淄、即墨两城就将会不再属于大王了。齐国一旦被打败，那时就算想依附秦国，也不可能了。因此希望大王仔细考虑这件事。"

齐王说："齐国地处偏僻，位于与世隔绝的东海边上，从来没有听到过有关国家的长远利益的高见。"于是答应了张仪。

张仪离开后，来到赵国，劝说赵王："敝国的国君派我作为使臣，向大王献上不成熟的计策。大王领导各路诸侯来讨伐秦国，使秦兵不敢出兵函谷关达十五年之久。大王的声威遍布于山东，我们秦国为此恐惧屈服，整治武器及兵车战马，练习骑射，勤力耕作，积蓄粮食，守卫边界，小心谨慎，不敢有轻举妄动，唯恐大王存心抓住我们的过错。

"现在依靠大王的力量，秦国占据了巴、蜀，吞并了汉中，夺得了西周和东周，迁移九鼎，守住白马渡口。秦国虽然地处偏远，然而内心愤怒已很久了。现在秦拥有一支素质很差的军队驻守到渑池，准备渡过黄河，跨越漳水，进攻番吾，与赵军在邯郸城下一战，希望可以甲子那天进行会战，重演周武王伐纣的旧事，特别派我作为使臣事先恭敬地告知大王与官员。

"大王信赖合纵盟约的原因是依靠苏秦。苏秦迷惑各路诸侯，将对的说成是错的，将错的说成是对的，企图反对齐国，结果导致自己在街市上被车裂。天下不可能联合为一体，这是非常明白的。如今楚国与秦国已经成了兄弟国家，韩国与魏国自称是秦国在东方的藩属，齐国向秦国进献盛产鱼盐的领土，这就等于斩断赵国的右臂。断了右臂的人与别人争斗，丧失了同伙而孤居独处，想要没有危险，可能吗？

"现在秦王已派出三支军队：其中一支截断午道，通知齐国派兵渡过清河，驻扎到邯郸以东；一支驻扎于成皋，驱使韩国与魏国的军队驻扎到河外；一支驻扎在渑池。邀集四国一起进攻赵国，赵国被攻破后，其国土必定会被四国共同瓜分。因此我不敢隐瞒这种意图，先向大王的侍从报个信。我为大王着想，不如与秦王在渑池会见，面对面进行商谈，请他停止进兵，不要进攻赵国。希望大王能够做出决定。"

赵王说："先王的时候，奉阳君专权，蒙蔽欺瞒先王，专断政务。我的生活由师傅来安排，没有参与国家大计的决策，先王去世时，我的年龄还小，登位时间不长，内心原本就暗自怀疑，认为完全投入合纵盟约而不去依附秦国，不符合赵国的利益。所以我准备改变主意，割让国土来弥补此前的过错，归附于秦国。正准备安排车马起程时，恰好听见了您的英明论断。"赵王答应了张仪，张仪于是离开了赵国。

张仪北行前往燕国，劝燕昭王："大王与之亲近的国家莫过于赵国。从前，赵襄子曾让他姐姐当代王的妻子。后来他准备并吞代国，跟代王约定到句注山的要塞会面。他让工匠制作了一个铜匙，特意将铜匙子的尾部做得非常长，使它可以能够击杀人。赵襄子在与代王喝酒时，暗中吩咐厨子：'趁着大家酒饮得酣畅时，你将热汤送上，掉转匙柄来袭击代王。'在酒饮到酣畅时，送上热汤，厨子随后倒转匙柄去袭击代王，把他杀死了，代王的脑浆流了满地。赵襄子的姐姐听说这一消息，就拔下头上的簪子自杀而死，所以至今还有摩笄山这个地方。代王的死，天下人谁不知道？

"赵王这样狠毒不顾亲眷，大王看得非常清楚，还觉得赵王是可以亲近的人吗？赵国进攻燕国，两次围困燕国都城要挟大王，迫使大王割让十座城邑。如今，赵王已

到渑池朝拜秦王，献上河间一带的土地来侍奉秦国。现在大王如果不去归附秦国，秦国就会发兵前往云中、九原，驱使赵国进兵燕国，这样一来，易水、长城就将不属于大王所有了。

"再说如今的赵国对秦国而言，犹如秦国的一个郡县，不敢妄自兴兵进攻。目前大王假如依附秦国，秦王必然会高兴，赵国也不敢轻举妄动。这样，燕国的西面有强大的秦国作为支援，南面没有齐国、赵国的威胁，所以希望大王慎重地考虑这件事。"

燕王说："我身处偏僻的蛮夷之地，虽然是个成年人，实际却像一个婴儿，说的话不值得作为正确的意见来看待。今天幸亏承蒙贵客指教，我愿意向西依附秦国，献上恒山脚下的五座城。"燕王采纳了张仪的意见。

张仪返回秦国进行报告，还没有来到咸阳，秦惠王就去世了，秦武王继位。武王在当太子时便不喜欢张仪，继位后，大臣当中许多人都来说张仪的坏话："他毫无信用，反复无常，出卖了国家的利益，只图自己能够有出路。秦国假如再重用他，恐怕会受到天下人的耻笑。"各国诸侯听说张仪与秦武王之间存在隔阂，都背弃了连横，又恢复合纵。

秦武王元年，大臣们不断地诽谤张仪，齐国又派使臣前去责备张仪。张仪害怕被杀掉，于是趁机对秦武王说："我有一条非常笨拙的计策，愿意进献给大王。"武王问："什么样的计策？"张仪回答："为了秦国的利益来着想，如果东方有了大变，大王才能够多割得地方。现在听说齐王很恨我，凡是我所在的地方，齐王必定会进攻那里。因此我希望让我这个不成才的人去魏国，齐就必定会兴师进攻魏国。魏和齐的军队进行大战，无法抽身，大王就利用这个时机攻打韩国，进入三川，出兵函谷关，但并不发起进攻，以此来威胁周室，周室的祭器必定会献出。挟持周天子，掌握天下的地图与户籍，这是称王的大业呀。"秦武王觉得张仪说得对，就预备了三十辆兵车，载上张仪前去魏国。

齐国果然兴兵攻打魏国。魏哀王感到害怕了。张仪说："大王别忧虑，请让我去使齐国停止进兵。"张仪派家臣冯喜去楚国，作为楚国的使者去齐国，对齐王说："大王极度憎恨张仪，尽管如此，大王为了让张仪到秦国安身，也做得非常周到了。"齐王说："我恨张仪，张仪走到哪儿，我就要兴兵讨伐哪里，怎么能说让张仪有安身之处呢？"冯喜回答："这正是使得张仪有了安身之处呢。张仪离开秦国时，原本与秦王相约，'为了秦国的利益来着想，如果东方有了大变，大王才能够多割得地方。现在听说齐王很恨我，凡是我所在的地方，齐王必定会进攻那里。因此我希望让我这个不成才的人去魏国，齐就必定会兴师进攻魏国。魏和齐的军队进行大战，无法抽身，大王就利用这个时机攻打韩国，进入三川，出兵函谷关，但并不发起进攻，以此来威胁周室，周室的祭器必定会献出。挟持周天子，掌握天下的地图与户籍，这是称王的大业呀。'秦王认为他说得有道理，所以用三十辆兵车将他送到魏国。现在张仪来到魏国，大王果然出兵进攻魏国，对内消耗国力，对外攻打盟国，广树敌人将自己包围，这便是我所说的'让张仪安身'啊。"齐王说："你说得有道理。"于是派人撤军。

张仪在魏国当了一年相国，死在魏国。

陈轸是个游说的策士，与张仪共同侍奉秦惠王，都得到了重用，二人时常争宠。张仪在秦惠王面前说陈轸的坏话："陈轸带着大量钱财出使秦、楚两国，原本应当搞好两国的邦交。如今楚国并没有对秦国更加亲善，却对陈轸非常好，这是由于陈轸替自己打算得多，而为大王打算得少的缘故啊。而且陈轸希望离开秦国去投奔楚国，大王为什么不让他离开呢？"惠王对陈轸说："我听说你希望离开秦国去投奔楚国，有这回事吗？"陈轸说："有。"惠王说："张仪的话果然被证明了。"陈轸说："这件事不但张仪知道，连路上的行人也都清楚。过去伍子胥对国君非常忠心，因此各国诸侯都希望他到本国为臣；曾参对他的父母非常孝敬，因而各家父母都希望让他成为自己的儿子。所以被出卖的仆妾不用走出家门的街巷就被卖掉了，这是好的仆妾；被丈夫抛弃的妇女可以再嫁到本乡本里的，便是好妇女。如果我对我的国君不够忠心，楚王又怎会拿我当成忠臣来看待呢？忠心还会被抛弃，我不去楚国又能去何处呢？"秦惠王觉得陈轸的话说得有道理，于是很好地对待他。

陈轸在秦国居住了一年，秦惠王最终任用张仪为相国，陈轸投奔楚国。楚国没能重用他，却派他出使秦国。陈轸途经魏国时，想去看望犀首。犀首不见他。陈轸说："我是为了要事前来，你不见我，我就要离开了，不能等到别的日子。"犀首就会见了陈轸。陈轸说："你怎么喜欢饮酒呢？"犀首说："我无事可做呀。"陈轸说："请让我使得你的事情多起来，好吗？"犀首问："怎么去办呢？"陈轸说："魏相田需邀集各路诸侯进行合纵联盟，楚王不相信他。你去告诉魏王：'我与燕、赵两国的国君以前有交情，他们多次派人来告诉我："你没什么事务，怎么不来见面。"我希望去他们那里去拜见。'魏王就算同意你前去，你也不要多带车辆，只需将三十辆车子摆到庭院内，公开说要前往燕、赵两国。"燕、赵两国的客卿们听说了这一消息，立刻驱车去禀告各自的国君，两国都派人前往魏国迎接犀首。楚王听说此事后大怒，说："魏相田需来与我结盟，而他们的犀首却前往燕、赵，这是在欺骗我呀！"楚王在愤怒下，不再理睬田需，齐王听说犀首赶往北方，派人将国事托付给他。犀首于是起程，燕、赵、齐三国的相国事务都由犀首来决断。陈轸这才前往秦国。

韩、魏两国彼此攻打，一年都没有和解。秦惠王希望援助其中一方，征求大臣的意见。大臣们有的认为应当援助，有的认为不应当援助，秦惠王拿不定主意。恰好陈轸来到秦国，秦惠王就问他："你离开我前往楚国，想念我吗？"陈轸回答说："大王听说过越国的庄舄吗？"惠王说："从未听说过。"陈轸说："越国人庄舄在楚担任执珪，不久得病。楚王问：'庄舄在越国是一个地位很低的人，现在在楚国担任执珪，富贵了，还会思念越国吗？'一位侍从回答说：'但凡一个人会怀念过去，是在他得病时。庄舄假如思念越国，呻吟便会是越国口音，不思念越国，就会是楚国的口音。'楚王派人到庄舄那里偷听，他的呻吟声依旧是越国的口音。现在我尽管被遗弃，被驱逐到楚国，难道就失去了秦国的口音吗？"秦惠王说："你说得很好。如今韩、魏两国交战，一年都没和解，有的人认为我解救为好，有的人认为不解救为好，我无法做出决定，希望你能在为楚国君主出谋划策的同时，也为我考虑一下。"陈轸回答说："有人曾经把卞庄子刺虎的故事说给大王听过吗？卞庄子准备杀掉老虎，旅舍里的伙计劝阻他：'两只老虎正要吃牛，必然会彼此争夺，一争夺就必定会打起来，打起来后，大虎会受伤，小虎会死亡，此时再刺杀受伤的老虎，一举就可以获得杀掉两只老虎的名声。'卞庄子认为他说得对，于是等待时机。过了一会儿，两只老虎果然打起来，大的受伤了，小的死了。卞庄子于是攻击受伤的老虎，果然获得了杀死两虎的功劳。现在韩、魏两国交战，一年都没能和解，这就必然会导致大国受损，小国陷入绝境，对受损的国家发兵讨伐，这一战必然会有打败两国的胜利果实。这与卞庄子刺虎是一类事情。我的国王与大王在处理这件事情上应该是没有区别的。"秦惠王说："您说得很好。"最终没有去解救两国。果然两败俱伤，秦王兴兵讨伐，击败了对手。这是陈轸的计谋。

犀首为魏国阴晋人，名衍，姓公孙。他与张仪关系较差。

张仪为秦国的事来到魏国，魏王让张仪担任相国。犀首认为这对自己不利，因此派人告诉韩国的公叔："张仪已经让秦、魏两国联合，他提出'魏攻占韩国的南阳，秦攻占韩国的三川'。魏王会看重张仪，是希望得到韩国的土地。况且韩国的南阳已快要被攻下，你为什么不将南阳交给公孙衍，让他前往魏王面前献功，那么，秦、魏两国的交往就会由此中断。这样，魏国必然会抛弃张仪，与韩国结交，并让公孙衍担任相国。"公叔认为这样非常好，于是将南阳交给犀首，让他前去献功。犀首果真当了魏国的相国，张仪只好离开魏国。

义渠君前往魏国朝见。犀首听说张仪重新担任秦相，心里忌恨。犀首对义渠君说："路途遥远，你不可能再来到这里相见了，请让我告知您一件大事。"犀首接着说，"中原如果没有发生事变，秦国将会烧杀侵略您的国家；如果出现事变，秦国将要频繁地派出使臣以厚礼来侍奉您的国家。"

以后，楚、魏、齐、韩、赵五国共同进攻秦国。恰好陈轸对秦王说："义渠君是蛮夷当中最贤能的国君，不如送给他厚礼来安定其心绪。"秦王说："好。"于是将一千匹锦绣与一百名美女送给义渠君。义渠君召集群臣商议说："这大概是公孙衍向我说过的那回事吧？"于是发兵偷袭秦国，在李伯这个地点大败秦兵。

张仪去世后，犀首到秦国当了相国。他曾经佩带过五国相印，成为五国联盟的领袖。

太史公说：三晋之地有很多善于权变的人，倡导合纵、连横，使得秦国变强大的，大多都是三晋的人。张仪的所作所为超越了苏秦，但世人更厌恶苏秦的原因，是因为他死得早，这样张仪就可以夸张地揭露其短处，以此来显示自己说法的正确，完成连横的策略。总之，他们两个的确是能够倾邦覆国的人物啊！

## 赏析

苏秦游说六国，张仪也同样游说六国；苏秦合纵以燕国为主，张仪连横以魏国为主。他们全都是以权变之术及雄辩家的姿态，雄心勃勃，努力游说，为追求声名而将生死置之度外，展现了他们的雄才大略，体现出他们的力量及存在的价值。张仪除了揭露合纵的不足之处，用来附会自己的主张以外，还借助秦国的强大势力，又经常采用威胁利诱、欺诈行骗的权术，成为一代风云人物。

本篇的诸多段落，与其说是史书当中的人物传记，还不如说是后世的小说。张仪说楚，以商於之地六百里向楚王行骗，就几乎具备了后世小说的所有特征。几百字的小文就具备了开端、发展、高潮、结局、余波等诸多小说要素；其中又不缺少戏剧的冲突与曲折的情节；人物刻画得极为鲜明生动，富有个性特征。笔触灵活，神采飞扬，又不缺少幽默之笔，将一个非常完整的故事描写得曲折离奇、有声有色。其中张仪所使用的欺诈权变之术，成竹在胸的韬略还有其气质、风度，侃侃而谈的优秀才能，善于借物转祸为福的本领；楚王的贪婪与愚蠢，刚愎自用；陈轸的老谋深算、料事如神、直言进谏，在严肃与庄重的气氛当中的诙谐幽默的风采，都在全篇的矛盾纠葛当中展现得淋漓尽致。

本篇的情节极为曲折多变，故事性相当强。在张仪从希望到失望再到重获希望的过程中，其性格被逐步展开，前有蓄势，后有照应，使得整个故事组织得井然有序。人物间的对话极为简洁，个性化的语言刻画，突出了个性化的人物，成为后世小说的楷模。文中拥有极为丰富内涵的语言，如"积羽沉舟，群轻折轴，众口铄金，积毁销骨""卞庄刺虎，一举两得"等，都成为传世的成语典故，为今人所沿用。

张仪列传

一四三

同时，本篇的史实性受到后人的质疑，后世普遍认为苏秦与张仪并非同一时代的人，因此本篇在史料的选取上存在一定的问题，但瑕不掩瑜，并不影响这篇列传的可读性。

史记精华本

# 魏公子列传

题 解

本篇出自《史记》卷七十七,列传第十七。本篇列传非常详细地叙述了信陵君从保证魏国利益的目的出发,屈尊求贤,不耻下交的一系列内政外交活动,例如驾车虚左,亲自迎接门役侯赢在大庭广众当中,多次卑身拜访屠夫朱亥,并私下结交赌徒毛公、卖浆者薛公等。重点记叙了他在这些"岩穴隐者"的鼎力帮助下,不顾个人的安危,不谋求一己之私,挺身而出,完成了"窃符救赵"与"却秦存魏"的伟大业绩。歌颂了信陵君一心为国,礼贤下士,救人于危难当中的可贵品质。这也正是本传的主旨。

原 文

魏公子无忌者,魏昭王少子而魏安釐王异母弟也。昭王薨①,安釐王继位,封公子为信陵君。是时范雎亡魏相秦,以怨魏齐故,秦兵围大梁,破魏华阳下军,走芒卯②。魏王及公子患之。

公子为人仁而下士,士无贤不肖皆谦而礼交之,不敢以其富贵骄士。士以此方数千里争往归之,致③食客④三千人。当是时,诸侯以公子贤,多客,不敢加兵谋魏十余年。

公子与魏王博⑤,而北境传举烽,言"赵寇至,且入界"。魏王释博,

① 薨:周代诸侯去世称为薨。

② 芒卯:人名,魏国将领。

③ 致:招徕。

④ 食客:古代寄食在豪门富贵人家并为其服务的门客。

⑤ 博:是我国古代的一种常见的棋类游戏,可以赌赛胜负。

●田猎

欲召大臣谋。

公子止王曰："赵王田猎耳,非为寇也。"复博如故。王恐,心不在博。居顷,复从北方来传言曰:"赵王猎耳,非为寇也。"魏王大惊,曰:"公子何以知之?"公子曰:"臣之客有能深得赵王阴事①者,赵王所为,客辄以报臣,臣以此知之。"是后魏王畏公子之贤能,不敢任公子以国政。

魏有隐士曰侯嬴,年七十,家贫,为大梁夷门监者②。公子闻之,往请,欲厚遗之。不肯受,曰:"臣修身洁行数十年,终不以监门困故而受公子财。"公子于是乃置酒大会宾客。坐定,公子从车骑,虚左③,自迎夷门侯生。侯生摄敝衣冠,直上载公子上坐,不让,欲以观公子。公子执辔(pèi)愈恭。侯生又谓公子曰:"臣有客在市屠中,愿枉④车骑过之。"公子引车入市,侯生下见其客朱亥,俾倪(pì nì)⑤故久立,与其客语,微察公子。公子颜色愈和。当是时,魏将相宗室宾客满堂,待公子举酒。市人皆观公子执辔。从骑皆窃骂侯生。侯生视公子色终不变,乃谢客就车。至家,公子引侯生坐上坐,遍赞宾客⑥,宾客皆惊。酒酣(hān),公子起,为寿侯

---

① 阴事:指秘密的事情或行动。

② 监者:看守城门的小吏。

③ 虚左:将左边的座位空出来。古代乘车以左边的位置作为尊位。

④ 枉:冤屈,这里是委屈的意思。

⑤ 俾倪:通"睥睨",指斜眼看。

⑥ 遍赞宾客:公子将侯生的情况逐一向宾客做了介绍,并盛赞其贤德。

史记精华本

生前。侯生因谓公子曰："今日嬴之为公子亦足矣。嬴乃夷门抱关者也，而公子亲枉车骑，自迎嬴于众人广坐之中，不宜有所过，今公子故①过之。然嬴欲就公子之名，故久立公子车骑市中，过客以观公子，公子愈恭。市人皆以嬴为小人，而以公子为长者能下士也。"于是罢酒，侯生遂为上客。

　　侯生谓公子曰："臣所过屠者朱亥，此子贤者，世莫能知，故隐屠间耳。"公子往数请之，朱亥故不复谢，公子怪之。

　　魏安釐王二十年，秦昭王已破赵长平军，又进兵围邯郸。公子姊为赵惠文王弟平原君夫人，数遗魏王及公子书，请救于魏。魏王使将军晋鄙将十万众救赵。秦王使使者告魏王曰："吾攻赵旦暮且下，而诸侯敢救者，已拔赵，必移兵先击之。"魏王恐，使人止晋鄙，留军壁邺，名为救赵，实持两端以观望。平原君使者冠盖相属于魏，让魏公子曰："胜所以自附为婚姻者，以公子之高义，为能急人之困。今邯郸旦暮降秦而魏救不至，安在公子能急人之困也！且公子纵轻胜，弃之降秦，独不怜公子姊邪？"公子患之，数请魏王，及宾客辩士说王万端。魏王畏秦，终不听公子。公子自度终不能得之于王，计不独生而令赵亡，乃请宾客，约车骑百余乘，欲以客往赴秦军，与赵惧死。

　　行过夷门，见侯生，具告所以欲死秦军状。辞决②而行，侯生曰："公子勉之矣，老臣不能从。"公子行数里，心不快，曰："吾所以待侯生者备矣，天下莫不闻，今吾且死而侯生曾无一言半辞送我，我岂有所失哉？"复引车还，问侯生。侯生笑曰："臣固知公子之还也。"曰："公子喜士，名闻天下。今有难，无他端而欲赴秦军，譬若以肉投馁虎，何功之有哉？尚安事客？然公子遇臣厚，公子往而臣不送，以是知公子恨之复返也。"

① **故**：通"固"，这里是"既""已"的含义。
② **决**：同"诀"。

公子再拜，因问。侯生乃屏人①间语②，曰：“嬴闻晋鄙之兵符③常在王卧内，而如姬最幸，出入王卧内，力能窃之。嬴闻如姬父为人所杀，如姬资之三年④，自王以下欲求报其父仇，莫能得。如姬为公子泣，公子使客斩其仇头，敬进如姬。如姬之欲为公子死，无所辞，顾未有路耳。公子诚一开口请如姬，如姬必许诺，则得虎符夺晋鄙军，北救赵而西却秦，此五霸之伐也。”公子从其计，请如姬。如姬果盗晋鄙兵符与公子。

公子行，侯生曰：“将在外，主令有所不受，以便国家。公子即合符，而晋鄙不授公子兵而复请之，事必危矣。臣客屠者朱亥可与俱，此人力士。晋鄙听，大善；不听，可使击之。”于是公子泣。

侯生曰：“公子畏死邪？何泣也？”公子曰：“晋鄙嚄唶宿将⑤，往恐不听，必当杀之，是以泣耳，岂畏死哉？”于是公子请朱亥。朱亥笑曰：“臣乃市井鼓刀屠者，而公子亲数存⑥之，所以不报谢者，以为小礼无所用。今公子有急，此乃臣效命之秋⑦也。”遂与公子俱。公子过谢侯生。侯生曰：“臣宜从，老不能。请数公子行日，以至晋鄙军之日，北乡⑧自刭⑨，以送公子。”公子遂行。

---

① **屏人**：“屏”同“摒”，即让旁边的人退下。

② **间语**：私语。

③ **兵符**：也叫虎符，古代调兵遣将的一种凭证，大多以铜制成虎形，从中间剖为两半，可分可合。左半交给统军将领，右半则留在国君手里，假如国家出现战事或新的命令，则派使者拿上右半虎符前去传达，左右符合，命令才能生效。

④ **资之三年**：积恨三年。“资”，积蓄。“之”，指代杀父之仇。一说“资”意同“悬赏”，顾炎武说：“谓以资财求客报仇。”“之”指杀掉如姬父亲的人。

⑤ **嚄唶宿将**：叱咤风云的老将军。嚄，大笑。唶，大呼。

⑥ **存**：指慰问、恤助。

⑦ **秋**：指时机。

⑧ **北乡**：面对北方。邺位于魏国北境，因此侯生说面对北方。乡，同“向”。

⑨ **刭**：自刎。

至邺，矫魏王令代晋鄙。晋鄙合符，疑之，举手视公子曰："今吾拥十万之众，屯于境上，国之重任，今单车来代之，何如哉？"欲无听。朱亥袖四十斤铁椎②，椎杀晋鄙，公子遂将晋鄙军。勒兵下令军中曰："父子俱在军中，父归；兄弟俱在军中，兄归；独子无兄弟，归养。"得选兵八万人，进兵击秦军。秦军解去，遂救邯郸，存赵。赵王及平原君自迎公子于界，平原君负韔③矢为公子先引。赵王再拜曰："自古贤人未有及公子者也。"当此之时，平原君不敢自比于人。公子与侯生决，至军，侯生果北乡自刭。

魏王怒公子之盗其兵符，矫杀晋鄙，公子亦自知也。已却秦存赵，使将将其军归魏，而公子独与客留赵。赵孝成王④德公子之矫夺晋鄙兵而存赵，乃与平原君计，以五城封公子。公子闻之，意骄矜而有自功之色。客有说公子曰："物有不可忘，或有不可不忘。夫人有德于公子，公子不可忘也；公子有德于人，愿公子忘之也。且矫魏王令，夺晋鄙兵以救赵，于赵则有功矣，于魏则未为忠臣也。公子乃自骄而功之，窃为公子不取也。"于是公子立自责，似若无所容者。赵王埽除自迎，执主人之礼，引公子就西阶⑤。公子侧行辞让，从东阶上⑥。自言罪过，以负于魏，无功于赵。赵王侍酒至暮，口不忍献五城，以公子退让也。

---

① **举手**：一说应当为"举首"之误，意思是昂首望向公子。

② **椎**：通"锤"，"铁椎"，是古代一种形状类似瓜、带柄的击杀类武器。

③ **韔**：古代装箭的袋子。

④ **赵孝成王**：名丹，赵惠文王之子，赵国的第八代国君，在位二十一年（公元前二六五年至前二四五年）。

⑤ **引公子就西阶**：据《礼记·曲礼上》记载："凡与客入者……主人就东阶，客就西阶。"这是古代升堂的礼仪，古人认为西面为尊，所以请客人从西阶进屋。这里指赵王执主人之礼，引公子从西阶进屋。

⑥ **从东阶上**：据《礼记·曲礼上》记载："客若降等则就主人之阶。"这里指公子自谦，因此降等随主人从东阶走上。

公子竟留赵。赵王以鄗为公子汤沐邑，魏亦复以信陵奉公子。公子留赵。

公子闻赵有处士①毛公藏于博徒，薛公藏于卖浆家，公子欲见两人，两人自匿不肯见公子。公子闻所在，乃闲步往从此两人游，甚欢。平原君闻之，谓其夫人曰："始吾闻夫人弟公子天下无双，今吾闻之，乃妄从博徒卖浆者游，公子妄人耳。"夫人以告公子。公子乃谢夫人去，曰："始吾闻平原君贤，故负魏王而救赵，以称平原君。平原君之游，徒豪举②耳，不求士也。无忌自在大梁时，常闻此两人贤，至赵，恐不得见。以无忌从之游，尚恐其不我欲也，今平原君乃以为羞，其不足从游。"乃装为去。夫人具以语平原君。平原君乃免冠谢③，固留公子。平原君门下闻之，半去平原君归公子，天下士复往归公子，公子倾平原君客。

公子留赵十年不归。秦闻公子在赵，日夜出兵东伐魏。魏王患之，使使往请公子。公子恐其怒之，乃诫门下："有敢为魏王使通者，死。"宾客皆背魏之赵，莫敢劝公子归。毛公、薛公两人往见公子曰："公子所以重于赵，名闻诸侯者，徒以有魏也。今秦攻魏，魏急而公子不恤，使秦破大梁而夷先王之宗庙，公子当何面目立天下乎？"语未及卒，公子立变色，告车趣④驾归救魏。

魏王见公子，相与泣，而以上将军⑤印授公子，公子遂将。魏安釐王三十年，公子使使遍告诸侯。诸侯闻公子将，各遣将将兵救魏。公子率五国之兵破秦军于河外，走蒙骜。遂乘胜逐秦军至函谷关，抑秦兵，秦兵不敢出。当是时，公子威震天下，诸侯之客进兵法，公子皆名之，故世俗称《魏公子兵法》。

---

① 处士：古代有才德而隐居不去做官的人。

② 豪举：一时开心下的举动。

③ 免冠谢：摘下帽子前去谢罪。古人免冠赔礼来表示自己知罪。

④ 趣：同"趋"。

⑤ 上将军：官名，统率军队的最高统帅。

史记精华本

秦王患之，乃行金万斤于魏，求晋鄙客，令毁公子于魏王曰："公子亡在外十年矣，今为魏将，诸侯将皆属，诸侯徒闻魏公子，不闻魏王。公子亦欲因此时定南面而王<sup>①</sup>，诸侯畏公子之威，方欲共立之。"秦数使反间，伪贺公子得立为魏王未也。魏王日闻其毁，不能不信，后果使人代公子将。公子自知再以毁废，乃谢病不朝，与宾客为长夜饮，饮醇酒，多近妇女。日夜为乐饮者四岁，竟病酒而卒。其岁，魏安釐王亦薨。秦闻公子死，使蒙骜攻魏，拔二十城，初置东郡。其后秦稍蚕食魏，十八岁而虏魏王，屠大梁。

高祖始微少时，数闻公子贤。及即天子位，每过大梁，常祠公子。高祖十二年，从击黥布还，为公子置守冢五家，世世岁以四时奉祠公子。

太史公曰：吾过大梁之墟，求问其所谓夷门。夷门者，城之东门也。天下诸公子<sup>②</sup>亦有喜士者矣，然信陵君之接岩穴隐者，不耻下交，有以也。名冠诸侯，不虚耳。高祖每过之而令民奉祠不绝也。

译　文

　　魏公子名无忌，为魏昭王的小儿子，魏安釐王的同父异母弟。昭王死后，安釐王继位，将公子封为信陵君。这时，范雎从魏国逃亡到秦国，担任秦相，由于怨恨魏齐，派秦国的军队围攻大梁，击败驻守于华阳的魏国军队，使得魏将芒卯战败逃走。魏王与公子都为此事感到担忧。

　　公子为人，礼贤下士，可以与比自己地位低的人进行交往，不论其才能高低，他都可以谦虚地以礼相待，决不会由于自己身份高贵而对士人有所怠慢。因此，周围数千里范围内的士人都争先恐后地前来归附他，招揽的门客就多达三千人。在此时，由于公子贤明，门客众多，各诸侯国十多年来不敢来侵犯魏国。

　　一天，公子与魏王正下棋，北方的边境传来了示警的烽火，说："赵国的军队前来进犯，即将进入国界。"魏王放下棋子，准备召集大臣们来商讨对策。

　　公子劝阻魏王："这是赵王在边境打猎，不是来进犯我国。"于是二人又仍旧下起棋来。魏王心里有些忧虑，心思没有放在下棋上。过了一会儿，又从北方传来报告：

① **南面而王**：古代帝王的座位是坐北朝南。"南面"也就是面朝南方。
② **诸公子**：指信陵君之外的三大公子孟尝君、平原君、春申君。

"是赵王在进行打猎，并非前来侵犯我国。"魏王听后大惊，说："公子是如何知道的？"公子说："我的门客当中有可以探知赵王秘密的人，赵王的所作所为，门客都会来报告给我，因此我清楚他的行动。"从此以后，魏王畏惧公子的贤能，不敢将国家大事委托给他。

魏国有一位隐士名叫侯嬴，已经七十多岁了，家境贫寒，是大梁城夷门的看门小吏。公子听说了此人之后，就前去问候，准备了厚礼送给他。侯嬴不愿意接受，说："我几十年来一直修身洁行，决不会由于看守城门而家庭穷困的缘故就收下公子的厚礼。"于是公子置办了酒宴，大会宾客。等到大家都到齐以后，公子带上随从车马，空出车上左边的尊位，亲自去迎接看守夷门的侯嬴。侯嬴整理自己的破衣旧帽，直接上车，坐在公子空出的左侧尊位上，丝毫没有谦让，他想借此来观察公子的诚意。公子手拉着驾车的缰绳，态度越发恭敬。侯嬴又告诉公子："我有一位朋友在市场的屠宰坊，希望可以委屈一下您的车马随从，路过那里，让我去拜访他一下。"公子于是驾车来到市场，侯嬴下车去拜会他的朋友朱亥，侯嬴斜眼观察着公子，故意拖延时间站在那里与朱亥谈话，暗中观察公子的反应。公子的脸色越发和悦。就在此时，魏国的显赫人物已坐满了宴厅，只等公子回来就开宴。市场上的人们都看到公子为侯嬴驾车，公子的随从都暗中咒骂侯嬴。侯嬴发现公子的神情始终没有变化，才向朋友告辞上车。来到公子家中，公子领着侯嬴坐到上座，向宾客介绍了侯嬴，客人们都感到很惊讶。酒饮得正畅快时，公子站起身来，走到侯嬴席前敬酒祝福。侯嬴便对公子说："今天我侯嬴使您为难得也差不多了，我侯嬴不过是个夷门的守门小吏，而公子却能够亲自驾车迎接我侯嬴，在大庭广众之下，公子原本不应对我有这种过分的表示，而今天公子对我却太过客气。但我侯嬴为了能够成就您礼贤下士的名声，所以故意让公子的车马在市场上停留了很久，前去拜访朋友，以此来观察公子的反应，而公子却显得更加恭敬。市场上的人都认为侯嬴是小人，而认为公子是可以礼贤下士的长者。"酒席散后，侯嬴从此成为公子的座上宾。

侯嬴对公子说："我所前去拜访的屠夫朱亥，是个非常有才能的人，大家不能了解他，因此他隐身在屠户当中。"公子多次亲自前去拜访他，朱亥却没有去回拜，公子感到非常奇怪。

魏安釐王二十年，秦昭王击败了赵国驻守在长平的部队，又继续进兵围困邯郸。公子的姐姐是赵惠文王的弟弟平原君的妻子，曾多次派人向魏安釐王与公子送信，向魏王请求派出援兵。魏王派将军晋鄙带领十万士兵前去救赵。秦王派使臣告知魏王说："我攻打赵国，早晚就会攻下，如果在诸侯国当中有人敢来援救赵国的，在我占领赵

史记精华本

国之后，一定会调动军队，先去进攻它。"魏王听后心中感到害怕，派人通知晋鄙停止进兵，将军队驻扎到邺地。名义上是前去救赵，实际上却停滞不前，原地观望形势的变化。平原君的使者络绎不绝地前往魏国，指责魏公子说："我之所以自愿与魏国联姻，是因为公子拥有崇高的道义，能够急他人之所急。现在邯郸很快就要被秦军攻占，而魏国的援军始终不来，公子解急救患的高尚道义在何处呢？就算公子将我看得无足轻重，抛弃了赵国，使得赵国投降秦国，难道你就不怜惜你的姐姐吗？"公子深感忧愁，多次请求魏王出兵援救赵国，而且请门客与辩士利用种种办法来劝说魏王。魏王畏惧秦国，始终没能听从公子的建议。公子猜想自己无法得到魏王的允许，决定不愿独自苟活而使赵国灭亡，于是让门客拼凑了一百多辆车马，打算率领门客去与秦军决一死战，和赵国共存亡。

公子路过夷门时，见到侯嬴，公子把自己要和秦军决一死战的情况都告诉了侯嬴。说完了就准备告辞而继续前进，侯嬴说："公子努力去做吧，老臣不能跟随你了。"公子走出去几里后，心中觉得不舒服，说："我对待侯嬴是极为周到的，这是天下的人都知晓的，现在我即将死去了，而侯嬴却没有一言半语送给我，难道我还有什么错误的地方吗？"于是又带上车马返回去询问侯嬴。侯嬴笑着说："我早就知道公子一定会回来的。"接着又说："公子礼贤下士，名闻天下。今天遇到困难，没有其他好办法，才准备去与秦军决一死战，这就犹如拿肉扔给饥饿的老虎，会有什么效果呢？像这样厚待宾客还有什么用呢？公子对我很好，您去拼死一战，而我居然不送行，因此我知道公子会有遗恨，会返回。"公子向侯嬴拜了两拜，向他请教。于是侯嬴让旁边的人都离开，悄悄说："我听说晋鄙的兵符时常放在魏王的卧室当中，而如姬是魏王最宠爱的妃子，经常出入魏王的卧室，可以偷到兵符。我听说如姬的父亲遭人杀害，如姬为此怀恨三年，自大王以下，都希望为她报杀父之仇，但没能抓到仇人，如姬曾对公子哭诉这件事，公子就派人割下她仇人的头，恭敬地送给如姬。如姬希望为公子效死，决不会推辞，只是没有机会报答罢了。公子如果真的开口请如姬帮助，如姬肯定会答应，那么就可以得到兵符，夺取晋鄙的军队。北进救援赵国，西进击退秦兵，这是犹如五霸一样的功业。"公子听从侯嬴的计谋，去请如姬帮助。如姬果然偷到兵符，送给了公子。

公子即将出发了，侯嬴说："将军在外，君主的命令有时可以不予接受，以求有利于国家。公子即便有兵符，假如晋鄙不同意交出兵权，还会请示魏王，那么事情就会变得危险了。我的朋友屠夫朱亥可以与您一起前去，此人膂力过人。如果晋鄙听从您的命令，那是最好的了；如果不听从您，就可以让朱亥杀掉他。"这时，公子哭了。

侯嬴说："公子畏惧死亡吗？为什么要哭呢？"公子说："晋鄙是久经沙场的老将，我这次去，恐怕他是不会听从我的命令，必定会杀死他，因此流下眼泪，我怎么会是怕死呢？"于是公子去请朱亥与自己同行。朱亥笑着说："我是市井间操刀宰牲的屠夫而已，而公子多次亲来问候，我之所以会没有回拜，是因为这些小礼数没什么用处。现在公子有急事，这恰恰是我为您效命的时候。"于是与公子一起出发。公子又去向侯嬴告别，侯嬴说："我原本应当追随您一同前往，因为我年岁大了，不能前去。请让我计算着您的行程与日期，在您抵达晋鄙军中的那天，我会面向北方自刎，以此来为公子送行。"公子就这样出发了。

到了邺城，公子假传魏王的命令来取代晋鄙的军职。晋鄙查验过兵符，表示怀疑，望着公子，说："现在我统领十万大军，驻守在边境上，这是国家头等重大要务。现在你单枪匹马前来接替我，这是怎么回事呢？"不打算听从公子的命令。朱亥就用藏在袖中的四十斤的铁锤击杀晋鄙，于是公子接管了晋鄙的军队，进行整顿，下令说："父子全都在军中服役的，父亲回去；兄弟都在军中服役的，哥哥回去；没有兄弟的独生子，回家去奉养父母。"经过挑选，留下八万精兵，进兵攻击秦军。秦军退走，公子解救了邯郸，保全了赵国。赵王和平原君亲自来到郊外迎接公子，平原君身背箭袋在前方为公子引路。赵王向公子拜两拜行礼，说："自古以来的贤者无人能比得上公子。"这时，平原君也不敢跟公子相比较。公子和侯嬴分别后，在公子抵达晋鄙军中时，侯嬴果然面向北方自刎了。

魏王对公子偷走他的兵符并假传命令杀掉晋鄙非常恼怒，公子心里也很清楚。在击败秦兵保全赵国以后，公子便派一名将率领军队回到魏国，公子及其门客则留在赵国。赵孝成王感激公子假传命令夺取军队指挥权，保全了赵国，就与平原君商量，将五个城邑分封给公子。公子听说这件事后，心中骄傲起来，脸上露出了居功的神色。门客当中有人劝告公子说："事情有不可以忘记的，也有必须忘记的。别人对公子有恩，公子是不可以忘记的，公子对别人有恩，希望公子可以忘掉它。况且假传魏王命令，夺取晋鄙的军队前来救援赵国，这对赵国来说是有功的，而对于魏国来说却算不上是忠臣。公子觉得骄傲，自认有功，我个人认为这一点公子是不足取的。"于是公子立刻责备自己，似乎无地自容。赵王打扫庭前的台阶，亲自来迎接公子，依照主人迎接贵宾的礼节，引导公子从西侧台阶走上。公子却侧身谦让，从东侧的台阶走上。公子自称有罪，既有负于魏国，对赵国也没有功劳。赵王陪公子饮酒直到黄昏时分，嘴上不好意思说封赠公子五城的事情，是由于公子非常谦让的缘故。

公子最终留在了赵国，赵王将鄗地作为公子的汤沐邑，魏国也依旧将信陵封给公子。公子留在赵国。

公子听说赵国有一位名叫毛公的处士隐藏在赌徒之中，有个名叫薛公的人隐藏在卖酒的人家。公子希望见到这两个隐士，这两个却躲起来不愿意见公子。公子打听到他俩躲藏的所在，就私下步行前往与这两个人交往，相处得非常融洽。平原君听说此事后，就对他的夫人说："当初我听说夫人的弟弟魏公子是天下无人可比的人才，现在我听说他居然与赌徒、卖酒的人交往，公子只是个荒唐的人而已。"平原君的夫人将这些话告诉公子。公子于是辞别平原君夫人，准备离开赵国，说："当初我听说平原君是非常贤明的人，因此背弃魏王前来援救赵国，以满足平原君的心愿。看来平原君与朋友交往，只是装门面的豪放行为，并非是要寻求贤士。我在大梁时，就经常听人说起这两个人的贤能，来到赵国；唯恐见不到他们。以我这样的人去与他们交往，尚且担忧他们不愿理我，现在平原君觉得和他们交往是羞耻。像平原君这样的人是不值得去和他交往的啊！"于是收拾行李，准备离开赵国。夫人又将公子的这些话全部告知了平原君，平原君于是摘掉帽子前去谢罪，坚决挽留公子。平原君门下的宾客听说这件事，有一半人都离开了平原君前去归附公子，天下的贤士也纷纷聚集到公子的门下。公子门下的宾客远超平原君。

公子留在赵国十年，没能返回魏国。秦国听说公子留在赵国，日夜向东进攻魏国。魏王为此事极为担心，于是派使者去请公子回国。公子害怕魏王还在生他的气，就告诫门下宾客："有敢为魏王使者通报的，处死。"宾客都是追随公子背弃魏国前来赵国的，没有人敢去劝公子回国。毛公、薛公二人去面见公子，说："公子之所以能得到赵国的尊重，闻名于各国，只是由于有魏国的存在。现在秦国进攻魏国，魏国陷入危机，公子却不体谅，假如秦国攻破大梁，毁掉先王的宗庙，公子将以何面目立足于天下间呢？"话还没讲完，公子马上变了脸色，吩咐管车的人赶快驾车回去救魏。

魏王见到公子，两人对面哭泣，魏王将上将军的印信交托给公子，公子担任统帅。魏安釐王三十年，公子派遣使者通告各诸侯国。各诸侯国听说公子亲自率领魏军，便各自派将军领兵前去救魏。公子率领五国军队在河外地区击败秦军，使秦将蒙骜败走。接着乘胜追击秦军直到函谷关，秦军不敢出兵。此时，公子威震天下，各诸侯国的人都前来进献兵法著作，公子给这些著作都编了名目，所以世上都称之为《魏公子兵法》。

秦王为魏公子的声望感到忧虑，于是拿出一万斤金前往魏国寻求晋鄙的门客，让他们在魏王面前诋毁公子，说："公子逃亡在外十年，现在当了魏国的将军，各诸侯国将领都听从公子的话，各诸侯国只知道魏公子，不清楚有魏王。公子也想乘机称王，各诸侯都畏惧公子的威势，正准备共同去拥立他。"秦国多次使用反间计，假装去祝贺公子，询问他是否已经被立为魏王。魏王天天听到这些诽谤的话，不能不信，后来果然派人取代了公子的将军职务。公子知道自己被人诋毁而被罢免，于是假托有病，不去拜见魏王，与宾客醑饮达旦，时常饮浓郁美酒，又经常亲近妇女。这样不停饮酒作乐，生活了四年，最终因饮酒过度而患病死去。这一年，魏安釐王也死了。秦国听说公子死去，便派蒙骜进攻魏国，夺取二十个城邑，开始设立东郡。此后，秦国逐步蚕食魏国的土地，十八年后，俘虏魏王，血洗大梁。

高祖身份低微时，多次听人说起过公子贤能。到当了皇帝以后，每次途经大梁，总要去祭祀公子。高祖十二年，高祖击败黥布回来，路过大梁时为公子安置了五户人家为其守护坟墓，世世代代每年都按四季祭祀公子。

太史公说：我途经大梁的旧址时，曾寻访过所谓的夷门。夷门便是大梁城的东门。天下诸公子也有喜欢礼贤下士的，然而能做到像信陵君那样结交民间隐士，而能够不耻下交，是有其原因的。公子的名声于诸侯之中位居第一，并非虚传。因此，高祖每次途经那里时，总要让百姓不断去奉祀他。

史记精华本

一五六

赏 析

魏公子也就是信陵君，是"战国四公子"之一。他名冠诸侯，威震天下，其才德远超过齐之孟尝、赵之平原、楚之春申。《魏公子列传》就是司马迁倾注了极高热情为信陵君所立的一篇专传。

从史书记载来看，年轻时的公子无忌确实非常有才能，"为人仁而下士……致食客三千人。诸侯以公子贤，多客，不敢加兵谋魏十余年。"谋虎符，夺兵权，"进兵击秦军……遂救邯郸。"但就是这样一位文武双全的魏国贵戚，却在相当长的一段时间里无法得到重用。如果其原因正如上文所说的那样，只能说是一个巨大的遗憾。

战国四公子当中，孟尝君精于谋身，拙于谋国，因此可保生前富贵，却无益于齐国强大，等到他死去，家族迅速覆灭，不过赢得生前身后虚名。春申君早年精明强干，晚年利令智昏，识人不明，最终死于非命，对楚国的强大贡献无多。平原君也曾为赵国奔走，聚敛人才，但见小利而不见大局，以致有长平之败，赵国从此一蹶不振，直至亡国。只有信陵君从始至终都保持着相对冷静的头脑，能够从大局出发，为魏国乃至整个六国抗秦的整体利益出发，不惜冒着巨大风险，窃符救赵，又能在魏国身处危机时，不念旧恶，回国抗秦，这样的见识与胸怀都是凌驾于其他三位公子之上的。所以战国四公子虽然向来以孟尝君为首，但就才具见识而论，信陵君理应居首。但可惜信陵君虽有才华，终究不敌秦国反间计，晚年不得重用，郁郁而终，魏国也迅速灭亡。

# 秦始皇本纪

### 题解

《秦始皇本纪》选自《史记》卷六,本纪第六。《秦始皇本纪》是《史记》当中第一篇以某一人物为核心的编年体帝王本纪,记载了秦始皇以及秦二世的主要活动,以及其在位期间所发生的重大事件,条理清晰,内容丰富,真实地反映了秦王朝统一天下直到灭亡的前后四十年间风云变幻的历史场面。

### 原文

秦始皇帝者,秦庄襄王子也。庄襄王为秦质子于赵,见吕不韦姬,悦而取之,生始皇。以秦昭王四十八年正月生于邯郸。及生,名为政,姓赵氏。年十三岁,庄襄王死,政代立为秦王。当是之时,秦地已并巴、蜀、汉中,越宛有郢,置南郡矣;北收上郡以东,有河东、太原、上党郡;东至荥阳,灭二周,置三川郡。吕不韦为相,封十万户,号曰文信侯。招致宾客游士,欲以并天下。李斯为舍人。蒙骜、王齮、麃公等为将军。王年少,初即位,委国事大臣。

晋阳反,元年,将军蒙骜击定之。二年,麃公将卒攻卷,斩首三万。三年,蒙骜攻韩,取十三城。王齮死。十月,将军蒙骜攻魏氏畼、有诡。岁大饥。四年,拔畼、有诡。三月,军罢。秦质子归自赵,赵太子出归国。十月庚寅,蝗虫从东方来,蔽天。天下疫。百姓内粟千石,拜爵一级。五年,将军骜攻魏,定酸枣、燕、虚、长平、雍丘、山阳城,皆拔之,取二十城。初置东郡。冬雷。六年,韩、魏、赵、卫、楚共击秦,取寿陵。秦出兵,五国兵罢。拔卫,迫东郡,其君角率其支属徙居野王,阻其山以保

一五七

●秦始皇

魏之河内。

七年，彗星先出东方，见北方，五月见西方。将军骜死。以攻龙、孤、庆都，还兵攻汲。彗星复见西方十六日。夏太后死。八年，王弟长安君成蟜将军击赵，反，死屯留，军吏皆斩死，迁其民于临洮。将军壁死，卒屯留、蒲鹝反，戮其尸。河鱼大上，轻车重马东就食。

嫪毐封为长信侯。予之山阳地，令毐居之。宫室车马衣服苑囿驰猎恣毐。事无小大皆决于毐。又以河西太原郡更为毐国。九年，彗星见，或竟天。攻魏垣、蒲阳。

四月，上宿雍。己酉，王冠，带剑。长信侯毐作乱而觉，矫王御玺及太后玺以发县卒及卫卒、官骑、戎翟君公、舍人，将欲攻蕲年宫为乱。王知之，令相国昌平君、昌文君发卒攻毐。战咸阳，斩首数百，皆拜爵，及宦者皆在战中，亦拜爵一级。毐等败走。即令国中：有生得毐，赐钱百万；杀之，五十万。尽得毐等。卫尉竭、内史肆、佐弋竭、中大夫令齐等二十人皆枭首。车裂以徇，灭其宗。及其舍人，轻者为鬼薪。及夺爵迁蜀四千余家，家房陵。是月寒冻，有死者。杨端和攻衍氏。彗星见西方，又见北方，从斗以南八十日。十年，相国吕不韦坐嫪毐免。桓齮为将军。齐、赵来置酒。齐人茅焦说秦王曰："秦方以天下为事，而大王有迁母太后之名，恐诸侯闻之，由此倍秦也。"秦王乃迎太后于雍而入咸阳，复居甘泉宫。

大索，逐客，李斯上书说，乃止逐客令。李斯因说秦王，请先取韩以恐他国，于是使斯下韩。韩王患之。与韩非谋弱秦。大梁人尉缭来，说

一五八

秦王曰："以秦之强，诸侯譬如郡县之君，臣但恐诸侯合纵，翕而出不意，此乃智伯、夫差、湣王之所以亡也。愿大王毋爱财物，赂其豪臣，以乱其谋，不过亡三十万金，则诸侯可尽。"秦王从其计，见尉缭亢礼，衣服食饮与缭同。缭曰："秦王为人，蜂准，长目，挚①鸟膺，豺声，少恩而虎狼心，居约易出人下，得志亦轻食人。我布衣，然见我常身自下我。诚使秦王得志于天下，天下皆为虏矣。不可与久游。"乃亡去。秦王觉，固止，以为秦国尉，卒用其计策。而李斯用事。

十一年，王翦、桓齮、杨端和攻邺，取九城。王翦攻阏於、橑杨，皆并为一军。翦将十八日，军归斗食以下，什推二人从军。取邺安阳，桓齮将。十二年，文信侯不韦死，窃葬。其舍人临者，晋人也逐出之；秦人六百石以上夺爵，迁；五百石以下不临，迁，勿夺爵。自今以来，操国事不道如嫪毐、不韦者籍其门，视此。秋，复嫪毐舍人迁蜀者。当是之时，天下大旱，六月至八月乃雨。

十三年，桓齮攻赵平阳，杀赵将扈辄，斩首十万。王之河南。正月，彗星见东方。十月，桓齮攻赵。十四年，攻赵军于平阳，取宜安，破之，杀其将军。桓齮定平阳、武城。韩非使秦，秦用李斯谋，留非，非死云阳。韩王请为臣。

十五年，大兴兵，一军至邺，一军至太原，取狼孟。地动。十六年九月，发卒受地韩南阳假守腾。初令男子书年。魏献地于秦。秦置丽邑。十七年，内史腾攻韩，得韩王安，尽纳其地，以其地为郡，命曰颍川。地动。华阳太后卒。民大饥。

十八年，大兴兵攻赵，王翦将上地，下井陉，端和将河内，羌瘣伐赵，端和围邯郸城。十九年，王翦、羌瘣尽定取赵地东阳，得赵王。引兵欲攻燕，屯中山。秦王之邯郸，诸尝与王生赵时母家有仇怨，皆坑之。秦王还，从太原、上郡归。始皇帝母太后崩。赵公子嘉率其宗数百人之代，

① 挚：通"鸷"，猛禽。

自立为代王，东与燕合兵，军上谷。大饥。

二十年，燕太子丹患秦兵至国，恐，使荆轲刺秦王。秦王觉之，体解轲以徇(xùn)，而使王翦、辛胜攻燕。燕、代发兵击秦军，秦军破燕易水之西。二十一年，王贲攻荆(bēn)。乃益发卒诣王翦军，遂破燕太子军，取燕蓟城，得太子丹之首。燕王东收辽东而王之。王翦谢病老归。新郑反。昌平君徙于郢(yǐng)。大雨雪，深二尺五寸。

二十二年，王贲攻魏(bēn)，引河沟灌大梁，大梁城坏，其王请降，尽取其地。

二十三年，秦王复召王翦，强起之，使将击荆。取陈以南至平舆(yú)，虏荆王(lǔ)。秦王游至郢陈。荆将项燕立昌平君为荆王，反秦于淮南。二十四年，王翦、蒙武攻荆，破荆军，昌平君死，项燕遂自杀。

二十五年，大兴兵，使王贲将(bēn)，攻燕辽东，得燕王喜。还攻代，虏代王嘉。王翦遂定荆江南地；降越君，置会稽(kuài jī)郡。五月，天下大酺(pú)。

二十六年，齐王建与其相后胜发兵守其西界，不通秦。秦使将军王贲从燕南攻齐，得齐王建。

秦初并天下，令丞相、御史曰：“异日韩王纳地效玺，请为藩臣，已而倍约，与赵、魏合纵畔秦，故兴兵诛之，虏其王。寡人以为善，庶几息兵革。赵王使其相李牧来约盟，故归其质子。已而倍盟，反我太原，故兴兵诛之，得其王。赵公子嘉乃自立为代王，故举兵击灭之。魏王始约服入秦，已而与韩、赵谋袭秦，秦兵吏诛，遂破之。荆王献青阳以西，已而畔约，击我南郡，故发兵诛，得其王，遂定其荆地。燕王昏乱，其太子丹乃阴令荆轲为贼，兵吏诛，灭其国。齐王用后胜计，绝秦使，欲为乱，兵吏诛，虏其王，平齐地。寡人以眇眇(miǎo)①之身，兴兵诛暴乱，赖宗庙之灵，六王咸伏其辜，天下大定。今名号不更，无以称成功，传后世。其议帝号。”丞相绾(wǎn)、御史大夫劫、廷尉斯等皆曰：“昔者五帝地方千里，其外侯

史记精华本

---

① 眇眇：渺小，微小。眇，同“渺”。

服夷服诸侯或朝或否，天子不能制。今陛下兴义兵，诛残贼，平定天下，海内为郡县，法令由一统，自上古以来未尝有，五帝所不及。臣等谨与博士议曰：‘古有天皇，有地皇，有泰皇，泰皇最贵。’臣等昧死上尊号，王为‘泰皇’。命为‘制’，令为‘诏’，天子自称曰‘朕’。”王曰：“去‘泰’，著‘皇’，采上古‘帝’位号，号曰‘皇帝’。他如议。”制曰：“可。”追尊庄襄王为太上皇。制曰：“朕闻太古有号毋谥（wú shì），中古有号，死而以行为谥。如此，则子议父，臣议君也，甚无谓，朕弗取焉。自今已来，除谥法。朕为始皇帝。后世以计数，二世三世至于万世，传之无穷。”

　　始皇推终始五德之传，以为周得火德，秦代周德，从所不胜。方今水德之始，改年始，朝贺皆自十月朔。衣服旄旌（máo jīng）节旗皆上<sup>①</sup>黑。数以六为纪，符、法冠皆六寸，而舆六尺，六尺为步，乘六马。更名河曰德水，以为水德之始。刚毅戾深，事皆决于法，刻削毋仁恩和义，然后合五德之数。于是急法，久者不赦。

　　丞相绾等言：“诸侯初破，燕、齐、荆地远，不为置王，毋以填<sup>②</sup>之。请立诸子，唯上幸许。”始皇下其议于群臣，群臣皆以为便。廷尉李斯议曰：“周文武所封子弟同姓甚众，然后属疏远，相攻击如仇雠（chóu），诸侯更相诛伐，周天子弗能禁止。今海内赖陛下神灵一统，皆为郡县，诸子功臣以公赋税重赏赐之，甚足易制。天下无异意，则安宁之术也。置诸侯不便。”始皇曰：“天下共苦战斗不休，以有侯王。赖宗庙，天下初定，又复立国，是树兵也，而求其宁息，岂不难哉！廷尉议是。”

　　分天下以为三十六郡，郡置守、尉、监。更名民曰“黔首（qián）”。大酺（pú）。收天下兵，聚之咸阳，销以为钟鐻（jù），金人十二，重各千石，置廷宫中。一法度衡石丈尺。车同轨。书同文字。地东至海暨朝鲜，西至临洮、羌中（táo qiāng），南至北向户，北据河为塞，并阴山至辽东。徙天下豪富于咸阳十二万户。

　　① 上：同“尚”，崇尚。
　　② 填：同“镇”，镇压。

诸庙及章台、上林皆在渭南。秦每破诸侯，写放<sup>①</sup>其宫室，作之咸阳北阪上，南临渭，自雍门以东至泾、渭，殿屋复道周阁相属。所得诸侯美人钟鼓，以充入之。

二十七年，始皇巡陇西、北地，出鸡头山，过回中焉。作信宫渭南，已更命信宫为极庙，象天极。自极庙道通郦山，作甘泉前殿。筑甬道，自咸阳属之。是岁，赐爵一级。治驰道。

二十八年，始皇东行郡县，上邹峄山。立石，与鲁诸儒生议，刻石颂秦德，议封禅望祭山川之事。乃遂上泰山，立石，封，祠祀。下，风雨暴至，休于树下，因封其树为五大夫。禅梁父。刻所立石，其辞曰：

皇帝临位，作制明法，臣下修饬。二十有六年，初并天下，罔不宾服。亲巡远方黎民，登兹泰山，周览东极。从臣思迹，本原事业，祗诵功德。治道运行，诸产得宜，皆有法式。大义休明，垂于后世，顺承勿革。皇帝躬圣，既平天下，不懈于治。夙兴夜寐，建设长利，专隆教诲。训经宣达，远近毕理，咸承圣志。贵贱分明，男女礼顺，慎遵职事。昭隔内外，靡不清净，施于后嗣。化及无穷，遵奉遗诏，永承重戒。

于是乃并渤海以东，过黄、腄，穷成山，登之罘<sup>②</sup>，立石颂秦德焉而去。

南登琅邪，大乐之，留三月。乃徙黔首三万户琅邪台下，复十二岁。作琅邪台，立石刻，颂秦德，明得意。曰：维二十八年，皇帝作始。端平法度，万物之纪。以明人事，合同父子。圣智仁义，显白道理。东抚东土，以省卒士。事已大毕，乃临于海。皇帝之功，勤劳本事。上农除末，黔首是富。普天之下，抟<sup>③</sup>心揖志<sup>④</sup>。器械一量，同书文字。日月所照，舟舆所载，皆终其命，莫不得意。应时动事，是维皇帝。匡饬异俗，陵水

---

① 放：通"仿"。

② 之罘：即"芝罘"。

③ 抟：同"专"，专一。

④ 揖：通"辑"。

经地。忧恤黔首，朝夕不懈。除疑定法，咸知所辟。方伯分职，诸治经易。举错必当，莫不如画。皇帝之明，临察四方。尊卑贵贱，不逾次行。奸邪不容，皆务贞良。细大尽力，莫敢怠荒。远迩辟隐，专务肃庄。端直敦忠，事业有常。皇帝之德，存定四极。诛乱除害，兴利致福。节事以时，诸产繁殖。黔首安宁，不用兵革。六亲相保，终无寇贼。欢欣奉教，尽知法式。六合之内，皇帝之土。西涉流沙，南尽北户。东有东海，北过大夏。人迹所至，无不臣者。功盖五帝，泽及牛马。莫不受德，各安其宇。维秦王兼有天下，立名为皇帝，乃抚东土，至于琅邪。列侯武城侯王离、列侯通武侯王贲、伦侯建成侯赵亥、伦侯昌武侯成、伦侯武信侯冯毋择、丞相隗林、丞相王绾、卿李斯、卿王戊、五大夫赵婴、五大夫杨樛从，与议于海上。曰："古之帝者，地不过千里，诸侯各守其封域，或朝或否，相侵暴乱，残伐不止，犹刻金石，以自为纪。古之五帝三王，知教不同，法度不明，假威鬼神，以欺远方，实不称名，故不久长。其身未殁，诸侯倍叛，法令不行。今皇帝并一海内，以为郡县，天下和平。昭明宗庙，体道行德，尊号大成。群臣相与诵皇帝功德，刻于金石，以为表经。"

既已，齐人徐市等上书，言海中有三神山，名曰蓬莱、方丈、瀛洲，仙人居之。请得斋戒，与童男女求之。于是遣徐市发童男女数千人，入海求仙人。

始皇还，过彭城，斋戒祷祠，欲出周鼎泗水。使千人没水求之，弗得。乃西南渡淮水，之衡山、南郡。浮江，至湘山祠。逢大风，几不得渡。上问博士曰："湘君何神？"博士对曰："闻之，尧女，舜之妻，而葬此。"于是始皇大怒，使刑徒三千人皆伐湘山树，赭其山。上自南郡由武关归。

二十九年，始皇东游。至阳武博狼沙中，为盗所惊。求弗得，乃令天下大索十日。

登之罘，刻石。其辞曰：维二十九年，时在中春，阳和方起。皇帝东游，巡登之罘，临照于海。从臣嘉观，原念休烈，追诵本始。大圣作治，建定法度，显箸<sup>①</sup>纲纪。外教诸侯，光<sup>②</sup>施文惠，明以义理。六国回辟，贪戾<sup>③</sup>无厌，虐杀不已。皇帝哀众，遂发讨师，奋扬武德。义诛信行，威燀旁达，莫不宾服。烹灭强暴，振救黔首，周定四极。普施明法，经纬天下，永为仪则。大矣哉！宇县之中，承顺圣意。群臣诵功，请刻于石，表垂于常式。

其东观曰：维二十九年，皇帝春游，览省远方。逮于海隅，遂登之罘，昭临朝阳。观望广丽，从臣咸念，原道至明。圣法初兴，清理疆内，外诛暴强。武威旁畅，振<sup>④</sup>动四极，禽<sup>⑤</sup>灭六王。阐并天下，甾害绝息，永偃戎兵。皇帝明德，经理宇内，视听不怠。作立大义，昭设备器，咸有章旗。职臣遵分，各知所行，事无嫌疑。黔首改化，远迩同度，临古绝尤。常职既定，后嗣循业，长承圣治。群臣嘉德，祗诵圣烈，请刻之罘。

旋，遂之琅邪，道上党入。

三十年，无事。

三十一年十二月，更名腊曰"嘉平"。赐黔首里六石米、二羊。始皇为微行咸阳，与武士四人俱，夜出逢盗兰池，见窘，武士击杀盗，关中大索二十日。米石千六百。

三十二年，始皇之碣石，使燕人卢生求羡门、高誓。刻碣石门。坏城郭，决通堤防。

其辞曰：遂兴师旅，诛戮无道，为逆灭息。武殄暴逆，文复无罪，庶心咸服。惠论功劳，赏及牛马，恩肥土域。皇帝奋威，德并诸侯，初一泰平。堕<sup>⑥</sup>坏城郭，决通川防，夷去险阻。地势既定，黎庶无繇，天下咸抚。

---

① 箸：同"著"，显明。

② 光：通"广"。

③ 戾：通"利"。

④ 振：同"震"。

⑤ 禽：通"擒"。

⑥ 堕：同"隳"，毁。

男乐其畴，女修其业，事各有序。惠被诸产，久并来田，莫不安所。群臣诵烈，请刻此石，垂著仪矩。

因使韩终、侯公、石生求仙人不死之药。始皇巡北边，从上郡入。燕人卢生使人海还，以鬼神事，因奏录图书，曰"亡秦者胡也"。始皇乃使将军蒙恬发兵三十万人北击胡，略取河南地。

三十三年，发诸尝逋亡人、赘婿、贾人略取陆梁地，为桂林、象郡、南海，以适遣戍。西北斥逐匈奴。自榆中并河以东，属之阴山，以为四十四县，城河上为塞。又使蒙恬渡河取高阙、阳山、北假中，筑亭障以逐戎人。徙谪，实之初县。禁不得祠。明星出西方。

三十四年，适治狱吏不直者，筑长城及南越地。

始皇置酒咸阳宫，博士七十人前为寿。仆射周青臣进颂曰："他时秦地不过千里，赖陛下神灵明圣，平定海内，放逐蛮夷，日月所照，莫不宾服。以诸侯为郡县，人人自安乐，无战争之患，传之万世。自上古不及陛下威德。"始皇悦。博士齐人淳于越进曰："臣闻殷周之王千余岁，封子弟功臣，自为枝辅。今陛下有海内，而子弟为匹夫，卒有田常、六卿之臣，无辅拂，何以相救哉？事不师古而能长久者，非所闻也。今青臣又面谀以重陛下之过，非忠臣。"始皇下其议。丞相李斯曰："五帝不相复，三代不相袭，各以治，非其相反，时变异也。今陛下创大业，建万世之功，固非愚儒所知。且越言乃三代之事，何足法也？异时诸侯并争，厚招游学。今天下已定，法令出一，百姓当家则力农工，士则学习法令辟禁。今诸生不师今而学古，以非当世，惑乱黔首。丞相臣斯昧死言：古者天下散乱，莫之能一，是以诸侯并作，语皆道古以害今，饰虚言以乱实，人善其所私学，以非上之所建立。今皇帝并有天下，别黑白而定一尊。私学而相与非法教，人闻令下，则各以其学议之，入则心非，出则巷议，夸主以为名，异取以为高，率群下以造谤。如此弗禁，则主势降乎上，党与成乎下。禁之便。臣请史官非秦记皆烧之。非博士官所职，天下敢有藏《诗》《书》、百家语者，悉诣守尉杂烧之。有敢偶语《诗》《书》者弃市。以古非今者族。吏见知不举者与同罪。令下三十日不烧，黥为城旦。所不去者，医药卜筮种树之书。若欲有学法令，以吏为师。"制曰："可。"

三十五年，除道，道九原抵云阳，堑山堙谷，直通之。于是始皇以为咸阳人多，先王之宫廷小，吾闻周文王都丰，武王都镐，丰镐之间，帝王之都也。乃营作朝宫渭南上林苑中。先作前殿阿房，东西五百步，南北五十丈，上可以坐万人，下可以建五丈旗。周驰为阁道，自殿下直抵南山。表南山之颠① 以为阙。为复道，自阿房渡渭，属之咸阳，以象天极阁道绝汉抵营室也。阿房宫未成；成，欲更择令名名之。作宫阿房，故天下谓之阿房宫。隐宫徒刑者七十余万人，乃分作阿房宫，或作丽山。发北山石椁，乃写蜀、荆地材皆至。关中计宫三百，关外四百余。于是立石东海上朐界中，以为秦东门。因徙三万家丽邑，五万家云阳，皆复不事十岁。

卢生说始皇曰："臣等求芝奇药仙者常弗遇，类物有害之者。方中，人主时为微行以辟恶鬼，恶鬼辟，真人至。人主所居而人臣知之，则害于神。真人者，入水不濡，入火不爇，陵云气，与天地久长。今上治天下，未能恬倓。愿上所居宫毋令人知，然后不死之药殆可得也。"于是始皇曰："吾慕真人，自谓'真人'，不称'朕'。"乃令咸阳之旁二百里内宫观二百七十复道甬道相连，帷帐钟鼓美人充之，各案署不移徙。行所幸，有言其处者，罪死。始皇帝幸梁山宫，从山上见丞相车骑众，弗善也。中人或告丞相，丞相后损车骑。始皇怒曰："此中人泄吾语。"案问莫服。当是时，诏捕诸时在旁者，皆杀之。自是后莫知行之所在。听事，群臣受决事，悉于咸阳宫。

侯生卢生相与谋曰："始皇为人，天性刚戾自用，起诸侯，并天下，意

---

① 颠：同"巅"，顶。

得欲从，以为自古莫及己。专任狱吏，狱吏得亲幸。博士虽七十人，特备员弗用。丞相诸大臣皆受成事，倚辨<sup>①</sup>于上。上乐以刑杀为威，天下畏罪持禄，莫敢尽忠。上不闻过而日骄，下慑伏谩欺以取容。秦法，不得兼方不验，辄死。然候星气者至三百人，皆良士，畏忌讳谀，不敢端言其过。天下之事无小大皆决于上，上至以衡石量书，日夜有呈，不中呈不得休息。贪于权势至如此，未可为求仙药。”于是乃亡去。始皇闻亡，乃大怒曰：“吾前收天下书不中用者尽去之。悉召文学方术士甚众，欲以兴太平，方士欲练<sup>②</sup>以求奇药。今闻韩众去不报，徐市等费以巨万计，终不得药，徒奸利相告日闻。卢生等吾尊赐之甚厚，今乃诽谤我，以重吾不德也。诸生在咸阳者，吾使人廉问，或为訞<sup>yào</sup>言以乱黔首。”于是使御史悉案问诸生，诸生传相告引，乃自除犯禁者四百六十余人，皆坑之咸阳，使天下知之，以惩后。益发谪徙边。始皇长子扶苏谏曰：“天下初定，远方黔首未集，诸生皆诵法孔子，今上皆重法绳之，臣恐天下不安。唯上察之。”始皇怒，使扶苏北监蒙恬于上郡。

三十六年，荧<sup>yíng</sup>惑守心。有坠星下东郡，至地为石，黔首或刻其石曰“始皇帝死而地分”。始皇闻之，遣御史逐问，莫服，尽取石旁居人诛之，因燔<sup>fán</sup>销其石。始皇不乐，使博士为《仙真人诗》，及行所游天下，传令乐人歌弦之。秋，使者从关东夜过华阴平舒道，有人持璧遮使者曰：“为吾遗滈<sup>hào</sup>池君。”因言曰：“今年祖龙死。”使者问其故，因忽不见，置其璧去。使者奉璧具以闻。始皇默然良久，曰：“山鬼固不过知一岁事也。”退言曰：“祖龙者，人之先也。”使御府视璧，乃二十八年行渡江所沈<sup>chén</sup>璧也。于是始皇卜之，卦得游徙吉。迁北河榆中三万家。拜爵一级。

三十七年十月癸丑，始皇出游。左丞相斯从，右丞相去疾守。少子胡亥爱慕请从，上许之。十一月，行至云梦，望祀虞舜于九疑山。浮江下，

①辨：通“办”，办理。
②练：同“炼”，熔炼。

观籍柯<sup>kē</sup>，渡海渚。过丹阳，至钱唐。临浙江，水波恶，乃西百二十里从狭中渡。上会稽，祭大禹，望于南海，而立石刻颂秦德。其文曰：

皇帝休烈，平一宇内，德惠修长。三十有七年，亲巡天下，周览远方。遂登会稽，宣省习俗，黔首斋庄。群臣诵功，本原事迹，追首高明。秦圣临国，始定刑名，显陈旧章。初平法式，审别职任，以立恒常。六王专倍，贪戾傲猛，率众自强。暴虐恣<sup>zì</sup>行，负力而骄，数动甲兵。阴通间使，以事合纵，行为辟方。内饰诈谋，外来侵边，遂起祸殃。义威诛之，殄<sup>tiǎn</sup>熄暴悖，乱贼灭亡。圣德广密，六合之中，被泽无疆。皇帝并宇，兼听万事，远近毕清。运理群物，考验事实，各载其名。贵贱并通，善否<sup>pǐ</sup>陈前，靡有隐情。饰<sup>②</sup>省<sup>③</sup>宣义，有子而嫁，倍死不贞。防隔内外，禁止淫泆，男女洁诚。夫为寄豭<sup>jiā</sup>，杀之无罪，男秉义程。妻为逃嫁，子不得母，咸化廉清。大治濯<sup>zhuó</sup>俗，天下承风，蒙被休经。皆遵度轨，和安敦勉，莫不顺令。黔首修洁，人乐同则，嘉保太平。后敬奉法，常治无极，舆舟不倾。从臣诵烈，请刻此石，光垂休铭。

还过吴，从江乘渡。并海上，北至琅邪。方士徐市等入海求神药，数岁不得，费多，恐谴，乃诈曰："蓬莱药可得，然常为大鲛<sup>jiāo</sup>鱼所苦，故不得至，愿请善射与俱，见则以连弩<sup>nǔ</sup>射之。"始皇梦与海神战，如人状。问占梦，博士曰："水神不可见，以大鱼蛟龙为候。今上祷祠备谨，而有此恶神，当除去，而善神可致。"乃令入海者赍捕巨鱼具，而自以连弩候大鱼出射之。自琅邪北至荣成山，弗见。至之罘<sup>jī</sup>，见巨鱼，射杀一鱼。遂并海西。

至平原津而病。始皇恶言死，群臣莫敢言死事。上病益甚，乃为玺书赐公子扶苏曰："与丧会咸阳而葬。"书已封，在中车府令赵高行符玺<sup>xǐ</sup>

---

① **辟方**：胡作非为。辟，同"僻"。方，通"放"。

② **饰**：通"饬"，整治。

③ **省**：通"眚"，错误。

事所，未授使者。七月丙寅，始皇崩于沙丘平台。丞相斯为上崩在外，恐诸公子及天下有变，乃秘之，不发丧。棺载辒凉车中，故幸宦者参乘，所至上食。百官奏事如故，宦者辄从辒凉车中可其奏事。独子胡亥、赵高及所幸宦者五六人知上死。赵高故尝教胡亥书及狱律令法事，胡亥私幸之。高乃与公子胡亥、丞相斯阴谋破去始皇所封书赐公子扶苏者，而更诈为丞相斯受始皇遗诏沙丘，立子胡亥为太子。更为书赐公子扶苏、蒙恬，数以罪赐死。语具在《李斯传》中。行，遂从井陉抵九原。会暑，上辒车臭，乃诏从官令车载一石鲍鱼，以乱其臭。

行从直道至咸阳，发丧。太子胡亥袭位，为二世皇帝。九月，葬始皇郦山。始皇初即位，穿治郦山，及并天下，天下徒送诣七十余万人，穿三泉，下铜而致椁，宫观百官奇器珍怪徙臧①满之。令匠作机弩矢，有所穿近者辄射之。以水银为百川江河大海，机相灌输，上具天文，下具地理。以人鱼膏为烛，度不灭者久之。二世曰：“先帝后宫非有子者，出焉不宜。”皆令从死，死者甚众。葬既已下，或言工匠为机，臧皆知之，臧重即泄。大事毕，已臧，闭中羡，下外羡门，尽闭工匠臧者，无复出者。树草木以象山。

二世皇帝元年，年二十一。赵高为郎中令，任用事。二世下诏，增始皇寝庙牺牲及山川百祀之礼。令群臣议尊始皇庙。群臣皆顿首言曰：“古者天子七庙，诸侯五，大夫三，虽万世世不轶毁。今始皇为极庙，四海之内皆献贡职，增牺牲，礼咸备，毋以加。先王庙或在西雍，或在咸阳。天子仪当独奉酌祠始皇庙。自襄公已下轶毁。所置凡七庙。群臣以礼进祠，以尊始皇庙为帝者祖庙。皇帝复自称‘朕’。”

二世与赵高谋曰：“朕年少，初即位，黔首未集附。先帝巡行郡县，以示强，威服海内。今晏然不巡行，即见弱，毋以臣畜天下。”春，二世东行郡县，李斯从。到碣石，并海，南至会稽，而尽刻始皇所立刻石，石

---

① 臧：同“藏”。

旁著大臣从者名，以章先帝成功盛德焉。

皇帝曰："金石刻尽始皇帝所为也。今袭号而金石刻辞不称始皇帝，其于久远也如后嗣为之者，不称成功盛德。"丞相臣斯、臣去疾、御史大夫臣德昧死言："臣请具刻诏书刻石，因明白矣。臣昧死请。"制曰："可。"遂至辽东而还。

于是二世乃遵用赵高，申法令。乃阴与赵高谋曰："大臣不服，官吏尚强，及诸公子必与我争，为之奈何？"高曰："臣固愿言而未敢也。先帝之大臣，皆天下累世名贵人也，积功劳世以相传久矣。今高素小贱，陛下幸称举，令在上位，管中事。大臣鞅鞅<sup>①</sup>，特以貌从臣，其心实不服。今上出，不因此时案郡县守尉有罪者诛之，上以振威天下，下以除去上生平所不可者。今时不师文而决于武力，愿陛下遂从时毋疑，即群臣不及谋。明主收举余民，贱者贵之，贫者富之，远者近之，则上下集而国安矣。"二世曰："善。"乃行诛大臣及诸公子，以罪过连逮少近官三郎，无得立者，而六公子戮死于杜。公子将闾昆弟三人囚于内宫，议其罪独后。二世使使令将闾曰："公子不臣，罪当死，吏致法焉。"将闾曰："阙廷之礼，吾未尝敢不从宾赞也；廊庙之位，吾未尝敢失节也；受命应对，吾未尝敢失辞也。何谓不臣？愿闻罪而死。"使者曰："臣不得与谋，奉书从事。"将闾乃仰天大呼天者三，曰："天乎！吾无罪！"昆弟三人皆流涕拔剑自杀。宗室振恐。群臣谏者以为诽谤，大吏持禄取容，黔首振恐。

四月，二世还至咸阳，曰："先帝为咸阳朝廷小，故营阿房宫为室堂未就，会上崩，罢其作者，复土郦山。郦山事大毕，今释阿房宫弗就，则是章先帝举事过也。"复作阿房宫。外抚四夷，如始皇计。尽征其材士五万人为屯卫咸阳，令教射狗马禽兽。当食者多，度不足，下调郡县转输菽粟刍藁<sup>②</sup>，皆令自赍粮食，咸阳三百里内不得食其谷。用法益刻深。

---

① 鞅鞅：同"怏怏"，形容不满意。

② 藁：同"稿"，谷类。

七月，戍<ruby>戍<rt>shù</rt></ruby>卒陈胜等反故荆地，为"张楚"。胜自立为楚王，居陈，遣诸将徇<ruby>徇<rt>xùn</rt></ruby>地。山东郡县少年苦秦吏，皆杀其守尉令丞反，以应陈涉，相立为侯王，合纵西乡，名为伐秦，不可胜数也。谒者使东方来，以反者闻二世。二世怒，下吏。后使者至，上问，对曰："群盗，郡守尉方逐捕，今尽得，不足忧。"上悦。武臣自立为赵王，魏咎为魏王，田儋为齐王。沛公起沛。项梁举兵会稽郡。

二年冬，陈涉所遣周章等将西至戏，兵数十万。二世大惊，与群臣谋曰："奈何？"少府章邯曰："盗已至，众强，今发近县不及矣。郦山徒多，请赦<ruby>赦<rt>shè</rt></ruby>之，授兵以击之。"二世乃大赦天下，使章邯将，击破周章军而走，遂杀章曹阳。二世益遣长史司马欣、董翳<ruby>翳<rt>yì</rt></ruby>佐章邯击盗，杀陈胜城父，破项梁定陶，灭魏咎临济。楚地盗名将已死，章邯乃北渡河，击赵王歇等于巨鹿。

赵高说二世曰："先帝临制天下久，故群臣不敢为非，进邪说。今陛下富于春秋，初即位，奈何与公卿廷决事？事即有误，示群臣短也。天子称朕，固不闻声。"于是二世常居禁中，与高决诸事。其后公卿希①得朝见。盗贼益多，而关中卒发东击盗者毋已。右丞相去疾、左丞相斯、将军冯劫进谏曰："关东群盗并起，秦发兵诛击，所杀亡甚众，然犹不止。盗多，皆以戍<ruby>戍<rt>shù</rt></ruby>漕转作事苦，赋税大也。请且止阿房宫作者，减省四边戍转。"二世曰："吾闻之韩子曰：'尧舜采椽<ruby>椽<rt>chuán</rt></ruby>不刮，茅茨不翦②，饭土塯，啜<ruby>啜<rt>chuò</rt></ruby>土形③，虽监门之养，不戚于此。禹凿龙门，通大夏，决河亭④水，放之海，身自持筑臿<ruby>臿<rt>chā</rt></ruby>，胫<ruby>胫<rt>jìng</rt></ruby>毋毛，臣虏之劳不烈于此矣。'凡所为贵有天下者，得肆意极欲，主重明法，下不敢为非，以制御海内矣。夫虞<ruby>虞<rt>yú</rt></ruby>、夏之主，贵为天

---

① 希：同"稀"，少。

② 翦：同"剪"。

③ 形：通"型"，瓦器。

④ 亭：同"停"，停滞。

子，亲处穷苦之实，以徇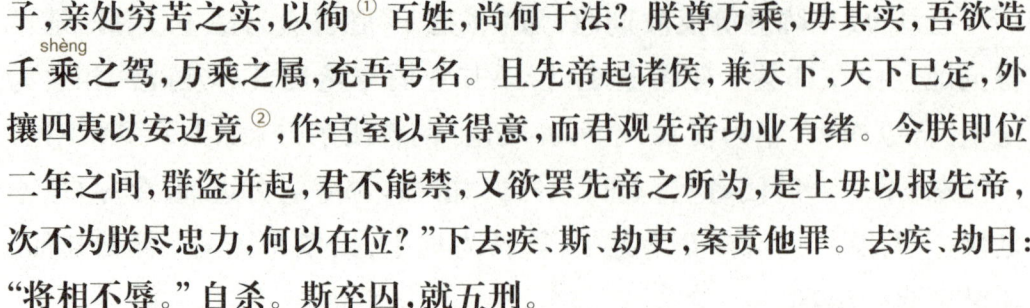①百姓，尚何于法？朕尊万乘，毋其实，吾欲造千乘之驾，万乘之属，充吾号名。且先帝起诸侯，兼天下，天下已定，外攘四夷以安边竟②，作宫室以章得意，而君观先帝功业有绪。今朕即位二年之间，群盗并起，君不能禁，又欲罢先帝之所为，是上毋以报先帝，次不为朕尽忠力，何以在位？"下去疾、斯、劫吏，案责他罪。去疾、劫曰："将相不辱。"自杀。斯卒囚，就五刑。

三年，章邯等将其卒围巨鹿，楚上将军项羽将楚卒往救巨鹿。冬，赵高为丞相，竟案李斯杀之。夏，章邯等战数却，二世使人让邯，邯恐，使长史欣请事。赵高弗见，又弗信。欣恐，亡去，高使人捕追不及。欣见邯曰："赵高用事于中，将军有功亦诛，无功亦诛。"项羽急击秦军，虏王离，邯等遂以兵降诸侯。八月己亥，赵高欲为乱，恐群臣不听，乃先设验，持鹿献于二世，曰："马也。"二世笑曰："丞相误邪？谓鹿为马。"问左右，左右或默，或言马以阿顺赵高。或言鹿，高因阴中诸言鹿者以法。后群臣皆畏高。

高前数言"关东盗毋能为也"，及项羽虏秦将王离等巨鹿下而前，章邯等军数却，上书请益助，燕、赵、齐、楚、韩、魏皆立为王，自关以东，大氐③尽畔秦吏应诸侯，诸侯咸率其众西乡。沛公将数万人已屠武关，使人私于高，高恐二世怒，诛及其身，乃谢病不朝见。二世梦白虎啮其左骖马，杀之，心不乐，怪问占梦。卜曰："泾水为祟。"二世乃斋于望夷宫，欲祠泾，沈四白马。使使责让高以盗贼事。高惧，乃阴与其婿咸阳令阎乐、其弟赵成谋曰："上不听谏，今事急，欲归祸于吾宗。吾欲易置上，更立公子婴。子婴仁俭，百姓皆载④其言。"使郎中令为内应，诈为有大贼，

---

① 徇：同"殉"。

② 竟：同"境"。

③ 氐：同"抵"。

④ 载：同"戴"，拥护。

令乐召吏发卒，追劫乐母置高舍。遣乐将吏卒千余人至望夷宫殿门，缚卫令仆射，曰："贼入此，何不止？"卫令曰："周庐设卒甚谨，安得贼敢入宫？"乐遂斩卫令，直将吏入，行射，郎宦者大惊，或走或格，格者辄死，死者数十人。郎中令与乐俱入，射上幄(wò)坐帏(wéi)。二世怒，召左右，左右皆惶扰不斗。旁有宦者一人，侍不敢去。二世入内，谓曰："公何不蚤告我？乃至于此！"宦者曰："臣不敢言，故得全。使臣蚤言，皆已诛，安得至今？"阎乐前即二世数曰："足下骄恣，诛杀无道，天下共畔足下，足下其自为计。"二世曰："丞相可得见否？"乐曰："不可。"二世曰："吾愿得一郡为王。"弗许。又曰："愿为万户侯。"弗许。曰："愿与妻子为黔首，比诸公子。"阎乐曰："臣受命于丞相，为天下诛足下，足下虽多言，臣不敢报。"麾(huī)其兵进。二世自杀。

阎乐归报赵高，赵高乃悉召诸大臣公子，告以诛二世之状。曰："秦故王国，始皇君天下，故称帝。今六国复自立，秦地益小，乃以空名为帝，不可。宜为王如故，便。"立二世之兄子公子婴为秦王。以黔首葬二世杜南宜春苑中。令子婴斋，当庙见，受王玺。

斋五日，子婴与其子二人谋曰："丞相高杀二世望夷宫，恐群臣诛之，乃详以义立我。我闻赵高乃与楚约，灭秦宗室而王关中。今使我斋见庙，此欲因庙中杀我。我称病不行，丞相必自来，来则杀之。"高使人请子婴数辈，子婴不行，高果自往，曰："宗庙重事，王奈何不行？"子婴遂刺杀高于斋宫，三族高家以徇(xùn)咸阳。子婴为秦王四十六日，楚将沛公破秦军入武关，遂至霸上，使人约降子婴。子婴即系颈以组，白马素车，奉天子玺符，降轵(zhǐ)道旁。沛公遂入咸阳，封宫室府库，还军霸上。居月余，诸侯兵至，项籍为纵长，杀子婴及秦诸公子宗族。遂屠咸阳，烧其宫室，虏其子女，收其珍宝货财，诸侯共分之。灭秦之后，各分其地为三，名曰雍王、塞王、翟(dí)王，号曰三秦。项羽为西楚霸王，主命分天下王诸侯，秦竟灭矣。后五年，天下定于汉。

太史公曰：秦之先伯翳，尝有勋于唐虞之际，受土赐姓。及殷夏之间微散。至周之衰，秦兴，邑于西垂①。自缪公以来，稍蚕食诸侯，竟成始皇。始皇自以为功过五帝，地广三王，而羞与之侔。

善哉乎贾生推言之也！曰：秦并兼诸侯山东三十余郡，缮津关，据险塞，修甲兵而守之。然陈涉以戍卒散乱之众数百，奋臂大呼，不用弓戟之兵，鉏櫌②白梃，望屋而食，横行天下。秦人阻险不守，关梁不阖，长戟不刺，强弩不射。楚师深入，战于鸿门，曾无藩篱之艰。于是山东大扰，诸侯并起，豪俊相立。秦使章邯将而东征，章邯因以三军之众要市于外，以谋其上。群臣之不信，可见于此矣。子婴立，遂不寤③。藉使子婴有庸主之材，仅得中佐，山东虽乱，秦之地可全而有，宗庙之祀未当绝也。

秦地被山带河以为固，四塞之国也。自缪公以来，至于秦王，二十余君，常为诸侯雄。岂世世贤哉？其势居然也。且天下尝同心并力而攻秦矣。当此之世，贤智并列，良将行其师，贤相通其谋，然困于阻险而不能进，秦乃延入战而为之开关，百万之徒逃北而遂坏。岂勇力智慧不足哉？形不利，势不便也。秦小邑并大城，守险塞而军，高垒毋战，闭关据阨，荷戟而守之。诸侯起于匹夫，以利合，非有素王之行也。其交未亲，其下未附，名为亡秦，其实利之也。彼见秦阻之难犯也，必退师。安土息民，以待其敝，收弱扶罢④，以令大国之君，不患不得意于海内。贵为天子，富有天下，而身为禽者，其救败非也。

秦王足己不问，遂过而不变。二世受之，因而不改，暴虐以重祸。子婴孤立无亲，危弱无辅。三主惑而终身不悟，亡，不亦宜乎？当此时

---

① 垂：同“陲”，边境。

② 櫌：同“耰”，用来打碎土块，平整土地的农具。

③ 寤：同“悟”。

④ 罢：通“疲”。

史记精华本

也,世非无深虑知化之士也,然所以不敢尽忠拂过者,秦俗多忌讳之禁,忠言未卒于口而身为戮没矣。故使天下之士,倾耳而听,重足而立,拑口而不言。是以三主失道,忠臣不敢谏,智士不敢谋,天下已乱,奸不上闻,岂不哀哉!先王知雍①蔽之伤国也,故置公卿大夫士,以饰法设刑,而天下治。其强也,禁暴诛乱而天下服。其弱也,五伯征而诸侯从。其削也,内守外附而社稷存。故秦之盛也,繁法严刑而天下振;及其衰也,百姓怨望而海内畔矣。故周五序得其道,而千余岁不绝。秦本末并失,故不长久。由此观之,安危之统相去远矣。

野谚曰"前事之不忘,后事之师也"。是以君子为国,观之上古,验之当世,参以人事,察盛衰之理,审权势之宜,去就有序,变化有时,故旷日长久而社稷安矣。

秦孝公据殽函之固,拥雍州之地,君臣固守而窥周室,有席卷天下,包举宇内,囊括四海之意,并吞八荒之心。当是时,商君佐之,内立法度,务耕织,修守战之备,外连衡而斗诸侯,于是秦人拱手而取西河之外。

孝公既没,惠王、武王蒙故业,因遗册②,南兼汉中,西举巴、蜀,东割膏腴之地,收要害之郡。诸侯恐惧,会盟而谋弱秦,不爱珍器重宝肥美之地,以致天下之士,合纵缔交,相与为一。当是时,齐有孟尝,赵有平原,楚有春申,魏有信陵。此四君者,皆明知而忠信,宽厚而爱人,尊贤重士,约纵离衡,并韩、魏、燕、楚、齐、赵、宋、卫、中山之众。于是六国之士有宁越、徐尚、苏秦、杜赫之属为之谋,齐明、周最、陈轸、昭滑、楼缓、翟景、苏厉、乐毅之徒通其意,吴起、孙膑、带佗、倪良、王廖、田忌、廉颇、赵奢之朋制其兵。常以十倍之地,百万之众,叩关而攻秦。秦人开关延敌,九国之师逡巡遁逃而不敢进。秦无亡矢遗镞之费,而天下诸侯已困矣。于是纵散约解,争割地而奉秦。秦有余力而制其敝,追亡逐

───────────────

① 雍:通"壅"。

② 册:同"策"。

北，伏尸百万，流血漂卤<sup>①</sup>。因利乘便，宰割天下，分裂河山，强国请服，弱国入朝。延及孝文王、庄襄王，享国日浅，国家无事。

及至秦王，续六世之余烈，振长策而御宇内，吞二周而亡诸侯，履至尊而制六合，执棰拊（chuí fǔ）以鞭笞天下，威震四海。南取百越之地，以为桂林、象郡，百越之君俯首系颈，委命下吏。乃使蒙恬北筑长城而守藩篱，却匈奴七百余里，胡人不敢南下而牧马，士不敢弯弓而报怨。于是废先王之道，焚百家之言，以愚黔首。堕（huī）名城，杀豪俊，收天下之兵聚之咸阳，销锋铸鐻（jù），以为金人十二，以弱黔首之民。然后斩华为城，因河为津，据亿丈之城，临不测之谿（xī）以为固。良将劲弩守要害之处，信臣精卒陈利兵而谁何<sup>②</sup>，天下以定。秦王之心，自以为关中之固，金城千里，子孙帝王万世之业也。

秦王既没，余威振于殊俗。陈涉，瓮牖绳枢之子（wèng yǒu），氓隶之人（méng），而迁徙之徒，才能不及中人，非有仲尼、墨翟之贤（dí），陶朱、猗顿之富（yī），蹑足行伍之间（niè），而崛起什伯之中，率罢散之卒（pí），将数百之众，而转攻秦。斩木为兵，揭竿为旗，天下云集响应，赢粮而景（yǐng）<sup>③</sup>从，山东豪俊遂并起而亡秦族矣。

且夫天下非小弱也，雍州之地，殽函之固自若也（xiáo）。陈涉之位，非尊于齐、楚、燕、赵、韩、魏、宋、卫、中山之君；钽耰棘<sup>④</sup>（chú yǒu），矜（xiǎn），非铦<sup>⑤</sup>于句戟长铩也（gōu jǐ）（shā）（zhé shù）；适戍之众，非抗于九国之师；深谋远虑，行军用兵之道，非及乡时（xiàng）之士也。然而成败异变，功业相反也。试使山东之国与陈涉度长絜大，比权量力，则不可同年而语矣。然秦以区区之地，千乘之权（shèng），招八州而朝同列，百有余年矣。然后以六合为家，殽函为宫（xiáo），一夫作难而七庙堕（huī），身死人手，为天下笑者，何也？仁义不施而攻守之势异也。

---

① 卤：通"橹"，大盾。

② 谁何：谁能够奈何。

③ 景：同"影"。

④ 棘：通"戟"。

⑤ 铦：同"铦"，锋利。

秦并海内，兼诸侯，南面称帝，以养四海，天下之士斐然乡风，若是者何也？曰：近古之无王者久矣。周室卑微，五霸既殁，令不行于天下，是以诸侯力政<sup>①</sup>，强侵弱，众暴寡，兵革不休，士民罢敝。今秦南面而王天下，是上有天子也。既元元之民冀得安其性命，莫不虚心而仰上。当此之时，守威定功，安危之本在于此矣。秦王怀贪鄙之心，行自奋之智，不信功臣，不亲士民，废王道，立私权，禁文书而酷刑法，先诈力而后仁义，以暴虐为天下始。夫并兼者高诈力，安定者贵顺权，此言取与守不同术也。秦离战国而王天下，其道不易，其政不改，是其所以取之守之者无异也。孤独而有之，故其亡可立而待。借使秦王计上世之事，并殷周之迹，以制御其政，后虽有淫骄之主而未有倾危之患也。故三王之建天下，名号显美，功业长久。

今秦二世立，天下莫不引领而观其政。夫寒者利裋褐而饥者甘糟糠，天下之嗷嗷，新主之资也。此言劳民之易为仁也。乡使二世有庸主之行，而任忠贤，臣主一心而忧海内之患，缟素而正先帝之过，裂地分民以封功臣之后，建国立君以礼天下，虚囹圄而免刑戮，除去收帑<sup>②</sup>污秽之罪，使各反其乡里，发仓廪，散财币，以振<sup>③</sup>孤独穷困之士，轻赋少事，以佐百姓之急，约法省刑以持其后，使天下之人皆得自新，更节修行，各慎其身，塞万民之望，而以威德与天下，天下集矣。即四海之内，皆欢然各自安乐其处，唯恐有变，虽有狡猾之民，无离上之心，则不轨之臣无以饰其智，而暴乱之奸止矣。二世不行此术，而重之以无道，坏宗庙与民，更始作阿房宫，繁刑严诛，吏治刻深，赏罚不当，赋敛无度，天下多事，吏弗能纪，百姓困穷而主弗收恤。然后奸伪并起，而上下相遁，蒙罪者众，刑戮相望于道，而天下苦之。自君卿以下至于众庶，人怀自危之心，亲

---

① **力政**：以武力征讨。政，通"征"。

② **帑**：同"孥"。

③ **振**：同"赈"。

处穷苦之实，咸不安其位，故易动也。是以陈涉不用汤武之贤，不藉公侯之尊，奋臂于大泽而天下响应者，其民危也。故先王见始终之变，知存亡之机，是以牧民之道，务在安之而已。天下虽有逆行之臣，必无响应之助矣。故曰"安民可与行义，而危民易与为非"，此之谓也。贵为天子，富有天下，身不免于戮杀者，正倾非也。是二世之过也。

襄公立，享国十二年。初为西畤。葬西垂。生文公。

文公立，居西垂宫。五十年死，葬西垂。生静公。静公不享国而死。生宪公。

宪公享国十二年，居西新邑。死，葬衙。生武公、德公、出子。

出子享国六年，居西陵。庶长弗忌、威累、参父三人，率贼贼出子鄙衍，葬衙。武公立。

武公享国二十年。居平阳封宫。葬宣阳聚东南。三庶长伏其罪。德公立。

德公享国二年。居雍大郑宫。生宣公、成公、缪公。葬阳。初伏，以御蛊。

宣公享国十二年。居阳宫。葬阳。初志闰月。

成公享国四年，居雍之宫。葬阳。齐伐山戎、孤竹。

缪公享国三十九年。天子致霸。葬雍。缪公学著人。生康公。

康公享国十二年。居雍高寝。葬竘社。生共公。

共公享国五年，居雍高寝。葬康公南。生桓公。

桓公享国二十七年。居雍太寝。葬义里丘北。生景公。

景公享国四十年。居雍高寝，葬丘里南。生毕公。

毕公享国三十六年。葬车里北。生夷公。

夷公不享国。死，葬左宫。生惠公。

惠公享国十年。葬车里。生悼公。

悼公享国十五年。葬僖公西。城雍。生剌龚公。

刺龚公享国三十四年。葬入里。生躁公、怀公。其十年，彗星见。

躁公享国十四年。居受寝。葬悼公南。其元年，彗星见。

怀公从晋来。享国四年。葬栎圉氏。生灵公。诸臣围怀公，怀公自杀。

肃灵公，昭子子也。居泾阳。享国十年。葬悼公西。生简公。

简公从晋来。享国十五年。葬僖公西。生惠公。其七年。百姓初带剑。

惠公享国十三年。葬陵圉。生出公。

出公享国二年。出公自杀，葬雍。

献公享国二十三年。葬嚣圉。生孝公。

孝公享国二十四年。葬弟圉。生惠文王。其十三年，始都咸阳。

惠文王享国二十七年。葬公陵。生悼武王。

悼武王享国四年，葬永陵。

昭襄王享国五十六年。葬茝阳。生孝文王。

孝文王享国一年。葬寿陵。生庄襄王。

庄襄王享国三年。葬茝阳。生始皇帝。吕不韦相。

献公立七年，初行为市。十年，为户籍相伍。

孝公立十六年。时桃李冬华①。

惠文王生十九年而立。立二年，初行钱。有新生婴儿曰"秦且王"。

悼武王生十九年而立。立三年，渭水赤三日。

昭襄王生十九年而立。立四年，初为田开阡陌。

孝文王生五十三年而立。

庄襄王生三十二年而立。立二年，取太原地。庄襄王元年，大赦，修先王功臣，施德厚骨肉，布惠于民。东周与诸侯谋秦，秦使相国不韦诛之，尽入其国。秦不绝其祀，以阳人地赐周君，奉其祭祀。

始皇享国三十七年。葬郦邑。生二世皇帝。始皇生十三年而立。

二世皇帝享国三年。葬宜春。赵高为丞相安武侯。二世生十二

---

① 华：同"花"。这里指开花。

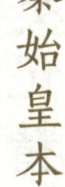

年<sup>①</sup>而立。

右秦襄公至二世，六百一十岁。

孝明皇帝十七年十月十五日乙丑，曰：

周历已移，仁不代母。秦直其位，吕政残虐。然以诸侯十三，并兼天下，极情纵欲，养育宗亲。三十七年，兵无所不加，制作政令，施于后王。盖得圣人之威，河神授图，据狼、狐，蹈参、伐，佐攻驱除，距之称始皇。

始皇既殁，胡亥极愚，郦山未毕，复作阿房，以遂前策。云"凡所为贵有天下者，肆意极欲，大臣至欲罢先君所为"。诛斯、去疾，任用赵高。痛哉言乎！人头畜鸣。不威不伐恶，不笃不虚亡，距之不得留，残虐以促期，虽居形便之国，犹不得存。

子婴度次得嗣，冠玉冠，佩华绂<sup>fú</sup>，车黄屋<sup>huǎng</sup>，从百司，谒<sup>yè</sup>七庙。小人乘非位，莫不悦忽失守，偷安日日，独能长念却虑，父子作权，近取于户牖之间，竟诛猾臣，为君讨贼。高死之后，宾婚未得尽相劳，餐未及下咽，酒未及濡<sup>rú</sup>唇，楚兵已屠关中，真人翔霸上，素车婴组，奉其符玺，以归帝者。郑伯茅旌鸾刀<sup>jīng luán</sup>，严王退舍。

河决不可复壅，鱼烂不可复全。贾谊、司马迁曰："向使婴有庸主之才，仅得中佐，山东虽乱，秦之地可全而有，宗庙之祀未当绝也。"秦之积衰，天下土崩瓦解，虽有周旦之材，无所复陈其巧，而以责一日之孤，误哉！俗传秦始皇起罪恶，胡亥极，得其理矣。复责小子，云秦地可全，所谓不通时变者也。纪季以酅<sup>xī</sup>，《春秋》不名。吾读《秦纪》，至于子婴车裂赵高，未尝不健其决，怜其志。婴死生之义备矣。

译文

秦始皇帝，是秦庄襄王之子。庄襄王曾经以秦昭王孙子的身份在赵国当人质，见到吕不韦的姬妾，非常喜欢，于是将她娶过来，生下始皇。始皇在秦昭王四十八年正

①**十二年**：本纪中记载为"二十一年"。

月在邯郸降生。出生后，取名为政，姓赵氏。十三岁时，庄襄王去世，政继位为秦王。这时，秦国已经吞并了巴、蜀、汉中地区，越过宛占领了郢，设置南郡；向北取得上郡以东，占领了河东、太原、上党郡；疆域在东边到达荥阳，灭掉了西周、东周，设置三川郡。吕不韦担任丞相，封邑十万户，号文信侯。秦国招揽天下的宾客游士，打算吞并天下，李斯为舍人，蒙骜、王龁、麃公等人为将军。秦王年幼，继位初期，国家政事交给大臣来处理。

晋阳反叛，秦王政元年，将军蒙骜平定叛乱。二年，麃公领兵进攻卷邑，杀死三万人。三年，蒙骜进攻韩国，夺取十三个城邑。王龁死去。十月，将军蒙骜进攻魏国的畼邑、有诡。这一年粮食严重歉收。四年，攻占畼邑、有诡。三月，撤回军队。秦国的人质从赵国返回，赵国太子离开秦国返回赵国。十月庚寅，蝗虫从东方飞过来，遮蔽天空。天下出现瘟疫。百姓缴纳一千石粟米可以拜爵一级。五年，将军蒙骜进攻魏国，平定酸枣、燕邑、虚邑、长平、雍丘、山阳城，都是依靠武力来攻克的，共占据了二十个城邑。开始设置东郡。冬天打雷。六年，韩国、魏国、赵国、卫国、楚国一起攻击秦国，占领寿陵。秦国出兵，五国的军队撤回。秦国占据卫国，进逼东郡，卫君角率领其支属迁居到野王，凭借险要的地势保卫魏国境内的河内地区。

七年，彗星首先出现在东方，随后出现在北方，五月则出现在西方。将军蒙骜死去。是因为攻打龙邑、孤邑、庆都，又回军进攻汲邑而死去的。彗星又在西方出现十六天。夏太后死去。八年，秦王的弟弟长安君成蟜在率军进攻赵国时，举兵反叛，死在屯留，他的军吏全都被处死，将屯留的民众迁徙到临洮。将军成蟜自杀于营垒之内，跟随造反的屯留、蒲鹬士卒，都被斩戮尸体。河鱼被大量冲到平地上，秦国人轻车重马地来到东边就地食用。

嫪毐被封为长信侯。将山阳地区分封给他，让他居住。宫室、车马、衣服、苑囿、游猎等活动对嫪毐一律不加以限制。事无大小，都要由嫪毐来决断。又将河西、太原郡改成嫪毐的封国。九年，彗星出现，有时光芒弥散满天。进攻魏国的垣邑、蒲阳。

四月，秦王居住在雍地。己酉，秦王举行冠礼，佩宝剑。长信侯作乱的阴谋被发现了，就使诈用秦王印信及太后印信调动县邑的军队及警卫、国家骑兵、戎翟首领、舍人，打算进攻蕲年宫，发起叛乱。秦王得知了这个消息，派相国昌平君、昌文君调遣军队，进攻嫪毐。在咸阳交战，杀死了数百人，斩首有功的人都获得了爵位，宦者参加战斗的，也可以得到一级爵位。嫪毐等人战败逃跑，秦王于是在全国范围内下令：有活捉嫪毐者，赏钱一百万；杀死嫪毐者，赏钱五十万。就这样，将嫪毐等人全部抓获。卫尉竭、内史肆、佐弋竭、中大夫令齐等二十人都被斩首示众。又将他们五马分尸，巡行示众，杀光了他们的宗族。嫪毐的舍人，罪轻的服刑三年，削除爵位。并迁徙到蜀地的达到四千多家，居住于房陵。这个月天寒地冻，有人被冻死。杨端和进攻衍氏。彗星出现于西方，又出现于北方，跟随北斗向南方移动了八十天。十年，相国吕不韦因为嫪毐的牵连而获罪，被免去相国职务。桓齮担任将军一职。齐国、赵国的使者前来，秦国摆酒设筵。齐国人茅焦劝告秦王："秦国正以经营天下为己任，而大王有将母太后迁徙出去的名声，恐怕各国诸侯听到这件事，由此而背叛秦国。"秦王就前往雍地迎接太后，返回咸阳，又重新居住在甘泉宫中。

秦王大规模地到处搜索，驱逐从诸侯国来的客卿。李斯上书劝阻，秦王就收回了驱逐客卿的命令。他乘机向秦王建议，首先占领韩国，使其他诸侯国都感到恐惧。于是秦王派李斯进攻韩国。韩王非常忧虑，和韩非商量如何才能削弱秦国的力量。大梁人尉缭来到秦国，劝告秦王："以秦国的强大实力，与诸侯相比，诸侯就犹如一个郡县当中的君主。但是我担心诸侯会联合起来，不露行迹，出其不意地进攻秦国，这就是智伯、吴王夫差、齐湣王之所以会灭亡的原因。希望大王不要吝惜财物，贿赂六国当中有权势的大臣，破坏其计划，失去的只不过是三十万斤金，而诸侯则可以全部被消灭。"秦王采纳了他的建议，每次接见尉缭时，都会以平等的礼节对待他，秦王的衣服、饮食也同尉缭一样。尉缭说："秦王这个人，高鼻梁，眼睛细长，长有鸷鸟一样的胸膛，发出豺狼般的声音，刻薄寡恩，心如虎狼，身处穷困时可以谦卑下人，得志时也容易吞噬别人。我只是一个平民，然而他在接见我时，时常甘居我之下。如果秦王得志于天下，天下人都会变为他的俘虏。无法与他长期相处。"尉缭就逃走了。秦王发觉这件事，坚决挽留他，让他担任秦国国尉，采纳了他的计策。而这时，李斯主持朝政。

十一年，王翦、桓齮、杨端和进攻邺邑，夺取九个城邑。王翦进攻阏於、橑杨，把所有士卒合并为一支军队。王翦统率全军，过了十八天，遣返军队当中斗食以下的无功人员，十人当中推选二人从军。占领邺邑、安阳。桓齮为将军。十二年，文信侯吕不韦去世，偷偷埋葬了其尸体。吕不韦的舍人，前来哭吊的，假如是晋人就直接驱逐出境；如果是秦人，俸禄在六百石以上的全都削除爵位，迁离旧居，五百石以下没来哭吊的，也迁离旧居，但不削除爵位。从此以后，治理国家政事，犹如嫪毐、吕不韦般为逆不道的，抄没其全家，按照这个模式处理。秋天，嫪毐的舍人应迁徙蜀地的获得赦免。当时，天下大旱，从六月到八月才下了雨。

十三年，桓齮进攻赵国的平阳，杀死赵国将领扈辄，斩首十万。赵王逃到河南。正月，彗星出现于东方。十月，桓齮进攻赵国。十四年，在平阳与赵国军队交战，夺取宜安，打垮赵军，杀死了其将军。桓齮平定平阳、武城。韩非出使秦国，秦国采纳李斯的计策，将韩非留在秦国，韩非死于云阳。韩王请求当秦国的臣属。

十五年，秦国大举进军，一支军队抵达邺邑，一支军队来到太原，攻下狼孟。发生地震。十六年九月，派兵接收了韩国的南阳地区，腾暂时代理郡守一职。秦国开始下令登记男子年龄。魏国向秦国进献土地。秦国设置丽邑。十七年，内史腾进攻韩国，抓获韩王安，兼并了韩国的所有领土，把韩国的土地设置为一个郡，命名为颍川。发生地震。华阳太后去世。民间百姓出现了非常严重的饥荒。

十八年，秦国大举出兵进攻赵国，王翦统率上地的士卒，攻占井陉。杨端和统率河内的士卒，羌瘣率军进攻赵国，杨端和围攻邯郸。十九年，王翦、羌瘣全部占据与平定了赵国的东阳地区，抓获赵王。率兵准备攻打燕国，军队驻扎于中山。秦王来到邯郸，凡是他生活在赵国时期曾经与他的母亲家有仇怨的人，全部坑杀。秦王返回秦国，是从太原、上郡回国的。始皇帝的母亲赵太后去世。赵国公子嘉率领其宗族几百人前往代地，自立为代王，与东面的燕国军队联合起来，驻扎于上谷。这一年出现了严重的饥荒。

二十年，燕国太子丹担心秦国的军队来攻打燕国，心中惶恐不安，派遣荆轲去刺杀秦王。秦王察觉了这件事，肢解荆轲的尸体示众，派王翦、辛胜攻打燕国。燕国、代国出兵抵御秦国军队，秦国军队在易水西边击败燕国军队。二十一年，王贲进攻蓟地。秦国调遣更多士卒补充到王翦军队中，打垮了燕太子的军队，攻占燕国蓟城，拿到了太子丹的人头。燕王向东聚集辽东的兵力，在那里称王。王翦推托有病，告老还乡。新郑造反。昌平君迁徙到郢地。下大雪，雪深二尺五寸。

二十二年，王贲进攻魏国，挖沟引河水灌大梁，大梁城墙被毁，魏王请求投降，秦国占领了魏国的所有领土。

二十三年，秦王又征召王翦，坚持要再度起用他，派他领兵攻打楚国。攻占陈地以南到平舆一带，俘虏了楚王。秦王巡游到郢陈。楚将项燕立昌平君为楚王，在淮水南边起兵抗秦。二十四年，王翦、蒙武进攻荆地，打败了楚君，昌平君战死，项燕自杀。

二十五年，秦国大举出兵，以王贲为将，率军进攻燕国的辽东地区，抓住燕王喜。回军进攻代国，俘虏代王嘉。王翦平定了楚国的江南地区；降服了越君，设置会稽郡。五月，天下欢聚宴饮。

二十六年，齐王建与齐相后胜抽调军队防守自己的西部边界，不与秦国来往。秦国派将军王贲从燕国南下进兵齐国，俘虏齐王建。

秦国刚统一天下，下令丞相、御史："早些时候，韩王交出上地，奉上国君的印

章，请求当藩臣。不久违背了约定，与赵国、魏国联合起来共同背叛秦国，所以我兴兵讨伐，俘虏韩国国君。我认为这是件好事，大概能够止戈偃武了。赵王派其丞相李牧前来签订盟约，所以送回了他的当人质的儿子。不久赵国背叛了盟约，在太原起兵反抗，所以我兴兵前去讨伐，抓获其国君。赵国公子嘉自立代王，因此我又发兵消灭他。魏王起初要臣服于秦国，不久与韩国、赵国阴谋一起袭击秦国，秦国的军队前往讨伐，毁灭了魏国。楚国献上青阳以西的土地，不久违背盟约，进攻我国的南郡，因此我发兵讨伐，抓住楚国国君，平定楚地。燕王头昏脑乱，他的太子丹暗中指派荆轲做贼人，秦国军队前去讨伐，灭掉了他的国家。齐王采取后胜的计策，不让秦国使者来到齐国，准备兴兵作乱，我派军队去讨伐，俘虏了齐国的国君，平定了齐地。我是个微不足道的人，发兵诛暴讨乱，依靠祖先宗庙的威灵，六国君王都已服罪，天下彻底平定了。现在不改换名字，就无法颂扬秦国建立的功业，流传后世。希望议论一下帝王的称号。"丞相王绾、御史大夫冯劫、廷尉李斯等都认为："过去五帝管辖着千里左右的地区，在这个地区以外的侯服、夷服，有些诸侯朝贡，有些诸侯不来朝贡，天子无法控制。现在陛下调遣义军，诛暴讨贼，平定了全天下，四海之内，设置郡县，统一法令，这是从上古时代以来前所未有的，五帝也为之望尘莫及。我们谨慎地与博士讨论称号，都说：'古代有天皇，有地皇，有泰皇，泰皇是其中最高贵的。'我们冒着死罪献上尊号，王应称'泰皇'。天子之命称'制'，天子之令称'诏'，天子自称'朕'。"秦王说："去掉'泰'字，留下'皇'字，采用上古时代表示地位的'帝'字，合称'皇帝'。其他的遵照议定下来的意见。"对已决定了的名号，下达制命："可以。"追封庄襄王为太上皇。皇帝下达制命说："我听说远古时代有称号，没有谥号，中古时代有称号，死后依据生前的行为确定谥号。这样做，就是儿子去议论父亲，臣子去议论君主，没有意义，我不会采取这种做法。从此往后，废除谥法。我是始皇帝。子孙后代用数字计算，从二世、三世乃至于万世，传承无穷。"

　　始皇依旧五德终始的递变次序进行推演，认为周朝是火德，秦朝取代周朝的火德，遵循五行相克的法则。如今应当是水德的开端。改变一年的首月，十月初一君臣入朝进行庆贺。衣服、旄旌、节旗都崇尚黑色。数目以六作为标准，符、法冠都高六寸，舆车宽为六尺，六尺为一步，驾车用六匹马。将黄河改名为德水，作为水德的开端。为政坚持强硬果决、暴戾苛细，事情都必须依法决断，刻薄而严峻，没有任何仁爱恩德，没有温情与道义，认为这样才能够符合五德演变的原则与规律。于是急迫国家加强法制，囚禁许久的罪犯也不予赦免。

　　丞相王绾等人建议："各国诸侯刚刚被消灭，燕、齐、楚国土广阔，不在那里设立王，就无人能够安定燕、齐、楚。请将皇帝的几个儿封为王，希望得到皇帝的认同。"始皇也是将王绾等人的建议交给群臣进行讨论，群臣都觉得非常适宜。廷尉李斯建议："周文王、周武王所分封的同姓子弟非常多，然而后来亲族彼此疏远，互相攻击，犹如仇敌，诸侯不断征战，周天子无法禁止。现在依靠陛下的神灵统一天下，将天下划分成各个郡县，皇帝的子弟与功臣，都利用国家的赋税予以重赏，这种局面是非常容易治理的。天下都没有二心，这是让国家安定的方法。分封诸侯是不适宜的。"始皇说："天下苦于无间断的战争，是因为有诸侯王存在的缘故。依靠宗庙之灵，我刚平定天下，再去分封诸侯，这是给自己树敌，而要求得安宁，岂不是非常困难的吗？廷尉的建议是正确的。"

始皇帝将全国划分为三十六郡，郡设守、尉、监。百姓改称为"黔首"。天下欢聚宴饮。收集天下的兵器，集中到咸阳，熔铸成钟镰；又铸造十二个铜人，每个重达一千石，安置到宫廷当中。统一法律制度以及度量衡标准。规定车子两轮之间的距离相同。书写采用统一的文字。全国地域东到大海与朝鲜，西至临洮、羌中，南至门户朝北开的地区，北据黄河为屏障，顺阴山直达辽东。将天下豪富十二万户迁徙至咸阳。秦国各王的陵庙以及章台、上林苑都位于渭水南岸。秦国每消灭一个诸侯，就会将其宫殿描摹下来，在咸阳北坡上予以仿造，南临渭水，从雍门以东到达泾水、渭水交汇的地区，宫殿、空中栈道还有缭绕回旋的阁道接连不断。从诸侯国掳掠过来的美女、钟鼓，都安置到里面。

二十七年，始皇巡行到陇西、北地，抵达鸡头山，返回时路过回中。在渭水南面建造起信宫，不久将信宫改名为极庙，象征着天极星。从极庙修路通向骊山，又建造甘泉宫前殿，修筑甬道，从咸阳与其相连接。这一年，秦始皇赐予全国百姓爵一级。修建驰道。

二十八年，始皇向东巡行各郡县，登上邹峄山。竖立石碑，和鲁地的一些儒生商量，刻写石碑来颂扬秦朝的功德，又讨论封禅以及望祭山川的事。始皇帝于是登上泰山，竖立起石碑，积土成坛，祭祀上天。下山时，忽然出现风雨，始皇停留在一棵树下躲避风雨，因此将这棵树封为五大夫。又到梁父辟地为基，祭祀大地。在所立的石碑上刻辞留念，碑文说：

皇帝继位，创立制度，申明法令，臣下职权严整。二十六年，开始兼并诸侯，天下没有不顺从的。亲自巡视远方百姓，登上泰山，遍览最东侧的疆域。随从的臣属回忆经过的道路，探求事业的来龙去脉，恭敬地颂扬秦的功德。治国的方法得到了贯彻与执行，各项生产安排都很适宜，都有一定规则。伟大的道义显得美好而光明，想要

秦始皇本纪

一八五

流传后世，继承下来，不可改变。皇帝本身是神圣的，已经平定天下，依旧坚持不懈地治理国家。早起晚睡，谋求国家更长远的利益，尤其重视对臣民的教导。关于治国的教诲与法则传播到四方，远近之地都得到了治理，完全接受皇帝的神圣意志。贵贱等级很分明，男女都能依礼行事，谨慎地遵守各自职责。明显使内外有别，所有人都感到清静而纯洁，这种情况能够延续给子孙后代。教化所及，无穷无尽，遵循皇帝所遗留下来的诏令，永远继承这一重要告诫。

于是沿渤海向东行进，途经黄县、腄县，攀上成山的最高点，登上芝罘顶峰，树立起石碑，颂扬秦朝的功德，然后离去。

向南登上琅琊，极为高兴，在这里停留三个月。将三万户百姓迁徙到琅琊台下，免除这里十二年的徭役。修建琅琊台，立碑刻辞，颂扬秦朝的德业，表明自己符合天下的意志。刻辞说：二十八年，刚开始当皇帝。制定了公正的法制，这是天下万物都要遵守的准则。以此来明确人与人之间的关系，使得父子同心协力。皇帝神圣明智而仁义，清楚一切事物的道理。向东巡视东部地区，检阅士卒。巡视已结束，就来到海边。皇帝的功勋，在于辛勤地为国家的根本大事操劳。重农抑商，使百姓富裕。全国上下，全心全意。器物有着一致的标准，书写文字得以统一。凡是日月所照耀到的地方，舟车所能抵达的地方，都能完成皇帝的命令，他所作所为全都符合天下意志。只有皇帝，依据适当的时机来办理事情。整顿不良风俗，跨越山水，不受地域的限制。优恤百姓，早晚都不会懈怠。消除疑虑，制定法令，大家都清楚要避免触犯刑律。郡守分别管理地方的政务，各项政务的处理方法都相当简单易行。采取的措施也恰如其分，全都整齐划一。皇帝圣明，亲自到四方进行巡视。尊卑贵贱，不超越等级。奸诈邪恶的现象不允许存在，百姓都力求做当一个正直而善良的人。大小事情务必全力以赴，不敢有所懈怠荒忽。无论远近，还是较为偏僻的地方，都一心要做到严肃庄重，正直忠厚，办事都遵循一定的规则。皇帝的德泽，安定四方。讨伐暴乱，消除了各类祸患，兴办好事，带来福祉。依据时令来安排各类事情，各种产品不断增多。百姓安宁，不再爆发战争。六亲相安，终身没遇到过盗贼。高兴地遵守国家教化，人人都通晓法律制度。天上地下，四面八方，全都是皇帝的领土。西边到流沙，南边以门朝北开的地方为疆界。东边有东海，北边越过大夏。人们足迹所到之处，没有不臣服的。功勋超过五帝，恩惠施及牲畜，人人都能得到皇帝的德泽，过上安定的生活。秦王统一了全国，确定了皇帝的称号，于是巡视东部地区，到达了琅琊。列侯武城侯王离、列侯通武侯王贲、伦侯建成侯赵亥、伦侯昌武侯成、伦侯武信侯冯毋择、丞相隗林、丞相王绾、卿李斯、卿王戊、五大夫赵婴、五大夫杨樛等陪同，他们与始皇在海边谈论秦朝的功德说："古

代称帝的人，领土只有纵横千里，诸侯各自固守自身的疆域，有些朝贡，有些不朝贡，彼此侵伐，为暴作乱，残杀不停，然而依旧会刻金勒石，记载自己的功业。古代的五帝、三王，所实行的智术教化都不同，法律制度不明确，借助鬼神的威势，来欺骗远方的百姓，实际情况与称号并不相符，所以国家的命运不长久。人还没死去，诸侯就已背叛了，法令无法推行。现在，皇帝统一四海之内，将全国都分成郡县，天下安宁而和谐。发扬光大宗庙的威能，服膺真理，广布恩德，名副其实地获取了皇帝的尊号。群臣一同颂扬皇帝的功德，铭刻于金石上，是后世的楷模。"

立石刻辞已结束，齐人徐市等人上书，声称海中有三座神山，名为蓬莱、方丈、瀛洲，仙人居住在那里。希望可以斋戒沐浴，与童男童女一起去寻求这三座神山。于是派遣徐市挑选出童男、童女数千人，前往大海当中去寻找仙人。

始皇返回时，路过彭城，进行祈祷，想要从泗水当中将周鼎打捞起来。让成千人潜入水里进行寻找，没能找到。于是就朝西南走去，渡过淮水，来到衡山、南郡。泛舟江上，前往湘山祭拜。遇上大风，几乎无法渡水上山。始皇问博士："湘君是什么神？"博士回答说："听说是尧的女儿，舜帝的妻子，死后被埋葬在这里。"于是始皇极为生气，让刑徒三千人将湘山上面的树木都给砍光了，全山露出了红色土壤。始皇从南郡取道武关回到咸阳。

二十九年，始皇向东巡游。抵达阳武博浪沙，被强盗惊吓。追捕强盗，没能抓获，于是命令全国大肆搜查十天。

始皇登上芝罘，镌刻石碑。碑文说：二十九年，春季的第二个月时，天气变得暖和。皇帝来到东方巡游，登上芝罘，面对大海。随从的臣属眼见如此美好的景色，回忆皇帝的丰功伟绩，追念统一全国的功业的始末。伟大的皇帝开始治理全国，制定出法律制度，彰明纲纪。对外教诲诸侯，普施教化，广布惠泽，阐明道理。六国诸侯奸诈邪僻，贪婪乖戾，欲壑无厌，残虐杀戮，没有休止。皇帝哀怜百姓，就调遣大军，奋武扬威。发动正义的讨伐，采取诚信的行动，武威光耀，远播四方，无人不降服。消灭了强暴势力，拯救百姓，安定天下。普遍推行严明的法制，治理天下，使其成为永久的准则。伟大啊！普天之下，都能够遵循皇帝的神圣意志。群臣赞颂皇帝的功勋，请求将其镌刻到石碑之上，记载下来，作为永传后世的法则。

东面台阁处的石碑刻辞：二十九年，皇帝在春天外出巡游，视察远方。来到海边，登上芝罘，面对初升的朝阳，观望辽阔而秀丽的景色，随从的臣属都追忆往事，回忆曾经走过的道路是极为光明的。英明法治最早施行时，就对国内的坏人坏事予以清理，对外讨伐强暴的敌人。军威远播，四方震动，消灭六国，俘获其国君。开拓领土，统一天下，消除了各种战乱祸患，永久终止了战争。皇帝圣德明智，治理国家，处理政务，从来没有半点儿懈怠。创立重大的法律制度，明确设定统一的标准器用，都拥有一定的规则。有职之臣都遵循本分，清楚自己应当做些什么，事情没有值得猜疑之处。百姓发生了变化，远近之地都有着统一的制度，是自古以来最好的时代。每人已确定了固定的职务，子孙后代可以循守其旧业，永远继承这一英明的政治。群臣赞颂皇帝的恩德，恭敬地赞扬其伟大的功业，请求在芝罘山上立碑。

不久，就前往琅邪，从上党返回咸阳。

三十年，没有发生较为重大的事情。

三十一年十二月，将腊祭改称"嘉平"。赏赐百姓每里六石米与两只羊。始皇易服出行咸阳，有四个武士跟随，夜间出来时，在兰池遇到盗贼，被盗贼所逼迫。武士杀掉了盗贼，在关中大肆搜查二十天。粮价一石涨到一千六百钱。

三十二年，始皇前往碣石，派燕地人卢生寻访羡门、高誓。在碣石上刻辞。摧毁城郭，挖通了堤防。

城门刻辞说：调遣军队，诛伐无道，为暴作逆之人已经被消灭了。用武力平息暴乱，以文治来保护没有罪的人，全国上下都人心归服。加恩论叙有功之人的功劳，连牛马都获得了赏赐，恩惠润泽大地。皇帝为此奋武扬威，依靠正义的战争灭掉诸侯，首次统一全国，天下从此太平。拆毁六国的城郭，挖通河堤，铲平险阻。地面上的各种军事障碍都已经被夷平，百姓不再服徭役，天下就此安定。男子很高兴地耕种土地，女子从事家庭手工，各项事业都井然有序。各项生产都承蒙皇帝的惠泽，当地的农民还有外来的农民，全都安居乐业。群臣颂扬皇帝之功绩，请求镌刻这一块石碑，为后世作为垂范。

派韩终、侯公、石生访求仙人求取长生不死之灵药。始皇巡行到北方边境，从上郡返回咸阳。燕地人卢生被派到海中寻求仙人回来了，因为朝始皇报告鬼神之事，就借机献上所抄录的图书，上面提及"灭亡秦朝的是胡"。始皇于是派将军蒙恬带兵三十万人，向北进攻胡人，攻占河南地带。

三十三年，征发曾逃亡的犯人、入赘女家的男子、商人进攻陆梁地区，设置桂林郡、象郡、南海郡，将犯罪应当流放的人派去戍守。在西北方驱逐匈奴人。从榆中沿黄河向东，直到阴山，在这一区域设置了四十四个县，在黄河附近修建要塞。又派蒙恬渡黄河占领了高阙、阳山、北假地带，修筑亭障来驱逐戎狄。迁徙罪犯，安排他们居住到刚刚建立的县邑中。禁止民间进行祭祀。彗星出现于西方。

三十四年，贬斥那些听讼断狱不公正的官吏，让他们去修建长城与戍守南越地区。

始皇在咸阳宫设宴，七十个博士前来敬酒祝寿。仆射周青臣颂扬皇帝说："过去秦国的疆域不超过一千里，依靠陛下的圣明，平定了天下，驱逐蛮夷，太阳与月亮所能照耀到的地方，没有不臣服的。将各国的领土设置为郡县，人人都能安居乐业，没有战争的忧患，这功业可以流传万世，从远古以来，没人可以及得上陛下的威德。"始皇非常高兴。博士齐人淳于越进谏说："我听说殷周称王天下千余年，分封子弟与功臣，作为自己的辅助。如今，陛下拥有天下，而子弟却不过是平民，偶然出现田常、六卿一类的臣属，无人辅佐，依靠什么来挽救天下呢？事情不效法古代而可以长治久安的，我从来没有听过。如今青臣当面阿谀，以加深陛下的过错，不是忠臣。"始皇将他们的争论交给臣子讨论。丞相李斯说："五帝的制度彼此并不重复，三代的制度不互相因袭，却都能治理天下，不是后代必须要与前代相同，这是时代变化的缘故。现在，陛下开创了伟大的事业，建立万世不朽的基业，原本就不是愚蠢的读书人可以理解的。况且淳于越说的又是三代时期的事情，有什么值得效法的呢？从前诸侯竞争，以优厚的待遇招揽游学之人。如今天下已平定，颁布了统一的法令，百姓在家努力进行农业生产及家庭手工业，士人则去学习法律与禁令。现在，这些读书人不去向现实学习，而去模仿古代的制度，来指责诽谤当世，惑乱民心。丞相李斯冒死进言：古代全天下都很散乱，没人可以统一，因此诸侯并起，说话全都是称道、援引古人，为害如今，矫饰虚言而扰乱名实，人们只欣赏自己私下所学到的知识，指责朝廷所设立的制度。当今皇帝已统一天下，分辨清楚是非黑白，一切都决定于皇帝一人。可是私学却都在非议法令，教化人们听到有律令下达，就各自依据自己所学加以议论，入朝就在内心当中指责，出朝就到街巷中谈议，在君主面前夸耀自己以获得名利，追求奇异的说法以便抬高自己，在民众当中带头制造诽谤的言语。像这样却不加以禁止，在上，则君主的威势会下降，在下，朋党的势力就会形成。臣认为禁止这些行为是合适的。我请求让史官将并非秦国的典籍全部焚毁。除博士官署所掌管的以外，天下胆敢收藏《诗》《书》、诸子百家著作的，全都送到地方官那边去一起烧掉。有敢聚在一起谈议《诗》《书》的处死示众。以古非今的人要族灭。官吏知情而不加以检举的，与他同罪。命令下达三十天内不去烧掉书籍的，就在脸部刺字，成为刑徒，罚四年筑城劳役。只有医药、卜筮、农林方面的书籍不予烧毁。如果想要去学习法令，可以前往官吏那里进行学习。"始皇下达命令："可以据此办理。"

三十五年，开辟道路，通国九原，直抵云阳，挖山填谷，修建出一条笔直的大道将各地连接起来。始皇觉得咸阳的人口众多，先王的宫廷显得狭小，听说周文王建都丰，武王建都镐，丰镐之间，为帝王都城之所在。于是就在渭水南岸的上林苑当中修建的朝宫。首先建造出前殿阿房宫，东西各有五百步，南北达五十丈，殿堂上能够坐一万人，殿堂顶下能够竖立起高达五丈的旗帜。周围环绕架设起阁道，从殿下直达南山。在南山的山顶上修建起标志，作为门阙。在空中架设起道路，从阿房宫渡过渭水，与咸阳相连，以此代表天上阁道越过天河直抵营室。阿房宫还没有完工；完工后，准备另选一个好的名字来称呼它。在阿房建造宫殿，因此天下都称它为阿房宫。刑徒七十多万人被分为几批，负责营造阿房宫，或去修建骊山的工程。挖运北山的石头，运输蜀地、荆地的木材，都集中到这里来。关中共计有宫殿三百座，关外则有四百多座。于是在东海附近的朐县境内竖立起石碑，作为秦国的东门。迁徙三万户居住在郦邑，五万户居住在云阳，都免除他们十年的徭役。

卢生劝告始皇说："我和其他人去寻找各种灵芝奇药还有仙人，难以遇上，似乎是有东西在伤害它们。我们心想，皇帝要时常秘密出行以便驱逐恶鬼，恶鬼躲开了，神仙真人才会到来。皇上居住的地方假如让臣子们知道，就会妨碍到神仙。真人是入水不会被沾湿，入火不会被烧伤的，可以乘驾云气四处遨游，寿命却与天地共久长。如今皇上治理全天下，还没能达到清净恬淡的境界。希望皇上所居住的宫室不要让别人知道，这样，不死之药或许可以找到。"于是始皇说："我羡慕神仙真人，我自己就自称'真人'，不再称'朕'了。"于是下令咸阳周围二百里内的二百七十座宫观都使用天桥、甬道彼此连接起来，将帷帐、钟鼓与美人都安置到里边，全部依照所登记的位置不允许移动。皇帝所到之处，如有人说出去，就会被判处死刑。有一次，皇帝驾临梁山宫，从山上看到丞相的随从车马非常众多，很不高兴。宦官近臣当中有人将这件事告诉丞相，丞相此后就减少了车马的数目，始皇很生气地说："这是宫里有人泄露了我的意思。"经审问，没人认罪，就下诏将当时跟随在自己身边的人抓起来，全都杀掉。从此往后，再无人知道皇帝行踪。处理事务，群臣接到命令，全都在咸阳宫里进行。

侯生、卢生一同商量："始皇的为人，天性粗暴而凶狠，自以为是，他出身于诸侯，统一天下，诸事顺心如意，为所欲为，认为从古到今没人可以比得上他。他专门任用管理刑狱的酷吏，酷吏们都受到亲近与宠幸。博士尽管有七十人，但只不过是虚设之人。丞相与诸位大臣都只是接受已经决定好的命令，依靠皇上的旨意办事。皇上喜欢用重刑、杀戮来显示王者的威严，官员们都害怕会获罪，都想保住禄位，所以没人敢真正为国竭诚尽忠。皇上不清楚自己的过错在哪里，因此一天比一天骄横。臣子们害怕，专事欺骗，屈从讨好皇帝。秦法规定，一个方士不可以兼有两种方术，如果方术不能够应验，就会被处死。然而占候星象云气来观测吉凶的人多达三百人，全都是本

史记精华本

领高强的方士，然而由于害怕获罪，就得避讳并奉承，不敢说出皇帝的过错。天下事不管大小都由皇上来决定，皇上甚至用秤来对各种写有文件的竹简称量重量，日夜都有定额，阅读达不到定额，就不会去休息。贪恋权势到了这种地步，不能帮他寻找仙药。"于是就逃走了。始皇听说侯生、卢生逃走，很气愤地说："我过去收取天下的书籍，不合时用的就全都烧毁，召集了许多文学方术之士，想要让国家太平，这些方士准备靠炼丹得到奇药。现在听说韩众离去后始终不回来复命，徐市等人耗费巨万，最后还是没找到仙药，只是每天传来一些为奸谋利之事。我对卢生等人非常尊敬，赏赐丰厚，如今诽谤我，来加重我的不仁。在咸阳的很多儒生，我派人去查问，有的制造怪诞邪说来蛊惑百姓。"于是派御史去审问儒生，儒生辗转告发，就可以免除自己的罪。触犯法禁的有四百六十多人，全部在咸阳杀掉，使全国都得知这件事，借以警诫后人。调发更多的徒隶去戍守边境。始皇长子扶苏劝告："天下刚被平定不久，远方百姓尚还没有安定，儒生都学习并效法孔子，现在您以严厉的刑罚治理他们，我担心天下会因此动乱。希望您明察此事。"始皇非常生气，派扶苏前往北方的上郡去担任蒙恬的监军。

三十六年，荧惑接近心宿。有一颗星坠落到东郡，到地面变成石头，百姓当中有人在这块石头上刻上"始皇帝死而地分"的字样。始皇听说此事，派御史对当地百姓挨个审问，没有人认罪，于是将在石头附近居住的人全部抓起来杀掉，就用火焚毁了这块石头。始皇对此闷闷不乐，让博士创作《仙真人诗》，还记录了始皇帝出行巡游天下的情况，传令乐工弹唱。秋天，有使者从关东来，夜间路过华阴平舒道，有人手拿璧玉拦住使者说："为我送给滈池君。"又说："今年祖龙会死去。"使者问他这是什么原因，这个人忽然不见了，留下其璧玉走了。使者向始皇献上璧玉，讲述了事情的所有经过。始皇很长时间都沉默无语，后来说："山野的鬼怪仅仅能知道一年之内的事情。"退朝后又说："祖龙为人类的先祖。"让御府查看这块璧玉，竟然是二十八年出行渡江时沉到水里的那块璧玉。于是始皇命人占卜吉凶，卦象是巡游迁徙就能够吉利。于是始皇帝迁徙三万家到北河、榆中，赐给爵位一级。

三十七年十月癸丑，始皇外出巡游。左丞相李斯跟随，右丞相冯去疾留守。始皇的小儿子胡亥非常羡慕，请求跟着始皇帝一起去，始皇答应了他。十一月，众人走到云梦，朝九嶷山方向祭祀虞舜。浮江而下，观览籍柯，渡过江渚。途经丹阳，抵达钱塘。在浙江岸边，望见波涛汹涌，就向西走了一百二十里，从江面较为狭窄的地方渡了过去。登上会稽山，祭祀了大禹，又望祭南海，竖立起石碑，刻辞颂扬秦朝的功德。碑文说：

　　皇帝建立丰功伟绩，统一天下，德惠深远。三十七年，亲自巡行全国各地，周游观览遥远之地。于是登上会稽山。视察当地的风俗习惯，百姓都非常恭敬。群臣颂扬皇帝的功德，回顾其创业时的事迹，追溯决策的英明。秦国伟大的皇帝君临全天下，开始确定各种刑法制度，明白地宣布规章。首次统一了处理政务的原则，审定与区分官吏的职权，借以建立长久不变的制度。六国的诸侯王独断专行，没有信用，贪婪乖张，傲慢凶猛，拥众称霸。他们暴虐纵恣，依靠武力，骄狂自大，屡次发动战争。做间谍的使者暗中彼此联系，合纵抗秦，行为邪僻而放纵。在内掩饰阴谋诡计，对外则侵犯秦国边境，因而带来灾难。皇帝出于正义，以武力讨伐他们，平息暴乱，诛灭乱贼。圣德宏大而深厚，天地四方都接收了皇帝的无限恩泽。皇帝统一天下，日理万机，远近都政清民静。运筹与治理天地之间的万物，考察事物的实际情形，分别记录它们的名称。不论是尊贵的人，或是卑贱的人，都能够洞察他们的活动，好事坏事全都摆在面前，没有隐瞒情况。纠正人们的过错，宣扬大义，有儿子而要改嫁他人，就是背弃了离世的丈夫，不守贞操。将内外全都隔离开来，禁止其纵欲放荡，男女要洁身诚实。身为丈夫与别人的妻子通奸，杀掉他也没有罪，这样，男人才可以遵守道德。身为妻子的跑掉另嫁，儿子不能承认她是母亲，这样人们都会被廉洁的风气所感化。进行大规模整顿，荡涤不良风俗，天下百姓都接受文明的社会风尚，得到良好的治理。人们都能够遵纪守法，和睦平安，敦厚勤勉，没有人敢不服从国家法令。百姓德修品洁，人人都很高兴地遵守着统一的规定，欢乐地保持太平局面。后世非常认真地奉行法治，就可以无限期地长治久安，车船不会倾覆，国家稳定。随从的大臣颂扬皇帝的功业，请求镌刻这样一块石碑，使这美好的记载光垂后世。

　　返回时途经吴县，乘船渡江。沿着海边北上，抵达琅邪。方士徐市等人到海里寻找神药，几年都没能找到，耗费众多钱财，害怕被谴责，就欺骗始皇说："蓬莱的神药是能够得到的，然而被大鱼袭击，所以无法抵达蓬莱，希望派出一些擅长射箭的人同我们一起去，大鱼出现就用连弩射死它。"始皇梦境当中与海神交战，海神的样子像人一样。询问占梦的博士，博士说："水神是无法看到的，它的到来是以大鱼及蛟龙为征象。现在陛下祷告与祭祀周到而恭谨，却出现这样一个凶恶的海神，应当将它铲除，然后善良的神灵就可以到来。"于是让出海的人携带捕获大鱼的工具，而军士使用连弩，等待大鱼出现时就射死它。从琅邪向北到达荣成山，没有发现大鱼。到了芝罘，看见大鱼，射死了一条。于是沿海西行。

　　到了平原津，始皇帝病了。始皇厌恶说死，群臣没有人敢提死的事。始皇的病不断加重，于是就写了一封盖有皇帝玺印的诏书送交公子扶苏，说："回来参加我的丧

礼，一起在咸阳将我安葬。"诏书已经加封，放在中车府令赵高办理诏书文件加盖印玺与发送事宜的地方，还没有送交负责传递的使者。七月丙寅，始皇死在沙丘平台。因为始皇死在外地，丞相李斯害怕始皇的那些儿子还有国内百姓有造反的，就封锁了消息，不举行丧事。将棺材装到辒辌车中，原本亲近的宦官陪乘，所到之地，依旧送上饭食。百官与过去一样上奏国事，宦官从辒辌车当中批准他们所奏请之事。仅有始皇的儿子胡亥、赵高

●秦陵兵马俑

及五六个亲信宦官知道始皇已死。赵高过去曾教胡亥学习文字及刑狱法律，胡亥私下与他关系密切。赵高就同公子胡亥、丞相李斯一起搞阴谋诡计，毁掉了始皇封好的要送给公子扶苏的诏书，而另外谎称丞相李斯在沙丘接受了始皇的遗诏，立胡亥为太子。又另外写了一封诏书送给公子扶苏、蒙恬，历数其罪状，命他们自杀。这些事情全都记载在《李斯列传》当中。胡亥等人继续前行，从井陉到九原。正赶上夏天，始皇的辒辌车当中散发臭味，就命令随从官员每车都载上一石渍鱼，用来掩盖始皇尸体的气味。

　　胡亥等人从直道返回咸阳后，宣布始皇去世的消息。太子胡亥继承帝位，为二世皇帝。九月，将始皇埋葬在骊山。始皇刚继位时，就在骊山开山凿洞，修建陵墓，等到统一全国，将天下各地的七十多万刑徒送到骊山，又将隧洞一直挖到涌出地下水的地方，用铜封洞，然后将棺材安放在其中，仿制的宫殿、百官以及各种珍宝都放置在其中，装得满满的。让工匠制造出带有机关的弩箭，有人掘墓靠近墓室时就会自动向目标放箭。拿水银做成千川百溪以及江河大海的样子，利用机械互相灌注流通于墓中，墓中各种天象齐备，下面有地上的景象万千。利用人鱼的脂肪作为燃料，可以在很长的时期内不熄灭。二世说："先帝后宫当中的姬妾没有生孩子的，放出宫并不适宜。"于是将她们全都殉葬，死去的人非常多。已经将始皇埋葬后，有人认为工匠和奴隶会泄露墓中的机密，所以在葬礼结束后，封藏了墓室当中的随葬品，又将当中的墓道给封闭起来，放下了最外面一段墓道上面的大门，将工匠、奴隶全都关死在里面，没有一个人可以逃出去。在墓的四周种植草木，看起来犹如小山一样。

二世皇帝元年，二世此时二十一岁。赵高担任郎中令，掌控国家权力。二世发布诏令，增多始皇陵庙当中的祭牲，还有对山川等各类祭祀的礼仪。让群臣讨论如何才能尊崇始皇庙。群臣都跪下磕头说："古代时，天子有七庙，诸侯有五庙，大夫有三庙，太祖庙就算是万世之后都不会废除。现在始皇为极庙，四海之内都应当献上本地贡品，增加祭牲的数量，祭礼都非常完备，没有什么能够增加的。先王庙有的位于西雍，有的位于咸阳。按照天子的礼仪来说，应当亲自手拿酒爵去祭拜始皇庙。自襄公以下的诸庙都废除。所设置的庙总共有七座。群臣按礼仪进行祭祀，尊始皇庙为祖庙。皇帝依旧自称'朕'。"

二世与赵高商量："我年龄较小，继位不久，百姓还没有归附之心。先帝巡行各处郡县，来显示国力强大，用武威压服天下。如今安然不动，不外出巡游，就会显得软弱无力，这样是无法统治天下的。"春天，二世向东巡行各个郡县，李斯跟随，到达碣石，沿海而行，向南抵达会稽，又在始皇所立刻的石碑上全部刻写文字，石碑旁边还刻上了随从大臣的名字，用来彰显先帝取得的功绩及隆盛的德业。

皇帝说："这些金石刻辞全都是始皇帝镌刻的。如今我继承了皇帝的称号，而这些金石刻辞没有称始皇帝，等到天长日久，似乎是后来嗣位的人刻写的，这与始皇帝所获得的功绩与隆盛的德业是彼此不相称的。"丞相李斯、大臣冯去疾、御史大夫臣德冒着死罪说："臣下请求将诏书全部刻到石碑上，这样就明晰了。臣下冒死罪来提出这一请求。"二世下令："可以。"二世走到辽东后就返回了。

这时二世采纳赵高的提议，申明法令。私下与赵高商量："大臣都不顺服，官吏的势力也很强大，那些公子们必定会和我争权，应当怎么办呢？"赵高说："我原本就想说，但没敢说。先帝的大臣，都是来自几代素有名望的权贵之家，累世拥有功勋，代代相传，为时已久。我赵高向来卑微低贱，现在陛下亲近提拔我，使我的官位居上，掌管宫中的事务。大臣们为此怏怏不乐，仅仅是表面上顺从我，实际上他们心中并不服气。现在您外出巡行，为何不趁着这个时机，查究郡县守尉，有罪的就将其处死，上可威震天下，下能铲除您平时对其不满的人。当今这个时代，不能学习文治，而是依靠武力来决定一切，希望陛下顺从时势，不可以犹豫不决，而群臣还来不及策划谋反。您这英明的君主能够收揽起用遗民，低贱的使其高贵，贫穷的让他富有，疏远的就与他亲近，那就能够上下和睦，国家安定。"二世说："很好。"于是屠戮大臣与公子们，假借罪名互相株连，逮捕地位较低的近侍与三署郎官，没人能保住官位，将六个公子处死于杜县。公子将闾兄弟三人被囚禁于宫中，最后审议其罪行。二世派使者对将闾下令："你没有大臣的样子，按所犯罪行应处死，法官将给予你法律的制裁。"将闾说：

"宫廷当中的礼仪，我从没不服从司仪的指挥；朝廷上面的位次，我从未敢违背礼节；承命回答问题，我从来不敢在词语上出现差错。为什么说我没有大臣的样子呢？希望知道我的罪行后再死。"使者说："我无法参与谋划，只是奉诏办事。"将闾仰面连声大呼上天，大喊："天哪！我没有罪！"兄弟三人都流泪不止，拔剑自杀。宗室为之震动，都感到恐惧不安。群臣进谏的都被认为是诽谤朝廷。大臣拿着俸禄，谄媚讨好，百姓惊恐不安。

四月，二世返回咸阳，他说："先帝由于咸阳的宫廷狭小，因此兴建阿房宫。殿堂还没能建成，先帝就逝世了，于是停止该工程，去骊山覆土筑陵。骊山的工程大体已完结，如今放弃阿房宫而不去完成，就是表明先帝做的事是错的。"又开始兴建阿房宫。对外安抚四方的夷狄，和始皇的策略相同。将健武的士卒五万人全都调来防守咸阳，让人教习射御。这些人还有蓄养的狗马禽兽，要吃掉很多粮食，估计储存的粮食不足以吃用，就向下面的郡县征调，把粮食草料运到咸阳，运送的人都必须自带粮食，咸阳三百里范围以内的百姓不可以食用这批粮食，拿去解决咸阳地区的缺粮问题。执法越发严苛。

七月，屯戍的士卒陈涉等人在以前的楚地起兵造反，建立了张楚政权。陈胜自封楚王，建都陈县，派遣将领攻占城市。山东各郡县的青年人受够了秦朝官吏的统治，都杀掉了当地的官员起来造反，响应陈涉，相互推立诸侯王，联合起来向西进兵，以讨伐秦朝为名，造反的人多得无法计数。使者出使东方回来，将天下到处有叛乱的事报告给二世。二世极为气愤，将使者交给了狱吏治罪。后来的使者返回，二世询问他外面的情况，使者回答："不过是一群盗贼，郡守、郡尉在抓捕，现在已经全都抓获了，不值得为之担忧。"二世非常高兴。武臣自封赵王，魏咎自封魏王，田儋自封齐王。沛公在沛县起义。项梁在会稽郡起兵。

二年冬天，陈胜派遣周章等将领向西进兵，抵达戏水，有几十万军队。二世极度震惊，与群臣商量对策："怎么办呢？"少府章邯说："盗贼已来到这里，兵多势大，现在调发周边县城的军队已来不及了。骊山的刑徒非常多，希望能够赦免他们，配发兵器，让他们攻击盗贼。"于是二世大赦天下，派章邯为将，击败了周章的军队，周章逃走，章邯在曹阳杀掉了周章。二世又加派长史司马欣、董翳协助章邯攻击盗贼，在城父杀掉陈胜，在定陶击败项梁，在临济消灭魏咎。楚地的盗贼中有名的将领都死了，章邯就北渡黄河，在巨鹿攻击赵王歇。

赵高告诉二世："先帝统治天下的时间非常长，所以群臣不敢胡作非为，向先帝提出邪说。如今陛下正是年轻之时，刚刚继位，怎么能和公卿大臣在朝廷上决定事情呢？如果事情出现了差错，就将自己的短处暴露给臣下了。天子自称朕，原本群臣就不应当能听到天子的声音。"于是二世时常住在宫中，与赵高决断各类政务。此后，公卿大臣很少有朝见皇帝的机会。盗贼越来越多，关中的士卒被调遣到东方，去进攻盗贼的一批接一批。右丞相冯去疾、左丞相李斯、将军冯劫进谏："关东成群的盗贼一起造反，我们出兵讨伐，消灭了很多，然而盗贼依旧没被平息。盗贼如此多，都是由于屯戍边地、水路运载、陆路转输及大兴土木等各类徭役使百姓太过劳苦，赋税太过沉重。希望暂停阿房宫的修建，减少四方边境的屯戍以及运输任务。"二世说："我从韩非那里听说：'尧、舜的栎木屋橡不进行整治，茅草屋不进行修葺，吃饭用的是土碗，喝水用的是瓦盆，就算是供给看守城门的人的吃食与用品，也不必俭朴到这一程度。禹开凿龙门，使得大夏为之畅通，修治河道，疏导积水，引导其流入大海，亲自手拿筑墙的杵及挖土的锹，两条腿整天泡在泥水当中，小腿上面的毛都掉光了，奴仆的劳苦程度也不过如此。'凡是尊贵而掌握天下的人，应当能够随心所欲，为所欲为，重点在于宣明法治，下面的臣民都不敢胡作非为，以此才能统治天下。像那虞、夏那样的君主，贵为天子，却处于穷苦的状态，顺从百姓，这还有什么法治呢？我贵为万乘之君，却没有万乘的实权，我要制造一千乘的车驾，设置一万乘的随从，来符合我的万乘之君的身份。而且先帝奋起于诸侯，兼并天下，天下已然安定，对外抗御四方的夷狄，使得边境安宁，兴修宫殿，以彰显自己的得意之情，你们看到先帝功业的开始与发展。如今在我继位的两年间，成群的盗贼并起，各位无法加以禁绝，又准备废弃先帝所做的事情，这是对上无法报答先帝，其次也是没有对我尽忠竭力，凭什么拥有现在的职位？"将冯去疾、李斯、冯劫交给狱吏加以因禁，审查追究他们的各种其他罪行。冯去疾、冯劫说："将相不能受到侮辱。"自杀而死。李斯最后被监禁到狱中，承受了各种刑罚。

三年，章邯等人率领军队包围了巨鹿，楚国上将军项羽率领楚国士卒前去援救巨鹿。冬天，赵高成为丞相，彻底地审讯了李斯，杀死了他。夏天，章邯等人多次打败仗、后撤，二世派人斥责章邯，章邯心中感到恐惧，派长史司马欣前去请示。赵高不肯接见他，也不信任他。司马欣非常害怕，就逃走了。赵高

●秦二世陵

史记精华本

派人前去追捕，没能追上。司马欣见到章邯说："赵高在朝廷中已经操纵了大权，将军有功会被杀，无功也会被杀。"项羽迅速进攻秦军，俘虏秦将王离，章邯等人就率军投降了各诸侯。八月己亥，赵高准备作乱，害怕群臣不肯服从他，就预先进行一个试验，拿一只鹿献给二世，说："这是一匹马。"二世笑着说："丞相弄错了吧？将鹿说成马。"赵高询问周围的大臣，大臣们有的缄默不语，有的说是马，来迎合赵高。有的人则说是鹿，赵高就假借法律暗中陷害那些说是鹿的人。后来，大臣们都非常惧怕赵高。

赵高过去多次说"关中的盗贼不会有作为"，等到项羽在巨鹿俘获秦军将领王离等人，继续向前进攻，章邯等人的军队屡次败退，上书请求增兵，燕、赵、齐、楚、韩、魏都有人自立为王，函谷关以东的地区，几乎都背叛了秦朝官吏，响应各路诸侯，诸侯们率领军队向西推进。沛公率领几万人屠戮了武关，派人与赵高勾结。赵高害怕二世会为此发怒，遭到杀身之祸，就推说自己生病，不去朝见皇帝。二世梦到有白色的老虎咬他车驾的左侧的那匹马，最后马被老虎咬死了。二世感到闷闷不乐，觉得奇怪，就去问占梦的人。占梦的人占卜之后说："泾水的水神正在作祟。"于是二世在望夷宫进行斋戒，准备祭祀泾水的水神，将四匹白马沉入水中。派使者将有关盗贼的事去指责赵高。赵高感到很恐慌，就暗中与他的女婿咸阳令阎乐、他弟弟赵成商议："皇帝不听从劝告，如今事情已危急，想要嫁祸到我们家族头上。我准备废掉二世，另立公子婴为皇帝。公子婴仁爱而俭朴，百姓都听从他的话。"赵高派郎中令当内应，欺骗他说有一大群盗贼进宫了，命令阎乐让官吏发兵追击，又劫持阎乐的母亲，安置到赵高家里，逼迫阎乐听从自己。赵高派阎乐率领吏卒一千多人来到望夷宫的殿门，把卫令仆射捆起来，说："盗贼跑到了这里，为什么不进行阻止？"卫令说："四周墙垣当中的庐舍里都有士卒，防卫极为严谨，盗贼怎敢闯到宫内？"阎乐就杀害了卫令，带领吏卒冲入宫内，一边走，一边放箭，郎官与宦者极为惊慌，有的逃窜，有的冲上去搏斗，搏斗的人都被杀死，死了几十个人。郎中令与阎乐一同进入二世的住处，用箭射向二世休息的帷帐。二世大怒，叫来侍从，左右的侍从人员都感到惶恐，不上前搏斗。身边有一个宦官，陪侍二世，不敢离开。二世逃入室内，对陪侍的宦官说："你为什么不早点告诉我？如今居然到了这种地步？"宦官说："我不敢说，所以才可以保住性命。假如我早说了，就已经被杀，哪里能够活到现在呀？"阎乐上前走到二世面前，列举其罪状说："你骄横纵恣，屠杀吏民，无道昏君，天下百姓共同背叛了你，你自己作打算吧。"二世说："我可以与丞相见面吗？"阎乐说："不可以。"二世说："我希望得到一个郡，当一郡之主。"阎乐不答应。又说："我愿当万户侯。"阎乐依旧不答应。

二世说："希望与妻子儿女都变成平民百姓，与那些公子们一样。"阎乐说："我受命于丞相，为天下的百姓处死你，尽管你说了很多话，我不敢向丞相进行报告。"阎乐指挥其士卒向前进击。二世自杀。

阎乐回来向赵高报告，赵高就将很多大臣与公子都召集起来，告诉他们杀掉二世的情况。赵高说："秦原本是一个诸侯国，始皇君临天下，因此号称皇帝。现在六国又都分别建立了政权，秦国的领地日益缩小，竟依旧称帝，空有其名，这是不行的。应该像过去一样称王，这样才相对适宜。"就立二世哥哥的儿子公子婴为秦王。用百姓的礼仪将二世埋葬到杜县南面的宜春苑当中。赵高让子婴斋戒，前往宗庙参拜祖先，接受秦王的印玺。

斋戒五天后，子婴与两个儿子商量："丞相赵高在望夷宫杀掉了二世，害怕群臣回来诛伐他，就假借大义之名，立我为王。我听说赵高与楚军约定，由他来消灭秦国的宗室，在关中地区称王。现在让我斋戒，参拜祖庙，这是打算在祖庙杀死我。我就称病不去，丞相一定会亲自来我这里，他来了就杀死他。"赵高派出好几批人去请子婴，子婴就是不去，赵高果然亲自来了，说："国家大事，您怎么可以不去？"子婴就在斋戒的宫室当中刺死赵高，将赵高的三族全部处死，并在咸阳示众。子婴当了四十六天的秦王，楚将沛公打垮秦军，进入武关，行至霸上，派人去让子婴投降。子婴就以丝带系住脖子，白马素车，手捧天子印玺与符节，在轵道旁投降。于是沛公进入咸阳，封闭了宫室与府库，回军霸上。一个多月后，各路诸侯的军队赶到，项羽作为诸侯联军的领袖，杀死子婴与秦国的宗族。屠毁咸阳，焚烧宫殿，俘虏秦国子弟及妇女，将珍宝财物都搜刮到一起，诸侯们共同将其瓜分了。消灭秦国之后，将其土地分成三部分，封了三个王，名为雍王、塞王、翟王，号为三秦。项羽自封西楚霸王，负责分封天下的各个诸侯王，秦朝最终灭亡了。过了五年，汉朝统一全国。

太史公说：秦国的祖先伯翳，曾经在唐、虞之时建立功勋，分封获得土地，被赐予嬴姓。等到夏、殷之间，势力衰微。等到周朝没落，秦国得以兴起，在西部边陲建筑了城邑。从秦穆公以来，逐渐蚕食诸侯，统一事业最终由始皇完成了。始皇自认功劳超过五帝，疆域超过三王，耻于与三皇五帝相提并论。

贾生的论述很好。他说：秦兼并了各个诸侯国，在山东设置三十多郡，缮治津渡与隘口，占据险隘及要塞，训练军队，防守险要之地。然而陈胜带领几百个散乱的戍卒，振臂高呼，不用弓戟之类的兵器，只用锄头、木棍，走到哪里，吃到哪里，纵横天下。秦人虽有险阻而无法固守，有关隘、要道而不能封锁，有长戟而无法刺杀，有强弩而无法发射。张楚的军队深入秦国腹地，在鸿门进行作战，像越过篱笆一样轻易。

史记精华本

于是山东之地大乱，诸侯并起，豪杰俊士互相推立为王。秦国派章邯率军东征，章邯在外利用属下的军队相要挟，猎取私利，图谋其君王。群臣之间不讲信用，从这里就能够看出来了。子婴被立为王，最终也没能醒悟。如果子婴拥有一般水准的君主能力，只要得到中等才能的辅佐大臣，山东尽管群起叛乱，秦国的故地还是能够保全的，宗庙祭祀也不会就此断绝。

秦地有山河之险，地势险固，是四周都有着屏障与要塞的国家。从秦穆公以来，至秦王时，先后有二十多位君主，时常称雄于诸侯。这难道是秦国世世代代的君主都是贤明的吗？那是它的地理特点所造成的。而且天下曾同心协力攻打秦国。在这时，贤人智者会聚，优秀的将领统率大军，贤明的宰相彼此交流谋略，然而被险峻的地形所阻隔，无法前进。秦就给他们打开关门，引诱敌人深入，进行战斗，于是六国百万大军败逃，土崩瓦解。这难道是武力与智慧不够吗？是地形不利，形势不便的原因。秦国将小城邑合并为大城市，在险阻的要塞驻军防卫，高筑营垒，不进行交战，封闭关口，占据险隘，持戟把守住这些重要的地方。诸侯都是从平民百姓当中崛起的，因为利益而彼此联合，他们的交谊并不算亲密，他们的下属还没有诚心来归附，表面上以灭秦为名，其实是图谋私利。他们看到秦国地势险阻，难以占据，必然撤军。秦让百姓得以休养生息，等待诸侯的衰败，收养贫弱，扶持疲困，来对大国诸侯发令，不怕在天下不得势。贵为天子，富有天下，而自己被抓去当俘虏，是因为他挽救败亡的策略不正确的缘故。

秦王骄傲自满，不能够虚心下问，因循错误而不能予以变革。秦二世继承了始皇帝的错误，沿袭不改，残暴凶虐，使得祸患更加严重。子婴势孤力单，没有亲附的人，地位岌岌可危，无人辅助。这三个君主终生都迷惑不悟，国家灭亡，不是应当的吗？在这时，世上并非没有深谋远虑、知权达变的人才，然而之所以不敢尽忠直谏，纠正君主的错误，是由于秦国的习俗当中有很多禁忌，忠诚的话还没说完，而自己已杀。所以天下的士人，侧耳听命，叠足而立，闭口不敢言。这三个君主失去了治国的基本原则，忠臣不敢直言规劝，智士不能出谋划策，天下已经大乱，邪恶的事情没人向君主进行报告，这难道不是太过可悲了吗？先王清楚上下壅塞蒙蔽，会导致国家利益受损，因此设置公卿、大夫、士，以整饬法令，建立刑罚，而让天下得以太平。国势强盛时，可以禁止残暴行为，讨伐叛乱，天下得以归服。国势弱小时，有五霸代替天子进行征讨，诸侯顺从。国势衰微时，内有所守，外有所附，国家能够存而不亡。秦国强盛时，法令繁密，刑罚相当严酷，天下为之震恐。等到它衰落时，百姓衔怨，天下叛离。周朝天子依次坚守治国的规律，所以在近千年时间里，国运不绝。秦朝本末俱失，因此国祚极短。由此看来，国家安危的基础差距太大了。

民间俗话说"前事不忘，后事之师"。因此具有道德修养的人来治理国家，体察远古时代的政治得失，考察当代人的所作所为，参酌人的因素，了解盛衰的缘由，明悉权力威势的恰当运用，取舍有一定的次序，变革有着适当的时间，所以历时久远，国家安定。

秦孝公据守崤山、函谷关这种坚固的地方，坐拥雍州，君臣坚守国土，窥视着周朝的政权，拥有席卷全国、统一天下、囊括四海的企图，吞并八方的心愿。在这时，商君辅佐秦孝公，对内建立法治以及各种制度，致力于耕织，整修攻守的武器，对外采取连衡的策略，使得诸侯彼此争斗，于是秦国人轻而易举地夺得了西河以外的土地。

孝公死后，惠王、武王继承其旧业，沿用其遗留下来的各类策略，向南兼并汉中，向西攻占巴、蜀，向东割取肥沃之地，获得了地势险要的郡县。诸侯为之恐惧，开会结成同盟，商量来削弱秦国的力量，不吝惜奇珍异宝以及肥沃的土地，用来招募天下的人才，合纵缔盟，互相结联合一起。这时，齐国有孟尝君，赵国有平原君，楚国有春申君，魏国有信陵君。这四个人，全都是明智忠信，宽厚爱人的人，尊贤重士，相约联合在一起来破坏秦国的连横策略，集结了韩、魏、燕、楚、齐、赵、宋、卫、中山等国的士卒。当时六国之士当中宁越、徐尚、苏秦、杜赫这一类人为各国出谋划策，齐明、周最、陈轸、昭滑、楼缓、翟景、苏厉、乐毅这一批人为各国沟通意见，吴起、孙膑、带佗、倪良、王廖、田忌、廉颇、赵奢这些人训练与统领各国军队。时常用十倍于秦国的土地，上百万的大军，进攻函谷关。秦人开关迎战，九国军队徘徊逃遁，不敢前行。秦国没有耗费一箭一镞，而天下诸侯已经处于困境之中。于是合纵瓦解，盟约被废弃，争先恐后地割地献给秦国。秦国有余力来利用各国的不足，追赶败北四处逃亡的敌人，使百万军兵横尸于地，流的血将大盾都漂浮起来。趁着取得战争胜利的便利条件，宰割天下的诸侯，将山河一块一块地割取过来，强国请求前来归附，弱国入秦参拜。延续到孝文王、庄襄王时期，由于在位时间很短暂，国家没有出现重大的事情。

等到秦始皇时，继承六代先王所遗留下来的功业，挥舞长鞭，驾驭天下，兼并西周与东周，消灭了各路诸侯，登上了帝位，控制天下四方，手执鞭杖抽打天下，威震四海。向南占据百越地区，设置桂林、象郡，百越的君主低头，用绳子系住脖子，将自己的性命交给秦国的下级官吏。又派蒙恬前往北方修筑长城，守卫边界，使得匈奴退却了七百多里，胡人不敢南下牧马，武士没有胆量挽弓复仇。于是废除古代帝王的原则，烧毁诸子百家的书籍，以此愚弄百姓。毁坏坚固名城，杀死豪杰，没收全国的

兵器，将其集中到咸阳，将这些兵器全都销毁，熔铸成钟，又铸造了十二个铜人，以此来削弱百姓的反抗能力。然后劈开华山作为城垣，利用黄河为渡口，据守坚固的城池，下临深不可测的溪流，作为固守的屏障。优秀的将领、强劲的弓弩手守住重要的地方。忠实的大臣、精锐的士卒手持锋利的武器，谁也无法奈何，天下得以安定。秦王的心里，自以为关中地方的坚固，犹如拥有千里铜墙铁壁，子孙可以世代作为帝王，功业能够流传千秋万代。

秦王已死，余威还依旧远震四夷。陈胜是用破瓮当窗户、用绳捆住门轴的穷苦人，为人佣耕的农民，而又是流徙之人，才能不如一个中等人，并不拥有仲尼、墨翟那样的智慧与贤能，陶朱、猗顿那样的财富，身处士卒之间，崛起于田野之中，率领疲惫而散乱的士卒，以几百徒众，转身攻秦。砍断树木当作兵器，高举竹竿为旗帜，天下百姓都起来响应陈胜，云集在一起，他们携带粮食，如影相随，山东豪杰俊士同时并起，灭亡了秦国。

秦所取得的天下并不弱小，雍州的领土，崤山、函谷关的险固，还是与过去一样。陈涉的地位，并不如齐、楚、燕、赵、韩、魏、宋、卫、中山这些诸侯国的君主尊贵；锄把棍棒，并不比钩戟长矛更锋利；被遣送到远方进行戍守的一群人，并无法与九国的军队彼此抗衡；深谋远虑、行军用兵的方法，也比不上过去的谋士。然而成败的情况大为不同，所建立的功业却截然相反。如果拿山东各个诸侯国与陈胜相比较，衡量权势及力量，则是无法相提并论的。然而，秦凭借小小的一块土地，一千辆兵车的实力，使得天下与自己地位相等的诸侯来秦朝见，这种情况已经有一百多年了。然后将天地四方作为自己的家私，用崤山、函谷关当作宫垣，但是，一人发难，宗庙全部毁灭，生死被掌控在别人手中，被天下人笑话，这是为什么呢？是因为不能施行仁义，进退攻守的形势出现了变化的缘故。

秦国统一四海，兼并了各路诸侯，南面称帝，安抚海内的百姓，天下之士都为之闻风倾服，出现如此局面是什么原因呢？可以回答说：这是因为近古时代以来，很长时间都没出现帝王的缘故。周室衰微，五霸已经离世，天子政令无法下达给全国，因此诸侯动用武力四处征伐，强国侵略弱国，人口多的欺压人口少的，战争不断，百姓因此疲敝。现在秦王南面而坐，称王于天下，这样天下有了天子。凡是庶民百姓都希望可以过安定的生活，没有不虚心敬仰天子的人。在此时，保持威势，巩固功业，国家安危的关键就在于此。秦王怀着贪婪卑鄙的心理，以一己私智，不信任功臣，不与士民亲近，废弃仁义治国的原则，树立自身的权威，禁止典籍流传天下，使刑法残酷，以权术暴力为先，以仁义为后，将暴虐作为统治天下的开端。兼并天下的人崇尚权术与暴力，安定天下的人注重顺应民心，知权达变，这就是说攻取征战以及持盈守成在方法上是有差异的。秦摆脱了战国时诸侯纷争的局面，称王天下，其统治原则没有进行更替，它的政令没改变，它用来创业及守业的方法没有差异。秦王没有分封子弟与功臣，孤身一人占有天下，所以他迅速灭亡了。假如秦王可以考虑上古时期的事情，以及殷、周兴衰的规律，来制定及实行其政策，后世尽管有骄奢淫逸的君主，也不会有危亡之患。因此三王建立国家，名号显扬而尽善尽美，功业传世极为长久。

　　如今秦二世继位，天下百姓全都抻着脖子来观察其政令。挨冷受冻的人能够拥有一件粗布短衣就非常满足，饥饿难忍的人会认为糟糠也是极为甜美的，天下百姓忍受饥寒，哀吟不已，正是新皇帝治国安民的重要政治资本。对于劳苦的百姓容易实行仁政。如果二世拥有一般君主的德行，而能够任用忠臣贤士，君臣同心，将天下百姓的疾苦挂在心上，在身穿丧服时就能够纠正先帝的错误，割裂疆土，划分民户，分封功臣后裔，让他们创立诸侯国，设置君主，以礼制来治理天下，使得监狱空无一人，百姓得以免遭刑戮，废除收捕罪人妻子、儿女为奴隶的规定，以及各种污秽的罪名，让罪犯返回家乡，打开贮藏粮食的仓库，分发钱财，用来救济孤苦无依及穷困的人，轻徭薄赋，帮助百姓解决困急，去掉冗繁的刑法，只有等到礼义教化无效时才选择运用刑法，使天下百姓都可以得到重新做人的机会，改变态度，修正品德，每人都能够谨慎地立身处世，满足千千万万百姓的愿望，使用威震天下的仁德来治理国家，国家就能够安定了。那么四海之内，都欢喜不已，能够安居乐业，唯恐出现变化，虽然有狡诈顽猾的人，天下百姓也不会有背叛皇帝的想法，这样，行为不轨的大臣就难以掩饰其阴谋诡计，不再会出现暴乱之类的邪恶事件。二世没有实行这种治国方法，而是越发暴虐，损害国家与百姓的利益，又开始修建阿房宫，刑法繁细，大肆诛杀，官吏处置事情显得极为刻薄残酷，赏罚不当，无限制地征收各类赋税，天下事务繁多，官吏都无法全部办理，百姓又很穷困，而君主不去进行安抚救济。于是奸邪诈伪的事情层出不穷，上下互相隐瞒，获罪的人非常多，受刑被杀的人充塞了道路，天下百姓全都痛苦不堪。从卿相乃至百姓，人人自危，亲身处于穷困苦难的境地，都对自己的地位感到危机，所以很容易动摇。因此，陈胜不必拥有商汤、周武王那样优秀的才能及德行，不必依靠公侯一般的尊贵地位，在大泽乡奋臂一呼，天下群起响应，这是因为百姓心怀惊惧的缘故。古代先王洞察事物由始至终出现的变化，清楚国家存亡的契机，因此，统治人民的原则，在于尽力让百姓得以安定。这样，天下尽管有倒行逆施的臣子，但一定不会赢得人民的响应与帮助。所以常言说"生活安定的百姓可以与他们一起奉公守法，而危惧不安的人民容易同他们共同为非作歹"，说的就是这个道理。贵为天子，

拥有全天下的财富，自身却遭杀害，是因为挽救危亡的方法不对。这是二世的错误。

襄公继位，在位十二年。开始修建西畤。襄公埋葬于西垂。生文公。

文公继位，居住于西垂宫。在位五十年去世，埋葬在西垂。生静公。静公没能继位就死了。生宪公。

宪公在位十二年，居住于西新邑。死后埋葬于衙邑。生武公、德公、出子。

出子在位六年，居住于西陵。庶长弗忌、威累、参父三人，率盗贼于鄙衍将出子杀害，埋葬于衙邑。武公嗣立。

武公在位二十年。居住于平阳封宫。埋葬于宣阳聚东南。三个庶长伏法被诛。德公嗣位。

德公在位二年。居住于雍邑大郑宫。生宣公、成公、缪公。埋葬于阳邑。开始规定三伏节令，在城池四门杀狗，禳除暑热瘟疫。

宣公在位十二年。居住在阳宫。埋葬在阳邑。开始记载闰月。

成公在位四年，居住于雍邑的宫殿当中。埋葬于阳邑。齐国讨伐山戎、孤竹。

缪公在位三十九年。天子给予其霸主的地位。埋葬于雍邑地区。缪公向宫殿门、屏之间的守卫人员学习。生康公。

康公在位十二年。居住在雍邑高寝。生共公。

共公在位五年。居住在雍邑高寝。埋葬于康公南面。生桓公。

桓公在位二十七年。居住于雍邑太寝。埋葬于义里丘北面。生景公。

景公在位四十年。居住于雍邑高寝。埋葬于丘里南面。生毕公。

毕公在位三十六年。埋葬于车里北面。生夷公。

夷公没有继位就去世了，埋葬于左宫。生惠公。

惠公在位十年。埋葬于车里。生悼公。

悼公在位十五年。埋葬于僖公的西面。居住在雍邑筑城。生剌龚公。

剌龚公在位三十四年。埋葬于入里。生躁公、怀公。剌龚公十年，有彗星出现。

躁公在位十四年。居住于受寝。埋葬于悼公的南面。躁公元年，彗星出现。

怀公从晋国返回。在位四年。埋葬于栎圉。生灵公。群臣围攻怀公，怀公自杀。

肃灵公为昭子的儿子。居住于泾阳。在位十年。埋葬于悼公西面。生简公。

简公从晋国返回。在位十五年。埋葬于僖公西面。生惠公。简公七年，百姓开始佩剑。

惠公在位十三年。埋葬于陵圉。生出公。

出公在位二年。出公自杀，埋葬于雍邑。

献公在位二十三年。埋葬于嚣圉。生孝公。

孝公在位二十四年。埋葬于弟圉。生惠文王。孝公十三年，开始建都于咸阳。

惠文王在位二十七年。埋葬于公陵。生悼武王。

悼武王在位四年。埋葬于永陵。

昭襄王在位五十六年。埋葬于茝阳。生孝文王。

孝文王在位一年。埋葬于寿陵。生庄襄王。

庄襄王在位三年，埋葬于茝阳。生始皇帝。吕不韦担任丞相。

献公继位七年，开始设置市场，进行贸易。十年，建立户籍，以五家为一伍进行编制。

孝公继位十六年，桃树、李树于冬天开花。

惠文王生后十九年继位。继位两年，开始铸造并发行钱币。有一个刚生下来的婴儿说："秦国将会称王天下。"

悼武王生后十九年继位。继位三年，渭水红了三天。

昭襄王生后十九年继位。继位四年，开始在耕地上设置新田界。

孝文王生后五十三年继位。

庄襄王生后三十二年继位。继位两年，攻占太原地区。庄襄王元年，大赦天下，尊敬先王的功臣，广施恩德，对于宗室骨肉，待遇优厚，施惠于百姓。东周及各国诸侯图谋进攻秦国，秦国派相国吕不韦灭掉东周，兼并其国土。秦国没有断绝其祭祀，把阳人地区赐予周君，在那里继续奉祀周朝先祖。

始皇在位三十七年。埋葬于郦邑。生二世皇帝。始皇生后十三年继位。

二世皇帝在位三年。埋葬于宜春。赵高担任丞相，封安武侯。二世生后十二年继位。

以上从秦襄公至二世，共计六百一十年。

孝明皇帝十七年十月十五日乙丑，说：

周朝的时代已经过去了，依照仁德的规范，处在子位的王朝不可以代替母位的王朝的位置。秦朝对周朝来说，应处于子位，却自居母位，成为历史发展规律之外的一个多余王朝，因此，始皇为政非常残酷暴虐。然而却能以十三岁继位的一方诸侯，兼并天下，放纵情欲，抚养宗族。在位三十七年间，兵锋所向无人可当，制定政令，传给后世帝王。他大概获得了圣人的神威，河神给予他图录，身据狼星、狐星，脚踏参星、伐星，上天帮助他横扫天下，最终统一天下，号称始皇。

始皇死后，胡亥太过愚蠢，骊山工程还没结束，又继续修建阿房宫，来完成始皇生前所遗留下来的计划。大言不惭说"凡是尊贵而掌握天下的人，应当随心所欲，为所欲为。大臣们居然想要废除先皇所做的事情"。杀害李斯、冯去疾，重用赵高。二世说的话，真是让人很痛心啊！长着人头，说的话却犹如畜生叫一般。不凭帝王威势就无法夸耀自身的邪恶，邪恶不积累很多，便不会轻易陷入灭亡的境地，等到皇位无法保持时，残酷暴虐使他的在位时间更为短促。尽管占据了地形有利的国土，依旧无法存身立国。

子婴越过王位继承顺序而继承了王位，头戴玉冠，身佩华丽的系印丝带，车子也要使用黄缯做盖里，身后随从百官，拜谒历代先祖的灵庙。假如小人登上了不符合自己身份的位子，都会恍恍惚惚，若有所失，每天只能苟且偷安，而子婴却可以谋虑长远，排除忧虑，父子运用计谋，就近在门户之内，居然杀死了狡猾的奸臣，为已死的皇帝诛戮了这个乱臣贼子。赵高死后，宾亲姻娅还没有全都进行慰劳，饭还没来得及咽下，酒还没来得及沾唇，楚国的士卒已然屠戮了关中，真命天子来到霸上，子婴素车白马，以丝带系着脖子，捧着自己的符节和印玺，来归降真正的皇帝。真有些像当年郑伯左持茅旌，右执鸾刀时，楚庄王为之后撤七里。

黄河决口不能再次堵塞，鱼腐烂了就无法再使它保持完整。贾谊、司马迁说："如果当时子婴拥有一般君主的能力，只要得到中等才能的大臣辅佐，山东尽管有叛乱，秦国的故地还是能够保全的，宗庙祭祀不会因此断绝。"秦国的衰败局面是日久天长逐渐积聚而成，天下为之土崩瓦解，即便拥有周公旦这种人才，也无法再施展其聪明才智，去责备即位时间如此短暂的一个君主，那是极为错误的！民间流传着一种说法，认为罪恶起源于秦始皇，到胡亥时达到登峰造极的地步，这一看法是有一定道理的。贾谊、司马迁又责怪子婴，认为秦国故地是有希望保全的，这就是所说的不懂得形势变化的人。齐国将要灭亡纪国，纪季将酅邑送给齐国，变为齐国的附庸，使得纪国的宗庙得以保存下来。《春秋》赞美他，记载这件事时，不直呼其名字。纪季便是一个能够通权达变的人。我读《秦纪》，当读到子婴车裂赵高时，未尝不认为他的决断是果敢而雄武的，对他的心意表达同情。子婴对待生死大义，已经堪称完美无缺了。

秦国从襄公被正式分封为诸侯以后，经过二十多代人的苦心经营，到了战国后期时，在政治、经济、军事等诸多方面都已经在战国七雄中占据了绝对优势，天下统一也已经成为大势所趋。秦始皇顺时乘势，奋发努力，最终兼并六国，建立我国历史上首个中央集权的政权。接着，秦始皇又在政治、经济、军事、文化等诸多方面实施了一系列重大改革，来健全与巩固新兴政权。然而，就是这样一个空前强大的政权，从统一全国到灭亡，仅仅延续了十五年的时间，秦始皇死后，遍及全国的农民起义以及六国复辟力量只用了两年时间就彻底推翻了秦王朝。

秦朝虽然短命，秦始皇对中华民族的形成以及壮大做出的重大贡献却不容埋没，由他领导并制定的一系列管理国家的法令、制度、方针、政策对后世的影响是极为深远的，如书同文、车同轨、统一度量衡、制定法制、创立郡县制等。但可惜的是，由于他的骄横残暴，横征暴敛，使用严刑酷法，使他很多本来会有利于社会经济、文化发展的政策未能发挥出应有的作用，使广大人民重新陷入水深火热当中，加速了秦王朝的灭亡。

这篇本纪以秦始皇及秦二世的生平活动为中心，逐年进行叙写，简中有繁，概括与详细描写相间，将两代帝王的形象活生生地展现在读者眼前。写秦始皇，首先扼要地历数了他在先祖所取得的重大胜利的基础上，调兵遣将，乘胜进击，在十年内逐一并吞六国的过程，中间穿插记叙了粉碎吕不韦、嫪毐集团，李斯上书谏逐客令还有尉缭献计等事件。然后依次叙写他统一全国后的言行及事件，一方面列举了例如议帝号、改历法服色、创设郡县制、统一法律、统一度量衡及文字、巡行刻石、南取陆梁地、北击匈奴、修建长城及咸阳宫、关于学古与师今的大辩论、焚书坑儒等；另一方面也列举了秦始皇不惜巨资派人求仙、大兴土木修建阿房宫及骊山陵、随意杀戮无辜等。以上这些内容，不仅表现出秦始皇的政治、军事才能以及礼贤下士、重用人才方面的作风，而且也展现出他的愚昧荒诞、暴虐凶残，为自己在生前死后的享受而毫不吝惜民力民财的骄奢淫逸。其中有很多典型的事例或是通过叙写，或是借用别人之口，补写始皇帝的性情，都写得堪称有声有色，活灵活现，展现出一个既是杰出君主，又是凶狠暴君的秦始皇形象。

写秦二世，着意叙写秦始皇逝世后，他与赵高合谋篡权的详细过程，和他的极端残虐、极端腐朽，生动深刻地揭露了一个昏庸暴君及一个阴谋家的丑恶嘴脸。尤其是对赵高杀掉二世、子婴杀掉赵高的精雕细刻，曲折惊险，饱含作者对二世及赵高的憎恶。

司马迁在总结秦朝的功过是非及速亡原因时，将考察秦朝"成败兴坏之纪"的思想贯穿于《秦始皇本纪》的全篇，不但向人们展示了秦始皇这个毁誉参半，有大功也有大过的封建帝王的一生，而且一直在探究秦朝的统一及灭亡的原因，他在篇末的论赞当中大段引用西汉政论家贾谊《过秦论》当中的内容，并称赞说："善哉乎贾生之推言之也！"这对我们认识秦朝的历史及其背后的兴亡原因有一定参考意义。

# 陈涉世家

## 题 解

《陈涉世家》选自《史记》卷四十八,世家第十八。公元前221年,秦始皇统一中国,结束了自春秋以来五百多年的诸侯纷争局面,建立了第一个中央集权制国家。但是,秦始皇为了增强这个空前统一的帝国的统治,加重了对农民的残酷剥削与压迫。沉重的赋税、繁重的徭役还有残酷的刑罚,使得广大农民走投无路,只能冒险揭竿而起,反抗暴政。终于在公元前209年爆发了由陈胜、吴广领导的大规模农民起义。由于各地一时间纷纷响应,这次起义迅速发展成燎原之火。尽管陈胜、吴广在起义后不久就战死疆场,但各地纷纷兴起响应的起义部队最终推翻了秦王朝的统治。《陈涉世家》就是记录了这次起义的主要领袖陈胜、吴广的传记。文章真实、具体、完整地记述了这次农民大起义的主要原因、经过及结局。依照《史记》的体例,"世家"为王侯传记,陈胜不过是一介庶民,不属王侯,但也被列入"世家"当中,这是由于司马迁认为:"秦失其政,而陈涉发迹,诸侯作难,风起云蒸,卒亡秦族。天下之端,自涉发难。"(《太史公自序》)司马迁敢于将陈涉收入世家,既表明他对陈胜的历史地位及起义所发挥的作用的重视与肯定,也展现出司马迁卓越的见识。

## 原 文

　　陈胜者,阳城人也,字涉。吴广者,阳夏(jiǎ)人也,字叔。陈涉少时,尝与人佣耕,辍(chuò)耕之垄(lǒng)上,怅恨久之,曰:"苟富贵,无相忘。"庸①者笑而应曰:"若为庸耕,何富贵也?"陈涉太息曰:"嗟乎,燕雀安知鸿鹄之志哉!"

---

①庸:同"佣",被雇用的人。

二世元年七月，发闾左适①戍渔阳，九百人屯大泽乡。陈胜、吴广皆次当行，为屯长。会天大雨，道不通，度已失期。失期，法皆斩。陈胜、吴广乃谋曰："今亡亦死，举大计亦死，等死，死国可乎？"陈胜曰："天下苦秦久矣。吾闻二世少子也，不当立，当立者乃公子扶苏。扶苏以数谏故，上使外将兵。今或闻无罪，二世杀之。百姓多闻其贤，未知其死也。项燕为楚将，数有功，爱士卒，楚人怜之。或以为死，或以为亡。今诚以吾众诈自称公子扶苏、项燕，为天下唱②，宜多应者。"吴广以为然。乃行卜。卜者知其指意，曰："足下事皆成，有功。然足下卜之鬼乎！"陈胜、吴广喜，念鬼，曰："此教我先威众耳。"乃丹书帛曰"陈胜王"，置人所罾鱼腹中。卒买鱼烹食，得鱼腹中书，固以③怪之矣。又间令吴广之次所旁丛祠中，夜篝火，狐鸣呼曰"大楚兴，陈胜王"。卒皆夜惊恐。旦日，卒中往往语，皆指目陈胜。

吴广素爱人，士卒多为用者。将尉醉，广故数言欲亡，忿恚尉，令辱之，以激怒其众。尉果笞广。尉剑挺，广起，夺而杀尉。陈胜佐之，并杀两尉。召令徒属曰："公等遇雨，皆已失期，失期当斩。藉第令毋斩，而戍死者固十六七。且壮士不死即已，死即举大名耳，王侯将相宁有种乎！"徒属皆曰："敬受命。"乃诈称公子扶苏、项燕，从民欲也。袒右，称大楚。为坛而盟，祭以尉首。陈胜自立为将军，吴广为都尉。攻大泽乡，收而攻蕲。蕲下，乃令符离人葛婴将兵徇蕲以东。攻铚、酂、苦、柘、谯皆下之。行收兵。比至陈，车六七百乘，骑千余，卒数万人。攻陈，陈守令皆不在，独守丞与战谯门中。弗胜，守丞死，乃入据陈。数日，号令召三老、豪杰与皆来会计事。三老、豪杰皆曰："将军身被坚执锐，伐无道，诛暴秦，复立楚国之社稷，功宜为王。"陈涉乃立为王，号

---

① 适：同"谪"，因有罪被流放。

② 唱：同"倡"，倡导。

③ 以：同"已"。

为张楚。

当此时，诸郡县苦秦吏者，皆刑其长吏，杀之以应陈涉。乃以吴叔为假王，监诸将以西击荥（xíng）阳。令陈人武臣、张耳、陈馀徇（xùn）赵地，令汝阴人邓宗徇九江郡。当此时，楚兵数千人为聚者，不可胜数。

葛婴至东城，立襄强为楚王。婴后闻陈王已立，因杀襄强，还报。至陈，陈王诛杀葛婴。陈王令魏人周市北徇（xíng）魏地。吴广围荥阳。李由为三川守，守荥阳，吴叔弗能下。陈王征国之豪杰与计，以上蔡人房君、蔡赐为上柱国。

周文，陈之贤人也，尝为项燕军视日，事春申君，自言习兵，陈王与之将军印，西击秦。行收兵至关，车千乘，卒数十万，至戏，军焉。秦令少府章邯（hán）免郦山徒、人奴产子生，悉发以击楚大军，尽败之。周文败，走出关，止次曹阳二三月。章邯追败之，复走次渑池十余日。章邯击，大破之。周文自刭（jǐng），军遂不战。

武臣到邯郸，自立为赵王，陈馀为大将军，张耳、召骚（shào）为左右丞相。陈王怒，捕系武臣等家室，欲诛之。柱国曰："秦未亡而诛赵王将相家属，此生一秦也。不如因而立之。"陈王乃遣使者贺赵，而徙系武臣等家属宫中，而封耳子张敖为成都君，趣①（cù）赵兵亟（jí）入关。赵王将相相（xiàng）与谋曰："王王赵，非楚意也。楚已诛秦，必加兵于赵。计莫如毋西兵，使使北徇燕（yān）地以自广也。赵南据大河，北有燕、代，楚虽胜秦，不敢制赵。若楚不胜秦，必重赵。赵乘秦之弊，可以得志于天下。"赵王以为然，因不西兵，而遣故上谷卒史韩广将兵北徇燕地。燕故贵人豪杰谓韩广曰："楚已立王，赵又已立王。燕虽小，亦万乘（shèng）之国也，愿将军立为燕王。"韩广曰："广母在赵，不可。"燕人曰："赵方西忧秦，南忧楚，其力不能禁我。且以楚之强，不敢害赵王将相之家，赵独安敢害将军之家！"韩广以为然，乃自立为燕王。居数月，赵奉燕王母及家属归之燕。当此之时，诸将之

---

① 趣：通"促"，催促。

徇地者,不可胜数。

周市北徇地至狄,狄人田儋杀狄令,自立为齐王,以齐反击周市。市军散,还至魏地,欲立魏后故宁陵君咎为魏王。时咎在陈王所,不得之魏。魏地已定,欲相与立周市为魏王,周市不肯。使者五反,陈王乃立宁陵君咎为魏王,遣之国。周市卒为相。

将军田臧等相与谋曰:"周章军已破矣,秦兵旦暮至,我围荥阳城弗能下,秦军至,必大败。不如少遣兵,足以守荥阳,悉精兵迎秦军。今假王骄,不知兵权,不可与计,非诛之,事恐败。"因相与矫王令以诛吴叔,献其首于陈王。陈王使使赐田臧楚令尹印,使为上将。田臧乃使诸将李归等守荥阳城,自以精兵西迎秦军于敖仓。与战,田臧死,军破。章邯进兵击李归等荥阳下,破之,李归等死。

阳城人邓说将兵居郯,章邯别将击破之,邓说军散走陈。铚人伍徐将兵居许,章邯击破之,伍徐军皆散走陈。陈王诛邓说。

陈王初立时,陵人秦嘉、铚人董緤、符离人朱鸡石、取虑人郑布、徐人丁疾等皆特起,将兵围东海守庆于郯。陈王闻,乃使武平君畔为将军,监郯下军。秦嘉不受命,嘉自立为大司马,恶属武平君。告军吏曰:"武平君年少,不知兵事,勿听!"因矫以王命杀武平君畔。

章邯已破伍徐,击陈,柱国房君死。章邯又进兵击陈西张贺军。陈王出监战,军破,张贺死。腊月,陈王之汝阴,还至下城父,其御庄贾杀以降秦。陈胜葬砀,谥曰隐王。

陈王故涓人将军吕臣为仓头军,起新阳,攻陈下之,杀庄贾,复以陈为楚。

初,陈王至陈,令铚人宋留将兵定南阳,入武关。留已徇南阳,闻陈王死,南阳复为秦。宋留不能入武关,乃东至新蔡,遇秦军,宋留以军降秦。秦传留至咸阳,车裂留以徇。

秦嘉等闻陈王军破出走,乃立景驹为楚王,引兵之方与,欲击秦军定陶下。使公孙庆使齐王，欲与并力俱进。齐王曰："闻陈王战败，不知其死生，楚安得不请而立王！"公孙庆曰："齐不请楚而立王，楚何故请齐而立王！且楚首事，当令于天下。"田儋诛杀公孙庆。

秦左右校复攻陈，下之。吕将军走，收兵复聚。鄱盗当阳君黥布之兵相收，复击秦左右校，破之青波，复以陈为楚。会项梁立怀王孙心为楚王。

陈胜王凡六月。已为王，王陈。其故人尝与庸耕者闻之，之陈，扣宫门曰："吾欲见涉。"宫门令欲缚之。自辩数，乃置，不肯为通。陈王出，遮道而呼涉。陈王闻之，乃召见，载与俱归。入宫，见殿屋帷帐，客曰："夥颐！涉之为王沈沈者！"楚人谓多为夥，故天下传之夥伙涉为王，由陈涉始。客出入愈益发舒，言陈王故情。或说陈王曰："客愚无知，颛① 妄言，轻威。"陈王斩之。诸陈王故人皆自引去，由是无亲陈王者。陈王以朱房为中正，胡武为司过，主司群臣。诸将徇地，至，令之不是者，系而罪之，以苛察为忠。其所不善者，弗下吏，辄自治之。陈王信用之。诸将以其故不亲附，此其所以败也。

陈胜虽已死，其所置遣侯王将相竟亡秦，由涉首事也。高祖时为陈涉置守冢三十家砀，至今血食。

褚先生曰：地形险阻，所以为固也；兵革刑法，所以为治也。犹未足恃也。夫先王以仁义为本，而以固塞文法为枝叶，岂不然哉！吾闻贾生之称曰："秦孝公据殽函之固，拥雍州之地，君臣固守，以窥周室。有席卷天下，包举宇内，囊括四海之意，并吞八荒之心。当是时也，商君佐之，内立法度，务耕织，修守战之备；外连衡而斗诸侯。于是秦人拱手而取西河之外。

"孝公既没②，惠文王、武王、昭王蒙故业，因遗策，南取汉中，西举巴

---

① 颛：通"专"。

② 没：同"殁"，死。

蜀，东割膏腴之地，收要害之郡。诸侯恐惧，会盟而谋弱秦。不爱珍器重宝肥饶之地，以致天下之士。合纵缔交，相与为一。当此之时，齐有孟尝，赵有平原，楚有春申，魏有信陵：此四君者，皆明知而忠信，宽厚而爱人，尊贤而重士。约纵连衡，兼韩、魏、燕、赵、宋、卫、中山之众。于是六国之士有宁越、徐尚、苏秦、杜赫之属为之谋，齐明、周最、陈轸、邵滑、楼缓、翟景、苏厉、乐毅之徒通其意，吴起、孙膑、带佗、倪良、王廖、田忌、廉颇、赵奢之伦制其兵。尝以什倍之地，百万之师，仰关而攻秦。秦人开关而延敌，九国之师遁逃而不敢进。秦无亡矢遗镞之费，而天下固已困矣。于是纵散约败，争割地而赂秦。秦有余力而制其弊，追亡逐北，伏尸百万，流血漂橹，因利乘便，宰割天下，分裂山河，强国请服，弱国入朝。施及孝文王、庄襄王，享国之日浅，国家无事。

"及至始皇，奋六世之余烈，振长策而御宇内，吞二周而亡诸侯，履至尊而制六合，执敲扑以鞭笞天下，威震四海。南取百越之地，以为桂林、象郡，百越之君俯首系颈，委命下吏。乃使蒙恬北筑长城而守藩篱，却匈奴七百余里，胡人不敢南下而牧马，士亦不敢贯弓而报怨。于是废先王之道，燔百家之言，以愚黔首。堕名城，杀豪俊，收天下之兵聚之咸阳，销锋镝，铸以为金人十二，以弱天下之民。然后践华为城，因河为池，据亿丈之城，临不测之谿以为固。良将劲弩，守要害之处，信臣精卒，陈利兵而谁何。天下已定，始皇之心，自以为关中之固，金城千里，子孙帝王万世之业也。

"始皇既没，余威振于殊俗。然而陈涉瓮牖绳枢之子，甿隶之人，而迁徙之徒也。材能不及中人，非有仲尼、墨翟之贤，陶朱、猗顿之富也。蹑足行伍之间，俯仰仟佰之中，率罢散之卒，将数百之众，转而攻秦。斩木为兵，揭竿为旗，天下云集响应，赢粮而景从，山东豪俊遂并起而亡秦族矣。

"且天下非小弱也；雍州之地，殽函之固自若也。陈涉之位，非尊于齐、楚、燕、赵、韩、魏、宋、卫、中山之君也铻耰棘矜<sup>yōu xiān gōu jǐ shā</sup>，非铦于句戟长铩也；适戍之众<sup>zhē shù</sup>，非俦于九国之师也<sup>chóu</sup>；深谋远虑，行军用兵之道，非及乡时之<sup>xiàng</sup>士也。然而成败异变，功业相反也。尝试使山东之国与陈涉度长絜大<sup>xié</sup>，比权量力，则不可同年而语矣。然而秦以区区之地，致万乘之权，抑八州而朝同列，百有余年矣。然后以六合为家，殽函为宫。一夫作难而七庙堕<sup>huī</sup>，身死人手，为天下笑者，何也？仁义不施，而攻守之势异也。"

【译　文】

　　陈涉，阳城人，字涉。吴广，阳夏人，字叔。陈涉年轻时，曾与别人一起被人雇用进行耕田。有一次，大家耕田进行休息时，来到田埂上，陈涉愤愤不平了很长时间，说："假如谁日后富贵了，大家不要忘记了其他人。"一起受雇用的伙伴笑着回答："你只是个受雇耕田的人，会有什么富贵？"陈涉长叹说："唉！燕雀怎么能够知道鸿鹄的志向啊？"

　　秦二世元年七月，官府征发闾里左侧的贫民去戍守渔阳，共有九百人，驻屯在大泽乡。陈胜、吴广都被编在队伍当中，担任屯长。正赶上天降大雨，道路被堵塞，估计已经耽误了应当到达的期限。误了期限，依据法律应当斩首。陈胜、吴广就商议说："如今逃亡也是死，干一番大事业也会死，同样是死，为国而死不是更好吗？"陈胜说："天下人受秦朝的苦已经很久了。我听说二世皇帝是小儿子，原本不应当由他来继位，应当继位的是公子扶苏。扶苏由于多次劝谏始皇帝的缘故，始皇派他到外地统领军队。现在有人听说他没罪，二世却杀死了他。百姓大多听说过他贤能，不清楚他已死。项燕是楚国将军，屡有战功，爱护士卒，楚国人非常爱戴他。有人认为他已死了，有人认为他是逃亡了。如今假如我们谎称是公子扶苏、项燕，是天下的带头人，应该可以有很多响应的人。"吴广认为这样做是对的。于是进行占卜。占卜的人清楚他们的意图，说："先生的事情都可进行，会有伟大的业绩。然而先生向鬼卜问过吗？"陈胜、吴广非常高兴，考虑向鬼进行卜问的事，说："这是让我首先在群众当中树立威信。"于是就用朱砂在帛上写下"陈胜王"三个字，放到别人网到的鱼肚子里。戍卒将鱼买回煮着吃，发现了鱼肚子当中的帛书，已经感到非常奇怪了。陈胜又私下让吴广前往驻地旁的丛林当中的神庙去，夜里燃起篝火，学着狐狸嗥叫的声音，说："大楚兴，陈胜王。"戍卒在夜里都感到惊惧恐慌。第二天早晨，戍卒四处议论，都指指点点地望着陈胜。

　　吴广素来关心照顾别人，戍卒当中很多人都听从他的吩咐。带队的将尉喝醉了，吴广故意多次扬言要逃走，使得将尉非常生气，引他侮辱自己，以便激怒众人。将尉果然鞭笞吴广。将尉拔剑，吴广奋起，将剑夺下，杀掉了将尉。陈胜帮助吴广，合力杀掉了两名将尉，召集众人宣告说："诸位遇上大雨，已经误了期限，耽误了期限应当斩首。就算不斩首，而戍边的人本来能生还的只有十分之六七。况且壮士不死则已，死就应当造就鼎鼎大名，王侯将相难道是上天注定的吗？"徒众都说："恭敬地接受您的命令。"于是谎称公子扶苏、项燕，顺从民众的意愿。大家将右臂袒露出来，号称"大楚"。修筑高坛进行盟誓，用将尉的首级作为祭品。陈胜自立为将军，吴广为都尉，进攻大泽乡，召集士卒，进攻蕲县。攻下蕲县后，就派符离人葛婴率军进攻蕲县以东的地区，进击铚、酂、苦、柘、谯地，全都攻了下来。行进的过程中不断招收士卒。等到抵达陈县时，已经拥有了战车六七百辆，骑兵一千余人，步兵数万。进攻陈县，陈县县令不在此地，只有县丞与陈胜的军队在谯门当中交战，没能取胜，县丞战死，陈胜的军队便进城占领了陈县。几天后，下令召集三老、豪杰都前来集会议事。三老、豪杰都说："将军身披铠甲，手执武器，讨伐无道，诛灭暴秦，重建楚国，依据功劳应该称王。"陈涉于是自立为王，国号为"张楚"。

　　这时，各郡县被秦朝官吏压迫得很苦，他们都会杀死长官，起兵响应陈涉。于是让吴广任"假王"，督率各将领向西行进，攻打荥阳。命令陈县人武臣、张耳、陈馀进攻赵地，命令汝阴人邓宗进攻九江郡。在这个时候，楚地的义兵以数千人相聚集的，数不胜数。

　　葛婴抵达东城，拥立襄强为楚王。葛婴后来听说陈胜已自立为王，就杀掉了襄强，回来报告陈胜。到达陈县，陈王杀掉了葛婴。陈王命令魏人周市向北进攻魏地。吴广围攻荥阳。李由担任三川郡守，守卫荥阳，吴广没能攻下来。陈王召集国内的豪杰，与他们商议对策，任命上蔡人房君、蔡赐为上柱国。

　　周文为陈县贤人，曾经担任项燕军队当中占卜时日的官吏，侍奉过春申君，自称自己的军事素养很高，陈王授予他将军印，西进进攻秦朝。行军途中招收兵马，抵达函谷关时，已经拥有战车一千辆，士卒几十万，抵达戏亭，驻扎下来。秦朝派少府章邯赦免骊山的刑徒、奴婢，全部调发前线来攻击楚军，大败他们。周文败退，逃出了函谷关，驻扎在曹阳两三个月时间。章邯趁势追击，大败楚军，周文再次逃走，驻扎在渑池十多天，章邯进击，又大败楚军。周文自杀，军队失去战斗力。

　　武臣抵达邯郸，自立为赵王，陈馀担任大将军，张耳、召骚担任左右丞相。陈王大怒，逮捕关押了武臣等人的家眷，准备杀死他们。柱国蔡赐说："秦朝还没灭亡，就处死赵王将相的家眷，这等于出现了另一个秦朝，不如乘势册封他。"陈王于是派遣使者前去祝贺赵国，而将武臣等人的家眷转移到宫中，并封张耳的儿子张敖为成都君，催促赵军迅速攻入函谷关。赵王将相互相商量说："大王称王赵地，并非是楚国的意愿。楚国消灭秦朝后，一定会进攻赵国。如今之计，莫过于并不向西进军，派遣使者去北面攻略燕地，扩充领土。赵国南面扼守大河，北面拥有燕、代地区，楚国就算战胜了秦朝，也不敢进攻赵国。如果楚国没能战胜秦朝，肯定会重视赵国。赵国乘秦朝衰败的时机，可以在天下间实现自己的志向。"赵王认为这个主张是正确的，因而不向西进兵，而派遣原来的上谷郡卒史韩广统军北去进攻燕地。燕国旧贵族豪杰对韩广说："楚地已经立王，赵地也已经立王。燕地尽管狭小，也是拥有一万辆兵车的国家，希望将军可以自立为燕王。"韩广说："我的母亲在赵国，我不能自立为王。"燕地的人说："赵国在西面害怕秦朝，南面害怕楚国，它的力量不足以限制我们。况且，以楚国的强大，都不敢杀赵王将相的家眷，赵国怎么敢杀害将军的家眷呢？"韩广认为他说得对，于是自立为燕王。几个月后，赵国将燕王的母亲及家眷送回到燕国。此时，各将领攻城略地的，不计其数。

周市向北进攻到达狄县，狄县人田儋杀掉了狄县县令，自立为齐王，凭借齐地抵抗周市。周市的军队溃散，返回魏地，想要拥立原魏国贵族后裔宁陵君咎为魏王。当时咎正待在陈王那里，无法前往魏国。魏地已然平定，打算共同拥立周市为魏王，周市没有同意。使者五次往返于陈王与魏国之间，陈王才封立宁陵君咎为魏王，遣送他回国。周市最后当了魏国相国。

将军田臧等人一起谋划："周章的军队已然崩溃，秦朝军队即将到来，我们围攻荥阳，无法攻克，秦军一到，必定大败。不如留下少量部队，足以包围荥阳的就行，用全部精兵前去迎击秦军。现在假王吴广很骄横，不懂得用兵的权谋，无法与他商议，不杀掉他，事情恐怕会失败。"因而一同假借陈王的命令杀害了吴广，将首级奉献给陈王。陈王派遣使者赐予田臧楚国令尹的官印，任命他为上将军。田臧便派部将李归等人围困荥阳城，自己率精兵西去与秦军激战于敖仓。田臧与秦军激战，结果战死，军队溃败。章邯在荥阳城下攻击李归等人，打垮了他们，李归等人战死。

阳城人邓说率军驻扎于郏地，章邯的部将打败了他，邓说的军队散乱地逃回陈县。铚人伍徐率兵驻扎在许地，章邯打败了他，伍徐的军队都逃散到陈县。陈王处决了邓说。

陈王刚刚自立为王时，陵县人秦嘉、铚人董缲符离人朱鸡石、取虑人郑布、徐人丁疾等都异军突起，率兵进攻东海郡守庆于郯城。陈王听说此事，就派武平君畔为将军，督率郯城之下的军队。秦嘉拒不受命，自封大司马，不愿隶属于武平君。他告诉军吏："武平君年纪轻，不懂军事，不要听他的。"于是假借陈王的命令杀掉了武平君畔。

章邯击败伍徐，进攻陈县。上柱国房君战死。章邯又率兵攻击陈县西侧的张贺军队。陈王前来督战，军队战败，张贺战死。十二月，陈王前往汝阴，又返回下城父，他的驾车人庄贾杀害了他，投降了秦朝。陈胜被埋葬在砀县，谥号"隐王"。

陈王从前的侍从，即将军吕臣组建以青巾裹头为标记的苍头军，奋起于新阳，攻克陈县，杀掉庄贾，又将陈县变为楚国之地。

起初，陈王抵达陈县，命令宋留领兵平定南阳，进兵武关。宋留已经占据南阳，听说陈王死去了，南阳又归附了秦朝。宋留无法进入武关，便向东来到新蔡，与秦军遭遇，宋留率军投降。秦朝使用传车将宋留押送到咸阳，将宋留车裂示众。

秦嘉等人听说陈王的军队已经溃逃，就立景驹为楚王，率军前往方与，准备在定陶城下与秦军交战。派公孙庆出使齐国，希望与齐王联合起来共同进兵。齐王说："听说陈王已经战败，不清楚他的生死，楚国怎么不来请示我们就自立为王？"公孙庆说："齐国没有请示楚国就自立为王，楚国有什么理由要请示齐国才能为王？况且楚国率先起事，应当号令天下。"田儋杀掉了公孙庆。

秦军的左右校尉又进兵陈县，攻占了那里。吕将军逃走，招收士兵，又再次聚集起来。在鄱阳为盗的当阳君黥布的军队和吕将军会合，又进攻秦军的左右校尉，在青波击败了他们，再度将陈县变为楚国领土。恰好这时，项梁拥立楚怀王的孙子心当楚王。

陈胜称王的时间总共六个月。称王后，将陈县作为国都。曾与陈胜一起做雇农的旧友听说此事，就来到陈县，敲打官门说："我要见陈涉。"宫门令想把他捆起来。他一再解释，才将他放开，不肯为他通报。陈王出宫，他拦路大叫陈涉。陈王听到喊声，召见了他，让他与自己乘车一起回宫。进入王宫后，看到殿堂帷帐旧友说："夥颐！陈涉当了王，宫殿是多么深邃啊！"楚地人称"多"为"夥"，所以天下都流传开了，而"夥涉为王"这句话，就是从陈涉开始的。旧友进出宫门越来越放肆，时常谈论陈王的往事。有人劝陈王："您的客人如此愚昧，胡说八道，这有损您的威信。"陈王于是杀掉了他。陈王的旧友都纷纷离去，从此就没有与陈王亲近的人了。陈王任命朱房为中正，胡武担任司过，负责督察群臣。各将领四处领兵作战，回来后，不听从他们的命令，就会被逮捕问罪，将苛刻严察看成是忠诚。他们不喜欢的人，不交给司法官吏进行处置，就由他们亲自进行惩处。陈王信任而重用他们。各将领因为这一缘故而不亲附陈王，这是陈王失败的主要原因。

陈胜尽管死了，但他所册封、派遣的王侯将相最终还是消灭了秦朝，这是因为陈涉首先发难的缘故。高祖时，在砀县为陈涉安排了三十户人家为其守墓，到如今还在杀牲祭祀。

褚先生说：地形险要阻塞，是用以巩固防务的；武器装备以及刑罚制度，是用来治理整个国家的。这些还不足以依靠。先王以仁义为根基，而将坚固的城池要塞作为国家事务的细枝末节，事情难道不是这个样子吗？我听贾生说过："秦孝公据守崤山、函谷关这种坚固的地方，坐拥雍州，君臣坚守国土，窥视着周朝的政权，拥有席卷全国、统一天下、囊括四海的企图，吞并八方的心愿。在这时，商君辅佐秦孝公，对内建立法治以及各种制度，致力于耕织，整修攻守的武器，对外采取连衡的策略，使得诸侯彼此争斗，于是秦国人轻而易举地夺得了西河以外的土地。

"孝公死后，惠文王、武王继承其旧业，沿用其遗留下来的各类策略，向南兼并汉中，向西攻占巴、蜀，向东割取肥沃之地，获得了地势险要的郡县。诸侯为之恐惧，开会结成同盟，商量来削弱秦国的力量，不吝惜奇珍异宝以及肥沃的土地，用来招募天下的人才，合纵缔盟，互相联合在一起。这时，齐国有孟尝君，赵国有平原君，楚国有春申君，魏国有信陵君。这四个人，全都是明智忠信，宽厚爱人的人，尊贤重士，相约联合在一起来破坏秦国的连横策略，集结了韩、魏、燕、赵、宋、卫、中山等国的士卒。当时六国之士当中宁越、徐尚、苏秦、杜赫这一类人为各国出谋划策，齐明、周最、陈轸、邵滑、楼缓、翟景、苏厉、乐毅这一批人为各国沟通意见，吴起、孙膑、带佗、倪良、王廖、田忌、廉颇、赵奢这些人训练与统领各国军队。时常用十倍于秦国的土地，上百万的大军，进攻函谷关。秦人开关迎战，九国军队徘徊逃遁，不敢前行。秦国没有耗费一箭一镞，而天下诸侯已经处于困境之中。于是合纵瓦解，盟约被废弃，争先恐后地割地献给秦国。秦国有余力来利用各国的不足，追赶败北四处逃亡的敌人，使百万军兵横尸于地，流的血将大盾都漂浮起来。趁着取得战争胜利的便利条件，宰割天下的诸侯，将山河一块一块地割取过来，强国请求前来归附，弱国入秦参拜。延续到孝文王、庄襄王时期，由于在位时间很短暂，国家没有出现重大的事情。

"等到秦始皇时，继承六代先王所遗留下来的功业，挥舞长鞭，驾驭天下，兼并西周与东周，消灭了各路诸侯，登上了帝位，控制天下四方，手执鞭杖抽打天下，威震四海。向南占据百越地区，设置桂林、象郡，百越的君主低头，用绳子系住脖子，将自己的性命交给秦国的下级官吏。又派蒙恬前往北方修筑长城，守卫边界，使得匈奴退却了七百多里，胡人不敢南下牧马，武士没有胆量挽弓复仇。于是废除古代帝王的原则，烧毁诸子百家的书籍，以此愚弄百姓。毁坏坚固名城，杀死豪杰，没收全国的兵器，将其集中到咸阳，将这些兵器全都销毁，铸造了十二个铜人，以此来削弱百姓的反抗能力。然后劈开华山作为城垣，利用黄河为渡口，据守坚固的城池，下临深不可测的溪流，作为固守的屏障。优秀的将领、强劲的弓弩手守住重要的地方。忠实的大臣、精锐的士卒手持锋利的武器，谁也无法奈何。天下得以安定。秦王的心里，自以为关中地方的坚固，犹如拥有千里铜墙铁壁，子孙可以世代作为帝王，功业能够流传千秋万代。

"秦王已死，余威还依旧远震四夷。陈胜是用破瓮当窗户、用绳捆住门轴的穷苦人，为人佣耕的农民，而又是流徙之人，才能不如一个中等人，并不拥有仲尼、墨翟那样的智慧与贤能，陶朱、猗顿那样的财富，身处士卒之间，崛起于田野之中，率领疲惫而散乱的士卒，率领几百徒众，转身攻秦。砍断树木当作兵器，高举竹竿为旗帜，天下百姓都起来响应陈胜，云集在一起，携带粮食，如影相随，山东豪杰俊士同时并起，灭亡了秦国。

"况且当时秦的天下并不弱小，雍州的领土，崤山、函谷关的险固，还是与过去一样。陈涉的地位，并不如齐、楚、燕、赵、韩、魏、宋、卫、中山这些诸侯君主尊贵；锄把棍棒，并不比钩戟长矛更锋利；被遣送到远方进行戍守的一群人，并无法与九国的军队彼此抗衡；深谋远虑，行军用兵的方法，也比不上过去的谋士。然而成败的情况大为不同，所建立的功业却截然相反。如果拿山东各个诸侯国与陈胜相比较，衡量权势及力量，则是无法相提并论的。秦凭借小小的一块土地，取得帝王之权，使得天下与自己地位相等的诸侯来秦朝见，这种情况已经有一百多年了。然后将天地四方作为自己的家私，用崤山、函谷关当作宫垣。但是，一人发难，宗庙全部毁灭，生死被掌控在别人手中，被天下人笑话，这是为什么呢？是因为不能施行仁义，进退攻守的形势出现了变化的缘故。"

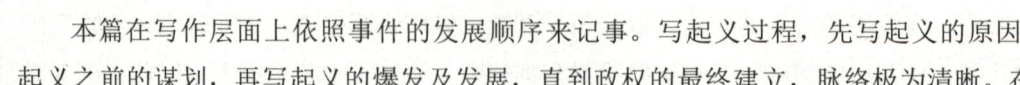
赏 析

陈涉出身低微，但胸怀大志，拥有不同寻常的政治远见，他要求百姓能够从"苦秦"的状态当中解放出来。他聪明而果断，具有发动群众、组织群众、制定策略、指挥战争的卓越才能，还带头喊出了一句震古烁今的口号："王侯将相宁有种乎！"吴广尽管刻画较为简略，但从他谋划起义、诱杀将尉等事迹当中，也都展现出非凡的机智勇敢与反抗精神。两人展现出了非凡的英雄气概。文章也写到了起义军内部的不和甚至自相残杀，陈涉称王后的贪图享受、信用奸邪、丧失人心，从内部诠释了本次起义失败的重要原因。

本篇在写作层面上依照事件的发展顺序来记事。写起义过程，先写起义的原因、起义之前的谋划，再写起义的爆发及发展，直到政权的最终建立，脉络极为清晰。在记述的过程中，采用了先因后果的写法。写起义的动议，先描述暴秦的严刑峻法；写起义的发生，又首先描写将尉的残酷等。这些都非常入情入理，有力地突出了起义的正义性。

# 项羽本纪

题 解

《项羽本纪》选自《史记》卷七,本纪第七。本篇通过描写秦末农民大起义以及楚汉之争的壮阔历史场面,生动又深刻地描述了一代霸主项羽的一生。他既是一位力拔山兮气盖世、"近古以来未尝有"的绝代英雄,又是一位性情暴戾,关键时优柔寡断,只知动用武力而不深谙机谋的匹夫。司马迁巧妙地将项羽性格当中矛盾的各个侧面,有机整合在这一篇章中,虽然不乏深刻的鞭笞,但更多的是由衷的惋惜与同情。项羽尽管从未称帝,权位却不亚于任何帝王,他上承始皇,下启刘汉,因此司马迁将其传列入本纪当中。

原 文

项籍者,下相人也,字羽。初起时,年二十四。其季父项梁,梁父即楚将项燕,为秦将王翦所戮者也。项氏世世为楚将,封于项,故姓项氏。

项籍少时,学书不成,去学剑,又不成。项梁怒之。籍曰:"书足以记名姓而已。剑一人敌,不足学,学万人敌。"于是项梁乃教籍兵法,籍大喜,略知其意,又不肯竟学。项梁尝有栎阳逮,乃请蕲狱掾曹咎书抵栎阳狱掾司马欣,以故事得已。项梁杀人,与籍避仇于吴中。吴中贤士大夫皆出项梁下。每吴中有大繇役及丧,项梁常为主办,阴以兵法部勒宾客及子弟,以是知其能。秦始皇帝游会稽,渡浙江,梁与籍俱观。籍曰:"彼可取而代也。"梁掩其口,曰:"毋妄言,族矣!"梁以此奇籍。籍长八尺余,力能扛鼎,才气过人,虽吴中子弟皆已惮籍矣。

秦二世元年七月,陈涉等起大泽中。其九月,会稽守通谓梁曰:"江西皆反,此亦天亡秦之时也。吾闻先即制人,后则为人所制。吾欲发兵,

使公及桓楚将。"是时桓楚亡在泽中。梁曰："桓楚亡，人莫知其处，独籍知之耳。"梁乃出，诚籍持剑居外待。梁复入，与守坐，曰："请召籍，使受命召桓楚。"守曰："诺。"梁召籍入。须臾，梁眴籍曰：<ruby>shùn</ruby>"可行矣！"于是籍遂拔剑斩守头。项梁持守头，佩其印绶。门下大惊，扰乱，籍所击杀数十百人。一府中皆慑伏，莫<ruby>shè</ruby>敢起。梁乃召故所知豪吏，谕以所为起<ruby>yù</ruby>大事，遂举吴中兵。使人收下县，得精兵八千人。梁部署吴中豪杰为校尉、候、司马。有一人不得用，自言于梁。梁曰："前时某丧使公主某事，不能办，以此不任用公。"众乃皆伏①。于是梁为会稽守，籍为裨将，徇下县。<ruby>pí</ruby><ruby>xùn</ruby>

●西楚霸王

广陵人召平于是为陈王徇广陵，未能下。闻陈王败走，秦兵又且至，<ruby>shào</ruby>乃渡江矫陈王命，拜梁为楚王上柱国。曰："江东已定，急引兵西击秦。"<ruby>jiǎo</ruby>项梁乃以八千人渡江而西。闻陈婴已下东阳，使使欲与连和俱西。陈婴者，故东阳令史，居县中，素信谨，称为长者。东阳少年杀其令，相聚数千人，欲置长，无适用，乃请陈婴。婴谢不能，遂强立婴为长，县中从者得二万人。少年欲立婴便为王，异军苍头特起。陈婴母谓婴曰："自我为汝家妇，未尝闻汝先古之有贵者。今暴得大名，不祥。不如有所属，事成犹得封侯，事败易以亡，非世所指名也。"婴乃不敢为王。谓其军吏曰："项氏世世将家，有名于楚。今欲举大事，将非其人，不可。我倚名族，亡秦必矣。"于是众从其言，以兵属项梁。项梁渡淮，黥布、蒲将军亦以兵属焉。凡六七万人，军下邳。<ruby>pī</ruby>

---

①伏：同"服"，佩服。

当是时，秦嘉已立景驹为楚王，军彭城东，欲距项梁。项梁谓军吏曰："陈王先首事，战不利，未闻所在。今秦嘉倍陈王而立景驹，逆无道。"乃进兵击秦嘉。秦嘉军败走，追之至胡陵。嘉还战一日，嘉死，军降。景驹走死梁地。项梁已并秦嘉军，军胡陵，将引军而西。章邯军至栗，项梁使别将朱鸡石、馀樊君与战。馀樊君死。朱鸡石军败，亡走胡陵。项梁乃引兵入薛，诛鸡石。项梁前使项羽别攻襄城，襄城坚守不下。已拔，皆阬<sup>①</sup>之。还报项梁。项梁闻陈王定死，召诸别将会薛计事。此时沛公亦起沛，往焉。

居鄛人范增，年七十，素居家，好奇计，往说项梁曰："陈胜败固当。夫秦灭六国，楚最无罪。自怀王入秦不反，楚人怜之至今，故楚南公曰'楚虽三户，亡秦必楚'也。今陈胜首事，不立楚后而自立，其势不长。今君起江东，楚蜂午之将皆争附君者，以君世世楚将，为能复立楚之后也。"于是项梁然其言，乃求楚怀王孙心民间，为人牧羊，立以为楚怀王，从民所望也。陈婴为楚上柱国，封五县，与怀王都盱台<sup>②</sup>。项梁自号为武信君。

居数月，引兵攻亢父，与齐田荣、司马龙且军救东阿，大破秦军于东阿。田荣即引兵归，逐其王假。假亡走楚。假相田角亡走赵。角弟田间故齐将，居赵不敢归。田荣立田儋子市为齐王。项梁已破东阿下军，遂追秦军。数使使趣齐兵，欲与俱西。田荣曰："楚杀田假，赵杀田角、田间，乃发兵。"项梁曰："田假为与国之王，穷来从我，不忍杀之。"赵亦不杀田角、田间以市于齐。齐遂不肯发兵助楚。项梁使沛公及项羽别攻城阳，屠之。西破秦军濮阳东，秦兵收入濮阳。沛公、项羽乃攻定陶。定陶未下，去，西略地至雍丘，大破秦军，斩李由。还攻外黄，外黄未下。

项梁起东阿，西，比至定陶，再破秦军，项羽等又斩李由，益轻秦，有

①**阬**：同"坑"，杀害。

②**盱台**：即"盱眙"。

骄色。宋义乃谏项梁曰："战胜而将骄卒惰者败。今卒少惰矣，秦兵日益，臣为君畏之。"项梁弗听。乃使宋义使于齐。道遇齐使者高陵君显，曰："公将见武信君乎？"曰："然。"曰："臣论武信君军必败。公徐行即免死，疾行则及祸。"秦果悉起兵益章邯，击楚军，大破之定陶，项梁死。沛公、项羽去外黄攻陈留，陈留坚守不能下。沛公、项羽相与谋曰："今项梁军破，士卒恐。"乃与吕臣军俱引兵而东。吕臣军彭城东，项羽军彭城西，沛公军砀。

章邯已破项梁军，则以为楚地兵不足忧，乃渡河击赵，大破之。当此时，赵歇为王，陈馀为将，张耳为相，皆走入巨鹿城。章邯令王离、涉间围巨鹿，章邯军其南，筑甬道而输之粟。陈馀为将，将卒数万人而军巨鹿之北，此所谓河北之军也。楚兵已破于定陶，怀王恐，从盱台之彭城，并项羽、吕臣军自将之。以吕臣为司徒，以其父吕青为令尹。以沛公为砀郡长，封为武安侯，将砀郡兵。

初，宋义所遇齐使者高陵君显在楚军，见楚王曰："宋义论武信君之军必败，居数日，军果败。兵未战而先见败征，此可谓知兵矣。"王召宋义与计事，而大说之，因置以为上将军，项羽为鲁公，为次将，范增为末将，救赵。诸别将皆属宋义，号为卿子冠军。

行至安阳，留四十六日不进。项羽曰："吾闻秦军围赵王巨鹿，疾引兵渡河，楚击其外，赵应其内，破秦军必矣。"宋义曰："不然。夫搏牛之虻不可以破虮虱。今秦攻赵，战胜则兵罢，我承其敝；不胜，则我引兵鼓行而西，必举秦矣。故不如先斗秦、赵。夫被坚执锐，义不如公；坐而运策，公不如义。"因下令军中曰："猛如虎，很①如羊，贪如狼，强不可使者，皆斩之！"乃遣其子宋襄相齐，身送之至无盐，饮酒高会。天寒大雨，士卒冻饥。

①很：同"狼"，执拗。

項羽曰："将戮力而攻秦，久留不行。今岁饥民贫，士卒食芋菽，军无见粮，乃饮酒高会，不引兵渡河因赵食，与赵并力攻秦，乃曰'承其敝'。夫以秦之强，攻新造之赵，其势必举赵。赵举而秦强，何敝之承！且国兵新破，王坐不安席，埽境内而专属于将军，国家安危，在此一举。今不恤士卒而徇其私，非社稷之臣。"项羽晨朝上将军宋义，即其帐中斩宋义头，出令军中曰："宋义与齐谋反楚，楚王阴令羽诛之。"当是时，诸将皆慴服，莫敢枝梧。皆曰："首立楚者，将军家也。今将军诛乱。"乃相与共立羽为假上将军。使人追宋义子，及之齐，杀之。使桓楚报命于怀王。怀王因使项羽为上将军，当阳君、蒲将军皆属项羽。

项羽已杀卿子冠军，威震楚国，名闻诸侯。乃遣当阳君、蒲将军将卒二万渡河，救巨鹿。战少利，陈馀复请兵。项羽乃悉引兵渡河，皆沉船，破釜甑，烧庐舍，持三日粮，以示士卒必死，无一还心。于是至则围王离，与秦军遇，九战，绝其甬道，大破之，杀苏角，虏王离。涉间不降楚，自烧杀。

当是时，楚兵冠诸侯。诸侯军救巨鹿下者十余壁，莫敢纵兵。及楚击秦，诸将皆从壁上观。楚战士无不一以当十，楚兵呼声动天，诸侯军无不人人惴恐。于是已破秦军，项羽召见诸侯将，入辕门，无不膝行而前，莫敢仰视。项羽由是始为诸侯上将军，诸侯皆属焉。

章邯军棘原，项羽军漳南，相持未战。秦军数却，二世使人让章邯。章邯恐，使长史欣请事。至咸阳，留司马门三日，赵高不见，有不信之心。长史欣恐，还走其军，不敢出故道，赵高果使人追之，不及。欣至军，报曰："赵高用事于中，下无可为者。今战能胜，高必疾妒吾功；战不能胜，不免于死。愿将军孰计之。"陈馀亦遗章邯书曰："白起为秦将，南征鄢、郢，北阬马服，攻城略地，不可胜计，而竟赐死。蒙恬为秦将，北逐戎人，开榆中地数千里，竟斩阳周。何者？功多，秦不能尽封，因以法诛

① **戮力**：合力。

之。今将军为秦将三岁矣,所亡失以十万数,而诸侯并起滋益多。彼赵高素谀日久,今事急,亦恐二世诛之,故欲以法诛将军以塞责,使人更代将军以脱其祸。夫将军居外久,多内却,有功亦诛,无功亦诛。且天之亡秦,无愚智皆知之。今将军内不能直谏,外为亡国将,孤特独立而欲常存,岂不哀哉!将军何不还兵与诸侯为纵,约共攻秦,分王其地,南面称孤;此孰与身伏fū鈇质,妻子为戮乎?"章邯狐疑,阴使候始成使项羽,欲约。约未成,项羽使蒲将军日夜引兵渡三户,军漳南,与秦战,再破之。项羽悉引兵击秦军污水上,大破之。

章邯使人见项羽,欲约。项羽召军吏谋曰:"粮少,欲听其约。"军吏皆曰:"善。"项羽乃与期洹水南殷墟上。已盟,章邯见项羽而流涕,为言赵高。项羽乃立章邯为雍王,置楚军中。使长史欣为上将军,将秦军为前行。

到新安,诸侯吏卒异时故徭使屯戍shù过秦中,秦中吏卒遇之多无状,及秦军降诸侯,诸侯吏卒乘胜多奴虏使之,轻折辱秦吏卒。秦吏卒多窃言曰:"章将军等诈吾属降诸侯,今能入关破秦,大善;即不能,诸侯虏吾属而东,秦必尽诛吾父母妻子。"诸将微闻其计,以告项羽。项羽乃召黥布、蒲将军计曰:"秦吏卒尚众,其心不服,至关中不听,事必危,不如击杀之,而独与章邯、长史欣、都尉翳入秦。"于是楚军夜击阬kēng秦卒二十余万人新安城南。

行略定秦地。函谷关有兵守关,不得入。又闻沛公已破咸阳,项羽大怒,使当阳君等击关。项羽遂入,至于戏西。沛公军霸上,未得与项羽相见。沛公左司马曹无伤使人言于项羽曰:"沛公欲王关中,使子婴为相,珍宝尽有之。"项羽大怒,曰:"旦日飨xiǎng士卒,为击破沛公军!"当是时,项羽兵四十万,在新丰鸿门,沛公兵十万,在霸上。范增说shuì项羽曰:"沛公居山东时,贪于财货,好美姬。今入关,财物无所取,妇女无所幸,此其志不在小。吾令人望其气,皆为龙虎,成五采,此天子气也。急击勿失。"

　　楚左尹项伯者，项羽季父也，素善留侯张良。张良是时从沛公，项伯乃夜驰之沛公军，私见张良，具告以事，欲呼张良与俱去。曰："毋从俱死也。"张良曰："臣为韩王送沛公，沛公今事有急，亡去不义，不可不语。"良乃入，具告沛公。沛公大惊，曰："为之奈何？"张良曰："谁为大王为此计者？"曰："鲰生说我曰'距关，毋内诸侯，秦地可尽王也'。故听之。"良曰："料大王士卒足以当项王乎？"沛公默然，曰："固不如也，且为之奈何？"张良曰："请往谓项伯，言沛公不敢背项王也。"沛公曰："君安与项伯有故？"张良曰："秦时与臣游，项伯杀人，臣活之。今事有急，故幸来告良。"沛公曰："孰与君少长？"良曰："长于臣。"沛公曰："君为我呼入，吾得兄事之。"张良出，要项伯。项伯即入见沛公。沛公奉卮酒为寿，约为婚姻，曰："吾入关，秋毫不敢有所近，籍吏民，封府库，而待将军。所以遣将守关者，备他盗之出入与非常也。日夜望将军至，岂敢反乎！愿伯具言臣之不敢倍德也。"项伯许诺。谓沛公曰："旦日不可不蚤自来谢项王。"沛公曰："诺。"于是项伯复夜去，至军中，具以沛公言报项王。因言曰："沛公不先破关中，公岂敢入乎？今人有大功而击之，不义也，不如因善遇之。"项王许诺。

　　沛公旦日从百余骑来见项王，至鸿门，谢曰："臣与将军戮力而攻秦，将军战河北，臣战河南，然不自意能先入关破秦，得复见将军于此。今者有小人之言，令将军与臣有郤①。"项王曰："此沛公左司马曹无伤言之；不然，籍何以至此。"项王即日因留沛公与饮。项王、项伯东向坐。亚父南向坐。亚父者，范增也。沛公北向坐，张良西向侍。范增数目项王，举所佩玉玦以示之者三，项王默然不应。

　　范增起，出召项庄，谓曰："君王为人不忍，若入前为寿，寿毕，请以剑舞，因击沛公于坐，杀之。不者，若属皆且为所虏。"庄则入为寿，寿毕，

① 郤：通"隙"。

曰："君王与沛公饮,军中无以为乐,请以剑舞。"项王曰："诺。"项庄拔剑起舞,项伯亦拔剑起舞,常以身翼蔽沛公,庄不得击。于是张良至军门,见樊哙。樊哙曰："今日之事何如?"良曰："甚急。今者项庄拔剑舞,其意常在沛公也。"哙曰："此迫矣,臣请入,与之同命。"哙即带剑拥盾入军门。交戟之卫士欲止不内,樊哙侧其盾以撞,卫士仆地,哙遂入,披帷西向立,瞋目视项王,头发上指,目眦尽裂。项王按剑而跽曰："客何为者?"张良曰："沛公之参乘樊哙者也。"项王曰："壮士,赐之卮酒。"则与斗卮酒。哙拜谢,起,立而饮之。项王曰："赐之彘肩。"则与一生彘肩。樊哙覆其盾于地,加彘肩上,拔剑切而啗之。项王曰："壮士,能复饮乎?"樊哙曰："臣死且不避,卮酒安足辞!夫秦王有虎狼之心,杀人如不能举,刑人如恐不胜,天下皆叛之。怀王与诸将约曰'先破秦入咸阳者王之'。今沛公先破秦入咸阳,毫毛不敢有所近,封闭宫室,还军霸上,以待大王来。故遣将守关者,备他盗出入与非常也。劳苦而功高如此,未有封侯之赏,而听细说,欲诛有功之人。此亡秦之续耳,窃为大王不取也。"项王未有以应,曰："坐。"樊哙从良坐。坐须臾,沛公起如厕,因招樊哙出。

沛公已出,项王使都尉陈平召沛公。沛公曰："今者出,未辞也,为之奈何?"樊哙曰："大行不顾细谨,大礼不辞小让。如今人方为刀俎,我为鱼肉,何辞为。"于是遂去。乃令张良留谢。良问曰："大王来何操?"曰："我持白璧一双,欲献项王,玉斗一双,欲与亚父,会其怒,不敢献。公为我献之。"

●鸿门宴

张良曰:"谨诺。"当是时,项王军在鸿门下,沛公军在霸上,相去四十里。沛公则置车骑,脱身独骑,与樊哙、夏侯婴、靳强、纪信等四人持剑盾步走,从郦山下,道芷阳间行。沛公谓张良曰:"从此道至吾军,不过二十里耳。度我至军中,公乃入。"沛公已去,间至军中,张良入谢,曰:"沛公不胜桮杓,不能辞。谨使臣良奉白璧一双,再拜献大王足下;玉斗一双,再拜奉大将军足下。"项王曰:"沛公安在?"良曰:"闻大王有意督过之,脱身独去,已至军矣。"项王则受璧,置之坐上。亚父受玉斗,置之地,拔剑撞而破之,曰:"唉!竖子不足与谋。夺项王天下者,必沛公也,吾属今为之虏矣。"沛公至军,立诛杀曹无伤。

居数日,项羽引兵西屠咸阳,杀秦降王子婴,烧秦宫室,火三月不灭,收其货宝妇女而东。人或说项王曰:"关中阻山河四塞,地肥饶,可都以霸。"项王见秦宫室皆以烧残破,又心怀思欲东归,曰:"富贵不归故乡,如衣绣夜行,谁知之者!"说者曰:"人言楚人沐猴而冠耳,果然。"项王闻之,烹说者。

项王使人致命怀王。怀王曰:"如约。"乃尊怀王为义帝。项王欲自王,先王诸将相。谓曰:"天下初发难时,假立诸侯后以伐秦。然身被坚执锐首事,暴露于野三年,灭秦定天下者,皆将相诸君与籍之力也。义帝虽无功,故当分其地而王之。"诸将皆曰:"善。"乃分天下,立诸将为侯王。

项王、范增疑沛公之有天下,业已讲解,又恶负约,恐诸侯叛之,乃阴谋曰:"巴、蜀道险,秦之迁人皆居蜀。"乃曰:"巴、蜀亦关中地也。"故立沛公为汉王,王巴、蜀、汉中,都南郑。而三分关中,王秦降将以距塞汉王。

项王乃立章邯为雍王,王咸阳以西,都废丘。长史欣者,故为栎阳狱掾,尝有德于项梁;都尉董翳者,本劝章邯降楚。故立司马欣为塞王,王咸阳以东至河,都栎阳;立董翳为翟王,王上郡,都高奴。徙魏王豹为

西魏王，王河东，都平阳。瑕（xiá）丘申阳者，张耳嬖（bì）臣也，先下河南，迎楚河上，故立申阳为河南王，都雒（luò）阳。韩王成因故都，都阳翟（dí）。赵将司马卬（áng）定河内，数（shuò）有功，故立卬为殷王，王河内，都朝歌。徙赵王歇为代王。赵相张耳素贤，又从入关，故立耳为常山王，王赵地，都襄国。当阳君黥布为楚将（jiàng），常冠军，故立布为九江王，都六。鄱（pó）君吴芮率百越佐诸侯，又从入关，故立芮为衡山王，都邾（zhū）。义帝柱国共敖将兵击南郡，功多，因立敖为临江王，都江陵。徙燕王韩广为辽东王。燕将臧荼（zāng tú）从楚救赵，因从入关，故立荼为燕王，都蓟（jì）。徙齐王田市为胶东王。齐将田都从共救赵，因从入关，故立都为齐王，都临菑（zī）。故秦所灭齐王建孙田安，项羽方渡河救赵，田安下济北数城，引其兵降项羽，故立安为济北王，都博阳。田荣者，数（shuò）负项梁，又不肯将兵从楚击秦，以故不封。成安君陈馀弃将印去，不从入关，然素闻其贤，有功于赵，闻其在南皮，故因环封三县。番君将梅鋗（xuān）功多，故封十万户侯。

项王自立为西楚霸王，王九郡，都彭城。

汉之元年四月，诸侯罢戏下[1]，各就国。项王出之国，使人徙义帝，曰："古之帝者地方千里，必居上游。"乃使使徙义帝长沙郴（chēn）县。趣（cù）义帝行，其群臣稍稍背叛之，乃阴令衡山、临江王击杀之江中。韩王成无军功，项王不使之国，与俱至彭城，废以为侯，已又杀之。臧荼之国，因逐韩广之辽东，广弗听，荼击杀广无终，并王其地。

田荣闻项羽徙齐王市胶东，而立齐将田都为齐王，乃大怒，不肯遣齐王之胶东，因以齐反，迎击田都。田都走楚。齐王市畏项王，乃亡之胶东就国。田荣怒，追击杀之即墨。荣因自立为齐王，而西杀击济北王田安，并王三齐。荣与彭越将军印，令反梁地。

陈馀阴使张同、夏说说齐王田荣曰："项羽为天下宰，不平。今尽王

---

① 戏下：处于大将军的旗帜之下。"戏"通"麾"，将帅所属的大旗。又说，"戏"指戏水，"戏下"指戏水之下。

故王于丑地，而王其群臣诸将善地，逐其故主，赵王乃北居代，馀以为不可。闻大王起兵，且不听不义，愿大王资馀兵，请以击常山，以复赵王，请以国为扞蔽。"齐王许之，因遣兵之赵。陈馀悉发三县兵，与齐并力击常山，大破之。张耳走归汉。陈馀迎故赵王歇于代，反之赵。赵王因立陈馀为代王。

是时，汉还定三秦。项羽闻汉王皆已并关中，且东；齐、赵叛之，大怒。乃以故吴令郑昌为韩王，以距汉；令萧公角等击彭越。彭越败萧公角等。汉使张良徇韩，乃遗项王书曰："汉王失职，欲得关中，如约即止，不敢东。"又以齐、梁反书遗项王曰："齐欲与赵并灭楚。"楚以此故，无西意，而北击齐。征兵九江王布。布称疾不往，使将将数千人行。项王由此怨布也。

汉之二年冬，项羽遂北至城阳，田荣亦将兵会战。田荣不胜，走至平原，平原民杀之。遂北烧夷齐城郭室屋，皆阬田荣降卒，系虏其老弱妇女。徇齐至北海，多所残灭。齐人相聚而叛之。于是田荣弟田横，收齐亡卒得数万人，反城阳。项王因留，连战未能下。

春，汉王部五诸侯兵，凡五十六万人，东伐楚。项王闻之，即令诸将击齐，而自以精兵三万人南从鲁出胡陵。四月，汉皆已入彭城，收其货宝美人，日置酒高会。项王乃西从萧，晨击汉军而东，至彭城，日中，大破汉军。汉军皆走，相随入谷、泗水，杀汉卒十余万人。汉卒皆南走山，楚又追击至灵壁东睢水上。汉军却，为楚所挤，多杀，汉卒十余万人皆入睢水，睢水为之不流。围汉王三匝。于是大风从西北而起，折木发屋，扬沙石，窈冥昼晦，逢迎楚军。楚军大乱，坏散，而汉王乃得与数十骑遁去。欲过沛，收家室而西；楚亦使人追之沛，取汉王家；家皆亡，不与汉王相见。汉王道逢得孝惠、鲁元，乃载行。楚骑追汉王，汉王急，推堕孝惠、鲁元车下，滕公常下收载之，如是者三。曰："虽急，不可以驱，奈何弃之？"于是遂得脱。求太公、吕后不相遇。审食其从太公、吕后间行，求汉王，反遇楚军。楚军遂与归，报项王，项王常置军中。

是时吕后兄周吕侯，为汉将兵居下邑，汉王间往从之，稍稍收其士卒。至荥阳，诸败军皆会，萧何亦发关中老弱未傅，悉诣荥阳，复大振。楚起于彭城，常乘胜逐北，与汉战荥阳南京、索间，汉败楚，楚以故不能过荥阳而西。

项王之救彭城，追汉王至荥阳，田横亦得收齐，立田荣子广为齐王。汉王之败彭城，诸侯皆复与楚而背汉。汉军荥阳，筑甬道属之河，以取敖仓粟。

汉之三年，项王数侵夺汉甬道，汉王食乏，恐，请和，割荥阳以西为汉。项王欲听之。历阳侯范增曰：“汉易与耳，今释弗取，后必悔之。”项王乃与范增急围荥阳。汉王患之，乃用陈平计间项王。项王使者来，为太牢具，举欲进之。见使者，详惊愕曰：“吾以为亚父使者，乃反项王使者！”更持去，以恶食食项王使者。使者归报项王，项王乃疑范增与汉有私，稍夺之权。范增大怒，曰：“天下事大定矣，君王自为之。愿赐骸骨归卒伍。”项王许之。行未至彭城，疽发背而死。

汉将纪信说汉王曰：“事已急矣，请为王诳①楚为王，王可以间出。”于是汉王夜出女子荥阳东门被甲二千人，楚兵四面击之。纪信乘黄屋车，傅左纛②，曰：“城中食尽，汉王降。”楚军皆呼万岁。汉王亦与数十骑从城西门出，走成皋。项王见纪信，问：“汉王安在？”信曰：“汉王已出矣。”项王烧杀纪信。

汉王使御史大夫周苛、枞公、魏豹守荥阳。周苛、枞公谋曰：“反国之王，难与守城。”乃共杀魏豹。楚下荥阳城，生得周苛。项王谓周苛曰：“为我将，我以公为上将军，封三万户。”周苛骂曰：“若不趣降汉，汉今虏若，若非汉敌也。”项王怒，烹周苛并杀枞公。

---

① 诳：同“诓”。

② 纛：军中的大旗。

汉王之出荥阳，南走宛、叶，得九江王布，行收兵，复入保成皋。汉之四年，项王进兵围成皋。汉王逃，独与滕公出成皋北门，渡河走修武，从张耳、韩信军。诸将稍稍得出成皋，从汉王。楚遂拔成皋，欲西。汉使兵距之巩，令其不得西。

是时，彭越渡河击楚东阿，杀楚将军薛公。项王乃自东击彭越。汉王得淮阴侯兵，欲渡河南。郑忠说汉王，乃止壁河内。使刘贾将兵佐彭越，烧楚积聚。项王东击破之，走彭越。汉王则引兵渡河，复取成皋，军广武，就敖仓食。项王已定东海来，西，与汉俱临广武而军，相守数月。

当此时，彭越数反梁地，绝楚粮食，项王患之。为高俎，置太公其上，告汉王曰："今不急下，吾烹太公。"汉王曰："吾与项羽俱北面受命怀王，曰'约为兄弟'，吾翁即若翁，必欲烹而翁，则幸分我一杯羹。"项王怒，欲杀之。项伯曰："天下事未可知，且为天下者不顾家，虽杀之无益，只益祸耳。"项王从之。

楚、汉久相持未决，丁壮苦军旅，老弱罢转漕。项王谓汉王曰："天下匈匈数岁者，徒以吾两人耳，愿与汉王挑战决雌雄，毋徒苦天下之民父子为也。"汉王笑谢曰："吾宁斗智，不能斗力。"项王令壮士出挑战。汉有善骑射者楼烦，楚挑战三合，楼烦辄射杀之。项王大怒，乃自被甲持戟挑战。楼烦欲射之，项王瞋目叱之，楼烦目不敢视，手不敢发，遂走还入壁，不敢复出。

汉王使人间问之，乃项王也。汉王大惊。于是项王乃即汉王相与临广武间而语。汉王数之，项王怒，欲一战。汉王不听，项王伏弩射中汉王。汉王伤，走入成皋。

项王闻淮阴侯已举河北，破齐、赵，且欲击楚，乃使龙且往击之。淮阴侯与战，骑将灌婴击之，大破楚军，杀龙且。韩信因自立为齐王。项王闻龙且军破，则恐，使盱台人武涉往说淮阴侯。淮阴侯弗听。是时，彭越复反，下梁地，绝楚粮。项王乃谓海春侯大司马曹咎等曰："谨守成

史记精华本

二三二

皋,则汉欲挑战,慎勿与战,毋令得东而已。我十五日必诛彭越,定梁地,复从将军。"乃东,行击陈留、外黄。

外黄不下。数日,已降,项王怒,悉令男子年十五已上诣城东,欲坑之。外黄令舍人儿年十三,往说项王曰:"彭越强劫外黄,外黄恐,故且降,待大王。大王至,又皆坑之,百姓岂有归心? 从此以东,梁地十余城皆恐,莫肯下矣。"项王然其言,乃赦外黄当坑者。东至睢阳,闻之皆争下项王。

汉果数挑楚军战,楚军不出。使人辱之,五六日,大司马怒,渡兵汜水。士卒半渡,汉击之,大破楚军,尽得楚国货赂。大司马咎、长史翳、塞王欣皆自刭汜水上。大司马咎者,故蕲狱掾,长史欣亦故栎阳狱吏,两人尝有德于项梁,是以项王信任之。当是时,项王在睢阳,闻海春侯军败,则引兵还。汉军方围钟离眛于荥阳东,项王至,汉军畏楚,尽走险阻。

是时,汉兵盛食多,项王兵罢食绝。汉遣陆贾说项王,请太公,项王弗听。汉王复使侯公往说项王,项王乃与汉约,中分天下,割鸿沟以西者为汉,鸿沟而东者为楚。项王许之,即归汉王父母妻子。军皆呼万岁。汉王乃封侯公为平国君。匿弗肯复见。曰:"此天下辩士,所居倾国,故号为平国君。"项王已约,乃引兵解而东归。

汉欲西归,张良、陈平说曰:"汉有天下太半,而诸侯皆附之。楚兵罢食尽,此天亡楚之时也,不如因其机而遂取之。今释勿击,此所谓'养虎自遗患'也。"汉王听之。

汉五年,汉王乃追项王至阳夏南,止军,与淮阴侯韩信、建成侯彭越期会而击楚军。至固陵,而信、越之兵不会。楚击汉军,大破之。汉王复入壁,深堑而自守。谓张子房曰:"诸侯不从约,为之奈何? "对曰:"楚兵且破,信、越未有分地,其不至固宜。君王能与共分天下,今可立致也。即不能,事未可知也。君王能自陈以东傅海,尽与韩信;睢阳以北至谷城，以与彭越：使各自为战，则楚易败也。”汉王曰：“善。”于是乃发使者告韩信、彭越曰：“并力击楚。楚破，自陈以东傅海与齐王，睢阳以北至谷城与彭相国。”使者至，韩信、彭越皆报曰：“请今进兵。”韩信乃从齐往，刘贾军从寿春并行，屠城父，至垓下。大司马周殷叛楚，以舒屠六，举九江兵，随刘贾、彭越皆会垓下，诣项王。

项王军壁垓下，兵少食尽，汉军及诸侯兵围之数重。夜闻汉军四面皆楚歌，项王乃大惊曰：“汉皆已得楚乎？是何楚人之多也！”项王则夜起，饮帐中。有美人名虞，常幸从；骏马名骓，常骑之。于是项王乃悲歌慷慨，自为诗曰：“力拔山兮气盖世，时不利兮骓不逝。骓不逝兮可奈何，虞兮虞兮奈若何！”歌数阕，美人和之。项王泣数行下，左右皆泣，莫能仰视。

于是项王乃上马骑，麾下壮士骑从者八百余人，直夜溃围南出，驰走。平明，汉军乃觉之，令骑将灌婴以五千骑追之。项王渡淮，骑能属者百余人耳。项王至阴陵，迷失道，问一田父，田父绐曰“左”。左，乃陷大泽中。以故汉追及之。项王乃复引兵而东，至东城，乃有二十八骑。汉骑追者数千人。项王自度不得脱。谓其骑曰：“吾起兵至今八岁矣，身七十余战，所当者破，所击者服，未尝败北，遂霸有天下。然今卒困于此，此天之亡我，非战之罪也。今日固决死，愿为诸君快战，必三胜之，为诸君溃围，斩将，刈旗，令诸君知天亡我，非战之罪也。”乃分其骑以为四队，四向。汉军围之数重。项王谓其骑曰：“吾为公取彼一将。”令四面骑驰下，期山东为三处。于是项王大呼驰下，汉军皆披靡，遂斩汉一将。是时，赤泉侯为骑将，追项王，项王瞋目而叱之，赤泉侯人马俱惊，辟易数里。与其骑会为三处。汉军不知项王所在，乃分军为三，复围之。项王乃驰，复斩汉一都尉，杀数十百人，复聚其骑，亡其两骑耳。乃谓其骑曰：“何如？”骑皆伏曰：“如大王言。”

于是项王乃欲东渡乌江。乌江亭长檥船待，谓项王曰：“江东虽小，地方千里，众数十万人，亦足王也。愿大王急渡。今独臣有船，汉军至，无以渡。"项王笑曰："天之亡我，我何渡为！且籍与江东子弟八千人渡江而西，今无一人还，纵江东父兄怜而王我，我何面目见之？纵彼不言，籍独不愧于心乎？"乃谓亭长曰："吾知公长者。吾骑此马五岁，所当无敌，尝一日行千里，不忍杀之，以赐公。"乃令骑皆下马步行，持短兵接战。独籍所杀汉军数百人。项王身亦被pī十余创。顾见汉骑司马吕马童，曰："若非吾故人乎？"马童面之，指王翳曰："此项王也。"项王乃曰："吾闻汉购我头千金，邑万户，吾为若德。"乃自刎而死。王翳取其头，余骑相蹂践 róu争项王，相杀者数十人。最其后，郎中骑杨喜、骑司马吕马童，郎中吕胜、杨武各得其一体。五人共会其体，皆是。故分其地为五：封吕马童为中水侯，封王翳为杜衍侯，封杨喜为赤泉侯，封杨武为吴防侯，封吕胜为涅阳侯。

项王已死，楚地皆降汉，独鲁不下。汉乃引天下兵欲屠之，为其守礼义，为主死节，乃持项王头视鲁，鲁父兄乃降。始，楚怀王初封项籍为鲁公，及其死，鲁最后下，故以鲁公礼葬项王谷城。汉王为发哀，泣之而去。诸项氏枝属，汉王皆不诛。乃封项伯为射阳侯。桃侯、平皋侯、玄武侯皆项氏，赐姓刘。

太史公曰：吾闻之周生曰"舜目盖重瞳tóng子"。又闻项羽亦重瞳子。羽岂其苗裔yé邪？何兴之暴也！夫秦失其政，陈涉首难，豪杰蜂起，相与并争，不可胜数。然羽非有尺寸，乘势起陇①亩之中，三年，遂将五诸侯灭秦，分裂天下，而封王侯，政由羽出，号为"霸王"，位虽不终，近古以来未尝有也。及羽背关怀楚，放逐义帝而自立，怨王侯叛己，难nàn矣。自矜功伐，奋其私智而不师古，谓霸王之业，欲以力征经营天下，五年卒亡其国，身死东城，尚不觉寤而不自责，过矣。乃引"天亡我，非用兵之罪也"，岂不谬miù哉！

---

①陇：同"垄"。

项籍，是下相人，字羽。刚起兵时，他二十四岁。他的叔父为项梁，项梁的父亲也就是楚国将军项燕，项燕被秦将王翦所杀。项氏世代担任楚国的大将，被分封于项地，所以姓项氏。

项籍年幼时，学习认字写字，没能学成。于是放弃了学字，改学击剑，也没学成。项梁对他非常生气。项籍说："学字只不过能用来写下姓名而已。剑也只能抵挡一个敌人，不值得去学，要学就学习能够抵抗万人的学问。"于是项梁就教项籍学习兵法，项籍很高兴，粗略地明白了兵法大意，但又不肯认真地学完。项梁曾由于栎阳罪案而受到牵连，就请蕲县狱掾曹咎写信送给栎阳狱掾司马欣，因此事情得以了结。项梁杀了人，与项籍跑到吴中来躲避仇家。吴中地区有才能的士大夫都不如项梁。每当吴中出现大规模的徭役或丧葬活动时，项梁时常会主持办理相关事宜，暗中以兵法部署及调度宾客与子弟，因此清楚了解每个人的能力。秦始皇帝巡游到会稽，渡过浙江，项梁与项籍一起去观看。项籍说："那个皇帝，我可以取代他。"项梁捂住了他的嘴，说："不要胡说八道，当心全族都被杀掉啊！"项梁因此认为项籍不同于常人。项籍的身高有八尺有余，力能举鼎，才智过人，吴中子弟都非常敬畏他。

秦二世元年七月，陈涉等人在大泽乡发动了起义。这一年的九月，会稽郡守殷通告诉项梁："江西全都造反了，这也是上天要灭亡秦朝。我听说先发动则能制住别人，后发动则被人所制。我准备发兵，派你与桓楚领兵。"当时桓楚逃亡到湖泽当中。项梁说："桓楚逃亡藏匿在外，人们都不知道他的下落，只有项籍清楚。"项梁走出来，吩咐项籍拿剑在外面等候。项梁又走进去，和郡守坐在一起。项梁说："请允许我让项籍进来，让他接受命令去将桓楚召回。"郡守说："好。"项梁让项籍进来。不一会儿，项梁打眼色给项籍说："可以行动。"于是项籍拔剑砍掉了郡守的脑袋。项梁提着郡守的脑袋，身上带着郡守的官印。郡守的侍从护卫极为惊慌，一片混乱，项籍杀掉了数十近百人。全府上下的人都惶惧畏服，没有人敢反抗。项梁就召集了昔日与自己熟悉的有胆识的府吏，将要起兵反秦这件事向大家说清楚，征集吴中的士卒起义。派人搜罗下属各县的壮丁，得到了精兵八千人。项梁安排吴中豪杰担任校尉、候、司马等职。有一人没能得到任用，自己去找项梁申述。项梁说："前些时候有一件丧事，让你主持其中一件事，你不能办好，因此没有任用你。"于是大家都非常佩服项梁。项梁担任会稽郡守，项籍担任裨将，镇抚下属的县邑。

广陵人召平此时为陈王进攻广陵，没能降服这里。听说陈王已经战败逃走，秦兵

又将赶到，就渡江假称陈王的命令，封项梁为楚国的上柱国。召平说："江东已经被平定，赶快引兵向西进攻秦军。"项梁就带着八千人渡江向西进发。他听说陈婴已攻占东阳，就派遣使者，打算与陈婴一起西进。陈婴这个人，原本是东阳令史，在县里向来诚实谨慎，人们称其为忠厚长者。东阳的青年杀掉了他们的县令，聚集了几千人，想要选出一个首领，没有找到可以担任的人，就请陈婴来担任。陈婴推辞说自己不能胜任，大家就强行推举他当首领。县中随从的人有二万。青年们准备推举陈婴称王，士兵为了与其他的军队区别开来，头上裹了青巾，表示自己异军突起。陈婴的母亲对陈婴说："自从我当了你家的媳妇，从没听说你的先祖曾拥有过高官贵爵，现在突然得到如此大的名声，并非是好兆头。不如有所归属，事情如果成功，还可以封侯，事情如果失败了，也容易逃脱，因为不是地位突出的人。"因此陈婴不敢称王。陈婴对他的军吏说："项家世代为将，在楚国非常有名。现在想要干成大事，将帅必须有人才。我们依附名门望族，一定可以灭掉秦朝。"于是大家都遵从了他的话，将军队交给项梁。项梁渡过了淮水，黥布、蒲将军也率军归附他。项梁的部队达到共六七万人，驻扎在下邳。

这时，秦嘉已立景驹为楚王，驻扎于彭城的东面，打算抵挡项梁。项梁告诉军吏："陈王首先起事，作战不成功，下落不明。现在秦嘉背叛陈王而立景驹为王，是大逆不道的。"项梁就带兵攻打秦嘉，秦嘉的军队败逃，项梁追赶到胡陵。秦嘉回军激战一天，秦嘉阵亡，士卒投降。景驹逃走，死在了梁地。项梁已经吞并了秦嘉的军队，驻扎于胡陵，将要引军西进。章邯的军队抵达栗县，项梁派别将朱鸡石、馀樊君同他交战。馀樊君战死，朱鸡石兵败，逃到胡陵。项梁于是带兵来到薛县，杀了朱鸡石。项梁此前派项羽另带领一军攻打襄城，襄城坚守不降。攻克那里以后，项羽杀掉了所有的守城军，回来报告项梁。项梁听说陈王的确死了，召集各路将领来到薛县会合商讨大事。这时沛公也起兵于沛县，前往薛县。

居鄭人范增，已经七十岁了，一向居住在家里，喜欢实施奇策妙计。他去游说项梁："陈胜失败原本就是应该的。秦灭六国，楚国是最无辜的。从楚怀王入秦无法返回，楚人至今还在想念他。所以楚南公曾说'楚虽三户，亡秦必楚'。如今陈胜率先起兵，没有立楚国的后裔，而是自立为王，他的胜利不会长久。现在你在江东起兵，楚地的将领犹如群蜂纵横，都争先恐后地归附于你的缘故，是由于项家世代担任楚国将领，能够再立楚王的后裔。"项梁认为他说得有道理，于是在民间寻访到楚怀王的孙子心，他在为人放羊，项梁将他迎立为楚怀王，顺从百姓的愿望。陈婴担任楚国上柱国，封地有五个县，和楚怀王一起，建都于盱眙。项梁自称武信君。

　　几个月后，项梁率军攻打亢父，与齐田荣、司马龙且的军队共同援救东阿，在东阿击败秦军，田荣率军返回旧地，打跑了齐王田假。田假逃往楚国。田假的相国田角逃往赵国。田角的弟弟田间本来是齐国将领，待在赵国不敢回去。田荣立田儋的儿子为齐王。项梁已击垮了东阿方面的秦军，于是乘胜追击。多次派遣使者催促齐国军队行动，准备与其联军西进。田荣说："楚国杀害了田假，赵国杀掉了田角、田间，我就会出兵。"项梁说："田假是楚国友邦的国王，走投无路前来依附我，我不忍心杀害他。"赵国也不肯杀田角、田间，来作为与齐国交换的条件。于是齐国不愿意发兵帮助楚国。项梁派沛公及项羽领军攻打城阳，屠毁了这个县城。向西在濮阳的东面击败秦军，秦军收兵来到濮阳。沛公、项羽于是攻打定陶。没有攻克定陶，率军撤离，向西发起进攻，到达雍丘，大败秦军，杀掉了李由。回军攻打外黄，没能攻下。

　　项梁自东阿出发，向西进军，抵达定陶后，再次击败秦军，同时，项羽等杀了李由，因此，项梁越来越轻视秦军，面上出现了骄横的神色。宋义就劝项梁："打了胜仗而将领感到骄傲，士卒懈怠的就会导致失败。现在士卒有所懈怠，秦兵日益增多，我为你担心。"项梁没有听从劝告。就派宋义出使齐国。路上遇到齐国的使者高陵君显，问他："你准备去见武信君吗？"回答："是的。"宋义说："我敢肯定武信君的军队一定会战败。你慢些走就能够免死，快走就会遭殃。"秦国果然发动所有兵力去增援章邯，攻打楚军。在定陶大败楚军，项梁战死。沛公、项羽离开外黄进攻陈留，陈留固守，没能攻下。沛公、项羽彼此商量说："如今项梁的军队被打垮了，士卒感到恐惧。"于是就带兵同吕臣的军队一同向东进发。吕臣驻扎在彭城的东面，项羽驻扎于彭城的西面，沛公驻扎于砀。

　　章邯打垮了项梁的军队，认为楚地的敌人再也不用担心了，就渡过黄河进攻赵地，大破赵军。此时，赵歇担任赵王，陈馀担任大将，张耳为相国，都在巨鹿城中。章邯命令王离、涉间进攻巨鹿，章邯驻扎于巨鹿以南，修筑甬道来运送粮食。陈馀身为将领，统率士卒数万人驻扎于巨鹿以北，这就是河北之军。楚军在定陶被打败，楚怀王很感到恐惧，从盱眙前往彭城，将项羽、吕臣的军队合兵一处，亲自进行统率。任命吕臣为司徒，任命他的父亲吕青为令尹。沛公担任砀郡长，封为武安侯，统率砀郡地区的军队。

　　此前，宋义所遇见的齐国使者高陵君显还待在楚国的军队当中，他见到楚怀王说："宋义判断武信君的军队必定会失败，过了几天，其军队果然战败了。军队没有开战而率先发现了失败的征兆，这可说是懂得军事了。"楚怀王于是召见宋义，与他商量国事，大为高兴，因此委任他为上将军，项羽为鲁公，担任次将，范增担任末将，去

援救赵国。各路别将都归宋义统领，宋义号为卿子冠军。

部队行进到安阳，在那里停留四十六天没有前进。项羽说："我听说秦军将赵王围困在巨鹿，应当尽快带兵渡河，楚军从外面发起进攻，赵军在内接应，一定可以打垮秦军。"宋义说："不是这样的。咬牛的牛虻不必伤害虮子。现在秦军进攻赵军，打胜了就会兵疲力尽，我们乘秦军疲惫时发起进攻；打不胜，我们就率军西进，一定能够打垮秦军。所以不如先让秦、赵两国相斗。身披甲胄，手执利器，冲锋陷阵，我宋义不如你；坐下来进行运筹策划，你不如我宋义。"因此对军中下令："凶猛如虎，狠戾如羊，贪婪如狼，倔强不能听从指挥的人，一律处斩。"宋义又派他的儿子宋襄去齐国为官，亲自将他送到无盐，摆酒设宴，大宴宾客。当时，天气寒冷，又下了大雨，士卒冻饿交加。

项羽说："本来准备合力攻秦。却长期停留不进兵。现在年荒岁饥，百姓陷入贫困之中，士卒只能吃到半升豆子，食不果腹，军中没有存粮，宋义却还摆设酒宴，大宴宾客，不率领军队渡河，就地食用赵国的粮食，而说'等待秦军疲惫'。以秦国如此强大的兵力，进攻刚刚建立的赵国，形势发展的结果必然是秦军打垮赵国。赵军被打垮，而秦军反而会更加强大，还有什么使其疲惫的机会呢。而且楚军最近刚打了败仗，国王坐不安席，将国内的全部兵力都集中起来让上将军统领，国家安危，都在于此一举。如今宋义不体恤士卒，反而徇情营私，不是可以与国家同休共戚之臣。"项羽早晨拜见上将军宋义，就在他的帷帐当中割下了他的脑袋，出来号令全军说："宋义与齐国阴谋反楚，楚王密令我杀掉他。"这时，将领们都感到恐惧而屈服，没有胆敢抗拒的人。都说："创建楚国的，就是将军一家。现在又是将军杀掉了叛乱的人。"将领们就共同拥立项羽为假上将军。派人去追赶宋义的儿子，在齐国追上并杀死了他。项羽派桓楚向楚怀王报告。楚怀王就封项羽为上将军，当阳君、蒲将军都归项羽节制。

项羽杀掉了卿子冠军，威震楚国，名声传遍诸侯。他便派遣当阳君、蒲将军率领两万士卒渡河，救援巨鹿。战事获得了一定的胜利，陈馀又向项羽要求发救兵。项羽就率全军渡河，凿沉了全部船只，砸破了炊具，烧毁营舍，只带上三天的口粮，用来向士卒表示拼死决战的决心，不战胜敌人就只有一死。军队刚刚就围困住王离。与秦军遭遇，一共打了九仗，截断了秦军甬道，大败秦军，杀掉了苏角，俘虏王离，涉间不投降，自焚而死。

这时候，楚军勇冠诸侯。援救巨鹿的诸侯军修建了十多个营垒，都不敢带兵出战。等到楚军攻击秦军时，诸侯将领都在营垒上面观战。楚军战士全都以一当十，喊声震天，诸侯军全都感到胆战心惊。打垮了秦军后，项羽召见各路诸侯及将领，他们来到

辕门，全都膝行前进，不敢抬头仰视项羽。项羽从此变为诸侯联军的上将军，各路诸侯都听从他的调遣。

　　章邯驻扎于棘原，项羽驻扎于漳水南岸，两军对峙，没有进行交战。秦军多次退却，二世派人斥责章邯。章邯感到恐惧，派长史司马欣进京解释。来到咸阳，接连三天，赵高始终不接见，不信任他。长史司马欣心中感到害怕，急忙逃回军中。他害怕有人来追杀自己，没有敢走原路。赵高果然派人去追赶他，没能追上。司马欣回到军中，向章邯报告："赵高从中作梗，下面的人无法有所作为。到了现在，如果能打赢敌军，赵高必然会忌妒我们的功劳；仗打不赢，难免被处死。希望将军可以深思熟虑。"陈馀也送给章邯一封信："白起身为秦将，向南攻占鄢、郢，向北坑杀赵括，攻城略地，不计其数，而最后居然被赐死。蒙恬为秦将，北逐匈奴，开辟榆中数千里的地域，最终居然被斩于阳周。这是为什么呢？功劳太大，秦国无法按功进行封赏，因此罗织罪名，用法律杀死他们。现在将军担任秦将三年，所损失的士卒以十万计，而诸侯军队同时并起，越来越多。赵高向来谄谀，为时已久，眼下形势危急，也害怕二世皇帝会杀他，所以打算用法令杀死将军，借以推卸责任，另外派人取代将军掌兵，以此来摆脱祸患。将军带兵在外时日已久，朝廷当中很多人与你有隔阂，有功也会被杀，无功也会被杀。况且上天要亡秦，不管是愚笨的人或是聪明的人全都清楚这一点。如今将军在内无法直言规谏，对外是即将灭亡的国家的将领，孤立而想久存，岂不可悲！将军为什么不倒戈与各路诸侯联合，签订和约，共同进攻秦国，割地为王，南向而坐，称孤道寡；这与自己伏砧受戮，妻子被杀，哪个更好一些呢？"章邯犹豫不决，暗中派军候始成前往项羽营中，希望签署和约。和约还没有谈妥，项羽就让蒲将军昼夜率兵渡过三户津，扎营于漳水南岸，与秦军交战，又一次击败秦军。项羽率领全军在污水进攻秦军，把秦军打得大败。

　　章邯派人去拜见项羽，希望订立和约。项羽召集军吏商量："军中粮少，想允许他签订和约。"军吏都说："好。"项羽就和章邯订期在洹水南岸的殷墟见面。已缔结了盟约，章邯拜见项羽，涕泪交下，向项羽控诉赵高的种种行径。项羽就封章邯为雍王，安置在楚军营中，封长史司马欣为上将军，率领秦军作为先行部队。

　　部队抵达新安，诸侯的军队以前曾因服徭役、屯戍边地路过秦中之地，秦中官兵对他们多有凌辱。等到秦军投降，诸侯军队乘战争获得胜利的机会，像对待奴隶及俘虏一样，驱使秦军，随便折磨、侮辱秦军。秦军经常私下议论说："章将军等人欺骗我们投降了诸侯军，如今如果能入关破秦，当然最好；如果不能，诸侯军会将我们带往东方，秦国势必会将我们的父母妻子全都处死。"诸侯军的将领们暗中听说了他们

的打算，将其报告项羽。项羽就找来黥布、蒲将军商量："秦军还有很多士兵，他们心中不服，到了关中会不听从命令，大事必定岌岌可危，不如杀掉他们，而只带着章邯、长史司马欣、都尉董翳一同入秦。"于是楚军在晚上将秦军降兵二十多万人处死于新安城南。

项羽准备攻占关中地区。函谷关有军队把守，不能进去。又听说沛公已经攻占咸阳，项羽大怒，派当阳君等攻破了函谷关。项羽于是进入函谷关，抵达戏水西岸。沛公驻军于霸上，没能与项羽相见。沛公左司马曹无伤派人告知项羽："沛公想在关中称王，让子婴为相，占有所有珍宝。"项羽大怒："明天早晨让士卒吃饱，即将击溃沛公的军队！"这时，项羽有军队四十万，驻扎于新丰鸿门，沛公有军队十万人，驻扎于霸上。范增劝项羽："沛公在山东时，贪财好货，喜欢女色。现在进关，不收财物，不亲近女色，由此看来，他的志向很大。我让人观望其上空的云气，都呈龙虎形状，五颜六色，此为天子之气。赶快进击，不要失去机会。"

楚国左尹项伯这个人，是项羽叔父，向来与留侯张良关系不错。张良此时跟随沛公，项伯就在晚上骑马来到沛公军营中，私下面见张良，讲述了事情的经过，希望让张良跟随他一起离去。他说："不要和他们一起死。"张良说："我为韩王护送沛公，如今沛公陷入危机。逃走是不道义的，不能不去和他说一声。"张良就找到沛公，将相关情况都告诉了他。沛公大惊，说："应该怎么办呢？"张良说："谁给大王提出守住函谷关的主意？"沛公说："一个小子劝我说：'守住了函谷关，就能阻止诸侯军进来，秦地就可以全都占为己有，在这里称王。'我听信了这建议。"张良说："大王的军力能够抵挡项王吗？"沛公默然不语，过了一会儿说："军力确定不如项羽，又应当怎么办呢？"张良说："请让我去告知项伯，说沛公不敢反叛项王。"沛公说："你怎么会与项伯有交情？"张良说："秦还没有灭六国时，项伯与我有交情，他杀了人，是我救了他。现在事情危急，幸亏他前来告诉我。"沛公说："项伯与你比较起来，谁的年纪大？谁的年纪小？"张良说："他要比我大。"沛公说："你帮我把他叫进来，我要以兄长的礼仪对待他。"张良走出来，邀请项伯前去。项伯就进去面见沛公。沛公向项伯举杯敬酒，相约结成儿女亲家。沛公说："我入关后，不敢侵占丝毫利益，造册登记吏民，封存府库，就是为了等候将军。遣将守关，是为了防备其他盗贼的进入与意外事件的发生。我日夜盼望将军到来，哪里敢造反？请您向将军详细阐明我是不敢忘恩负义的。"项伯答应了他。对沛公说："明天早晨必须尽早来向项王道歉。"沛公说："一定。"于是项伯又趁着夜色离去，返回军中，将沛公的话都报告给了项王。随后对项羽说："沛公不先攻破关中，您难道能进来吗？如今他立有大功而去进攻他，是不道义的，不如借他前来请罪的机会好好对待他。"项王答应了。

次日清早，沛公带上一百多名骑兵来面见项王，来到鸿门，向项羽谢罪："我与将军一起攻秦，将军在河北进行作战，我在河南作战，然而我自己也没想到先入关占据秦地，能在这里又与将军见面。现在有小人进谗言，使将军和我产生了隔阂。"项王说："这是你沛公的左司马曹无伤说的，不然，我也不至于这样。"项王当天就留沛公一起饮酒。项王、项伯面朝东坐，亚父面朝南坐。亚父也就是范增。沛公面朝北坐，张良面朝西陪坐。范增对项王多次使眼色，再三举起佩带上面的玉玦向项王示意，项王都没有回应。

范增出去找到项庄，对他说："君王不够狠，你进去祝酒，祝酒完毕后，请求在席前舞剑，乘机袭击沛公，杀掉他。不然的话，你们这些人以后都会成为他的俘虏。"项庄于是进去祝酒。祝酒完毕后说："君主与沛公饮酒，军中没有什么能够可供娱乐的，请允许我舞剑助兴。"项王说："好。"项庄拔剑起舞，项伯也起身拔剑起舞，时常用身体遮挡沛公，项庄找不到刺杀的机会。这时张良来到军门前，看到了樊哙。樊哙说："今天的事情如何了？"张良说："极为危险。此刻项庄正在舞剑，他的用意总是在沛公身上。"樊哙说："这实在是紧急了，请让我进去，与沛公生死与共。"樊哙马上带着剑，手拿盾牌，进入军门。交戟守卫的卫士想要阻拦他，不让他进帐，樊哙侧过盾牌撞击过去，卫士跌倒在地上，樊哙就闯入了大帐，揭开帷帐，向西站立，圆睁怒目，盯着项王，头发向上指，眼眶破裂。项王按剑长跪说："来客是要干什么？"张良说："这一位是沛公的参乘樊哙。"项王说："壮士！赐他一杯酒。"左右就拿给他一大杯酒。樊哙拜谢后站起来，站着把酒一饮而尽。项王说："赏给他猪腿。"左右就将一只生猪腿交给他。樊哙将盾放在地上，将猪腿放到盾上，拔剑切肉吃。项王说："壮士！能够再喝酒吗？"樊哙说："我死都不害怕，一杯酒哪里会推辞！秦王有虎狼之心，杀人无尽，用刑唯恐不重，天下人全都反叛了他。楚怀王与将领们彼此约定说'先攻破秦地占据咸阳的人当关中王'。现在沛公第一个攻破了秦地进入咸阳，丝毫利益不敢据为己有，封闭宫室，回军霸上，等候大王的到来。遣将守关，是为了防备其他的盗贼与意外事件。如此劳苦功高的人，没能得到封侯的奖赏，而是听信闲言，要杀害有功的人。这是继承了已亡国的秦朝的道路，以我看见，大王这样做是不足取的。"项王无言以对，只说："坐。"樊哙在张良身旁坐了下来。坐了不一会儿，沛公起来要去厕所，乘机招呼樊哙出了帐篷。

沛公出去之后，项王让都尉陈平叫沛公回去。沛公告诉樊哙："我们如今出去，没有辞行，怎样是好呢？"樊哙说："做大事不能顾忌细枝末节，行大礼不会讲究小的

谦让。如今人家是刀子与砧板，我们则是鱼肉，还辞别干什么？"于是不辞而别。临走时，让张良留下了向项羽赔罪。张良问："大王前来时都带了什么？"沛公说："我带来一双白璧，准备献给项王，一双玉斗，准备送给亚父，他们现在生气，不敢进献。你代替我将东西献给他们。"张良说："遵命。"当时，项王的军队驻扎在鸿门，沛公的军队驻扎于霸上，距离为四十里。沛公丢下随从的车马，独自骑马脱身离去，樊哙、夏侯婴、靳强、纪信四人握剑持盾跟随他步行，从郦山脚下取道芷阳，从小路离开。沛公对张良说："从这条路回到我们军营，只有二十里路而已。估计我已回到军中，你再进去。"沛公走后，张良估计沛公抄小路已经抵达军中，才进去辞谢说："沛公不胜酒力，不能亲自前来辞行。恭谨地让我张良奉上白璧一双，拜献大王；玉斗一双，拜送大将军。"项王说："沛公在何处？"张良说："听说大王有意要责备他，于是脱身离去，已经返回军中了。"项王接过玉璧，将其放到坐席上。亚父接过玉斗，放到地上，拔剑将其击碎，说："唉！小子不足以与他共谋大事。夺取项王天下的，一定会是沛公，我们这些人都要成为他的俘虏了。"沛公返回军中，马上杀了曹无伤。

几天后，项羽带兵西进，屠毁了咸阳，杀掉了秦朝已投降的秦王子婴，焚烧了秦朝的宫殿，大火三个月都没有熄灭；搜罗了秦朝的所有财宝及妇女，率军东去。有人劝项王："关中阻山带河，地势险要，四面都有关塞，土地肥饶，应当在这里建都，以定霸业。"项王看到秦朝的宫室都已烧毁，残破不堪，又思念故乡，想要东归，就说："富贵了不返回故乡，如同穿着好衣服在夜间走路，有谁能知道呢？"劝项王的人说："人们说楚国人犹如猕猴戴帽子，果然是这样。"项王听了这话后，烹杀了那个劝说他的人。

项王派人向楚怀王请示。楚怀王说："按照约定的事情办。"项羽就尊楚怀王为义帝。项王准备自己称王，就首先将诸侯将相都封王。对他们说："天下最初起义时，暂时拥立诸侯的后裔为王，以便讨伐秦朝。然而亲自穿着铠甲，手执戈矛，率先起义，三年来受尽辛苦，消灭秦朝，得以平定天下的，都是靠各位将相还有我项籍的力量。只有义帝没有任何功劳，本来应当瓜分其土地，封大家为王。"将领们都说："好。"项王于是将天下的土地分割，封将领们为王。

项王、范增疑心沛公将来会占有天下，不想让他在关中称王，但既已和解，又怕违背原来的约定，诸侯为此反叛，他们就暗中商议："巴蜀地区道路险恶，秦朝被迁徙的罪人都被迁居到蜀地。"于是扬言："巴蜀也属于关中地区。"所以封沛公为汉王，称王于巴蜀、汉中地区，建都于南郑。将关中地区分为三部分，封给秦朝降将为王，用来监督、防范汉王，防止他将来进攻东方。

项王封章邯为雍王，称王于咸阳以西地区，建都于废丘。长史司马欣，以前担任栎阳狱掾，曾对项梁有恩；都尉董翳，最初劝说章邯投降楚军。所以封司马欣为塞王，称王于咸阳以东至黄河一带，建都于栎阳；封董翳为翟王，称王于上郡，建都于高奴。将魏王豹改封为西魏王，称王于河东，建都在平阳。瑕丘申阳是张耳的宠臣，率先攻下河南，在黄河岸边迎接楚军，因此立申阳为河南王，建都于洛阳。韩王成依旧以旧都为都，建都于阳翟。赵将司马卬平定河内之地，多次立下战功，因此封司马卬为殷王，称王于河内，建都于朝歌。徙封赵王歇为代王。赵相张耳向来贤能，又追随项王入关，因此封张耳为常山王，称王于赵地，建都于襄国。当阳君黥布是楚军的将领，勇冠全军，因此封黥布为九江王，建都于六。鄱君吴芮带领百越兵协助诸侯军，又跟随项羽入关，因此封吴芮为衡山王，建都于邾。义帝的柱国共敖率兵进攻南郡，功劳很大，于是封共敖为临江王，建都于江陵。徙封燕王韩广为辽东王。燕将臧荼曾经追随楚军救援赵国，又跟随项王入关，因此封臧荼为燕王，建都于蓟。徙封齐王为胶东王。齐将田都曾跟随项王共同救赵，又跟随入关，因此封田都为齐王，建都于临淄。此前被秦朝灭亡的齐王建的孙子田安，在项王渡河救赵时，攻占了济水北边的几座城邑，率领其军队归降了项羽，因此封田安为济北王，建都于博阳。田荣多次背弃项梁，又不愿率军跟随楚军攻秦，因此没有被封王。成安君陈馀丢弃了将印离去，没有跟随项羽入关，然而向来听说他贤能，对赵国有功，知道他在南皮，因此将南皮周围的三个县封给他。番君的将领梅鋗战功很多，因此被封为十万户侯。

项王自立为西楚霸王，封地有九个郡，建都于彭城。

汉王元年四月，聚集在项王旌麾之下的诸侯罢兵分离，各自返回封国。项王也出关返回封国，派人将义帝迁到别的地方，说："古代当帝王的人拥有千里土地，必须居住在上游。"于是就派使者将义帝迁往长沙郴县。项王催促义帝尽快动身，义帝君臣逐渐背叛了他，项王就暗中命令衡山王、临江王把义帝杀死在江中。韩王成没有军功，项王不让他前往封国，一起来到彭城，废去其王号，改封为侯，不久又杀了他。臧荼抵达封国，将韩广驱逐到了辽东，韩广没有服从，臧荼在无终击杀韩广，兼并其封地。

田荣听说项羽将齐王徙封于胶东，而立齐将田都为齐王，极为气愤，不愿让齐王前往胶东，就占据齐地反叛，迎击田都。田都逃往楚国。齐王畏惧项王，就逃到胶东就国。田荣极为气愤，派兵追击，在即墨杀掉了他。田荣于是自立为齐王，向西进兵，击杀济北王田安，兼并三齐之地。田荣将将军印交给彭越，让他在梁地反楚。

陈馀秘密派遣张同、夏说去劝说齐王田荣："项羽身为天下主宰，分封侯王不公正。如今将原有的诸侯王都封在不好的地方称王，而他的属下臣子将领都被封在好地方称王。因为要赶走原有的诸侯王，赵王就只好到北方的代地居住，我认为这样是不可以答应的。听说大王已起兵，而且不接受不道义的命令，希望大王支援我一些兵马，允许我用这些兵马来攻打常山，恢复赵王的地位，愿以赵国来作为齐国的屏障。"齐王答应了他的要求，就遣兵前往赵国。陈馀调动了三县的所有士卒，与齐军合力攻打常山，打垮了常山的军队。张耳逃走投靠了汉王。陈馀前往代地迎接原来的赵王歇返归赵地。赵王立陈馀为代王。

这时，汉王出兵平定三秦。项羽听说汉王已经占据了关中，将要领兵东进，齐、赵两国又反叛了他，极为愤怒，就封过去的吴令郑昌为韩王，阻挡汉军。命令萧公角等人进攻彭越。彭越击败萧公角等人，汉王派张良巡行并招抚韩地，张良就写信给项王："汉王没有如约称王于关中，有失职守，准备取得关中，实现了原本的约定就会停止进军，不敢继续东进。"张良又将齐、梁的反叛文告送给项王，说："齐想与赵合力灭楚。"楚军因此没有西进的打算，而向北进攻齐国。项王向九江王黥布征调兵力，黥布称病不前往，派将领率兵几千人前去。项王从此对黥布非常怨恨。

汉二年冬，项羽北上抵达城阳，田荣也率军来到这里与项羽会战。田荣兵败，逃往平原，平原百姓杀死了他。楚军北进，烧毁了齐国的房屋，夷平了齐国的城郭，坑杀田荣降卒，掳掠老弱妇女。在齐国攻城略地，一直来到北海，四处烧杀掠夺。齐国人联合起来反抗项羽。田荣的弟弟田横收集逃散的士卒，获得了几万人，在城阳起事。项王因此留下来，连续攻打几次都没能攻下城阳。

春天，汉王辖制五路诸侯的部队，总计五十六万人，东进伐楚。项王听说这个消息，即命令诸将攻打齐国，而自己率领精兵三万人南下，从鲁越过胡陵。四月，汉军都已进入彭城，搜掠当地的财物珍宝及美女，天天都设宴会饮。项王向西进发，早晨来到萧县攻击汉军，然后东进抵达彭城，中午，将汉军打败。汉军溃退，相继逃到谷水、泗水，楚军杀掉了十多万汉军士卒。汉军向南逃向山里，楚军又追击到灵璧东面的睢水上。汉军退却，为楚军逼迫，拥挤到一起，很多人被杀伤，汉军十多万人落入到睢水，睢水因此被堵塞。楚军将汉王包围了三层。这时大风从西北面刮起，吹断了树木，摧毁了房屋，飞沙走石，天色昏沉，狂风夹杂着沙石向楚军迎面吹来。楚军为之大乱，阵形随之溃散，汉王才找到机会与几十个骑兵逃走。打算经过沛县，接上家眷西行；楚军也派人追到沛县，掠走了汉王的家眷。家眷都已逃亡，没能与汉王相见。汉王在路上遇见孝惠帝、鲁元公主，就用车拉着一块儿逃跑。楚军的骑兵在后面追赶汉王，汉王着急了，将孝惠帝、鲁元公主推下车去，滕公就下车将他们抱上来，这样推下抱上了数次。滕公说："事情尽管危急，可以将车赶得快一些，怎么可以丢弃他们？"汉王最终脱身逃出。他寻找太公、吕后，没能找到，审食其跟随太公、吕后从小路潜

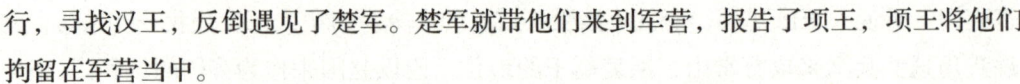

行，寻找汉王，反倒遇见了楚军。楚军就带他们来到军营，报告了项王，项王将他们拘留在军营当中。

这时吕后的哥哥周吕侯率兵驻扎于下邑，汉王抄小路来到周吕侯处，稍稍收集了一些逃散的士卒。抵达荥阳，各路败军都会合到一起，萧何也征发关中没有入籍的老弱士兵全部来到荥阳，声势又再次振作起来。楚军从彭城出发，时常乘胜追击败兵，与汉军在荥阳南面的京、索之间作战，汉军击败楚军，楚军因此无法越过荥阳西进。

项王解救彭城，追赶汉王来到荥阳，田横乘机收复齐国，立田荣的儿子田广为齐王。汉王在彭城战败，诸侯又都归附于楚国而背弃汉国。汉军驻扎于荥阳，修筑一条甬道，与黄河相连，以便运送敖仓的粮食。

汉三年，项王多次侵夺汉军的甬道，汉王缺少粮食，开始恐慌起来，请求讲和，要求将荥阳以西的土地划归汉国。项王准备答应他。历阳侯范增说："汉军容易对付，现在放掉他们，不将其消灭，以后一定要后悔。"项王就与范增抓紧时间围攻荥阳。汉王深感忧虑，就采纳陈平的计策离间项王与范增的关系。项王的使者来到汉营，为他准备好牛、羊、豕齐全的丰盛酒宴，准备端上去。端饭菜的人看到使者，假装惊讶地说："我还以为是亚父的使者，没想到是项王的使者。"就把饭菜又端了下去，拿很差的食物给项王的使者吃。使者回来报告给项王，项王就怀疑范增与汉军私下勾结，逐渐剥夺了他的权力。范增大怒，说："天下的形势如今已确定下来，君王好自为之。请让我告老还乡。"项王答应了他的要求。范增离开军中，还没有走到彭城，就因为背上长毒疮而死去了。

汉军将领纪信劝告汉王："形势已经非常危急了，请让我伪装大王替你去蒙骗楚军，大王可以乘机逃出去。"于是汉王在晚上从荥阳的东门放出两千名穿着铠甲的妇女，楚军四面围击。纪信乘坐着黄屋车，左边的车衡上面竖立起大旗，卫士大声喊道："城中的粮食已经吃光了，汉王出城投降。"楚军都大呼万岁。汉王与几十名骑兵从西门出城，逃往成皋。项王看到纪信，问他："汉王在何处？"纪信说："汉王已然出城了。"项王烧死了纪信。

汉王派御史大夫周苛、枞公、魏豹防守荥阳。周苛、枞公商量："魏豹是叛国之王，很难与他一同守卫城池。"就合谋杀死了魏豹。楚军攻下荥阳城，活捉周苛。项王对周苛说："担任我的将领，我会封你为上将军，封三万户。"周苛大骂："你不尽快投降汉军，汉军就会俘虏你，你并非汉军的对手。"项王大怒，烹杀周苛，还杀了枞公。

汉王逃出荥阳，向南逃到了宛、叶，收服九江王黥布，一边奔走，一边收集士卒，又进入成皋固守。汉四年，项王围攻成皋。汉王逃走，孤身一人与滕公逃出成皋北门，渡河来到修武，来到张耳、韩信的军营。诸将陆续逃出了成皋，前来追随汉王，楚军攻占成皋，准备向西进军。汉王派兵来到巩县进行阻击，使楚军无法西进。

这时，彭越渡河在东阿进攻楚军，杀掉了楚将军薛公。项王就亲自东进攻彭越。汉王得到了淮阴侯的军队，准备渡河南下。郑忠劝阻了汉王，汉王就停留在河内修建营垒。派刘贾领兵协同彭越，烧毁了楚军的粮食。项王东进击败刘贾和彭越，彭越逃走。汉王率军渡河，又夺回了成皋，驻扎于广武，从敖仓获取粮食。项王已平定东海地区，率军返回，向西进发，与汉军都在广武地区驻扎，对峙了好几个月。

当时，彭越在梁地多次反攻楚军，断绝了楚军的粮食，项王非常忧虑。他设置了一个高高的砧板，将汉王的父亲太公放到上面，告诉汉王："现在还不赶快投降，我就烹杀太公。"汉王说："我与你都是北面称臣，受命于楚怀王，说是'结为兄弟'，我的父亲就是你的父亲，一定要烹杀你的父亲，那么希望你能分给我一杯肉羹。"项王很气愤，准备杀死太公。项伯说："天下的大事还无法预料，而且打天下的人无法顾念家眷，就算杀了太公也得不到好处，只会增多祸患。"项王听从了项伯的建议。

楚、汉长期对峙，分不出胜负，年轻力壮的人苦于作战，年老体弱的在水陆运输中筋疲力尽。项王对汉王说："几年来天下纷乱不安，只是因为我们两个人的缘故，愿意与你挑战，一决雌雄，不要让天下百姓白白受苦。"汉王笑着拒绝："我宁愿斗智，不愿去斗力。"项王让壮士前去挑战。汉军当中有个擅长骑马射箭的人名叫楼烦，楚军派壮士前去挑战三次，楼烦都将壮士射死。项王大怒，亲自披甲持戟前来挑战。楼烦打算射他，项王怒目呵斥，楼烦被吓得目不敢正视，手不敢发箭，逃回营垒，不敢再出来。

汉王派人暗中打探，才知道挑战的人原来竟然是项王。汉王大惊。于是项王靠近汉王军营，和他隔着广武涧谈话。汉王历数项王的罪过，项王极为气愤，要求决战，汉王没有同意，项王埋伏下的弓弩射中汉王。汉王受伤，逃回成皋。

项王听说淮阴侯已经攻占河北，击败齐、赵军队，而且将要攻击楚军，就派司马龙且前去迎击。淮阴侯与龙且作战，骑兵将领灌婴也进攻龙且，大破楚军，杀掉龙且。韩信自立为齐王。项王听说龙且的军队被击败了，大为恐慌，派遣盱眙人武涉前去游说淮阴侯，淮阴侯没有听从。这时，彭越又起兵反楚，攻下梁地，断绝了楚军粮道。项王就对海春侯大司马曹咎等人说："小心防守成皋，就算汉军前来挑战，千万不要与它交战，阻止汉军东进就行了。我十五天一定可以杀掉彭越，平定梁地，再前来与将军会合。"于是项王率军东去，进军的途中攻打陈留、外黄。

外黄没能攻下。几天后，外黄投降，项王非常生气，命令十五岁以上的男子全部来到城东，准备杀掉他们。外黄令门客的儿子只有十三岁，前去劝告项王："彭越以武力逼迫外黄的百姓，外黄百姓都非常害怕，所以暂时投降了他，等候大王的到来。大王到了这里，又都杀害他们，难道百姓还会有归顺之心吗？从这儿向东，梁地的十多个城邑都心中怀有恐惧，没有人肯投降了。"项王赞同他的话，就赦免了外黄的人。从外黄向东直至睢阳，听到这一消息，都争先恐后地投降了项王。

　　汉军果然多次向楚军挑战，楚军都没有出来应战。汉军派人在阵前辱骂楚军，骂了五六天，大司马极为气愤，让士卒渡过汜水，进攻汉军。士卒刚渡河一半，汉军出击，大败楚军，缴获了楚国的所有物资。大司马曹咎、长史翳及塞王司马欣都自刎于汜水上。大司马曹咎，原本是蕲县的狱掾，长史司马欣以前是栎阳的狱史，两人曾对项梁有恩，因此项王非常信任他们。当时，项王在睢阳，听说海春侯的军队被击败，就率军返回，汉军正在荥阳进攻钟离眛，项王一到，汉军畏惧楚军，全部撤到了险阻地带。

　　此时，汉军兵多粮足，项王军队疲惫，缺少粮食。汉王派陆贾前去劝说项王，请求释放刘太公，项王没有答应。汉王又派侯公前往劝说项王，项王就与汉约定，平分天下，以鸿沟为界线，以西归汉，以东归楚。项王答应了侯公的请求，就将汉王的父母妻子送回来。汉军全都高呼万岁。汉王封侯公为平国君。侯公隐居起来，不肯再见汉王，汉王说："这个人是天下善辩之士，所到之处，可以让国家覆灭，所以封他为平国君。"项王已经订立了和约，就解除了军事对峙状态，率军东归。

　　汉王准备西归，张良、陈平劝告汉王说："汉已经占据了大半个天下，而诸侯都已经归附了我们。楚军如今兵疲粮尽，这是上天让楚灭亡的时机，不如借此机会来消灭它。现在放走项王而不前去攻打他，这就是所谓的'养虎自遗患'。"汉王同意了他们的请求。

　　汉五年，汉王追击项王来到阳夏以南，军队驻扎下来，与淮阴侯韩信、建成侯彭越约定时间会合去进攻楚军。抵达固陵，而韩信、彭越的军队没有前来会合。楚军进攻汉军，把汉军打败，汉王又进入营垒，挖深沟堑，固守营垒。汉王对张良说："诸侯没有遵守约定，怎么办呢？"张子房回答："楚军即将彻底崩溃，韩信、彭越没有得到封地，他们不来会合是很正常的。君王能与他们共享天下，眼下就可以让他们立刻前来。如果不能这样，局势的发展将会难以预料。君王应当将陈县以东到沿海的地区，全部分封给韩信，睢阳以北到谷城的地区，分封给彭越，使他们各自为战，那么楚军是很容易就被打败的。"汉王说："好。"于是就派使者前去告诉韩信、彭越说："合力进攻楚军。楚军被击败后，从陈县以东到沿海地区分封给齐王，睢阳以北到谷城的地区分封给彭相国。"使者传达之后，韩信、彭越都说："请让我们马上进兵。"韩信从齐地出发，刘贾的军队从寿春出发一起前进，屠毁城父，抵达垓下。大司马周殷背叛楚国，指挥舒地的军队毁掉六县，调动所有的九江士卒，随同刘贾、彭越聚集于垓下，来到项王阵前。

项王的军队筑垒于垓下，兵少粮尽，汉军以及各路诸侯的军队将其重重包围。夜晚听到四面的汉军都在演唱楚地的歌曲，项王大为震惊："汉军已经占领了所有的楚国吗？为什么楚国人会有这么多啊？"项王就在晚上起来，在帐幕当中饮酒。有一个名为虞的美人，得到项王宠爱，时常带在身边。有一匹名叫骓的骏马，项王时常骑着它。于是项王慷慨悲歌，自己作诗演唱："力拔山兮气盖世，时不利兮骓不逝。骓不逝兮可奈何，虞兮虞兮奈若何！"唱了数遍，美人跟随他一起唱，项王悲泣，流下眼泪，左右侍从也都随之哭泣，悲痛得无法抬头仰视。

项王上马突围，部下壮士骑马跟随他的有八百多人，当夜冲破了汉军的包围，向南逃离。天亮时，汉军才发觉项王已经逃走，派骑兵将领灌婴率领五千名骑兵追击项王。项王渡过淮水，此时跟随他的骑兵只剩下一百多人。项王抵达阴陵，迷失道路，询问一个种田的人，种田的人欺骗他说："往左走。"项王于是向左前行，结果陷入了沼泽地中。因此，汉军追上了项王。项王就又带兵向东行进，抵达东城，这时身边只剩下二十八个骑兵了。追赶的汉军骑兵多达几千人。项王估计自己无法脱身了，对骑兵们说："我起兵到如今已有八年了，亲身打了七十多次仗，谁都无法抵挡我，我攻击谁，谁都必然降服，没有打过败仗，因此称霸天下。然而现在最终被围困在这里，这是上天要灭亡我，不是我战斗的过错。今天固然要决心战死，愿意与各位痛快地打上一仗，一定要三次获胜，为各位突出重围，斩杀敌将，砍倒敌人的军旗，让各位清楚是上天要灭亡我，并非是我打仗的过错。"项王于是将骑兵分为四队，面向四方，汉军将项王包围，有好几层包围圈。项王对骑兵们说："我要为你们斩杀他们的一个将领。"项王命令骑兵四面疾驰而下，约定在山的东侧的三个地点会合。于是项王大声呼喊着，从高处飞奔直下，汉军惊惶溃散，项王斩杀了一位汉军将领。当时，赤泉侯担任骑兵将领，追赶项王，项王怒目大吼，赤泉侯人马都感到惊惧，倒退了好几里。项王与他的骑兵在三个地方会合。汉军不清楚项王在哪里，就将军队也分为三部分，又把项王包围起来。项王骑马到处冲锋，又斩杀了汉军的一个都尉，杀死了数十近百人，再将骑兵集合起来，只损失了两个骑兵。项王就对他的骑兵说："怎么样？"骑兵都非常钦佩地说："正如大王所说。"

项王准备向东渡过乌江，乌江亭长将船停靠在岸边等待着项王。他对项王说："江东虽小，也有纵横上千里的土地，百姓数十万，足以称王。希望大王尽快渡江。现在

只有我有船，汉军来到这里，没有船只可以渡江。"项王笑着说："上天想要灭亡我，我渡江能干什么呢？况且当年我与江东子弟八千人渡江西进，如今没人能够回去，即使江东父兄怜悯我，让我称王，我又有什么脸面去见他们？就算他们不说什么，我项籍难道能够不于心有愧吗？"最后项王对亭长说："我知道你是一位忠厚长者。我骑这匹马已有五年，所向无敌，曾经一天之内奔驰千里，不忍心杀掉它，就将它送给你吧。"就让骑兵下马步行，用短兵器接战。仅项籍一人就杀掉了几百名汉军。项王身上也受了十多处伤。他回头望见汉军的骑司马吕马童，说："你不是我的老朋友吗？"吕马童面对项王，告诉王翳说："这便是项王。"项王说："我听说汉军以一千斤金、一万户封邑来买我的人头，我为你做件好事吧。"于是自刎而死。王翳割下了项王的头，其他骑兵互相踩躏践踏，抢夺项王的尸体，几十人死于自相残杀。最后，郎中骑杨喜，骑司马吕马童，郎中吕胜、杨武分别得到了项王的一部分肢体。五个人将肢体拼合起来，都确实是项王的。所以将准备封赏的土地分成五部分：封吕马童为中水侯，封王翳为杜衍侯，封杨喜为赤泉侯，封杨武为吴防侯，封吕胜为涅阳侯。

　　项王死后，楚国各地全都投降了汉军，只有鲁地不愿投降。汉王就率领天下士卒准备屠毁鲁地。因为他们坚守礼义，为主人以死殉节，就拿项王的人头给鲁地人看，鲁地的人这才投降。最初，楚怀王曾封项籍为鲁公，等到项籍战死，鲁地又是最后一个投降的，因此就以鲁公的礼仪将项王埋葬在谷城。汉王为项王举哀，痛哭了一场，然后离开鲁地。各支项氏宗族，汉王都没有诛杀。封项伯为射阳侯，桃侯、平皋侯、玄武侯都为项氏宗族，赐姓刘。

　　太史公说：我听周生说"舜的眼睛可能拥有两个瞳孔"，又听说项羽也同样有两个瞳孔。项羽难道是舜的后裔吗？不然为何兴起得如此迅速啊？秦朝政治腐败，陈胜第一个发难，各路豪杰蜂拥而起，彼此争夺，不可胜数。然而项羽无所凭借，乘势兴起于民间，只用了三年的时间，就率领五路诸侯军灭亡秦朝，分割天下，封王建侯，掌握天下政权，号为"霸王"，他的势力尽管没能保持长久，但近古以来，这是前所未有的功业。等到项羽放弃关中之地，怀恋楚地，放逐义帝而自立为王，抱怨王侯都反叛自己，这时已经无法控制局势了。自我夸耀功绩，逞一己私智，不去效法古人，认为创立霸王的事业，需要依靠武力经营天下，最终在五年时间里就覆灭了自己的国家，身死东城，还没能觉悟，不自我谴责，这就是错的了。竟然用"上天要灭亡我，不是我打仗的过错"作为借口，难道不是太过荒谬吗？

赏析

　　秦二世的残暴与腐朽，为天下百姓带来了深重的灾难。大泽乡陈胜率先揭竿而起，各地群起响应，我国历史上第一次大规模农民起义的烈火迅速燃遍全国。项羽，就在这场轰轰烈烈的农民大起义当中涌现出来，成为一代霸主，也是一位悲情英雄。他勇猛善战，叱咤风云，显赫一时，在推翻秦王朝统治的过程中立下了无法磨灭的功勋。但在推翻秦朝的统治后，他目光短浅，决策错误，企图恢复春秋、战国时代的封建政治制度，最终在四面楚歌中结束了自己轰轰烈烈的一生。

《项羽本纪》以描绘项羽这一核心人物形象，刻画这一人物的主要性格为主，同时也极为生动地叙写了秦末战争波澜壮阔的历史场景。在广阔的历史背景下写人，在写人的过程当中全面阐述战争，二者相得益彰。战争由于人物而更为壮观，人物由于战争而显得更加奇伟。本篇在刻画人物的性格方面，运用了非常多样的艺术手法。项羽少年时代的粗疏学浅、长大之后的勇猛过人，不过是略略几笔，轻巧带过，直到消灭秦军的主力、扭转天下战局的巨鹿大战，破釜沉舟，威震天下，作者也仅仅是从侧面着笔，通过描写诸侯军的观望、恐惧乃至畏服，将一个顶天立地的铁骨硬汉形象全面展现在读者眼前。通过粗线条的勾勒，有意地夸张了总体后，司马迁抓住了几个堪称点睛的地方，工笔细描，刻意求精。鸿门宴的极力铺陈，垓下之围悲剧气氛的精心渲染，乌江自刎前对人物神态的精雕细刻，都写得活灵活现，有言有情。

《项羽本纪》通篇气势磅礴，情节起伏，引人入胜，场面壮阔，脉络清晰，疏密相间，语言生动，是我国文学史上的不朽佳作。文中破釜沉舟、鸿门宴、四面楚歌、乌江自刎等典故，成为家喻户晓的故事与典故，世代传诵。

# 高祖本纪

《高祖本纪》选自《史记》卷八，本纪第八。本篇记述了汉高祖刘邦起兵反秦、与项羽楚汉争霸、建国后又四处征战，最终平定各方叛乱，奠定汉室四百多年江山根基的事迹。这篇传记，将大汉开国之君的形象全面生动地展现在读者的面前。

**原　文**

高祖，沛丰邑中阳里人，姓刘氏，字季。父曰太公，母曰刘媪。其先刘媪尝息大泽之陂(bēi)，梦与神遇。是时雷电晦冥，太公往视，则见蛟龙于其上。已而有身，遂产高祖。

高祖为人，隆准而龙颜，美须髯(rán)，左股有七十二黑子。仁而爱人，喜施，意豁(huò)如也。常有大度，不事家人生产作业。及壮，试为吏，为泗(sì)水亭长，廷中吏无所不狎(xiá)侮。好酒及色。常从王媪、武负贳(shì)酒，醉卧，武负、王媪见其上常有龙，怪之。高祖每酤(gū)留饮，酒雠数倍。及见怪，岁竟，此两家常折券弃责。

高祖常①繇(yáo)咸阳，纵观，观秦皇帝，喟(kuì)然太息曰："嗟乎，大丈夫当如此也！"

单父人吕公善沛令，避仇从之客，因家沛焉。沛中豪桀②(jié)吏闻令有重客，皆往贺。萧何为主吏，主进，令诸大夫曰："进不满千钱，坐之堂下。"高祖为亭长，素易诸吏，乃给为谒曰"贺钱万"，实不持一钱。谒入，

---

① **常**：通"尝"，曾经。
② **桀**：同"杰"。

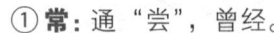

●汉高祖斩蛇起义

吕公大惊，起，迎之门。吕公者，好相人，见高祖状貌，因重敬之，引入坐。萧何曰："刘季固多大言，少成事。"高祖因狎侮诸客，遂坐上坐，无所诎<sup>①</sup>。酒阑，吕公因目固留高祖。高祖竟酒，后。吕公曰："臣少好相人，相人多矣，无如季相，愿季自爱。臣有息女，原为季箕帚妾。"酒罢，吕媪怒吕公曰："公始常欲奇此女，与贵人。沛令善公，求之不与，何自妄许与刘季？"吕公曰："此非儿女子所知也。"卒与刘季。吕公女乃吕后也，生孝惠帝、鲁元公主。高祖为亭长时，常告归之田。吕后与两子居田中耨，有一老父过请饮，吕后因𫗦之。老父相吕后曰："夫人天下贵人。"令相两子，见孝惠，曰："夫人所以贵者，乃此男也。"相鲁元，亦皆贵。老父已去，高祖适从旁舍来，吕后具言客有过，相我子母皆大贵。高祖问，曰："未远。"乃追及，问老父。老父曰："乡者夫人婴儿皆似君，君相贵不可言。"高祖乃谢曰："诚如父言，不敢忘德。"及高祖贵，遂不知老父处。

高祖为亭长，乃以竹皮为冠，令求盗之薛治之，时时冠之，及贵常冠，所谓"刘氏冠"乃是也。

高祖以亭长为县送徒郦山，徒多道亡。自度比至皆亡之，到丰西泽中，止饮，夜乃解纵所送徒。曰："公等皆去，吾亦从此逝矣！"徒中壮士愿从者十余人。高祖被酒，夜径泽中，令一人行前。行前者还报曰："前

---

有大蛇当径，愿还。"高祖醉，曰："壮士行，何畏！"乃前，拔剑击斩蛇。蛇遂分为两，径开。行数里，醉，因卧。后人来至蛇所，有一老妪夜哭。人问何哭，妪曰："人杀吾子，故哭之。"人曰："妪子何为见杀？"妪曰："吾子，白帝子也，化为蛇，当道，今为赤帝子斩之，故哭。"人乃以妪为不诚，欲告之，妪因忽不见。后人至，高祖觉。后人告高祖，高祖乃心独喜，自负。诸从者日益畏之。

秦始皇帝常曰"东南有天子气"，于是因东游以厌之。高祖即自疑，亡匿，隐于芒、砀山泽岩石之间。吕后与人俱求，常得之。高祖怪问之。吕后曰："季所居上常有云气，故从往常得季。"高祖心喜。沛中子弟或闻之，多欲附者矣。

秦二世元年秋，陈胜等起蕲，至陈而王，号为"张楚"。诸郡县皆多杀其长吏以应陈涉。沛令恐，欲以沛应涉。掾、主吏萧何、曹参乃曰："君为秦吏，今欲背之，率沛子弟，恐不听。愿君召诸亡在外者，可得数百人，因劫众，众不敢不听。"乃令樊哙召刘季。刘季之众已数十百人矣。

于是樊哙从刘季来。沛令后悔，恐其有变，乃闭城城守，欲诛萧、曹。萧、曹恐，逾城保刘季。刘季乃书帛射城上，谓沛父老曰："天下苦秦久矣。今父老虽为沛令守，诸侯并起，今屠沛。沛今共诛令，择子弟可立者立之，以应诸侯，则家室完。不然，父子俱屠，无为也。"父老乃率子弟共杀沛令，开城门迎刘季，欲以为沛令。刘季曰："天下方扰，诸侯并起，今置将不善，一败涂地。吾非敢自爱，恐能薄，不能完父兄子弟。此大事，愿更相推择可者。"萧、曹等皆文吏，自爱，恐事不就，后秦种族其家，尽让刘季。诸父老皆曰："平生所闻刘季诸珍怪，当贵，且卜筮之，莫如刘季最吉。"于是刘季数让。众莫敢为，乃立季为沛公。祠黄帝，祭蚩尤于沛庭，而衅鼓旗，帜皆赤。由所杀蛇白帝子，杀者赤帝子，故上<sup>①</sup>赤。于是少年豪吏如萧、曹、樊哙等皆为收沛子弟二三千人，攻胡陵、方

———————————————
①上：同"尚"，崇尚。

与,还守丰。

秦二世二年,陈涉之将周章军西至戏而还。燕、赵、齐、魏皆自立为王。项氏起吴。秦泗川监平将兵围丰,二日,出与战,破之。命雍齿守丰,引兵之薛。泗川守壮败于薛,走至戚,沛公左司马得泗川守壮,杀之。沛公还军亢父,至方与,未战。陈王使魏人周市略地。周市使人谓雍齿曰:"丰,故梁徙也。今魏地已定者数十城。齿今下魏,魏以齿为侯守丰。不下,且屠丰。"雍齿雅不欲属沛公,及魏招之,即反为魏守丰。沛公引兵攻丰,不能取。沛公病,还之沛。沛公怨雍齿与丰子弟叛之,闻东阳宁君秦嘉立景驹为假王,在留,乃往从之,欲请兵以攻丰。是时秦将章邯从陈,别将司马<ruby>㑭<rt>dàng</rt></ruby>将兵北定楚地,屠相,至砀。东阳宁君、沛公引兵西,与战萧西,不利。还收兵聚留,引兵攻砀,三日乃取砀。因收砀兵,得五六千人。攻下邑,拔之。还军丰。闻项梁在薛,从骑百余往见之。项梁益沛公卒五千人,五大夫将十人。沛公还,引兵攻丰。

从项梁月余,项羽已拔襄城还。项梁尽召别将居薛。闻陈王定死,因立楚后怀王孙心为楚王,治<ruby>盱眙<rt>xū yí</rt></ruby>。项梁号武信君。居数月,北攻亢父,救东阿,破秦军。齐军归,楚独追北,使沛公、项羽别攻城阳,屠之。军濮阳之东,与秦军战,破之。

秦军复振,守濮阳,环水。楚军去而攻定陶,定陶未下。沛公与项羽西略地至雍丘之下,与秦军战,大破之,斩李由。还攻外黄,外黄未下。

项梁再破秦军,有骄色。宋义谏,不听。秦益章邯兵,夜衔枚击项梁,大破之定陶,项梁死。沛公与项羽方攻陈留,闻项梁死,引兵与吕将军俱东。吕臣军彭城东,项羽军彭城西,沛公军砀。

章邯已破项梁军,则以为楚地兵不足忧,乃渡河,北击赵,大破之。当是之时,赵歇为王,秦将王离围之巨鹿城,此所谓河北之军也。

秦二世三年,楚怀王见项梁军破,恐,徙<ruby>盱<rt>xū</rt></ruby>台都彭城,并吕臣、项羽军自将之。以沛公为砀郡长,封为武安侯,将砀郡兵。封项羽为长安侯,号为鲁公。吕臣为司徒，其父吕青为令尹。

赵数请救，怀王乃以宋义为上将军，项羽为次将，范增为末将，北救赵。令沛公西略地入关。与诸将约，先入定关中者王之。

当是时，秦兵强，常乘胜逐北，诸将莫利先入关。独项羽怨秦破项梁军，奋，愿与沛公西入关。怀王诸老将皆曰："项羽为人僄悍猾贼。项羽尝攻襄城，襄城无遗类，皆坑之，诸所过无不残灭。且楚数进取，前陈王、项梁皆败。不如更遣长者扶义而西，告谕秦父兄。秦父兄苦其主久矣，今诚得长者往，毋侵暴，宜可下。今项羽僄悍，今不可遣。独沛公素宽大长者，可遣。"卒不许项羽，而遣沛公西略地，收陈王、项梁散卒。乃道砀至成阳，与杠里秦军夹壁，破秦二军。楚军出兵击王离，大破之。

沛公引兵西，遇彭越昌邑，因与俱攻秦军，战不利。还至栗，遇刚武侯，夺其军，可四千余人，并之。与魏将皇欣、魏申徒武蒲之军并攻昌邑，昌邑未拔。西过高阳。郦食其为监门，曰："诸将过此者多，吾视沛公大人长者。"乃求见说沛公。沛公方踞床，使两女子洗足。郦生不拜，长揖，曰："足下必欲诛无道秦，不宜踞见长者。"于是沛公起，摄衣谢之，延上坐。食其说沛公袭陈留，得秦积粟。乃以郦食其为广野君，郦商为将，将陈留兵，与偕攻开封，开封未拔。西与秦将杨熊战白马，又战曲遇东，大破之。

杨熊走之荥阳，二世使使者斩以徇。南攻颍阳，屠之。因张良遂略韩地辕辕。

当是时，赵别将司马卬方欲渡河入关，沛公北攻平阴，绝河津。南，战雒阳东，军不利，还至阳城，收军中马骑，与南阳守齮战犨东，破之。略南阳郡，南阳守齮走，保城守宛。沛公引兵过而西。张良谏曰："沛公虽欲急入关，秦兵尚众，距险。今不下宛，宛从后击，强秦在前，此危道也。"于是沛公乃夜引兵从他道还，更旗帜，黎明，围宛城三匝。南阳守欲自刭。其舍人陈恢曰："死未晚也。"乃逾城见沛公，曰："臣闻足下约，先入咸阳者王之。今足下留守宛。宛，大郡之都也，连城数十，人民众，积蓄多，吏人自以为降必死，故皆坚守乘城。今足下尽日止攻，士死伤者必多；引兵去宛，宛必随足下后。足下前则失咸阳之约，后又有强宛之患。为足下计，莫若约降，封其守，因使止守，引其甲卒与之西。诸城未下者，闻声争开门而待，足下通行无所累。"沛公曰："善。"乃以宛守为殷侯，封陈恢千户。引兵西，无不下者。至丹水，高武侯鳃、襄侯王陵降西陵。还攻胡阳，遇番君别将梅鋗，与皆①，降析、郦。遣魏人宁昌使秦，使者未来。是时章邯已以军降项羽于赵矣。

初，项羽与宋义北救赵，及项羽杀宋义，代为上将军，诸将黥布皆属，破秦将王离军，降章邯，诸侯皆附。及赵高已杀二世，使人来，欲约分王关中。沛公以为诈，乃用张良计，使郦生、陆贾往说秦将，啖以利，因袭攻武关，破之。又与秦军战于蓝田南，益张疑兵旗帜，诸所过毋得掠卤②，秦人憙，秦军解，因大破之。又战其北，大破之。乘胜，遂破之。

汉元年十月，沛公兵遂先诸侯至霸上。秦王子婴素车白马，系颈以组，封皇帝玺符节，降轵道旁。诸将或言诛秦王。沛公曰："始怀王遣我，固以能宽容；且人已服降，又杀之，不祥。"乃以秦王属吏，遂西入咸阳。欲止宫休舍，樊哙、张良谏，乃封秦重宝财物府库，还军霸上。召诸县父老豪桀曰："父老苦秦苛法久矣，诽谤者族，偶语者弃市。吾与诸侯约，先入关者王之，吾当王关中。与父老约，法三章耳：杀人者死，伤人及盗抵罪。余悉除去秦法。诸吏人皆案堵如故。凡吾所以来，为父老除害，非有所侵暴，无恐！且吾所以还军霸上，待诸侯至而定约束耳。"乃使人与秦吏行县乡邑，告谕之。秦人大喜，争持牛羊酒食献飨军士。沛公又让不受，曰："仓粟多，非乏，不欲费人。"人又益喜，唯恐沛公不为秦王。

① 皆：同"偕"。
② 卤：通"虏"。

　　或说沛公曰："秦富十倍天下,地形强。今闻章邯降项羽,项羽乃号为雍王,王关中。今则来,沛公恐不得有此。可急使兵守函谷关,无内诸侯军,稍征关中兵以自益,距之。"沛公然其计,从之。十一月中,项羽果率诸侯兵西,欲入关,关门闭。闻沛公已定关中,大怒,使黥布等攻破函谷关。十二月中,遂至戏。沛公左司马曹无伤闻项王怒,欲攻沛公,使人言项羽曰："沛公欲王关中,令子婴为相,珍宝尽有之。"欲以求封。亚父劝项羽击沛公。方飨士,旦日合战。是时项羽兵四十万,号百万。沛公兵十万,号二十万,力不敌。会项伯欲活张良,夜往见良,因以文谕yù项羽,项羽乃止。沛公从百余骑,驱之鸿门,见谢项羽。项羽曰："此沛公左司马曹无伤言之。不然,籍何以生此!"沛公以樊哙、张良故,得解归。归,立诛曹无伤。

　　项羽遂西,屠烧咸阳秦宫室,所过无不残破。秦人大失望,然恐,不敢不服耳。

　　项羽使人还报怀王。怀王曰："如约。"项羽怨怀王不肯令与沛公俱西入关,而北救赵,后天下约。乃曰："怀王者,吾家项梁所立耳,非有功伐,何以得主约!本定天下,诸将及籍也。"乃佯尊怀王为义帝,实不用其命。

　　正月,项羽自立为西楚霸王,王梁、楚地九郡,都彭城。负约,更立沛公为汉王,王巴、蜀、汉中,都南郑。三分关中,立秦三将:章邯为雍王,都废丘;司马欣为塞王,都栎yuè阳;董翳dí为翟王,都高奴。楚将瑕丘申阳为河南王,都洛阳。赵将司马卬为殷王,都朝歌。赵王歇徙王代。赵相张耳为常山王,都襄国。当阳君黥布为九江王,都六。怀王柱国共敖zhū为临江王,都江陵。番君吴芮为衡山王,都邾。燕将臧荼为燕王,都蓟jì。故燕王韩广徙王辽东。广不听,臧荼攻杀之无终。封成安君陈馀xuǎn河间三县,居南皮。封梅鋗十万户。

　　四月,兵罢戏下,诸侯各就国。汉王之国,项王使卒三万人从huī,楚与诸侯之慕从者数万人，从杜南入蚀中。去辄烧绝栈道，以备诸侯盗兵袭之，亦示项羽无东意。至南郑，诸将及士卒多道亡归，士卒皆歌思东归。韩信说汉王曰："项羽王诸将之有功者，而王独居南郑，是迁也。军吏士卒皆山东之人也，日夜跂而望归，及其锋而用之，可以有大功。天下已定，人皆自宁，不可复用。不如决策东乡，争权天下。"

项羽出关，使人徙义帝。曰："古之帝者地方千里，必居上游。"乃使使徙义帝长沙郴县，趣义帝行。群臣稍倍叛之，乃阴令衡山王、临江王

●汉初三杰

击之，杀义帝江南。项羽怨田荣，立齐将田都为齐王。田荣怒，因自立为齐王，杀田都而反楚；予彭越将军印，令反梁地。楚令萧公角击彭越，彭越大破之。陈馀怨项羽之弗王己也，令夏说说田荣，请兵击张耳。齐予陈馀兵，击破常山王张耳，张耳亡归汉。迎赵王歇于代，复立为赵王。赵王因立陈馀为代王。项羽大怒，北击齐。

八月，汉王用韩信之计，从故道还，袭雍王章邯。邯迎击汉陈仓，雍兵败，还走；止战好畤，又复败，走废丘。汉王遂定雍地。东至咸阳，引兵围雍王废丘，而遣诸将略定陇西、北地、上郡。令将军薛欧、王吸出武关，因王陵兵南阳，以迎太公、吕后于沛。楚闻之，发兵距之阳夏，不得前。令故吴令郑昌为韩王，距汉兵。

二年，汉王东略地，塞王欣、翟王翳、河南王申阳皆降。韩王昌不听，使韩信击破之。于是置陇西、北地、上郡、渭南、河上、中地郡；关外置河

南郡。更立韩太尉信为韩王。诸将以万人若以一郡降者，封万户。缮治河上塞。诸故秦苑囿园池，皆令人得田之，正月，虏雍王弟章平。大赦罪人。

汉王之出关至陕，抚关外父老，还，张耳来见，汉王厚遇之。

二月，令除秦社稷，更立汉社稷。

三月，汉王从临晋渡，魏王豹将兵从。下河内，虏殷王，置河内郡。南渡平阴津，至雒阳。新城三老董公遮说汉王以义帝死故。汉王闻之，袒而大哭。遂为义帝发丧，临三日。发使者告诸侯曰："天下共立义帝，北面事之。今项羽放杀义帝于江南，大逆无道。寡人亲为发丧，诸侯皆缟素。悉发关内兵，收三河士，南浮江汉以下，愿从诸侯王击楚之杀义帝者。"

是时项王北击齐，田荣与战城阳。田荣败，走平原，平原民杀之。齐皆降楚。楚因焚烧其城郭，系虏其子女。齐人叛之。田荣弟横立荣子广为齐王，齐王反楚城阳。项羽虽闻汉东，既已连齐兵，欲遂破之而击汉。汉王以故得劫五诸侯兵，遂入彭城。项羽闻之，乃引兵去齐，从鲁出胡陵，至萧，与汉大战彭城灵壁东睢水上，大破汉军，多杀士卒，睢水为之不流。乃取汉王父母妻子于沛，置之军中以为质。当是时，诸侯见楚强汉败，还皆去汉复为楚。塞王欣亡入楚。

吕后兄周吕侯为汉将兵，居下邑。汉王从之，稍收士卒，军砀。汉王乃西过梁地，至虞。使谒者随何之九江王布所，曰："公能令布举兵叛楚，项羽必留击之。得留数月，吾取天下必矣。"随何往说九江王布，布果背楚。楚使龙且往击之。

汉王之败彭城而西，行使人求家室，家室亦亡，不相得。败后乃独得孝惠，六月，立为太子，大赦罪人。令太子守栎阳，诸侯子在关中者皆集栎阳为卫。引水灌废丘，废丘降，章邯自杀。更名废丘为槐里。于是令祠官祀天地四方上帝山川，以时祀之。兴关内卒乘塞。

是时九江王布与龙且战，不胜，与随何间行归汉。汉王稍收士卒，与诸将及关中卒益出，是以兵大振荥阳，破楚京、索间。

三年，魏王豹谒归视亲疾，至即绝河津，反为楚。汉王使郦生说豹，豹不听。汉王遣将军韩信击，大破之，虏豹。遂定魏地，置三郡，曰河东、太原、上党。汉王乃令张耳与韩信遂东下井陉击赵，斩陈馀、赵王歇。其明年，立张耳为赵王。

汉王军荥阳南，筑甬道属之河，以取敖仓。与项羽相距岁余。项羽数侵夺汉甬道，汉军乏食，遂围汉王。汉王请和，割荥阳以西者为汉。项王不听。汉王患之，乃用陈平之计，予陈平金四万斤，以间疏楚君臣。于是项羽乃疑亚父。亚父是时劝项羽遂下荥阳，及其见疑，乃怒，辞老，愿赐骸骨归卒伍，未至彭城而死。

汉军绝食，乃夜出女子东门二千余人，被甲，楚因四面击之。将军纪信乃乘王驾，诈为汉王，诳楚，楚皆呼万岁，之城东观，以故汉王得与数十骑出西门遁。令御史大夫周苛、魏豹、枞公守荥阳。诸将卒不能从者，尽在城中。周苛、枞公相谓曰："反国之王，难与守城。"因杀魏豹。

汉王之出荥阳入关，收兵欲复东。袁生说汉王曰："汉与楚相距荥阳数岁，汉常困。愿君王出武关，项羽必引兵南走，王深壁，令荥阳成皋间且得休。使韩信等辑河北赵地，连燕齐，君王乃复走荥阳，未晚也。如此，则楚所备者多，力分，汉得休，复与之战，破楚必矣。"汉王从其计，出军宛叶间，与黥布行收兵。

项羽闻汉王在宛，果引兵南。汉王坚壁不与战。是时彭越渡睢水，与项声、薛公战下邳，彭越大破楚军。项羽乃引兵东击彭越。汉王亦引兵北军成皋。项羽已破走彭越，闻汉王复军成皋，乃复引兵西，拔荥阳，诛周苛、枞公，而虏韩王信，遂围成皋。

汉王跳，独与滕公共车出成皋玉门，北渡河，驰宿修武。自称使者，晨驰入张耳、韩信壁，而夺之军。乃使张耳北益收兵赵地，使韩信东击

齐。汉王得韩信军，则复振。引兵临河，南飨军小修武南，欲复战。郎中郑忠乃说止汉王，使高垒深堑，勿与战。汉王听其计，使卢绾、刘贾将卒二万人，骑数百，渡白马津，入楚地，与彭越复击破楚军燕郭西，遂复下梁地十余城。

淮阴已受命东，未渡平原。汉王使郦生往说齐王田广，广叛楚，与汉和，共击项羽。韩信用蒯通计，遂袭破齐。齐王烹郦生，东走高密。项羽闻韩信已举河北兵破齐、赵，且欲击楚，则使龙且、周兰往击之。韩信与战，骑将灌婴击，大破楚军，杀龙且。齐王广奔彭越。当此时，彭越将兵居梁地，往来苦楚兵，绝其粮食。

四年，项羽乃谓海春侯大司马曹咎曰："谨守成皋。若汉挑战，慎勿与战，无令得东而已。我十五日必定梁地，复从将军。"乃行击陈留、外黄、睢阳，下之。汉果数挑楚军，楚军不出，使人辱之五六日，大司马怒，度兵氾水。士卒半渡，汉击之，大破楚军，尽得楚国金玉货赂。大司马咎、长史欣皆自刭氾水上。项羽至睢阳，闻海春侯破，乃引兵还。汉军方围钟离眛于荥阳东，项羽至，尽走险阻。

韩信已破齐，使人言曰："齐边楚，权轻，不为假王，恐不能安齐。"汉王欲攻之。留侯曰："不如因而立之，使自为守。"乃遣张良操印绶立韩信为齐王。

项羽闻龙且军破，则恐，使盱台人武涉往说韩信。韩信不听。楚汉久相持未决，丁壮苦军旅，老弱罢转饷。汉王项羽相与临广武之涧而语。项羽欲与汉王独身挑战。汉王数项羽曰："始与项羽俱受命怀王，曰先入定关中者王之，项羽负约，王我于蜀汉，罪一。项羽矫杀卿子冠军而自尊，罪二。项羽已救赵，当还报，而擅劫诸侯兵入关，罪三。怀王约入秦无暴掠，项羽烧秦宫室，掘始皇帝冢，私收其财物，罪四。又强杀秦降王子婴，罪五。诈坑秦子弟新安二十万，王其将，罪六。项羽皆王诸将善地，而徙逐故主，令臣下争叛逆，罪七。项羽出逐义帝彭城，自都之，

夺韩王地，并王梁楚，多自予，罪八。项羽使人阴弑义帝江南，罪九。夫为人臣而弑其主，杀已降，为政不平，主约不信，天下所不容，大逆无道，罪十也。吾以义兵从诸侯诛残贼，使刑余罪人击杀项羽，何苦乃与公挑战！"项羽大怒，伏弩射中汉王。汉王伤匈，乃扪足曰："虏中吾指！"汉王病创卧，张良强请汉王起行劳军，以安士卒，毋令楚乘胜于汉。汉王出行军，病甚，因驰入成皋。

病愈，西入关，至栎阳，存问父老，置酒，枭故塞王欣头栎阳市。留四日，复如军，军广武。关中兵益出。

当此时，彭越将兵居梁地，往来苦楚兵，绝其粮食。田横往从之。项羽数击彭越等，齐王信又进击楚。项羽恐，乃与汉王约，中分天下，割鸿沟而西者为汉，鸿沟而东者为楚。项王归汉王父母妻子，军中皆呼万岁，乃归而别去。

项羽解而东归。汉王欲引而西归，用留侯、陈平计，乃进兵追项羽，至阳夏南止军，与齐王信、建成侯彭越期会而击楚军。至固陵，不会。楚击汉军，大破之。汉王复入壁，深堑而守之。用张良计，于是韩信、彭越皆往。及刘贾入楚地，围寿春，汉王败固陵，乃使使者召大司马周殷举九江兵而迎武王，行屠城父，随刘贾、齐梁诸侯皆大会垓下。立武王布为淮南王。

五年，高祖与诸侯兵共击楚军，与项羽决胜垓下。淮阴侯将三十万自当之，孔将军居左，费将军居右，皇帝在后，绛侯、柴将军在皇帝后。项羽之卒可十万。淮阴先合，不利，却。孔将军、费将军纵，楚兵不利，淮阴侯复乘之，大败垓下。项羽卒闻汉军之楚歌，以为汉尽得楚地，项羽乃败而走，是以兵大败。使骑将灌婴追杀项羽东城，斩首八万，遂略定楚地。鲁为楚坚守不下。汉王引诸侯兵北，示鲁父老项羽头，鲁乃降。遂以鲁公号葬项羽谷城。还至定陶，驰入齐王壁，夺其军。

正月，诸侯及将相相与共请尊汉王为皇帝。汉王曰："吾闻帝贤者有也，空言虚语，非所守也，吾不敢当帝位。"群臣皆曰："大王起微细，诛暴逆，平定四海，有功者辄裂地而封为王侯。大王不尊号，皆疑不信。臣等以死守之。"汉王三让，不得已，曰："诸君必以为便，便国家。"甲午，乃即皇帝位汜水之阳。

皇帝曰义帝无后。齐王韩信习楚风俗，徙为楚王，都下邳。立建成侯彭越为梁王，都定陶。故韩王信为韩王，都阳翟。徙衡山王吴芮为长沙王，都临湘。番君之将梅鋗有功，从入武关，故德番君。淮南王布、燕王臧荼、赵王敖皆如故。

天下大定。高祖都雒阳，诸侯皆臣属。故临江王欢为项羽叛汉，令卢绾、刘贾围之，不下。数月而降，杀之雒阳。

五月，兵皆罢归家。诸侯子在关中者复之十二岁，其归者复之六岁，食之一岁。

高祖置酒雒阳南宫。高祖曰："列侯诸将无敢隐朕，皆言其情。吾所以有天下者何？项氏之所以失天下者何？"高起、王陵对曰："陛下慢而侮人，项羽仁而爱人。然陛下使人攻城略地，所降下者因以予之，与天下同利也。项羽妒贤嫉能，有功者害之，贤者疑之，战胜而不予人功，得地而不予人利，此所以失天下也。"高祖曰："公知其一，未知其二。夫运筹策帷帐之中，决胜于千里之外，吾不如子房。镇国家，抚百姓，给馈饷，不绝粮道，吾不如萧何。连百万之军，战必胜，攻必取，吾不如韩信。此三者，皆人杰也，吾能用之，此吾所以取天下也。项羽有一范增而不能用，此其所以为我擒也。"

高祖欲长都雒阳，齐人刘敬说，乃留侯劝上入都关中，高祖是日驾，入都关中。六月，大赦天下。

十月，燕王臧荼反，攻下代地。高祖自将击之，得燕王臧荼。即立太尉卢绾为燕王。使丞相哙将兵攻代。

其秋，利几反，高祖自将兵击之，利几走。利几者，项氏之将。项氏败,利几为陈公,不随项羽,亡降高祖,高祖侯之颍川。高祖至雒阳,举通侯籍召之,而利几恐,故反。

六年,高祖五日一朝太公,如家人父子礼。太公家令说太公曰:"天无二日,土无二王。今高祖虽子,人主也;太公虽父,人臣也。奈何令人主拜人臣!如此,则威重不行。"后高祖朝,太公拥篲,迎门却行。高祖大惊,下扶太公。太公曰:"帝,人主也,奈何以我乱天下法!"于是高祖乃尊太公为太上皇。心善家令言,赐金五百斤。

十二月,人有上变事告楚王信谋反,上问左右,左右争欲击之。用陈平计,乃伪游云梦,会诸侯于陈,楚王信迎,即因执之。是日,大赦天下。田肯贺,因说高祖曰:"陛下得韩信,又治秦中。秦,形胜之国,带河山之险,县隔千里,持戟百万,秦得百二焉。地势便利,其以下兵于诸侯,譬犹居高屋之上建瓴水也。夫齐,东有琅邪、即墨之饶,南有泰山之固,西有浊河之限,北有渤海之利。地方二千里,持戟百万,县隔千里之外,齐得十二焉。故此东西秦也。非亲子弟,莫可使王齐矣。"高祖曰:"善。"赐黄金五百斤。

后十余日,封韩信为淮阴侯,分其地为二国。高祖曰将军刘贾数有功,以为荆王,王淮东。弟交为楚王,王淮西。子肥为齐王,王七十余城,民能齐言者皆属齐。乃论功,与诸列侯剖符行封。徙韩王信太原。

七年,匈奴攻韩王信马邑,信因与谋反太原。白土曼丘臣、王黄立故赵将赵利为王以反,高祖自往击之。会天寒,士卒堕指者什二三,遂至平城。匈奴围我平城,七日而后罢去。令樊哙止定代地。立兄刘仲为代王。

二月,高祖自平城过赵、雒阳,至长安。长乐宫成,丞相已下徙治长安。

八年,高祖东击韩王信余反寇于东垣。萧丞相营作未央宫,立东阙、北阙、前殿、武库、太仓。高祖还,见宫阙壮甚,怒,谓萧何曰:"天下匈匈苦战数岁,成败未可知,是何治宫室过度也?"萧何曰:"天下方未定,故可因遂就宫室。且夫天子以四海为家，非壮丽无以重威，且无令后世有以加也。"高祖乃说。

高祖之东垣，过柏人，赵相贯高等谋弑高祖，高祖心动，因不留。代王刘仲弃国亡，自归雒阳，废以为合阳侯。

九年，赵相贯高等事发觉，夷三族。废赵王敖为宣平侯。是岁，徙贵族楚昭、屈、景、怀、齐田氏关中。

未央宫成。高祖大朝诸侯群臣，置酒未央前殿。高祖奉玉卮，起为太上皇寿，曰："始大人常以臣无赖，不能治产业，不如仲力。今某之业所就孰与仲多？"殿上群臣皆呼万岁，大笑为乐。

十年十月，淮南王黥布、梁王彭越、燕王卢绾、荆王刘贾、楚王刘交、齐王刘肥、长沙王吴芮皆来朝长乐宫。春夏无事。

七月，太上皇崩栎阳宫。楚王、梁王皆来送葬。赦栎阳囚。更命郦邑曰新丰。

八月，赵相国陈豨反代地。上曰："豨尝为吾使，甚有信。代地吾所急也，故封豨为列侯，以相国守代，今乃与王黄等劫掠代地！代地吏民非有罪也。其赦代吏民。"

九月，上自东往击之。至邯郸，上喜曰："豨不南据邯郸而阻漳水，吾知其无能为也。"闻豨将皆故贾人也，上曰："吾知所以与之。"乃多以金啖豨将，豨将多降者。

十一年，高祖在邯郸诛豨等未毕，豨将侯敞将万余人游行，王黄军曲逆，张春渡河击聊城。汉使将军郭蒙与齐将击，大破之。太尉周勃道太原人，定代地。至马邑，马邑不下，即攻残之。

豨将赵利守东垣，高祖攻之，不下。月余，卒骂高祖，高祖怒。城降，令出骂者斩之，不骂者原之。于是乃分赵山北，立子恒以为代王，都晋阳。

春，淮阴侯韩信谋反关中，夷三族。

二六六

夏，梁王彭越谋反，废迁蜀；复欲反，遂夷三族。立子恢为梁王，子友为淮阳王。

秋七月，淮南王黥(qíng)布反，东并荆王刘贾地，北渡淮，楚王交走入薛。高祖自往击之。立子长为淮南王。

十二年十月，高祖已击布军会甀(zhuì)，布走，令别将追之。高祖还归，过沛，留。置酒沛宫，悉召故人父老子弟纵酒，发沛中儿得百二十人，教之歌。酒酣，高祖击筑，自为歌诗曰："大风起兮云飞扬，威加海内兮归故乡，安得猛士兮守四方！"令儿皆和习之。高祖乃起舞，慷慨伤怀，泣数行下。谓沛父兄曰："游子悲故乡。吾虽都关中，万岁后吾魂魄犹乐思沛。且朕自沛公以诛暴逆，遂有天下，其以沛为朕汤沐邑，复其民，世世无有所与。"沛父兄诸母故人日乐饮极欢，道旧故为笑乐。十余日，高祖欲去，沛父兄固请留高祖。高祖曰："吾人众多，父兄不能给。"乃去。沛中空县皆之邑西献。高祖复留止，张饮三日。沛父兄皆顿首曰："沛幸得复，丰未复，唯陛下哀怜之。"高祖曰："丰吾所生长，极不忘耳，吾特为其以雍齿故反我为魏。"沛父兄固请，乃并复丰，比沛。于是拜沛侯刘濞(bì)为吴王。

汉将别击布军洮(táo)水南北，皆大破之，追得斩布鄱(pó)阳。樊哙别将兵定代，斩陈豨当城。

十一月，高祖自布军至长安。十二月，高祖曰："秦始皇帝、楚隐王陈涉、魏安釐(mín)王、齐缗王、赵悼(dào)襄王皆绝无后，予守冢各十家，秦皇帝二十家，魏公子无忌五家。"赦代地吏民为陈豨、赵利所劫掠者，皆赦之。陈豨降将言豨反时，燕王卢绾使人之豨所，与阴谋。上使辟阳侯迎绾，绾称病。辟阳侯归，具言绾反有端矣。二月，使樊哙、周勃将(jiàng)兵击燕王绾，赦燕吏民与反者。立皇子建为燕王。

高祖击布时，为流矢(shǐ)所中，行道病。病甚，吕后迎良医，医入见，高祖问医，医曰："病可治。"于是高祖嫚(màn)骂之曰："吾以布衣提三尺剑取天下，此非天命乎？命乃在天，虽扁鹊何益！"遂不使治病，赐金五十斤罢之。已而吕后问："陛下百岁后，萧相国即死，令谁代之？"上曰："曹参可。"问其次，上曰："王陵可。然陵少戆(zhuàng)，陈平可以助之。陈平智有余，然难以独任。周勃重厚少文，然安刘氏者必勃也，可令为太尉。"吕后复问其次，上曰："此后亦非而所知也。"

卢绾与数千骑居塞下候伺，幸上病愈自入谢。

四月甲辰，高祖崩长乐宫。四日不发丧。吕后与审食其谋曰："诸将与帝为编户民，今北面为臣，此常怏怏，今乃事少主，非尽族是，天下不安。"人或闻之，语郦将军。郦将军往见审食其，曰："吾闻帝已崩，四日不发丧，欲诛诸将。诚如此，天下危矣。陈平、灌婴将十万守荥阳，樊哙、周勃将二十万定燕、代，此闻帝崩，诸将皆诛，必连兵还乡以攻关中。大臣内叛，诸侯外反，亡可翘足而待也。"审食其入言之，乃以丁未发丧，大赦天下。

卢绾闻高祖崩，遂亡入匈奴。

丙寅，葬。已巳，立太子，至太上皇庙。群臣皆曰："高祖起微细，拨乱世反之正，平定天下，为汉太祖，功最高。"上尊号为高皇帝。太子袭号为皇帝，孝惠帝也。令郡国诸侯各立高祖庙，以岁时祠。

及孝惠五年，思高祖之悲乐沛，以沛宫为高祖原庙。高祖所教歌儿百二十人，皆令为吹乐，后有缺，辄(zhé)补之。

高帝八男：长庶齐悼惠王肥；次孝惠，吕后子；次戚夫人子赵隐王如意；次代王恒，已立为孝文帝，薄太后子；次梁王恢，吕太后时徙为赵共王；次淮阳王友，吕太后时徙为赵幽王；次淮南厉王长；次燕王建。

太史公曰：夏之政忠。忠之敝，小人以野，故殷人承之以敬。敬之敝，小人以鬼，故周人承之以文。文之敝，小人以僿(sài)，故救僿莫若以忠。三王之道若循环，终而复始。周秦之间，可谓文敝矣。秦政不改，反酷刑法，岂不缪(miù)乎？故汉兴，承敝易变，使人不倦，得天统矣。朝以十月。车

服黄屋左纛<sup>dào</sup>。葬长陵。

**译文**

　　高祖，是沛县丰邑中阳里人，姓刘，字季。父亲叫太公，母亲叫刘媪。此前，刘媪曾在大湖的岸边休息，在梦里与神交合。此时，天上雷电交加，天昏地暗。太公去看刘媪，看见一条蛟盘到她的身上。后来刘媪怀孕生下高祖。

　　高祖这个人，鼻梁很高，拥有如龙一样丰满的额角，漂亮的须髯，左腿上面有着七十二颗黑痣。仁厚爱人，喜欢施舍，胸襟开阔。时常有着远大志向，不进行普通百姓的生产作业。到了壮年，尝试做官吏，担任泗水亭亭长，公廷当中的官吏，没有一个不与人熟识，受他戏弄的。高祖爱好喝酒，喜欢女色。经常向王媪、武负赊酒，喝醉了卧睡在原地，武负、王媪见到他上面时常有一条龙，感到非常奇怪。高祖每次前来买酒，留在酒店当中饮酒，酒店的酒都会比平常多卖出几倍。等到发现这一奇怪的现象，年终时，这两家酒店经常会销毁账目，放弃债权。

　　高祖曾经在咸阳服徭役，一次，秦始皇出巡，人们在四周观看，他看到秦始皇，喟然长叹说："啊，大丈夫就应当像这样！"

　　单父人吕公与沛县县令关系很好，为躲避仇人来到县令家做客，因此将家搬迁到沛县。沛县当中的豪杰官吏听说县令有贵客登门，都前去送礼祝贺。萧何担任县里的主吏，主管收受礼物，对各位贵客说："礼物不足一千钱的人，要坐到堂下。"高祖身为亭长，向来轻视那些官吏，于是欺骗性地在名刺上写下"贺万钱"，其实一个钱都没拿。名刺递进去，吕公大惊，站起来，前往门口迎接高祖，吕公这个人，喜欢给人相面，见到高祖的相貌，就特别敬重他，领他到堂上入座。萧何说："刘季的大话很多，很少是真的。"由于得到吕公的敬重，高祖于是戏辱堂上的客人，自己坐到上座，丝毫没有谦让。酒席就要散尽，吕公以眼色示意高祖不要离开。高祖喝完酒，留在后面。吕公说："我从年少时起就喜欢给人相面，相过的人很多，没有一个有你刘季这样尊贵的相貌，希望你刘季保重。我有一位亲生女儿，愿意为你执帚洒扫，做你的妻子。"酒席结束后，吕媪很生气，说："你当初希望女儿非同一般，将她嫁给贵人。沛县县令与你关系不错，求娶你的女儿，你都没有答应，为什么自己妄作主张将她许配给刘季？"吕公说："这不是妇孺之辈能够懂得的。"最终将女儿嫁给了刘季。吕公的女儿也就是吕后，她生下了孝惠帝、鲁元公主。高祖担任亭长时，曾请假回家。吕后与两个孩子正在田间除草，有一位老人路过，讨要一些水喝，吕后就请他吃了饭。老人家为吕后相面，说："夫人乃是天下间的贵人。"吕后让他为两个孩子看相。老人看了孝惠帝，说："夫人能够显贵，就是因为这个孩子的缘故。"看了鲁元，也是富贵之相。老人走后，高祖恰好来到田间，吕后告诉他一位客人从这里经过，为我们母子看相，说日后都是大贵人。高祖问老人在何处，吕后说："刚走出不远。"高祖追上老人，向他询问。老人说："刚才刚给你的夫人和孩子相过面，他们都跟你相似，你的相貌，贵不可言。"高祖道谢说："如果真像老父所说的那样，决不会忘记你对我的恩德。"等到高祖显贵时，已经不知道老人的去处了。

高祖担任亭长，以竹皮为帽，这帽子是他派求盗前往薛县制作的，时常戴着它，等到他显贵时，依旧常常戴着，所谓"刘氏冠"，指的就是这种帽子。

高祖由于担任亭长，为县里送徒役前往骊山，徒役在途中多数逃亡。他估计，等走到骊山，基本都会逃光了。来到丰邑西面的沼泽地带时，停下喝酒，夜间高祖就释放了所有押送的徒役。高祖说："各位都离开吧，我也就此一去不返了。"徒役当中有十多位年轻力壮的人愿意追随高祖。高祖带着酒意，当夜抄小路穿过这片沼泽，派一人走在前面探路。前行探路的人回来报告说："前面有一条大蛇横在路中间，我们往回走吧。"高祖醉醺醺地说："好汉走路，有什么值得畏惧的！"于是，就走上前去，拔剑击蛇，将其斩为两段，将道路打通。走了几里地后，酒性发作，于是躺下睡觉。后面的人来到斩蛇的地方，看见一个老太太在夜里哭泣。人们问她为什么啼哭，老太太说："有人杀害了我的儿子，所以我哭。"人们又说："老太太，你的儿子为什么会被杀呢？"老太太说："我儿子，是白帝的儿子，变成蛇，横在路当中，如今被赤帝的儿子杀掉了，所以我才哭。"人们认为老太太说谎，想要给她点苦头吃，老太太却突然不见了。落在后面的人来到高祖休息的地方，高祖已醒了。他们将刚才发生的事告诉高祖，高祖听后暗自高兴，自命不凡。那些追随他的人则对他日益敬畏。

秦始皇帝时常说"东南有天子气"，因此到东方巡游，借以镇伏东南的天子气。高祖怀疑这件事与自己有关系，于是藏了起来，隐居在芒山、砀山一带的山泽岩石间。吕后与别人一起来寻找他，经常很容易就找到高祖。高祖感到奇怪，就问吕后。吕后说："你所在的地方上空经常有云气。向着有云气的地方去找，经常可以找到你。"高祖心中非常高兴。沛县子弟有些人听说这件事，很多人都想要归附他了。

秦二世元年秋天，陈胜等在蕲县高举义旗，来到陈县自立为王，号称"张楚"。各郡县多数杀死长官，响应陈胜。沛县县令感到恐惧，打算在沛县响应陈胜。主吏萧何、狱掾曹参对他说："你作为秦朝的官吏，如今打算背秦起事，率领沛县子弟，恐怕他们不愿意听从你的命令。希望您召集那些逃亡在外的人，可以得到几百人。利用这股力量来管辖群众，群众不敢不听您的命令。"县令就派樊哙去找刘季，刘季的队

史记精华本

伍已经有数十上百人了。

于是樊哙跟随刘季来到沛县。沛县县令又感到后悔，害怕刘季引发变故，就关闭城门，派人防守，阻止刘季进城，准备杀掉萧何、曹参。萧何、曹参感到恐惧，翻过城墙来投靠刘季。刘季用帛写了一封信，用箭射到城上，告诉沛县的百姓："天下苦于秦朝的暴政已经有很长时间了。如今父老为沛县县令守城，但各国诸侯都已起兵，一旦城破，就会屠戮沛县。如果沛县父老一起起来杀死沛令，选择子弟当中可以立为首领的人，响应诸侯军，那就可以保全身家性命。不然，父子全都会遭到杀害，死得毫无意义。"父老们就率领子弟一起杀掉了沛令，打开城门，迎接刘季，准备让他担任沛县县令。刘季说："天下正处于混乱当中，诸侯都已起事，如果推选出来的将领无法胜任，就会一败涂地。我不是吝惜自己的生命，只是害怕才劣力薄，无法保全父兄子弟。这是一件大事，希望另外共同推选出一位足以胜任的人。"萧何、曹参全是文官，看重身家性命，害怕起事失败，秦朝会诛灭其全族，所以都推举刘季。父老们都说："我们平时都听说了很多关于刘季的奇闻逸事，看来刘季是应当显贵的。而且又经过占卜，没有比刘季出任首领更吉利的。"这时刘季再三谦让，大家都不敢担任首领，最后还是立刘季为沛公。在沛县衙门的庭院当中祭祀了黄帝与蚩尤，又用牲血祭祀鼓旗。旗子一律采用红色，因为刘季所斩杀的蛇是白帝的儿子，杀蛇的则是赤帝的儿子，所以崇尚赤色。于是少年子弟以及有权势的官吏，如萧何、曹参、樊哙等人，都帮助沛公征集兵员，得到了两三千人，攻打胡陵、方与，回军固守丰邑。

秦二世二年，陈胜手下的将领周章的军队向西进兵到达戏水后返回。燕、赵、齐、魏都自立为王。项梁、项羽在吴地起兵。秦泗川郡郡监平率兵围困丰邑，两天后，沛公出兵迎战，打败秦军。沛公命令雍齿把守丰邑，自己引兵进攻薛，泗川郡郡守壮在薛战败，逃到戚。沛公左司马擒获泗川郡郡守壮，并杀掉了他。沛公回军亢父，到了方与，没有交战。陈胜派魏人周市扩张领地。周市派人对雍齿说："丰邑，以前梁王曾迁徙到这里。如今魏国已经攻占的领地有数十城，你雍齿假如降魏，魏封你雍齿为侯，依旧驻守于丰邑。不投降的话，就会血洗丰邑。"雍齿原本就很不愿意在沛公手下，等到魏国招降他，就背叛了沛公，为魏防守丰邑。沛公引兵攻丰，没能攻下。沛公生病了，返回沛县。沛公怨恨雍齿及丰邑子弟都背叛了他，听说东阳宁君秦嘉立景驹为假王，驻扎在留县，就去依附他们，准备借兵攻打丰邑。这时，秦将章邯正在追击陈王的部队，别将司马尼则率军北向，攻占楚地，在相屠城，抵达砀县。东阳宁君、沛公引兵西进，与别将在萧县的西面交战，没能取胜。退回后收集散兵，屯聚留县，引兵攻砀，三天就攻占了砀邑。于是收编砀县降兵，得到五六千人，进攻下邑，攻占下

邑。回军丰邑。听说项梁在薛县，带上随从骑兵一百多人去拜见项梁。项梁分给沛公精兵五千人，五大夫一级的将领十人。沛公返回引兵攻丰。

沛公跟随项梁一个多月，项羽已经攻占襄城返回。项梁将各路将领都召集到薛县，听说陈王的确死了，就立楚国后人楚怀王的孙子心为楚王，建都于盱眙。项梁号为武信君。在这里休整了几个月，向北攻打亢父，救援东阿被秦军围困的齐军，打败了秦军。齐军回齐，楚军单独追击败兵。派沛公、项羽另率军队进攻城阳，大肆杀戮城中军民。沛公、项羽于驻军濮阳东面，与秦军接战，击败了秦军。

秦军又振作起来，固守濮阳，引来河水作为屏障。楚军离去，转攻定陶，定陶没能攻下。沛公和项羽向西攻城略地，抵达雍丘城下，与秦军交战，大败秦军，杀了李由。回军攻打外黄，外黄没能攻克。

项梁再次打败秦军，露出骄傲的神色。宋义劝诫他，他没有听从。秦派兵增援章邯，夜间衔枚偷袭项梁，在定陶大败项梁，项梁战死。沛公和项羽正在进攻陈留，听说项梁死了，带兵与吕将军一起向东进发。吕臣驻扎于彭城东面，项羽驻扎于彭城西面，沛公驻扎于砀。

章邯已经打垮项梁的军队，认为楚地的敌人已经不用担心了，就渡过黄河，北进进攻赵地，大破赵军。这时，赵歇担任赵王，秦将王离围困赵歇于巨鹿城。这些被围在巨鹿的军队也就是所谓的"河北之军"。

秦二世三年，楚怀王得知项梁的军队被打垮了，心里恐惧，迁离盱眙，建都于彭城，将吕臣、项羽的军队合并在一起，亲自统率。任命沛公任砀郡长，封为武安侯，统领砀郡的军队。封项羽为长安侯，号鲁公。吕臣任司徒，其父亲吕青任令尹。

赵多次请求楚国发兵救援，楚怀王就任命宋义为上将军，项羽为次将，范增为末将，北上救赵。命令沛公向西进兵，进攻关中。同将领们约定：先攻入关中的人，就封其为关中王。

这时候，秦军兵势强盛，时常乘胜追击，众将领中没有人认为先入关是有利的。只有项羽痛恨秦打垮了项梁的军队，心怀激愤，愿意与沛公西进入关。怀王身边的老将都说："项羽为人轻捷而又凶猛，狡诈而又残忍。项羽曾攻打襄城，襄城没留下一个活人，全都被杀了。所经过的地方，全都存在着残杀毁灭。况且楚军多次进兵关中，都没能获胜，以前陈王、项梁都失败了。不如另派宽厚长者，以正义之名为号召，向西进发，将道理向秦国的父老兄弟讲清楚。秦国的百姓苦于其君主的统治已经很久了，现在如果真能得到宽厚长者领兵前往关中，不加欺凌暴虐，应该可以拿下关中。如今项羽剽悍，不可派遣他前去。"最终没有答应项羽，而派遣沛公西进攻击秦地。收集陈王、项梁的散兵，路经砀，抵达成阳，与杠里的秦军对垒，打败了秦军的两支军队。楚军出兵攻击王离，将他的军队打得大败。

沛公引兵西进，在昌邑遇见彭越，就与他一起进攻秦军，这一仗没能打赢。回到栗县，遇到刚武侯，夺取了他的军队，约有四千多人，与沛公原有的队伍合并在一起。沛公与魏将皇欣、魏申徒武蒲的军队联合进攻昌邑，昌邑没能攻下。西进路过高阳。郦食其为里监门，说："将领们路过这里的人很多，我看沛公是一位大人物，拥有仁厚长者的风度。"就去拜见并游说沛公。沛公正坐在床上，伸出两条腿，让两个女子为他洗脚。郦生没有下拜，而深深地作了个揖，说："足下如一定要消灭残暴无道的秦朝，就不应当伸着两腿来接见长者。"于是沛公站起来，整理好衣服，向他道歉，让他上座。郦食其劝沛公进攻陈留，获得陈留积聚的粮草。沛公就封郦食其为广野君，郦商为将领，统率陈留的部队，和沛公一起进攻开封，开封没能攻下。向西与秦将杨熊在白马打了一仗，又在曲遇的东面打了一仗，大破杨熊军。

杨熊逃往荥阳，秦二世派使者将其斩首示众。沛公向南进攻颍阳，屠了颍阳城。依靠张良的计策，攻占了韩国的轘辕。

这时，赵别将司马卬正准备渡过黄河进入函谷关，沛公就向北进攻打平阴，切断了黄河渡口。向南进发，在雒阳东面作战，战斗不利，返回阳城，集中军中的骑兵，与南阳郡郡守作战于犨东，打败了那里的守军。攻占南阳郡的城邑，南阳郡郡守逃走，退守宛县。沛公引兵绕过宛城向西进发。张良进谏说："沛公你尽管急于攻入函谷关内，但秦兵还很多，又据守险要之地。如今如无法拿下宛城，宛城守军从背后攻击，强大的秦军在前面阻拦，这是一种非常危险的战术。"于是沛公就在夜间率兵从另外一条道路返回，撤换了旗帜，天亮时，将宛城包围了数层。南阳郡郡守准备自杀。他的舍人陈恢说："现在死还太早。"他就翻过城墙去拜见沛公，说："我听说阁下接受了楚怀王的约定，先攻入咸阳的就可以称王于关中。现在阁下被阻于宛城。宛城是大郡治所，连城数十，人口众多，粮食充足，官吏和民众认为投降肯定会被处死，因此都登城固守。如果足下整天都滞留在这里攻城，士卒死伤的一定很多；如果引兵离开宛城，宛城守军自然会跟踪追击。足下向前则会失去先进入咸阳的约定，后退则有强大的宛城守军为患。为足下设想，不如明约招降宛城，封南阳郡守官爵，让他留守，足下率领宛城士卒一起西进。许多没能攻下的城邑，听到这一消息，就会争先打开城门，等候足下，足下就能够通行无阻。"沛公说："好。"就封南阳郡守为殷侯，封给陈恢一千户。引兵西进，没有人不降服的。抵达丹水，高武侯鳃、襄侯王陵在西陵投降。回军进攻胡阳，遇到番君别将梅鋗，与他一起，迫使析县、郦县投降。派遣魏人宁昌出使关中，

使者还没回来。这时章邯已经带领全部军队在赵地投降项羽了。

起初，项羽和宋义北进援救赵国，等到项羽杀掉宋义，取代他任上将军，许多将领及黥布都归顺项羽。击垮了秦将王离的军队，迫使章邯投降，诸侯全都归附了他。等到赵高杀掉了秦二世，派人来拜见沛公，想要定约瓜分关中来称王。沛公认为这是欺骗，就采用张良的计策，派郦生、陆贾前去游说秦军将领，用利禄引诱他们，趁机袭击武关，攻破关口。又与秦军在蓝田的南面交战，增设疑兵，多竖立旗帜，所经过的地方不允许掳掠。秦地的群众非常高兴，秦军已经懈怠了，因此大破秦军。又在蓝田北面交战，再次击败秦军。乘胜追击，彻底打垮了秦军。

汉元年十月，沛公的军队在诸侯当中第一个抵达霸上。秦王子婴素车白马，用丝带系着脖子，封存皇帝的印玺及符节，在轵道旁投降。将领们有的人主张杀掉秦王。沛公说："当初楚怀王派遣我入关，本来是由于我能够宽大容人。况且秦王已经投降，又杀掉他，不吉利。"于是就把秦王交给官吏，向西进入咸阳。沛公准备留在宫殿当中休息，樊哙、张良劝说后，才封存了秦宫当中的贵重珍宝、财物及库房，回军霸上。召集各县的父老、豪杰说："父老们苦于秦朝的严苛的刑罚已经很久了，诽谤朝政的会被灭族，聚集在一起议论的要在街市上处斩。我和诸侯们约定，率先入关的可以在关中称王，我应当称王于关中。同父老们约定，法律只有三条：杀人的处死，伤人及抢劫的要处以与所犯罪行相当的刑罚。其余的秦朝法律全部废除。官吏与百姓都可以安居如故。我之所以要到这里来，是为了父老们除害，不会有欺凌暴虐的行为，不必害怕。我会回军霸上，等待诸侯们一起到来制定要共同遵守的法律。"沛公派人与秦朝官吏巡行县城与乡间，告谕百姓。秦地的百姓非常高兴，争先恐后地拿出牛羊酒食来款待士兵。沛公又谦让不愿意接受，说："仓库当中的谷子很多，并不缺乏，不愿让百姓破费。"百姓更为高兴，唯恐沛公不担任秦王。

有人劝沛公说："秦地要比天下其他地方富足十倍，地势好。如今听说章邯投降了项羽，项羽就给予其雍王的封号，称王于关中。现在即将前来关中就国，你沛公恐怕无法占有这个地方了。应尽快派兵把守住函谷关，不让诸侯军进入关中，逐渐征集关中兵力，增强实力，抵御诸侯兵。"沛公赞成他的想法，照着做了。十一月间，项羽果然率领诸侯军向西进军，想要入关，而关门却关闭着。听着沛公已经平定了关中，大怒，派黥布等攻破函谷关。十二月间，就抵达戏水。沛公左司马曹无伤听说项王震怒，准备攻打沛公，派人告诉项羽说："沛公打算在关中称王，任命子婴为相，秦国的珍宝土地都被他占有了。"打算以此获得封赏。亚父劝项羽发兵攻击沛公。当时项羽让士卒吃饱饭，准备明日会战。这时项羽拥有四十万大军，号称百万。沛公拥有十万军队，号称二十万，兵力不如项羽。恰巧项伯想要搭救张良，夜间去见他。回来后，以道理劝说项羽，项羽打消了进攻沛公的计划。沛公带来一百多名骑兵，来到鸿门，求见项羽，表示歉意。项羽说："这是你沛公的左司马曹无伤告诉我的。不然，我项羽也不至于做出这样的事。"沛公由于得到樊哙、张良的帮助，得以脱身。回来后，马上杀了曹无伤。

项羽向西进军，屠杀无辜之人，焚毁了咸阳的秦朝宫室，所过之处，全都遭到摧残与破坏。秦地的百姓极为失望，然而心中恐惧，不敢不服从。

项羽派人回去报告给楚怀王，楚怀王说："依照原来的约定办。"项羽怨恨楚怀王不让他与沛公一同西进入关，而是让他北上救赵，导致在天下诸侯争夺称王关中的约定当中落在后面。他就说："怀王这个人，是我叔父项梁所立，没有功劳，凭什么主持约定。安定天下的，是诸位将领与我项籍。"就假意尊奉楚怀王为义帝，实际上并没有听从他的命令。

正月，项羽自立为西楚霸王，称王于梁、楚地区的九个郡，建都彭城。背弃原有的约定，改封沛公为汉王，在巴蜀、汉中地区称王，建都于南郑，将关中瓜分为三部分，分封给秦朝的三个将领：章邯为雍王，建都于废丘，司马欣为塞王，建都于栎阳，董翳为翟王，建都于高奴。封楚将瑕丘申阳为河南王，建都于洛阳。封赵将司马卬为殷王，建都于朝歌。赵王歇迁徙到代地称王。封赵将张耳为常山王，建都于襄国。封当阳君黥布为九江王，建都于六县。封楚怀王柱国共敖为临江王，建都于江陵。封番君吴芮为衡山王，建都于邾县。封燕将臧荼为燕王，建都于蓟县。原本的燕王韩广迁徙到辽东地区称王。韩广没有服从，臧荼进攻并将韩广杀害于无终。分封给成安君陈馀河间的三个县，居住于南皮。封梅鋗邑十万户。

四月，聚集在项羽麾下的各路诸侯分别返回封国。汉王回国，项王派兵三万跟随，楚国与其他诸侯国的士卒当中仰慕汉王而追随他的有几万人。他们从杜县南面进入汉中，离开后就烧断了栈道，以防止诸侯军与匪徒的袭击，也向项羽表示自己没有东进的意图。抵达南郑，很多将领及士卒都在中途逃亡离去，士卒都唱歌表示想要回到东方。韩信劝汉王说："项羽封诸将有功者为王，而大王却被分封在南郑，这实际上是贬徙。军中的官吏与士卒全都是崤山以东的人，日夜盼望返回家乡。乘他们气势旺盛时还可以加以利用，能够建立伟大的功业。等到天下已平定，大家都安下心来，就无法再让他们进军了。不如向东进军，争夺天下。"

项羽出函谷关，派人将义帝迁徙到别的地方。说："古代身为帝王者统辖着千里的土地，必须居住在上游。"就派使者将义帝迁徙到长沙的郴县，催促义帝尽快离开。

郡臣逐渐背叛了义帝，项羽就暗地里指使衡山王、临江王袭击他，将义帝杀死在江南。项羽怨恨田荣，封齐将田都为齐王。田荣大怒，自立为齐王，杀掉了田都，反叛项羽，将将军印给予彭越，让他在梁地起兵反楚。楚国派萧公角进攻彭越，彭越击败萧公角。陈馀怨恨项羽没有封自己为王，派夏说去游说田荣，借兵攻打张耳。齐借兵给陈馀，打败了常山王张耳，张耳逃跑依附了汉王。陈馀从代地迎接赵王歇，又立其为赵王。赵王就封陈馀为代王。项羽大怒，出兵向北进攻齐国。

八月，汉王采纳了韩信的计策，从故道回军，进攻雍王章邯。章邯在陈仓与汉军交战，雍王兵败退走，在好畤停下来再次接战，又战败，逃到废丘。汉王随后平定了雍地。向东抵达咸阳，率军将雍王围困于废丘，而派将领攻占了陇西、北地、上郡。派将军薛欧、王吸出武关，借助王陵驻扎于南阳的兵力，将太公、吕后从沛县迎接过来。楚国听说这一消息，出兵在阳夏阻挡汉军，汉军无法前进。楚国封原吴县县令郑昌为韩王，抵御汉军。

二年，汉王向东进兵攻占城邑，塞王司马欣、翟王董翳、河南王申阳全都投降了汉王。韩王郑昌不愿意归附，汉王派韩信击败了他。于是设置了陇西、北地、上郡、渭南、河上、中地各郡，关外设置河南郡。改立韩太尉信为韩王。将领当中以一万人或一郡投降的，封给其一万户。整修河上郡内的长城。各处原有的秦朝的苑囿园池，都让百姓前去开垦耕种。正月，俘虏了雍王的弟弟章平。大赦天下有罪的人。

汉王出函谷关抵达陕县，抚慰关外的父老，返回后，张耳来投奔，汉王给予了他非常优厚的待遇。

二月，下令废掉秦社稷，改为设立汉社稷。

三月，汉王从临晋关渡过黄河，魏王豹率兵跟随，攻下河内，俘虏殷王，设置河内郡。向南渡过平阴津，抵达洛阳。新城三老董公阻拦汉王，用义帝之死这件事来游说汉王。汉王听后，袒臂大哭，随后为义帝发丧，哭吊三天。派遣使者遍告诸侯："天下一起拥立义帝，对他北面称臣。如今项羽将义帝放逐，在江南将其杀害，大逆不道。我亲自为义帝发丧，诸侯都应当穿白色丧服。调发关内的全部兵力，征集三河的士卒，沿着江汉南下，愿意跟随各位诸侯王去讨伐楚国杀害义帝的人。"

当时项王向北攻打齐国，田荣与他在城阳作战。田荣兵败，逃往平原，平原的百姓杀掉了他，齐地全都投降了楚国。楚兵焚烧了齐人的城郭，掳掠齐人的子女，齐人又反叛了楚国。田荣的弟弟田横迎立田荣的儿子田广为齐王，齐王在城阳叛楚。项羽尽管听说汉军东进，但已经与齐军交战，准备在打垮齐军后再迎击汉军。汉王利用这一机会获得了五个诸侯的兵力，进入彭城。项羽听说这一消息，就带兵离开了齐国，

从鲁地出胡陵，抵达萧县，与汉军在彭城灵壁东面的睢水上交战，大败汉军，杀死了非常多的汉军，由于尸体的堵塞，睢水河都无法流通了。楚军从沛县抓住了汉王的父母妻子，放在军中当作人质。这时，诸侯发现楚军强盛，汉军败退，又都背叛了汉，归降于楚。塞王司马欣也逃到了楚国。

吕后的哥哥周吕侯率领一支军队，驻扎在下邑。汉王来到他那里，逐渐收集士卒，驻军于砀县。汉王西行途经梁地，到了虞县，派谒者随何前往九江王黥布那里，汉王说："你能让黥布举兵叛楚，项羽必定会留下来进攻他。如果可以滞留几个月，我一定能够取得天下。"随何说服了九江王黥布，黥布果然背叛楚国，楚国派龙且去讨伐他。

汉王在彭城战败后向西撤退，行军的过程中派人去寻找家属，家属都逃走了，没能找到。战败后就只找到孝惠帝，六月，立他为太子，大赦罪人。命令太子驻守于栎阳，诸侯国的士兵在关中的都集中在栎阳守卫。引水灌废丘，废丘投降，章邯自杀。将废丘改名为槐里。于是命令祠官祭祀天、地、四方、上帝以及山川，以后都要按时致祭。征发关内的士卒登城守卫边塞。

这时，九江王黥布与龙且交战，没能取胜，与随何潜行归附汉王。汉王逐渐征集了一些士卒，加上各路将领以及关中兵的增援，军势大振于荥阳，在京、索之间打败了楚军。

三年，魏王豹请假回去探视父母的疾病，来到魏地就断绝了黄河的渡口，叛汉归楚。汉王派郦生前去劝说魏豹，魏豹不听，汉王派遣将军韩信攻打魏豹，大破魏军，生擒魏豹，平定了魏地，设置了三个郡，名为河东、太原、上党。汉王命令张耳及韩信东进攻下井陉，进击赵地，杀死了陈馀、赵王歇。第二年，封张耳为赵王。

汉王驻军于荥阳的南面，修筑甬道与黄河相连通，以便能使用敖仓的粮食。与项羽对峙一年多。项羽多次占据汉军的甬道，汉军缺粮，项羽于是围攻汉王。汉王请求议和，划分荥阳以西的土地归属于汉。项王没同意。汉王深感忧虑，就采纳陈平的计策，给陈平金四万斤，用于离间楚国的君臣。项羽对亚父范增产生了怀疑。亚父此时劝项羽乘势攻陷荥阳，等到他知道已被怀疑，就非常生气，推托自己年老，要求引退，回家乡当百姓。项羽答应了他的要求，亚父没有回到彭城就死了。

汉军断粮，就在夜间从东门放出了两千多名女子，让她们披戴铠甲，楚军于是从四面围击这些女人。将军纪信乘坐着汉王的车驾，伪装汉王，欺骗楚军。楚军全都高呼万岁，争相赶赴城东观看，因此汉王得以率领几十名骑兵出西门潜逃。汉王命令御史大夫周苛、魏豹、枞公留下守卫荥阳，将领和士卒无法跟随的，都留在城中，周苛、枞公商量："魏豹这个叛国之王，很难与他一同守卫城池。"因此杀掉了魏豹。

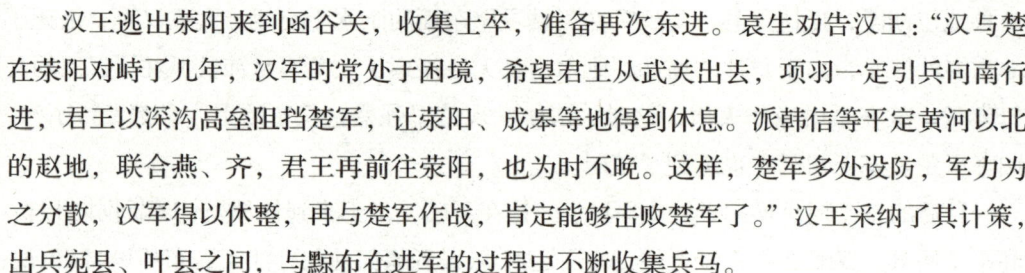

　　汉王逃出荥阳来到函谷关，收集士卒，准备再次东进。袁生劝告汉王："汉与楚在荥阳对峙了几年，汉军时常处于困境，希望君王从武关出去，项羽一定引兵向南行进，君王以深沟高垒阻挡楚军，让荥阳、成皋等地得到休息。派韩信等平定黄河以北的赵地，联合燕、齐，君王再前往荥阳，也为时不晚。这样，楚军多处设防，军力为之分散，汉军得以休整，再与楚军作战，肯定能够击败楚军了。"汉王采纳了其计策，出兵宛县、叶县之间，与黥布在进军的过程中不断收集兵马。

　　项羽听说汉王来到宛县，果然带兵南下。汉王坚壁固守，不与其交战。此时，彭越渡过睢水，与项声、薛公在下邳交战，彭越击败楚军。于是项羽率军向东进攻彭越，汉王也引兵向北驻军于成皋。项羽取胜，赶走了彭越，得知汉军又驻扎于成皋，就又领兵西进，攻克荥阳，杀掉了周苛、枞公，俘虏韩王信，于是进兵成皋。

　　汉王逃走，孤身一人与滕公同乘一辆车逃出成皋玉门，向北渡过黄河，驰至修武，在那里住了一夜。自称使者，在清晨驶入张耳、韩信的军营中，夺取了他们的军队，派张耳去北边的赵地收集更多兵力，派韩信东进进攻齐国。汉王得到了韩信属下的军队，军威再次振作起来。率军抵达黄河岸边，向南进发，在小修武的南侧让士卒吃饱，准备与项羽再次交战。郎中郑忠阻止了汉王，让他深沟高垒，不要马上与项羽交锋。汉王采纳了郑忠的计策，派卢绾、刘贾率兵两万，还有几百骑兵，渡过白马津，来到楚地，与彭越在燕县城西打败楚军，随后又攻占了梁地的十多座城邑。

　　淮阴侯已经接受命令向东进兵，在平原没能渡过黄河。汉王派郦生去游说齐王田广，田广背叛楚国，与汉讲和，一起进攻项羽。韩信采纳蒯通的计策，发起突然袭击，打败齐国。齐王烹杀郦生，向东逃亡到高密。项羽听到韩信已经利用黄河以北的兵力击垮了齐、赵，而且要进攻楚军，就派龙且、周兰前去阻击。韩信与楚交战，骑兵将领灌婴配合他出击，大败楚军，斩杀楚国大将龙且。齐王田广投奔彭越。在这时，彭越领兵驻扎于梁地，往来骚扰楚军，断绝他们的粮食。

　　四年，项羽对海春侯大司马曹咎说："谨慎地防守成皋。假如汉军前来挑战，千万小心，不要出去应战，不让汉军东进就可以了。我十五天后一定可以平定梁地，再与将军会合。"于是就进军进攻陈留、外黄、睢阳，都占领了这些地方。汉军果然多次向楚军挑战，楚军不肯出战。汉军派人辱骂楚军多达五六天，大司马极为气愤，让士卒渡过汜水。士卒刚渡过一半时，汉军出击，大败楚军，缴获了楚国的所有金玉财宝。大司马曹咎、长史司马欣都自刎于汜水之上。项羽抵达睢阳，听到海春侯兵败，就带兵返回。汉军正于荥阳东面围攻钟离眛，项羽赶到，汉军全部撤到地势险要的地带。

　　韩信打垮了齐国，派人告知汉王："齐国临近楚国，如果权力太小，不封立暂时代理的国王，恐怕无法安定齐地。"汉王打算攻打韩信。留侯说："不如现在封他为王，让他防守齐地。"汉王便派遣张良带上印绶封韩信为齐王。

项羽听到龙且的军队被击败了，心里感到恐惧，派盱眙人武涉前去游说韩信。韩信没有听从。楚、汉长期对峙，胜负未决，年轻力壮的士兵苦于战争，年老体弱的人疲于转运粮食。汉王、项羽站在广武涧的两边进行对话。项羽想跟汉王两人决斗。汉王历数项羽的罪行说："最初我和你项羽都奉命于怀王，说是最先入关平定关中的人，就可以在关中称王。你违背了约定，让我去蜀地做王，这是第一大罪。你假借怀王的命令，杀害卿子冠军，而自立为上将军，这是第二大罪。你已经援救了赵地，应该返回复命，而你擅自胁迫诸侯军队进攻函谷关，这是第三大罪。怀王约定攻下秦地不可以残暴掠夺，你火烧秦朝宫室，挖掘始皇帝的坟墓，私自聚敛秦朝的财物，这是第四大罪。又杀害秦王子婴，这是第五大罪。在新安，用欺骗的手段杀掉了秦朝子弟二十万，而封他们的将领为王，这是第六大罪。你让自己的将领都在富饶的地方做王，而将原有的诸侯王迁走，使臣下争相叛逆，这是第七大罪。你将义帝驱逐出彭城，自己建都于彭城。谋夺韩王的土地，合并梁、楚之地称王，多划给自己众多的土地，这是第八大罪。你项羽派人在江南暗中杀害了义帝，这是第九大罪。身为人臣却杀害了君主，屠杀已投降的人，执政不够公允，主持约定不守信，天下人都不能容你，大逆不道，这是第十罪。我率领正义之师会同诸侯前来诛除残暴的贼人，派受过刑的罪人杀掉你，我何苦与你单独作战？"项羽大怒，埋伏下的弓弩射中汉王。汉王胸部中箭，却摸着脚说："这个贼人射中我的脚趾。"汉王受伤，卧床不起，张良请汉王勉强起身到营中巡行慰劳士卒，以安定军心，不让楚军乘机击败汉军。汉王出来巡视军队，伤势更加沉重，就驱车前往成皋休养。

汉王病好了，向西进函谷关，来到栎阳，慰问当地的百姓，设酒招待。砍下塞王司马欣的脑袋，悬挂在栎阳街市上示众。停留四天，又返回军中，驻扎在广武。关中的兵力大举出动。

当时，彭越带兵驻扎于梁地，不断骚扰楚军，断绝其粮食。田横前去归附彭越。项羽多次进攻彭越等人，齐王韩信又进攻楚军。项羽感到恐惧，就与汉王约定，平分天下，以鸿沟为界，以西归汉，以东归楚。项王将汉王的父母妻子送回，汉军高呼万岁，楚军返回了驻地。

项羽解兵东归。汉王打算领兵西还，后来采纳留侯与陈平的计策，追击项羽，来到阳夏的南面收兵驻扎。与齐王韩信、建成侯彭越约定时间一起攻打楚军。来到固陵，韩信、彭越都没来会合。楚军攻击汉军，汉军大败。汉王又进入营垒，挖深壕沟进行固守。采纳了张良的计策，于是韩信、彭越都前来会合。又有刘贾进兵楚地，围攻寿春。汉王在固陵战败，就派使者去召见大司马周殷，以全部的九江士兵迎接武王黥布，黥布、周殷在进军的途中攻下城父，大肆屠杀。他们随从刘贾及齐、梁的诸侯大会于垓下。汉王封武王黥布为淮南王。

五年，高祖和诸侯军一同进攻楚军，与项羽在垓下一决胜负。淮阴侯领兵三十万独当正面，孔将军屯兵于左面，费将军屯兵于右面，皇帝居后，绛侯、柴将军跟随皇帝，在皇帝的后方列阵。项羽的士兵约有十万。淮阴侯首先进兵，没有取胜，向后退却。孔将军、费将军纵兵出击，楚军作战不利，淮阴侯又乘势反攻，在垓下打败项羽。项羽的士兵听见汉军当中的楚地歌声，认为汉军已经全部占领了楚地，项羽突围逃走，因此楚军溃败。汉王派骑兵将领灌婴追击项羽，在东城斩首八万，彻底平定楚地。鲁县是楚国坚守的城池，汉军没能攻下，汉王率领诸侯军北上，将项羽的头交给鲁县百姓看，鲁县才投降了。于是就以鲁公的封号在谷城埋葬了项羽。汉王返回定陶，驰入齐王韩信的营垒，夺了他的兵权。

正月，诸侯与大臣们一起请求尊崇汉王为皇帝。汉王说："我听说皇帝这样的尊号，属于有贤德之人，虚言浮语，空有其名，并非是这种人所能拥有的，我不敢接受皇帝之位。"群臣都说："大王奋起于贫寒之中，诛暴讨逆，平定四海，有功的就割地封其为王侯。大王不尊崇名号，大家对自己的封号都有所疑虑，不敢信以为真。臣等誓死坚持大王当皇帝。"汉王再三谦让，最后迫不得已地说："大家一定认为这样做是有利的，是因为能够有利于国家，我就只好做皇帝了。"甲午，在氾水的北面即皇帝位。

皇帝说义帝无后。齐王韩信熟悉楚地的风俗，将他改封为楚王，建都下邳。封建成侯彭越为梁王，建都于定陶。原来的韩王信依旧为韩王，建都于阳翟。迁徙衡山王吴芮为长沙王，建都于临湘。番君将领梅鋗立有战功，追随汉王进入武关，皇帝感谢番君的恩德。淮南王黥布、燕王臧荼、赵王张敖都保留旧封。

天下已经被基本平定。高祖建都于洛阳，诸侯都成为高祖的属臣。原来的临江王共欢为项羽起兵叛汉，命令卢绾、刘贾围攻共欢，没能攻克。几个月后共欢投降，在洛阳杀掉了共欢。

五月，士卒全都解甲回家。诸侯国的士卒留在关中的可以免除徭役十二年，那些回家乡的可以免除徭役六年，发给粮食供养一年。

高祖在洛阳南宫摆酒席。高祖说："各位诸侯以及将领不要隐瞒我，都要说出心里话。我之所以可以取得天下的原因是什么？项氏之所以会失去天下的原因是什么？"高起、王陵回答："陛下傲慢而侮辱人，项羽仁慈而爱护人。但陛下派人出去攻城略地，

所招降攻占的地方都会分封给手下，与天下人利益与共。项羽嫉贤妒能，有功的人却加以陷害，贤能的人被怀疑，打了胜仗而无法论功行赏，获得了土地也不会分给手下，这就是他会失去天下的原因。"高祖说："你们只知道其中的一部分原因，却不知道更多。说到在帷帐当中运筹，出谋划策，决胜于千里之外，我不如张良。镇守国家，安抚百姓，供给军粮，畅通粮道，我不如萧何。率兵百万，战必胜，攻必克，我不如韩信。这三个人，都是人中的俊杰，我可以任用他们，这是我能够取得天下的原因。项羽只有一个范增而不能任用，这是他会被我杀掉的原因。"

高祖想要长期建都于洛阳，齐人刘敬劝阻高祖，留侯也劝说高祖应当在关中建都，当天高祖进入关中建都。六月，大赦天下。

十月，燕王臧荼反叛，攻占代地。高祖亲自统率军队攻打他，擒获燕王臧荼，随后立太尉卢绾为燕王。派丞相樊哙领兵进攻代地。

这年秋天，利几反叛，高祖亲自带兵进攻他，利几逃走。利几这个人，是项氏的将领。项氏战败时，利几担任陈县县令，没有跟随项羽，投降了高祖，高祖封他在颍川为侯。高祖抵达洛阳，根据全部通侯名籍遍召通侯，利几也在被召之列。利几非常惶惧，因此起兵反叛。

六年，高祖五天会去朝见一次太公，跪拜犹如普通百姓间的父子礼节。太公的家令劝诫太公说："天无二日，地无二主，如今高祖尽管是你的儿子，但他也是万民的君主；太公尽管是高祖的父亲，但也是臣下。怎能让君主来拜见臣下呢？这样，就让君主丧失了威严与尊重。"后来高祖再来朝拜太公，太公怀抱扫帚，在门口迎接高祖，倒退着行走。高祖大惊，下车来挽扶太公。太公说："皇帝是万民之君，怎么能由于我的缘故而破坏天下法纪？"于是高祖就尊太公为太上皇。高祖很赞同家令的话，赏赐给他金五百斤。

十二月，有人上书告发楚王韩信意图谋反。高祖询问周围的大臣，大臣们争相要去攻打韩信。高祖采纳陈平的计策，假装巡游到云梦泽，在陈县会见诸侯，楚王韩信前去迎接，就乘机抓捕了他。这一天，大赦天下。田肯前来祝贺，就劝高祖："陛下抓住韩信，又建都秦中。秦地是地理形势非常优越的地方，有阻山带河的险固，与诸侯国悬隔千里，持戟武士达百万，秦地要比其他地方好一百倍。地势便利，从这里进攻诸侯，犹如高屋建瓴。齐地，东有琅邪、即墨的富有，南有泰山的险固，西有浊河这一天然屏障，北有渤海鱼盐之利，地方两千里，持戟武士上百万，与各诸侯国悬隔千里之外，齐要比其他地方好十倍。所以这两个地方是为东秦和西秦。不是陛下的子弟，不可以派他在齐地为王。"高祖说："好。"赏赐他黄金五百斤。

十多天后，封韩信为淮阴侯，将他的封地分成两国。高祖说将军刘贾屡立战功，封为荆王，称王于淮东。弟弟刘交为楚王，称王于淮西。儿子刘肥为齐王，封给他七十多座城，百姓当中能讲齐地语言的都归属于齐国。高祖评定功劳的大小，与列侯剖符为信，封侯食邑。将韩王信迁徙到太原。

　　七年，匈奴在马邑进攻韩王信，韩王信与匈奴联合在太原谋反。白土曼丘臣、王黄立原来的赵国将领赵利为王，反叛汉朝，高祖亲自带兵讨伐。正遇上天气寒冷，士卒十人当中就有两三人都被冻掉了手指，最终到达了平城。匈奴在平城将高祖围困住，七天之后才撤兵离去。高祖命樊哙留下平定代地。立哥哥刘仲为代王。

　　二月，高祖从平城途经赵地、洛阳，返回长安。长乐宫已建成，从丞相以下的官员迁到新都长安。

　　八年，高祖率军东去，在东垣进攻韩王信的残余叛贼。萧丞相修筑未央宫，建立东阙、北阙、前殿、武库、太仓。高祖返回，看到宫阙非常壮丽，很生气，对萧何说："天下喧扰不安，苦战多年，成败还没确定，现在为什么要修建这样过于奢华的宫室呢？"萧何说："正因为天下还没有彻底安定，所以才乘这个时机来修建宫室。况且天子以四海为家，宫室不壮观华丽，就无法显示出天子的尊贵及威严，并且也是为了不让后世的宫室超越。"于是高祖变得高兴了。

　　高祖前往东垣，经过柏人，赵相贯高等意图谋杀高祖，高祖心动异常，因此没在柏人停留。代王刘仲弃国逃走，自己返回洛阳，被废为合阳侯。

　　九年，赵相贯高等策划刺杀高祖的事被发觉，处死其三族。废赵王张敖为宣平侯。这一年，将楚国贵族昭氏、屈氏、景氏、怀氏还有齐国贵族田氏都迁徙到关中地区。

　　未央宫建成。高祖接见来朝见的诸侯和群臣，在未央宫的前殿摆设起酒宴。高祖手拿玉制酒杯，起身给太上皇祝寿，说："当初您时常认为我是没法谋生的二流子，不会料理产业，不如哥哥勤劳。如今我的事业与哥哥相比，谁的更多呢？"殿上群臣都高呼万岁，大笑作乐。

　　十年十月，淮南王黥布、梁王彭越、燕王卢绾、荆王刘贾、楚王刘交、齐王刘肥、长沙王吴芮都来到长乐宫朝见皇帝。春夏无事。

　　七月，太上皇在栎阳宫去世，楚王、梁王都前来送葬。赦免栎阳的囚犯。郦邑改名为新丰。

　　八月，赵相国陈豨在代地造反。高祖说："陈豨曾经当过我的使者，很守信用。代地是我非常重视的地方，因此封陈豨为列侯，以相国的名义守护代地，如今他竟然与王黄等劫掠代地。代地的官吏和百姓都没有罪，赦免代地的吏民。"

　　九月，高祖亲自东进攻打陈豨。到达邯郸，高祖高兴地说："陈豨不在南边据守邯郸，而沿漳水列阵，我知道他是没有本事的。"听说陈豨的将领过去都是商人，高祖说："我知道应当怎样对付他们了。"于是就用黄金引诱陈豨的将领，陈豨的将领有很多人就此投降。

　　十一年，高祖在邯郸讨伐陈豨等人的战斗还没结束，陈豨将领侯敞率领一万多人流动作战，王黄驻军于曲逆，张春渡过黄河进攻聊城。高祖派将军郭蒙与齐国的将领出击，把他们打败。太尉周勃从太原进军，平定代地。来到马邑，一时没能攻克，后来攻克后将其彻底摧毁。

　　陈豨的将领赵利负责防守东垣，高祖进攻东垣，没能攻下。一个多月后，赵利的士卒辱骂高祖，高祖极为气愤。东垣投降后，命令其交出辱骂高祖的人，并予以斩首，没有辱骂高祖的人就宽恕了他们。于是划出赵国常山以北的区域，封儿子刘恒为代王，建都于晋阳。

　　春天，淮阴侯韩信在关中谋反，处死了其三族。

　　夏天，梁王彭越谋反，废除了其封号，迁徙到蜀地。他又要反叛，就处死了其三族。封儿子刘恢为梁王，儿子刘友为淮阳王。

　　秋天七月，淮南王黥布造反，向东兼并了荆王刘贾的土地，北进渡淮水。楚王刘交逃到薛县。高祖亲自讨伐他，封儿子刘长为淮南王。

　　十二年十月，高祖已击败黥布于甄乡，黥布逃走。高祖命令将领去追击他。高祖率军返回，路过沛县，在这里停留下来。在沛宫摆设酒宴，将以前的朋友和父老全部召集起来纵情畅饮。挑选沛县的儿童，选出一百二十人，教他们唱歌。酒喝到酣畅处，高祖击筑，自己作了一首诗，高唱起来："大风起兮云飞扬，威加海内兮归故乡，安得猛士守四方！"让儿童都跟着自己唱。高祖又跳舞，感慨伤怀，泪流下了几行，对沛县父兄们说："远游的人极为思念故乡。我尽管建都于关中，千秋万岁

●萧何杀韩信

之后，我的魂魄还是愿意怀念着沛县。我从做沛公开始，诛暴讨逆，最终取得天下。以沛县作为我的汤沐邑，免除沛县百姓的徭役，世世代代都不必服徭役。"沛县父老兄弟、长辈妇女、旧日朋友，每天开怀畅饮，非常欢欣，说旧道故，取笑作乐。十多天后，高祖准备离去，沛县的百姓执意挽留。高祖说："我的随员众多，父兄们供养不起。"于是高祖就离开了这里。沛县百姓倾城而出，都来到城西贡献牛酒。高祖又停留下来，搭起帐篷，饮宴了三天。沛县的百姓都叩头请求："沛县幸运地得以免除徭役，丰邑还没能获准免除。请陛下哀怜丰邑。"高祖说："丰邑是我成长的地方，决不能忘记，我只是由于丰邑以雍齿的缘故反叛我而去帮魏国，所以才没有免除它的徭役。"沛县父兄们坚持请求，这才一起免除了丰邑的徭役，和沛县相同。封沛侯刘濞为吴王。

汉军将领在洮水南北两路追击黥布的军队，都打败了黥布军，在鄱阳抓住并杀死了黥布。樊哙另率一支部队平定了代地，在当城杀掉了陈豨。

十一月，高祖从征讨黥布的军队当中返回长安。十二月，高祖说："秦始皇、楚隐王陈涉、魏安釐王、齐湣王、赵悼襄王都已绝嗣无后，分别给予十户人家为他们看守坟墓，秦始皇二十家，魏公子无忌五家。"代地官吏以及百姓被陈豨、赵利所胁迫的，全部予以赦免。陈豨方面的降将说陈豨在反叛时，燕王卢绾派人到陈豨那里参与了阴谋的策划。高祖派辟阳侯去传召卢绾，卢绾称病不来。辟阳侯返回，详细说明了卢绾反叛已有了征兆。二月，派樊哙、周勃率军进攻燕王卢绾。赦免燕地官吏与百姓当中参加反叛的人。封皇子刘建为燕王。

高祖攻打黥布时，被流矢射中，行军途中患病。病情危重，吕后请来好医生。医生进去拜见高祖，高祖询问医生，医生说："病能够治好。"于是高祖谩骂医生说："我以平民身份，手提三尺剑取得天下，这难道不是天命吗？命运在天，就算有扁鹊，又有什么用处呢？"高祖不让医生为自己治病，赏赐了他金五十斤，让他离去。不久吕后问高祖："陛下百年以后，萧相国如果去世，让谁来接替他？"高祖说："曹参可以。"又问其次，高祖说："王陵可以，但是王陵较为憨直，陈平可以帮助他。陈平的智慧有余，但难以独自担当大任。周勃稳重厚道，缺少文才，但可以安定刘氏天下的人一定会是周勃，可以让他担任太尉。"吕后又问其次，高祖说："这之后的事也不是你所能知道的了。"

卢绾与数千名骑兵停留在边塞等候着，希望高祖的病好了，自己可以去向高祖请罪。

四月甲辰，高祖在长乐宫去世。四天过去了也没发丧。吕后和审食其商量："将领们与皇帝都是编户的平民，如今北面称臣，为此时常怏怏不乐。如今要侍奉年轻皇帝，心中会更不高兴，不全部消灭这些人，天下会不安定。"有人听说这一消息，告知郦将军。郦将军去面见审食其，说："我听说皇帝已驾崩，四天没有发丧，想要诛杀将领们。如果真的是这样，天下就危险了。陈平、灌婴领兵十万驻守于荥阳，樊哙、周勃领兵二十万平定燕、代，这时他们听说皇帝驾崩，将领们全都被杀，必定率兵进攻关中。大臣叛乱于内，诸侯造反于外，天下覆灭就为期不远了。"审食其进宫将这些话告诉了吕后，于是在丁未日发丧，大赦天下。

卢绾听说高祖驾崩，就逃到了匈奴。

丙寅，安葬了高祖，己巳，立太子为皇帝，前往太上皇庙。群臣都说："高祖以平民之身奋起，最终平定天下，是汉朝的开国始祖，功劳最高。"上尊号为高皇帝。太子袭号为皇帝，这便是孝惠帝。命令各郡及各国诸侯建立高祖庙，按照每年的时节进行祭祀。

等到孝惠帝五年，孝惠帝思念高祖返回沛县时的悲乐情景，就将沛宫作为高祖的原庙。高祖教习唱歌的儿童一百二十人，都让他们担任高祖原庙当中演奏音乐的人员，以后有缺额，就马上补上。

高皇帝总共有八个儿子：长子为庶出的齐悼惠王肥；其次为孝惠帝，是吕后所生；再次是戚夫人所生的赵隐王如意；再次为代王恒，就是孝文帝，是薄太后所生；再次是梁王恢，吕太后时被改封为赵共王；再次是淮阳王友，吕太后时改封为赵幽王；再次是淮南厉王长；再次是燕王建。

太史公说：夏朝的政治质朴而厚道，质朴厚道的弊端是使得细民百姓粗野而少礼，所以殷朝代之以恭敬。恭敬而讲究威仪的弊端在于使细民百姓犹如侍奉鬼神一样礼仪繁多，所以周朝人用讲究尊卑等级的方法来承替它。讲究尊卑等级的弊端在于使细民百姓无法以诚相见，因此补救不能以诚相见的办法没有比以质朴厚道为政更优秀的了。夏、商、周三代的治国方法循环往复，周而复始。周朝与秦朝之间，讲究尊卑等级的弊端全都被暴露出来了。秦始皇嬴政不进行改变，反而使得刑法越发残酷，难道不是荒谬的吗？因此汉朝得以兴起，面对以往的弊病，改变了治国的法则，使得百姓感受不到疲倦，得到天道的规律。规定每年十月诸侯王要前往京城朝见皇帝。车服都有定制，皇帝的车子以黄缯做盖顶，车衡的左侧竖立毛羽制成的幢。高祖安葬于长陵。

赏 析

《太史公自序》说："子羽暴虐，汉行功德，愤发蜀汉，还定三秦；诛籍业帝，天下惟宁，改制易俗，作《高祖本纪》。"这是司马迁创作这一篇文章的基本宗旨。汉高祖刘邦作为历史上第一个布衣出身的开国皇帝，于乱世之中提三尺剑奋起，灭强秦，平西楚，又击败其他各路心怀不轨的诸侯，开创汉室四百余年江山，确实是盖世人杰。

《高祖本纪》中，侧重讲述的是刘邦如何击败强秦以及战胜项羽，最终建立汉帝国的过程，同时也充分肯定了这位开国之君在一统天下的过程中发挥的重要作用。这种作用，是司马迁运用极为鲜明而强烈的对比手法展现给读者的。比如记录项羽、刘邦两支军队分兵入关中灭秦时，对项羽部队的行动是这样描述的："及项羽杀宋义，代为上将军，诸将黥布皆属，破秦将王离军，降章邯，诸将皆附。"项羽的胜利只是单纯的军事胜利。而写刘邦军，除了写他的军事策略外，还详细记述了刘邦采取的安民措施："诸所达毋得掠卤""秦人憙，秦军解，因大破之。"将"沛公遂先诸侯至霸上"的重要原因凸显出来了。这种对比又是从诸多侧面来展开的。例如写刘邦、项羽对待各路诸侯的权谋与策略。项羽一听说有人自立为王的消息，就会"大怒"，便出兵讨伐；而当刘邦听说韩信自请立为"假王"时，起初也是头脑发热，准备进攻韩信，但一经张良提醒，马上转变态度，"乃遣张良操印绶立韩信为齐王"。在天下大乱，群雄逐鹿的态势下，在争取同盟者这一方面，也是刘邦技高一筹。

本篇还专程记录了刘邦在平定天下之后说的那段脍炙人口的论断："夫运筹策帷帐之中，决胜于千里之外，吾不如子房。镇国家，抚百姓，给馈饷，不绝粮道，吾不如萧何。连百万之军，战必胜，攻必取，吾不如韩信。此三者，皆人杰也。吾能用之，此吾所以取天下也。项羽有一范增，不能用，此其所以为我擒也。"这是识人用人方面的对比。项羽刚愎自用，而刘邦能够做到虚怀若谷，知人善任。正是依靠这样层层的对比，逐层推进，最终揭示了楚汉之争的必然结局。

不同于后世史书君主，尤其是开国之君只有溢美之词的普遍现象，司马迁将"录史唯实"的原则坚持到底，在记录刘邦的雄才大略的同时，也将他的种种缺点表露无遗，例如狡诈、虚伪、损人利己等，这是非常难得的。

# 留侯世家

**题 解**

《留侯世家》选自《史记》卷五十五，世家第二十五。这是一篇有关西汉开国功臣张良的传记。兴周八百年之姜子牙，旺汉四百年之张子房，张良可谓是中国历史上最负盛名的智谋之士与辅国良臣之一。本篇记录了张良一生的相关事迹。

**原 文**

留侯张良者，其先韩人也。大父开地，相韩昭侯、宣惠王、襄哀王。父平，相釐王、悼惠王。悼惠王二十三年，平卒。卒二十岁，秦灭韩。良年少，未宦事韩。韩破，良家僮三百人，弟死不葬，悉以家财求客刺秦王，为韩报仇，以大父、父五世相韩故。

良尝学礼淮阳。东见仓海君。得力士，为铁椎重百二十斤。秦皇帝东游，良与客狙击秦皇帝博浪沙中，误中副车。秦皇帝大怒，大索天下，求贼甚急，为张良故也。良乃更名姓，亡匿下邳。

良尝闲从容步游下邳圯<sup>yí</sup>①上，有一老父，衣褐，至良所，直堕其履圯下，顾谓良曰："孺子，下取履！"良鄂②然，欲殴之。为其老，强忍，下取履。父曰："履我！"良业为取履，因长跪履之。父以足受，笑而去。良殊大惊，随目之。父去里所，复还，曰："孺子可教矣。后五日平明，与我会此。"良因怪之，跪曰："诺。"五日平明，良往。父已先在，怒曰："与老人期，后，何也？"去，曰："后五日早会。"五日鸡鸣，良往。父又先在，

---

① 圯：桥。

② 鄂：通"愕"。

黄石公

●张良受书

复怒曰："后，何也？"去，曰："后五日复早来。"五日，良夜未半往。有顷，父亦来，喜曰："当如是。"出一编书，曰："读此则为王者师矣。后十年兴。十三年孺子见我济北，谷城山下黄石即我矣。"遂去，无他言，不复见。旦日视其书，乃《太公兵法》也。良因异之，常习诵读之。

居下邳，为任侠。项伯常杀人，从良匿。

后十年，陈涉等起兵，良亦聚少年百余人。景驹自立为楚假王，在留。良欲往从之，道遇沛公。沛公将数千人，略地下邳西，遂属焉。沛公拜良为厩将。良数以《太公兵法》说沛公，沛公善之，常用其策。良为他人言，皆不省。良曰："沛公殆天授。"故遂从之，不去见景驹。

及沛公之薛，见项梁。项梁立楚怀王。良乃说项梁曰："君已立楚后，而韩诸公子横阳君成贤，可立为王，益树党。"项梁使良求韩成，立以为韩王。以良为韩申徒，与韩王将千余人西略韩地，得数城，秦辄复取之，往来为游兵颍（yǐng）川。

沛公之从雒（luò）阳南出轘辕（huán yuán），良引兵从沛公，下韩十余城，击破杨熊军。沛公乃令韩王成留守阳翟（dí），与良俱南，攻下宛，西入武关。沛公欲以兵二万人击秦峣下军，良说曰："秦兵尚强，未可轻。臣闻其将屠者子，贾竖易动以利。愿沛公且留壁，使人先行，为五万人具食，益为张旗帜诸山上，为疑兵，令郦食其（yì jī）持重宝啖（dàn）秦将。"秦将果畔，欲连和俱西袭咸

阳,沛公欲听之。良曰:"此独其将欲叛耳,恐士卒不从。不从必危,不如因其解击之。"沛公乃引兵击秦军,大破之。逐北至蓝田,再战,秦兵竟败。遂至咸阳,秦王子婴降沛公。

沛公入秦宫,宫室帷帐狗马重宝妇女以千数,意欲留居之。樊哙谏沛公出舍,沛公不听。良曰:"夫秦为无道,故沛公得至此。夫为天下除残贼,宜缟素为资。今始入秦,即安其乐,此所谓'助桀为虐'。且'忠言逆耳利于行,毒药苦口利于病',愿沛公听樊哙言。"沛公乃还<sup>huán</sup>军霸上。

项羽至鸿门下,欲击沛公,项伯乃夜驰入沛公军,私见张良,欲与俱去。良曰:"臣为韩王送沛公,今事有急,亡去不义。"乃具以语沛公。沛公大惊,曰:"为将奈何?"良曰:"沛公诚欲倍项羽邪<sup>zōu</sup>①?"沛公曰:"鲰<sup>nà</sup>生教我距关无内诸侯,秦地可尽王,故听之。"良曰:"沛公自度能却<sup>duó</sup>项羽乎?"沛公默然良久,曰:"固不能也。今为奈何?"良乃固要<sup>yāo</sup>②项伯。项伯见沛公。沛公与饮为寿,结宾婚。令项伯具言沛公不敢倍项羽,所以距关者,备他盗也。及见项羽后解,语在《项羽》事中。

汉元年正月,沛公为汉王,王巴蜀。汉王赐良金百镒,珠二斗,良具以献项伯。汉王亦因令良厚遗<sup>wèi</sup>项伯,使请汉中地。项王乃许之,遂得汉中地。汉王之国,良送至褒<sup>bāo</sup>中,遣良归韩。良因说<sup>shuì</sup>汉王曰:"王何不烧绝所过栈道,示天下无还心,以固项王意。"乃使良还。行,烧绝栈道。

良至韩,韩王成以良从汉王故,项王不遣成之国,从与俱东。良说项王曰:"汉王烧绝栈道,无还心矣。"乃以齐王田荣反,书告项王。项王以此无西忧汉心,而发兵北击齐。

项王竟不肯遣韩王,乃以为侯,又杀之彭城。良亡,间行归汉王,汉王亦已还定三秦矣。复以良为成信侯,从东击楚。至彭城,汉败而

--------

① 邪:同"耶"。

② 要:通"邀"。

还。至下邑，汉王下马踞鞍而问曰：“吾欲捐关以东等弃之，谁可与共功者？”良进曰：“九江王黥布，楚枭将，与项王有郤[1]；彭越与齐王田荣反梁地：此两人可急使。而汉王之将独韩信可属大事，当一面。即欲捐之，捐之此三人，则楚可破也。”汉王乃遣随何说九江王布，而使人连彭越。及魏王豹反，使韩信将兵击之，因举燕、代、齐、赵。然卒破楚者，此三人力也。

张良多病，未尝特将也，常为画策臣，时时从汉王。

汉三年，项羽急围汉王荥阳，汉王恐忧，与郦食其谋挠楚权。食其曰：“昔汤伐桀，封其后于杞。武王伐纣，封其后于宋。今秦失德弃义，侵伐诸侯社稷，灭六国之后，使无立锥之地。陛下诚能复立六国后世，毕已受印，此其君臣百姓必皆戴陛下之德，莫不乡风慕义，愿为臣妾。德义已行，陛下南乡称霸，楚必敛衽而朝。”汉王曰：“善。趣刻印，先生因行佩之矣。”

食其未行，张良从外来谒。汉王方食，曰：“子房前！客有为我计挠楚权者。”其以郦生语告，于子房曰何如？”良曰：“谁为陛下画此计者？陛下事去矣。”汉王：“何哉？”张良对曰：“臣请藉前箸为大王筹之。”曰：“昔者汤伐桀而封其后于杞者，度能制桀之死命也。今陛下能制项籍之死命乎？”曰：“未能也。”“其不可一也。武王伐纣封其后于宋者，度能得纣之头也。今陛下能得项籍之头乎？”曰：“未能也。”“其不可二也。武王入殷，表商容之闾，释箕子之拘，封比干之墓。今陛下能封圣人之墓，表贤者之闾，式[2]智者之门乎？”曰：“未能也。”“其不可三也。发钜桥之粟，散鹿台之钱，以赐贫穷。今陛下能散府库以赐贫穷乎？”曰：“未能也。”“其不可四矣。殷事已毕，偃革为轩，倒置干戈，覆以虎皮，以示天下不复用兵。今陛下能偃武行文，不复用兵乎？”曰：“未能也。”“其

———————————

① 郤：通“隙”，隔阂。

② 式：通“轼”。古代车厢的前面用作扶手的横木。这里指乘车时扶轼敬礼。

不可五矣。休马华山之阳,示以无所为。今陛下能休马无所用乎?"曰:"未能也。""其不可六矣。放牛桃林之阴,以示不复输积。今陛下能放牛不复输积乎?"曰:"未能也。""其不可七矣。且天下游士离其亲戚,弃坟墓,去故旧,从陛下游者,徒欲日夜望咫尺之地。今复六国,立韩、魏、燕、赵、齐、楚之后,天下游士各归事其主,从其亲戚,反其故旧坟墓,陛下与谁取天下乎? 其不可八矣。且夫楚唯无强,六国立者复桡而从之,陛下焉得而臣之? 诚用客之谋,陛下事去矣。"汉王辍食吐哺,骂曰:"竖儒,几败而公事!"令趣销印。

汉四年,韩信破齐而欲自立为齐王,汉王怒。张良说汉王,汉王使良授齐王信印,语在《淮阴》事中。其秋,汉王追楚至阳夏南,战不利而壁固陵,诸侯期不至。良说汉王,汉王用其计,诸侯皆至。语在《项籍》事中。

汉六年正月,封功臣。良未尝有战斗功,高帝曰:"运筹策帷帐中,决胜千里外,子房功也。自择齐三万户。"良曰:"始臣起下邳,与上会留,此天以臣授陛下。陛下用臣计,幸而时中,臣愿封留足矣,不敢当三万户。"乃封张良为留侯,与萧何等俱封。

上已封大功臣二十余人,其余日夜争功不决,未得行封。上在雒阳南宫,从复道望见诸将往往相与坐沙中语。上曰:"此何语?"留侯曰:"陛下不知乎? 此谋反耳。"上曰:"天下属安定,何故反乎?"留侯曰:"陛下起布衣,以此属取天下,今陛下为天子,而所封皆萧、曹故人所亲爱,而所诛者皆生平所仇怨。今军吏计功,以天下不足遍封,此属畏陛下不能尽封,恐又见疑平生过失及诛,故即相聚谋反耳。"上乃忧曰:"为之奈何?"留侯曰:"上平生所憎,群臣所共知,谁最甚者?"上曰:"雍齿与我故,数尝窘辱我。我欲杀之,为其功多,故不忍。"留侯曰:"今急先封雍齿以示群臣,群臣见雍齿封,则人人自坚矣。"于是上乃置酒,封雍齿为什方侯,而急趣丞相、御史定功行封。群臣罢酒,皆喜曰:"雍齿尚

为侯，我属无患矣。"

刘敬说高帝曰："都关中。"上疑之。左右大臣皆山东人，多劝上都雒阳："雒阳东有成皋，西有殽黾，倍河，向伊雒，其固亦足恃。"留侯曰："雒阳虽有此固，其中小，不过数百里，田地薄，四面受敌，此非用武之国也。夫关中左殽函，右陇蜀，沃野千里，南有巴蜀之饶，北有胡苑之利，阻三面而守，独以一面东制诸侯。诸侯安定，河渭漕挽天下，西给京师；诸侯有变，顺流而下，足以委输。此所谓金城千里，天府之国也，刘敬说是也。"于是高帝即日驾，西都关中。

留侯从入关。留侯性多病，即道引不食谷，杜门不出岁余。

上欲废太子，立戚夫人子赵王如意。大臣多谏争①，未能得坚决者也。吕后恐，不知所为。人或谓吕后曰："留侯善画计策，上信用之。"吕后乃使建成侯吕泽劫留侯，曰："君常为上谋臣，今上欲易太子，君安得高枕而卧乎？"留侯曰："始上数在困急之中，幸用臣策。今天下安定，以爱欲易太子，骨肉之间，虽臣等百余人何益。"吕泽强要曰："为我画计。"留侯曰："此难以口舌争也。顾上有不能致者，天下有四人。四人者年老矣，皆以为上慢侮人，故逃匿山中，义不为汉臣。然上高此四人，今公诚能无爱金玉璧帛，令太子为书，卑辞安车，因使辩士固请，宜来。来，以为客，时时从入朝，令上见之，则必异而问之。问之，上知此四人贤，则一助也。"于是吕后令吕泽使人奉太子书，卑辞厚礼，迎此四人。四人至，客建成侯所。

汉十一年，黥布反，上病，欲使太子将，往击之。四人相谓曰："凡来者，将以存太子。太子将兵，事危矣。"乃说建成侯曰："太子将兵，有功则位不益太子；无功还，则从此受祸矣。且太子所与俱诸将，皆尝与上定天下枭将也，今使太子将之，此无异使羊将狼也，皆不肯为尽力，其无功必矣。臣闻'母爱者子抱'。今戚夫人日夜待御，赵王如意常抱居前，

---

① 争：同"诤"，规劝。

上曰'终不使不肖子居爱子之上',明乎其代太子位必矣。君何不急请吕后承间为上泣言:'黥布,天下猛将也,善用兵,今诸将皆陛下故等夷,乃令太子将此属,无异使羊将狼,莫肯为用,且使布闻之,则鼓行而西耳。上虽病,强载辎车,卧而护之,诸将不敢不尽力。上虽苦,为妻子自强。'"于是吕泽立夜见吕后,吕后承间为上泣涕而言,如四人意。上曰:"吾惟竖子固不足遣,而公自行耳。"于是上自将兵而东,群臣居守,皆送至灞上。留侯病,自强起,至曲邮,见上曰:"臣宜从,病甚。楚人剽疾,愿上无与楚人争锋。"因说上曰:"令太子为将军,监关中兵。"上曰:"子房虽病,强卧而傅太子。"是时叔孙通为太傅,留侯行少傅事。

汉十二年,上从击破布军归,疾益甚,愈欲易太子。留侯谏,不听,因疾不视事。叔孙太傅称说引古今,以死争太子。上详许之,犹欲易之。及燕①,置酒,太子侍。四人从太子,年皆八十有余,须眉皓白,衣冠甚伟。上怪之,问曰:"彼何为者?"四人前对,各言名姓,曰东园公、甪里先生、绮里季、夏黄公。上乃大惊,曰:"吾求公数岁,公辟逃我,今公何自从吾儿游乎?"四人皆曰:"陛下轻士善骂,臣等义不受辱,故恐而亡匿。窃闻太子为人仁孝,恭敬爱士,天下莫不延颈欲为太子死者,故臣等来耳。"上曰:"烦公幸卒调护太子。"

四人为寿已毕,趋去。上目送之,召戚夫人指示四人者曰:"我欲易之,彼四人辅之,羽翼已成,难动矣。吕后真而主矣。"戚夫人泣,上曰:"为我楚舞,吾为若楚歌。"歌曰:"鸿鹄高飞,一举千里。羽翮已就,横绝四海。横绝四海,当可奈何!虽有矰缴,尚安所施!"歌数阕,戚夫人嘘唏流涕,上起去,罢酒。竟不易太子者,留侯本招此四人之力也。

留侯从上击代,出奇计马邑下,及立萧何相国,所与上从容言天下事甚众,非天下所以存亡,故不著。留侯乃称曰:"家世相韩,及韩灭,不爱万金之资,为韩报雠强秦,天下振动。今以三寸舌为帝者师,封万户,

①燕:通"宴",以酒食来款待宾客。

位列侯，此布衣之极，于良足矣。愿弃人间事，欲从赤松子游耳。"乃学辟谷，道引轻身。会高帝崩，吕后德留侯，乃强食之，曰："人生一世间，如白驹过隙，何至自苦如此乎！"留侯不得已，强听而食。

后八年卒，谥为文成侯。子不疑代侯。

子房始所见下邳圯上老父与《太公书》者，后十三年从高帝过济北，果见谷城山下黄石，取而葆[1]祠之。留侯死，并葬黄石。每上冢伏腊，祠黄石。留侯不疑，孝文帝五年坐不敬，国除。

太史公曰：学者多言无鬼神，然言有物。至如留侯所见老父予书，亦可怪矣。高祖离[2]困者数矣，而留侯常有功力焉，岂可谓非天乎？上曰："夫运筹策帷帐之中，决胜千里外，吾不如子房。"余以为其人计魁梧奇伟，至见其图，状貌如妇人好女。盖孔子曰："以貌取人，失之子羽。"留侯亦云。

**译文**

留侯张良，其先祖为韩国人。祖父开地为韩昭侯、宣惠王、襄哀王三朝的宰相。父亲平为釐王、悼惠王两朝的宰相。悼惠王二十三年，平去世。死后二十年，秦国灭掉了韩国。张良年轻，还没有当过韩国的官吏。韩国灭亡时，张良的家里有奴仆三百人。他的弟弟死后没有进行厚葬，而是用全部家财来寻找刺客去刺杀秦王，为韩国报仇。这是由于他的祖父、父亲曾经为五位韩王担任宰相的缘故。

张良曾在淮阳学过礼学，到东方面见仓海君，找到了一位大力士，制作了一件重一百二十斤的铁椎。秦皇帝来到东方巡游，张良与大力士在博浪沙这个地方狙击秦皇帝，误中了一辆随行的车辆，秦皇帝大怒，下令在天下四处搜索，捉拿刺客，情况十分紧急，这全是因为张良参与了这件事的缘故。于是张良改换了姓名，逃亡到下邳躲起来。

张良曾经闲暇时步行经过沂水桥上，有一位老翁，身穿粗布短衣，来到张良的身边，故意将自己的鞋掉在桥下，回头对张良说："小子，下去给我取鞋！"张良觉得惊讶，想打他。因为他年纪大了，勉强忍住了，下去捡来了鞋。老翁说："为我穿上！"张良

---

① 葆：通"宝"。

② 离：通"罹"，遭遇。

想既然已经帮他把鞋捡了上来，就跪着为他穿上。老翁将脚伸出来，让张良帮自己穿好，笑着走了。张良很惊讶，望着老人离去。老翁走了一里左右，又返回来，说："你这个孩子值得我教导。五天后天亮时，与我在此处相会。"张良感到很奇怪，跪下说："是。"五天后，天刚亮，张良就来到了桥前。老翁已经在他之前就到桥上了，他生气地说："与老年人相约，反而来得晚，这是为什么？"老翁离开了，说："五天以后早点来与我相会。"五天后，鸡叫时，张良就前往赴约。老翁又已经来到桥上了，他又生气地说："又来晚了，为什么？"老翁离开了，说："五天以后，再早点过来。"五天之后，张良在半夜时就去了。过了一会，老翁也到来了，高兴地说："就应当像这样做。"他拿出了一本书，说："读了这本书就能够当帝王的老师。十年以后就会声名显赫。十三年以后，你小子能够在济北见到我，谷城山下的黄石便是我呀！"说完就离开了，没有再说其他话，从此张良也没再见过这位老翁。天亮后，张良阅读老翁的那本书，是《太公兵法》。张良认为它与一般的书籍不一样，就经常学习它。

张良居住在下邳时，喜欢打抱不平。项伯曾杀人，便跟随张良躲藏起来。

十年后，陈涉等人起兵，张良也聚集了一百多名年轻人。景驹自立为代理楚王，停留在留县。张良准备去归顺景驹。在路上遇见沛公。沛公率领着数千人，在下邳以西的区域攻城略地，张良便归顺了沛公。沛公任命张良为厩将。张良多次利用《太公兵法》上的知识劝说沛公，沛公认为他说的非常有道理，时常采纳他的计策。张良向其他人讲说《太公兵法》，但那些人都听不明白。张良说："沛公大概是上天赋予的聪明才智。"因此就彻底跟随了沛公，不去见景驹了。

等到沛公抵达薛县，见到项梁。项梁拥立熊心为楚怀王。张良奉劝项梁说："您已经立了楚王的后代，而韩国公子中横阳君韩成非常贤能，可以立其为王，增加盟友。"项梁派张良去寻找韩成，立他为韩王，任命张良为韩国的申徒，与韩王带领一千多人向西进攻韩地，取得了几座城邑，后来又被秦国夺了回去。他们就在颍川一带进行游击作战。

沛公从洛阳向南穿越轘辕山，张良率兵跟随沛公，攻占了韩地的十几座城邑，击败了杨熊的部队，沛公命韩王韩成留守阳翟，他和张良一同南下，攻占宛城，西入武关。沛公准备以两万军队攻打山下的秦军，张良劝阻："秦军还非常强大，不可以轻视他们。我听说他们的将领为屠户的儿子，市侩很容易以利去打动。希望您暂且留在营中坚守，派一部分人率先出发，准备好五万人的粮食，在四周的山上多悬挂些旗帜作为疑兵，然后派郦食其携带贵重财宝去诱惑秦将。"秦军的将领果然反叛，准备和沛公联合向西进兵咸阳，沛公想听从他们的意见。张良说："这只是他们的将领准备反叛罢了，

士兵只怕不会听从，如果士兵们不听从就必定会有危险，不如乘他们懈怠时攻打他们。"
于是沛公率兵进攻秦军，秦军大败，沛公追击败兵抵达蓝田，再次交锋，秦兵彻底被
打败。于是沛公抵达咸阳，秦王子婴投降沛公。

　　沛公来到秦宫之中，宫室、帷帐、狗马、贵重宝物以及美女数以千计，心里想
留下来居住在这里。樊哙劝沛公搬出宫去居住，沛公不听，张良说："秦朝暴虐无道，
所以沛公才能够来到这里。为天下铲除逆贼，应该以生活俭朴作为根基。现在刚入秦，
就只想着安于享乐，这就是所谓的'助桀为虐'。况且'忠言逆耳利于行，毒药苦口
利于病'，希望沛公可以听从樊哙的话。"于是沛公率兵返回霸上。

　　项羽抵达鸿门下，准备进攻沛公。项伯连夜来到沛公的军营。私下见到张良，打
算与张良一同离开这里。张良说："我为韩王辅助沛公，如今事情紧急，逃跑是不义
的行为。"于是将情况全都告知了沛公。沛公大惊，说："应当怎么办呢？"张良说："沛
公真的打算背叛项羽吗？"沛公说："有些小子让我把守住关口，不让诸侯进来，这样
就可以占据秦国的全部土地，就可以在关中称王了，所以我听从他的话。"张良说："沛
公你估量一下自己可以打败项羽吗？"沛公沉默了许久，说："当然不能。现在应当怎
么办呢？"张良于是就将项伯邀请过来。项伯见到沛公，沛公与项伯一同饮酒，向他
祝福，彼此约定结为儿女亲家，让项伯回去向项羽说明沛公不敢背叛，沛公之所以会
拒守关口，是为了防备其他的强盗。等到项伯见到项羽后，双方最终得以和解，这些
事情被记载在《项羽本纪》中。

　　汉元年正月，沛公当了汉王，封地为巴、蜀地区。汉王将黄金一百镒，珍珠二斗
赏赐给张良，张良全都给了项伯。汉王也乘便派张良送给项伯更多钱财，使项伯为他
请求占据汉中地区。项王同意了他的请求，于是汉王获得了汉中地区。汉王前往封国，
张良将他送到褒中，然后派张良返回韩地。张良劝告汉王："大王为什么不将所经过
的栈道都烧毁，向天下人表明你没有再返回的心思，以此来安定项王的心。"于是，
汉王派张良返回韩地。沛公在行进的过程中，烧毁了栈道。

　　张良返回韩地，由于韩王成让张良跟随汉王的缘故，项王没有允许韩王成前往封
国，而是让他跟随自己一起东去。张良劝项王："汉王已经烧毁了栈道，已无返回之心。"
并将齐王田荣反叛的事上书告诉了项王。项王因此消除了西面对汉王的担忧，而向北
发兵去进攻齐国。

　　项王一直不肯让韩王前往封国，而是封他为侯，又在彭城杀死了他。张良逃了出来，
走小路去投奔了汉王。这时，汉王也已进入关中平定了三秦。封张良为成信侯，让他
跟随自己向东去进攻楚军。到了彭城，汉军战败而还。到了下邑，汉王下马倚着马鞍

问道:"我打算将函谷关以东的区域送给别人,不知谁能够和我共建功业?"张良进言道:"九江王黥布是楚军当中的猛将,他与项王有隔阂,彭越与齐王田荣在梁地造反,这两个人马上就能够使用。而汉王的将领当中只有韩信能够委以大事,独当一面。如果打算捐弃那块地方,就应当送给这三个人,楚军就能够被打败。"于是汉王派随何去劝说九江王黥布,又派人去与彭越联合。等到魏王豹造反时,汉王派韩信率兵去讨伐他,顺势攻占燕、代、齐、赵之地。最后击败楚军,也是依靠这三个人的力量。

张良体弱多病,没能率兵独当一面,经常作为为汉王出谋划策的大臣,时时跟随汉王。汉王三年,项羽在荥阳将汉王重重包围,汉王又害怕,又发愁,与郦食其商量怎样才能削弱楚军的势力。郦食其说:"过去商汤讨伐夏桀,将夏朝的后代分封于杞国。武王伐纣,将商朝的后代分封于宋国。如今秦朝失德弃义,侵夺天下诸侯,消灭六国的后裔,使他们没有立锥之地。陛下如果可以恢复六国的后代的封地,授予他们印信,这样他们的君臣百姓必定都会对陛下感恩戴德,全都钦慕陛下的德义,希望当陛下的臣子。推广德义后,陛下就能够南面为帝,称霸天下,楚王将会整理衣冠,前来朝拜。"汉王说:"很好。尽快刻制印信,由先生给他们带去。"

郦食其还没出发,张良出使回来拜见汉王。汉王正吃饭,说:"子房到我这里来,食客当中有人为我谋划可以削弱楚军势力的方法。"于是将郦食其的话全都告诉了张良,并说:"你觉得这个方法怎么样?"张良说:"谁为陛下谋划这个计策的?假如您这样去做,陛下的事业就全完了。"汉王说:"为什么?"张良回答说:"请让我借助筷子为大王筹划一下当前的形势。"接着说:"从前商汤讨伐夏桀而在杞国分封夏的后代,是因为商汤估计自己能置桀于死地。如今陛下能够置项籍于死地吗?"汉王说:"不能。"张良说:"这是不可以分封六国后代的首个原因。武王伐纣而在宋国分封商的后代,是因为能够得到纣王的人头。现在陛下能够拿到项籍的头吗?"汉王说:"不能。"张良说:"这是第二个不可以分封六国后代的原因。武王攻入商都,在商容之间表彰商容,释放了被拘禁的箕子,整修了比干的坟墓。现在陛下可以修建圣人的坟墓,在贤者之间对其进行表彰,在智者的门前扶轼致敬吗?"汉王说:"不能。"张良说:"这是第三个不可以分封六国后代的原因。周武王曾打开巨桥仓的粮仓,散发鹿台府库当中金钱,用来赏赐穷人。现在陛下可以分发府库里的钱粮赏赐给穷人吗?"汉王说:"不能。"张良说:"这是第四个不可以分封六国后代的原因。灭商之后,周武王将战车废弃,改为载人的车,倒置干戈,以虎皮蒙住,告示天下将不再用兵。现在陛下可以改武行文,不再用兵吗?"汉王说:"不能。"张良说:"这是第五个不可以分封六国后代的原因。周武王曾将战马放到华山之南去牧养,表示不再发动战争。现在陛下能让战马休

息而不再使用吗？"汉王说："不能。"张良说："这是第六个不可以分封六国后代的原因。周武王曾将牛放到桃林的北面去牧养，表示不再需要它们来运输与积储粮草。现在陛下可以让牛去放牧而不再去运输和积储粮草吗？"汉王说："不能。"张良说："这是第七个不可以分封六国后代的原因。况且天下的士人离开自己的亲人，离弃祖坟，告别故旧，跟随陛下征战天下，仅仅是日夜盼望可以得到一块封地。如今如果重新分封六国，立韩、魏、燕、赵、齐、楚六国的后裔为王，天下的士人都会各自回去侍奉其君主，与亲人团聚，回到他们的故友与祖坟所处的家乡，那时陛下能与谁一起去夺取天下呢？这是第八个不可以分封六国后代的原因。如今只能让楚国的力量不再壮大，如果楚国的力量强大了，重新封立的六国后代就会必然屈从于楚国，陛下如何能使他们臣服自己呢？如果真的采纳了食客的计谋，陛下的事业就全完了。"汉王停止了吃饭，将嘴里的饭都吐了出来，骂道："这个书呆子，差点儿败坏了老子的大事！"立即下令销毁印信。

汉王四年，韩信击败齐国以后准备自立为齐王，汉王极为生气。张良在劝说汉王后，汉王才派张良前去授予韩信齐王的印信。这件事被记载在《淮阴侯列传》当中。这年秋天，汉王追击楚军抵达阳夏的南面，由于战斗不利而坚守固陵，诸侯到了约定的时间却都没来。张良劝说汉王，汉王采纳了他的计策，诸侯才都到来。这件事被记载在《项羽本纪》当中。

汉高祖六年正月，高祖分封功臣，张良没有立过战功，高帝说："运筹谋划在帷帐当中，决战取胜于千里之外，这都是子房的功劳。你自己在齐地选择三万户来作为自己的封地。"张良说："当初我在下邳起兵，与陛下在留县相遇，这是上天将我授予陛下。陛下采纳我的计策，幸而有时可以料中，我希望将留县封给我就知足了，不敢接受三万户的封地。"于是高祖封张良为留侯，与萧何等人一起得到分封。

皇上已经封赏了大功臣二十多人，其余的功臣由于日夜争功，无法决定，未能进行封赏。皇上在洛阳南宫当中，从复道上看到一些将领们时常一起坐在沙地上窃窃私语。皇上说："这些人都在议论些什么？"留侯说："陛下不知道吗？这些人在密谋造反啊。"皇上说："天下刚安定，为什么还要反叛呢？"留侯说："陛下以平民的身份起兵，依靠这些人夺取天下。如今陛下做了天子，而封赏的全都是萧何、曹参这些老朋友，是与你关系最为亲近，受你爱护的，而所诛杀的全都是陛下平时怨恨的仇人。如今军吏们都在计算战功，就算用天下的所有土地也不足以封赏，这些人害怕陛下无法将所有人都封赏，又害怕陛下疑心他们以前的过失而遭到诛杀，所以就聚在一起密谋造反。"皇上忧愁地说："这应当怎么办呢？"留侯说："陛下平时非常憎恨的，而群臣都知道的人里，谁是最突出的呢？"皇上说："雍齿与我有旧仇，曾经多次侮辱我，我想要杀掉他，因为他的功劳很多，又不忍心。"留侯说："现在马上首先封赏雍齿来昭示群臣，群臣看到雍齿都得到了封赏，那么所有人都会安心。"于是皇上立即摆设酒宴，封雍齿为什方侯，并催促丞相、御史尽快进行定功分封。群臣们吃完酒宴后，都非常高兴地说："雍齿尚且能够被封侯，我们这些人再也不必担忧了。"

刘敬劝告高帝："应当建都于关中地区。"皇上对此犹豫不决。周围的大臣都是山东地区的人，多数人劝皇上建都于洛阳，说："洛阳东面有成皋，西面有崤山、渑池，背靠黄河，面对伊水、洛水，它险要的地势也完全作为依恃。"留侯说："洛阳尽管很坚固，但它的区域狭小，不过数百里，土地贫瘠，四面受敌，这里并非是用武之地。至于关中，左有崤山、函谷关，右边有陇、蜀大山，沃野千里，南面有巴蜀地区的富饶资源，北有畜牧之利，凭借三面险要来进行防守，只需东方一面来控制天下诸侯。诸侯安定，黄河、渭水能够运输天下的物资向西供给京师。假如诸侯有变，顺流而下，也足以靠它运输兵马、物资。这正是所谓的金城千里，天府之国，刘敬的劝告是对的。"于是高帝当天就起驾，西行在关中地区建都。

留侯跟随高帝进入函谷关。留侯体弱多病，于是学习导引健身术，不食谷物，一年多始终闭门不出。

皇上准备废掉太子，立戚夫人的儿子赵王如意。大臣纷纷劝阻皇帝，但皇帝始终犹豫不决。吕后有些恐慌，不知道应当怎么办。有人告诉吕后："留侯善于出谋划策，皇上非常信任及重用他。"吕后就派建成侯吕泽去游说留侯，说："你是皇上的重要谋臣，如今皇上打算更换太子，你怎么可以高枕而卧呢？"留侯说："当初皇上曾多次身处困难和危急当中，幸而采纳了我的计策。如今天下已安定了，由于偏爱的缘故而想要更换太子，这是骨肉之间的事，就算我们有一百多人一起劝说，但又有什么用处呢？"吕泽要挟说："一定要为我们出谋划策。"留侯说："这种事情难以依靠口舌去争取。天下有四个人，皇帝多次邀请也没能请来。这四个人是老人，都觉得皇上对人傲慢轻侮，因此逃避在山中，不愿屈节来当汉朝的臣子。然而皇上非常尊重这四个人。如今你真能不吝惜金玉璧帛，请太子写上一封信，言辞要卑躬，用安适的车子，派一位口才好的辩士去诚恳地邀请他们，他们应当会来。来了之后，以贵宾的礼节对待他们，让他们经常跟从太子上朝，让皇上看见他们，就一定会感到惊异而去询问他们。问了他们之后，皇上就会清楚这四个人的贤能，对太子的事会有一定帮助。"于是吕后让吕泽派人将太子的信送去，以谦逊的言辞、丰厚的礼物去迎接这四个人。四个老人来到京城，就居住在建成侯的家里。

汉高帝十一年，黥布造反，皇上生了病，准备让太子为将，前去讨伐。四个老人商量说："我们来这里，目的是为保全太子。太子率兵去平叛，事情就非常危险了。"于是就劝建成侯说："太子领兵打仗，有了功劳地位也不会超过太子之位，如果无功而归，那么从此就会祸患四伏。况且与太子一同出征的将领们，都是曾跟随皇上一同平定天下的猛将。现在派太子去统率他们，这无异于是让羊去统率狼，都不肯为太子效命，太子必定不会有战功。我们曾听说'母亲被宠爱，她的儿子也会受到宠爱'。现在戚夫人日夜服侍皇上，赵王如意时常被抱在怀里，皇帝曾说'绝不可以让不肖之子地位超过爱子'，很明显，赵王如意一定是要代替太子的。你为什么不赶快请吕后乘机对皇帝哭诉：'黥布为天下猛将，善于用兵，现在的将领都是陛下以前的同辈人，让太子去统率这些人，等于让羊去统率狼，没有一个人能够愿意被太子所用。而且让黥布听说这件事，他就会趁机西进。皇上尽管生病，也可以强忍着坐在辎车当中监护着诸位将领，诸位将领就不敢不效力。皇上尽管辛苦些，但为了妻子儿女也应当勉强坚持。'"于是吕泽当晚去见吕后，吕后乘机在皇帝的面前遵照四人的意见哭诉了一番。皇上说："我想这小子原本就不足派遣，老子自己去吧。"于是皇上亲自率兵出发，群臣留守，都前来霸上送行。留侯有病，也勉强起身，来到曲邮，拜见皇上说："我应当追随您去，但病很重。楚人勇猛敏捷，希望皇帝不可以和楚人争锋。"又乘机规劝皇上："派太子为将军，监护关中地区的军队。"皇上说："子房尽管有病，但也应当勉力辅佐太子。"这时叔孙通担任太傅，留侯行使少傅的职责。

汉高祖十二年，皇上击败黥布回来，病得更加厉害，更加想废立太子。留侯进谏，没有被采用，因此就称病不再理事。太傅叔孙通引用古今的各种事例，拼命为太子争辩。皇上假装应允了他，但还是准备改立太子。有一次设宴置酒，太子前来侍奉皇上。那四位老人跟随着太子，年龄都已经有八十多岁了，胡子眉毛都白了，衣冠非常奇伟。皇上感到奇怪，询问说："他们是什么人？"四个老人上前回话，各自通报姓名，是东园公、甪里先生、绮里季、夏黄公。皇帝大惊，说："我寻找各位多年，你们都在躲避我，今天各位为什么和我儿子交往呢？"四个老人都说："陛下轻视士人，经常辱骂士人，我们不愿受到侮辱，因此惶恐不安地躲起来。我们听说太子为人仁慈而孝顺，恭敬爱士，天下无人不伸长脖子希望为太子效死，所以我们就来辅佐太子了。"皇上说："麻烦诸位能够善始善终地辅佐太子。"

四个老人向皇上敬酒行礼完毕，就离去了。皇上目送他们离去，并将戚夫人找来，指着这四个人说："我打算改立太子，那四个人却在辅佐太子，太子羽翼已成，难以变更了。吕后真的要当你的主人了。"戚夫人哭了，皇上说："你为我跳楚舞，我为你

唱楚歌。"于是唱道："鸿鹄高飞，一举千里。羽翮已就，横绝四海。横绝四海，当可奈何！虽有矰缴，尚安所施？"唱了几遍，戚夫人为之叹气痛哭。皇上起身离去，结束了酒宴。最终没能改立太子，这是由于留侯提议找来的这四个老人起了作用。

留侯跟随皇上去进攻代地，出奇计攻下马邑，到谋划立萧何为相国时，留侯和皇帝闲谈了很多天下间的事，由于与天下存亡无关，所以没有记载。留侯宣称："我家世代为韩相，到韩国灭亡后，我没有吝惜万金家产，为韩国向强秦报仇，天下为之震动。现在凭三寸之舌成为皇帝的老师，分封万户，位居列侯，这对百姓来说荣耀已经到了极点，对于我张良来说也非常满足了。我希望丢开人间的俗事，准备跟随赤松子漫游。"于是学起不食烟火、导引健身的养生之道。此时，高帝刚去世，吕后感激留侯保全太子的恩德，就强迫他吃饭，说："人生在世，犹如白驹过隙，何必自找苦吃到此等地步呢？"留侯不得已，勉强听从了吕后的话，开始进食。

八年后，留侯去世，谥为文成侯。他的儿子不疑继承爵位。

子房当年在下邳桥上见到的那个传授他《太公兵法》的老人，张良在十三年后，跟随高帝路过济北时，果然看到谷城山下有一块黄石。子房将它取回去，作为珍宝供奉起来。留侯死后，将黄石与他埋葬在一起。后人每逢扫墓与伏日、腊日，都要祭祀黄石。留侯不疑在孝文帝五年犯不敬之罪，被废除了封国。

太史公说：学者们大多认为没有鬼神存在，然而认为有精怪。至于像留侯所见到的老人赠书之事，也应当说是件怪事。高祖曾多次陷入困境，而留侯经常为高祖排忧解难，建立功劳，难道这不是天意吗？皇上说："运筹帷幄，取胜于千里之外，我不如子房。"我认为他是一个高大雄伟的模样，等到看到他的画像时，他的相貌却犹如美女一般。正如孔子所说："以貌取人，会错看子羽。"对于留侯也是同样的道理。

〔赏 析〕

本篇紧密围绕张良一生当中的经历，描述了他在极端复杂的政治斗争以及尖锐的军事斗争当中表现出来的超群才干，以及他在功成名就后能够不争权求利，及时收手的出世思想和行为，生动地刻画了张良的为人及其突出的性格特征，使得这一历史人物活生生地展现到我们面前。

青年时代，张良是一位爱憎分明的豪侠人物，他不惜散尽家财为韩报仇，行刺秦始皇。但司马迁又通过张良遇见圯上老人的情景，刻画了张良善于隐忍的特性，这是张良早年性格的另一个侧面。张良在追随刘邦后，处处展现出他的政治远见及高明谋略，如设计击败秦军，劝谏刘邦离开秦宫，争取黥布、彭越的支持，笼络韩信，成功灭楚等。刘邦称帝后，他建议封赏与刘邦有着宿怨的雍齿，从而及时安定人心，保证内部的团结与稳定。他是刘邦智囊团当中的核心人物，为刘邦想出了很多计策，刘邦对他可谓言听计从。刘邦对张良的评价"运筹策帷帐中，决胜千里之外"，成为此后对古今高明军师的共同赞语。

　　明哲保身则是张良人生后期性格的重要组成部分。张良非常明白功高震主、兔死狗烹的道理，在群臣都在争功的情况下，他"不敢当三万户"；刘邦对他的各类封赏，他非常懂得知足，从来没有抱怨的言语；他长期称病闭门不出，行"道引""辟谷"之术；他扬言"愿弃人间事，欲从赤松子游"，不断展现急流勇退、不慕名利的思想。因此，在汉初三杰当中，韩信太过张扬，早已种下败亡之因，最终身败名裂，死于非命；萧何虽然谨小慎微，但终因树大招风，因小事获罪，身陷牢狱，几死还生，勉强保全名位；只有张良始终置身事外，没有遭受池鱼之殃。司马迁通过以上情节，把张良刻画成一个城府极深、善于明哲保身的典型。

# 萧相国世家

## 题 解

　　《萧相国世家》选自《史记》卷五十三,世家第二十三。萧何身为刘邦最重要的谋臣之一,为西汉王朝的建立与政权巩固,做出了极为突出的贡献。本篇紧密围绕这一方面,塑造了萧何这一重要历史人物,叙述了他的卓越功绩。

## 原 文

　　萧相国何者,沛丰人也。以文无害为沛主吏掾。高祖为布衣时,何数以吏事护高祖。高祖为亭长,常左右之。高祖以吏繇<sup>①</sup>咸阳,吏皆送奉钱三,何独以五。

　　秦御史监郡者与从事,常辨之。何乃给泗水卒史事,第一。秦御史欲入言征何,何固请,得毋行。

　　及高祖起为沛公,何常为丞督事。沛公至咸阳,诸将皆争走金帛财物之府分之,何独先入收秦丞相御史律令图书藏之。沛公为汉王,以何为丞相。项王与诸侯屠烧咸阳而去。汉王所以具知天下厄塞,户口多少,强弱之处,民所疾苦者,以何具得秦图书也。何进言韩信,汉王以信为大将军。语在《淮阴侯》事中。

　　汉王引兵东定三秦,何以丞相留收巴蜀,填<sup>②</sup>抚谕告,使给军食。汉二年,汉王与诸侯击楚,何守关中,侍太子,治栎阳。为法令约束,立宗庙社稷宫室县邑,辄奏上,可,许以从事;即不及奏上,辄以便宜施行,

---

①繇:通"徭",服徭役。
②填:通"镇",安定。

上来以闻。关中事计户口转漕<sup>cáo</sup>给军，汉王数失军遁<sup>dùn</sup>去，何常兴关中卒，辄补缺。上以此专属任何关中事。

汉三年，汉王与项羽相距京索之间，上数使使劳苦丞相。鲍生谓丞相曰："王暴衣露盖，数使使劳苦君者，有疑君心也。为君计，莫若遣君子孙昆弟能胜兵者悉诣军所，上必益信君。"于是何从其计，汉王大说。

汉五年，既杀项羽，定天下，论功行封。群臣争功，岁余功不决。高祖以萧何功最盛，封为酂侯，所食邑多。功臣皆曰："臣等身被<sup>pī</sup>坚执锐，多者百余战，少者数十合，攻城略地，大小各有差。今萧何未尝有汗马之劳，徒持文墨议论，不战，顾反居臣等上，何也？"高帝曰："诸君知猎乎？"曰："知之。""知猎狗乎？"曰："知之。"高帝曰："夫猎，追杀兽兔者狗也，而发踪指示兽处者人也。今诸君徒能得走兽耳，功狗也。至如萧何，发踪指示，功人也。且诸君独以身随我，多者两三人。今萧何举宗数十人皆随我，功不可忘也。"群臣皆莫敢言。

列侯毕已受封，及奏位次，皆曰："平阳侯曹参身被七十创，攻城略地，功最多，宜第一。"上已桡<sup>náo</sup>功臣，多封萧何，至位次未有以复难之，然心欲何第一。关内侯鄂君进曰："群臣议皆误。夫曹参虽有野战略地之功，此特一时之事。夫上与楚相距五岁，常失军亡众，逃身遁者数矣。然萧何常从关中遣军补其处，非上所诏令召，而数万众会上之乏绝者数矣。夫汉与楚相守荥阳数年，军无见粮，萧何转漕关中，给<sup>jǐ</sup>食不乏。陛下虽数亡山东，萧何常全关中以待陛下，此万世之功也。今虽亡曹参等百数，何缺于汉？汉得之不必待以全。奈何欲以一旦之功而加万世之功哉！萧何第一，曹参次之。"高祖曰："善。"于是乃令萧何第一，赐带剑履上殿，入朝不趋。

上曰："吾闻进贤受上赏。萧何功虽高，得鄂君乃益明。"于是因鄂君故所食关内侯邑封为安平侯。是日，悉封何父子兄弟十余人，皆有食邑。乃益封何二千户，以帝尝繇咸阳时何送我独赢奉钱二也。

汉十一年，陈豨反，高祖自将，至邯郸。未罢，淮阴侯谋反关中，吕后用萧何计，诛淮阴侯，语在《淮阴》事中。上已闻淮阴侯诛，使使拜丞相何为相国，益封五千户，令卒五百人一都尉为相国卫。诸君皆贺，召平独吊。召平者，故秦东陵侯。秦破，为布衣，贫，种瓜于长安城东，瓜美，故世俗谓之"东陵瓜"，从召平以为名也。召平谓相国曰："祸自此始矣。上暴露于外而君守于中，非被矢石之事而益君封置卫者，以今者淮阴侯新反于中，疑君心矣。夫置卫卫君，非以宠君也。愿君让封勿受，悉以家私财佐军，则上心说。"相国从其计，高帝乃大喜。

汉十二年秋，黥布反，上自将击之，数使使问相国何为。相国为上在军，乃拊循勉力百姓，悉以所有佐军，如陈豨时。客有说相国曰："君灭族不久矣。夫君位为相国，功第一，可复加哉？然君初入关中，得百姓心，十余年矣，皆附君，常复孳孳得民和。上所为数问君者，畏君倾动关中。今君胡不多买田地，贱贳贷以自污？上心乃安。"于是相国从其计，上乃大说。

上罢布军归，民道遮行上书，言相国贱强买民田宅数千万。上至，相国谒。上笑曰："夫相国乃利民！"民所上书皆以与相国，曰："君自谢民。"相国因为民请曰："长安地狭，上林中多空地，弃，愿令民得入田，毋收稿为禽兽食。"上大怒曰："相国多受贾人财物，乃为请吾苑！"乃下相国廷尉，械系之。数日，王卫尉侍，前问曰："相国何大罪，陛下系之暴也？"上曰："吾闻李斯相秦皇帝，有善归主，有恶自与。今相国多受贾竖金而为民请吾苑，以自媚于民，故系治之。"王卫尉曰："夫职事苟有便于民而请之，真宰相事，陛下奈何乃疑相国受贾人钱乎！且陛下距楚数岁，陈豨、黥布反，陛下自将而往，当是时，相国守关中，摇足则关以西非陛下有也。相国不以此时为利，今乃利贾人之金乎？且秦以不闻其过亡天下，李斯之分过，又何足法哉。陛下何疑宰相之浅也。"高帝不怿。是曰,使使持节赦出相国。相国年老,素恭谨,入,徒跣谢。高帝曰:"相国休矣! 相国为民请苑,吾不许,我不过为桀纣主,而相国为贤相。吾故系相国,欲令百姓闻吾过也。"

何素不与曹参相能,及何病,孝惠自临视相国病,因问曰:"君即百岁后,谁可代君者?"对曰:"知臣莫如主。"孝惠曰:"曹参何如?"何顿首曰:"帝得之矣! 臣死不恨矣!"何置田宅必居穷处,为家不治垣屋。曰:"后世贤,师吾俭;不贤,毋为势家所夺。"

孝惠二年,相国何卒,谥为文终侯。后嗣以罪失侯者四世,绝,天子辄复求何后,封续酂侯,功臣莫得比焉。

太史公曰:萧相国何于秦时为刀笔吏,录录未有奇节。及汉兴,依日月之末光,何谨守管籥,因民之疾秦法,顺流与之更始。淮阴、黥布等皆以诛灭,而何之勋烂焉。位冠群臣,声施后世,与闳夭、散宜生等争烈矣。

译 文

萧相国萧何为沛县丰邑人。由于他通晓律令,执法公正,没有别人可以比得上,所以出任沛县的主吏掾。高祖刘邦还是一个平民时,萧何多次利用自己县吏的职权来保护他。高祖担任亭长后,萧何又时常给他帮助。高祖以小吏的身份前往咸阳服徭役。临行时县吏们都送给他自己奉钱的十分之三,只有萧何送给他自己奉钱的一半。

秦朝的一位御史来到泗水郡监察当地郡政,萧何跟随他处理事务,总是能将事情办得很妥当。于是萧何被任命为泗水郡的卒史,很称职,在同事当中名列第一。秦朝的御史想向朝廷的相关机构做报告,征调萧何,萧何坚决谢绝,最终获准可以不去。

等到高祖起兵成为沛公,萧何时常作为他的辅佐官督察处理日常的事务。沛公攻占咸阳,将领们都争先前往储藏金帛财物的仓库去分东西。只有萧何先去将秦朝丞相及御史大夫所保管的法律诏令,还有各种图书文献全收集起来。沛公当上汉王,让萧何出任自己的丞相。项羽与诸侯的军队屠戮了咸阳的居民,将城市烧毁,随后离去。而汉王后来之所以可以详细地知道全国各处地势的险要与否,户籍人口是多少,实力的强弱,百姓们有什么问题,都是由于萧何完整地保留了秦朝的文献档案。萧何又对汉王提建议,推荐韩信,汉王就让韩信出任大将军。这件事的详情记录在《淮阴侯列传》当中。

汉王带兵东进，平定了三秦，萧何以丞相的身份留守后方，负责经营巴蜀地区，镇守安抚，发布政令，告谕百姓，为正在前方作战的部队供给粮食。汉王二年，汉王联合诸侯共同攻打项羽，萧何则留守于关中，侍奉太子，在栎阳处理各类政务。他制定出各类法令规章，建造宗庙、社稷、宫殿，设县置邑，总是首先向汉王报告，汉王也总是予以批准，准许他施行。有时来不及上奏，就因利乘便，以最为合适的方式进行办理，等汉王回来再进行报告。萧何在关中所做的事就是清查户口，通过水路与陆路运送军粮，供应给前方的军队。汉王在战场上多次战败，丢弃军队逃走，萧何时常征发关中地区的士卒，以补充汉王军队的损失。汉王因此将关中地区的事务都委托给萧何进行全权处理。

汉王三年，汉王与项羽两支军队在京、索之地对峙，汉王多次派使者前往关中慰劳丞相。鲍生对丞相说："君王在外面风餐露宿，苦苦征战，却多次派人来慰劳您，这是对您起了疑心。为您打算，您不如将自己的亲属子弟中能作战的都派往前线的军队中，这样汉王一定会越发信任您。"于是萧何采纳了他的计策，汉王很高兴。

汉王五年，已经歼灭了项羽，平定天下，汉王准备评定功劳，进行封赏。由于群臣彼此争功，过了一年多依旧没能将功劳的大小评定出来。高祖认为萧何的功劳最大，封其为鄼侯，给他的食邑也非常多。功臣们都说："我们身披铠甲，手拿兵器进行作战，多的打过一百多仗，少的也经历了数十次战斗，攻破了敌人城池，夺占敌人的土地，或大或小，均有战功。如今萧何没有上阵打过仗，只不过依靠舞文弄墨，发表议论，却反而位居我们之上，这是因为什么道理？"高祖说："诸位懂得打猎吗？"功臣们回答："懂得。"又问："你们明白猎狗的作用吗？"众民答道："知道。"高祖说："打猎时，追赶与捕杀野兽的是猎狗，可以发现踪迹，并向猎狗指示野兽所在的是猎人。现在你们这些人只能奔走来追获野兽，只是有功的猎狗。至于萧何，他可以发现踪迹，指示方向，是有功的猎人。何况你们都不过是自己追随我，至多不过加上几位亲属，而萧何全族几十个人都跟随我，他的功劳是不可以被忘记的。"群臣听了，都不敢再说什么。

列侯们都已受到了封赏，等到要奏明功臣的排名时，都说："平阳侯曹参作战勇武，身上受了七十处创伤，攻破城池，夺占土地，功劳最大，让他位列第一。"高祖已经强硬地让功臣屈从自己，封给萧何诸多食邑，等到排定功臣排名时，已经找不到理由去驳倒功臣们的意见，但心中还是认为应让萧何居首。关内侯鄂君进言："群臣的议论是不对的。那曹参尽管有野战杀敌、夺取土地的功劳，这仅仅是一时的事情。陛下

与项王相峙五年，时常因为战败而损失大批军队，士卒逃散，陛下孤身一人逃走的情况出现过好几次。然而萧何总是能从关中派遣士卒去补充前线的军队损失，虽然没有接到陛下征召兵员的诏令，而在陛下身处险境时，他却可以派遣几万士卒来到陛下的身边，这种事已经出现过多次了。汉楚两军在荥阳对抗几年，我军粮食不足，萧何从关中转运军粮，供给始终不断，军中不曾缺粮。陛下多次丢失山东地区的土地，萧何却能始终保全关中之地以支援陛下，让陛下能够依靠关中的人力物力组织反攻，这是万世不朽的功勋。如今曹参这样的人就算少掉几百个，对汉朝来说，算得了什么？汉朝有了这些人，也不见得可以靠他们得以保全。怎么能想让一时的功劳凌驾于万世的功劳之上呢？应当是萧何功居第一，曹参位居第二。"高祖说："对，说得好。"于是就下令萧何在功臣当中位居第一，赐给他特殊的礼遇：能够带剑穿履上殿，朝见时无须同别的臣子一样小步疾走。

高祖又说："我听说举荐贤能的人应当得重赏。萧何的功劳固然很高，得到鄂君的申诉表彰也就更为明显了。"于是就依照鄂君原先当关内侯时的食邑数目，封他为安平侯。这一天，对萧何的父子兄弟共计六十多人全部都给予丰厚的赏赐，使他们人人都拥有自己的食邑。又加封萧何食邑二千户，因为高祖当年前往咸阳服徭役时，沛县的吏员赠钱送行，唯独萧何送上的钱要比别人多上两层。

高祖十一年，陈豨造反，高祖亲自率军前往平叛，军至邯郸。战事还没结束，淮阴侯韩信在关中地区谋反，吕后采纳萧何的计策，诛杀淮阴侯，此事被记录在《淮阴侯列传》中。高祖听说淮阴侯被杀的消息，就派使者拜丞相萧何为相国，加封食邑五千户，为萧何设立一支由五百名士兵组成的卫队，派一名都尉统领。当时许多人都向萧何道贺。只有召平却表示哀悼。召平这个人原本是秦朝的东陵侯。秦朝灭亡后，变为平民，生活贫苦，在长安城东种瓜。他种的瓜味道相当甜美，人们称之为"东陵瓜"，名字源于召平从前的封号。召平对相国说："您的祸患从此就开始了。皇上统领军队在外作战，风餐露宿，没有遮蔽，而您留守于京城之中，并不需要冒着矢石在前方冲锋陷阵，但皇上却要为您增加食邑、设置卫队，这是由于淮阴侯刚在京城谋反，皇上对您也有了疑心。设置卫队来保卫您，这并非是宠信您的缘故。希望您能够谢绝封赏，再将自己的全部家财拿出来赞助军需，这样，皇上就会高兴了。"相国采纳了召平的计策，高祖果然很高兴。

高祖十二年秋天，黥布起兵造反，高祖亲率军队前往镇压，在军中多次派遣使者前来询问相国在做什么。相国由于皇上在军中，就努力安抚百姓，将所有的东西都送到前线供应军需，就如平定陈豨叛乱时一样。有一个说客对相国说："您用不了多久

就会遭受灭族的惨祸了。您担任相国，功居第一，官衔荣耀都已经到达了顶点，还可能增加吗？而您从刚进关中时起，就深得民心，到如今已有十多年了，百姓们都亲附您，您总是在勤勉地办事，得到百姓的拥护。皇上会多次派人来问您的所作所为，是害怕您利用威望来动摇关中这一根本重地。如今您为何不多买一些田地，并利用压低田价、赊欠借贷等多种手段来让自己蒙受恶名，如果这样做的话，皇上就会对你放心了。"于是相国采纳了这一计策，高祖非常高兴。

高祖征讨黥布后返回长安。百姓拦路上书告状，指控相国以低价强行购买民间土地与房屋，价值多达数千万。高祖返回长安城中，相国前来拜会。皇上笑着说："身为相国居然侵夺民众的财产，为自己谋利！"将百姓的控告信都交给相国，说："你自己去对民众谢罪吧！"相国乘机为百姓申请："长安一带土地不多，而上林苑当中的空地很多，白白地荒废，希望能下令让民众去那里耕种，收割后粮食可以归耕者所有，禾秸则要留下作为苑中禽兽的饲料。"高祖大发雷霆，说："相国你肯定是收纳了商人贿赂的大量财物，居然替他们说话，来讨取我的上林苑！"于是就下令将相国交给廷尉囚禁起来，还为他戴上了刑具。几天后，一个姓王的卫尉随侍高祖，上前问道："相国究竟犯了什么罪，陛下怎么突然将他关起来了呢？"高祖说："我听说李斯担任秦始皇的丞相，办了好事都归功主上，有了错误则自己会去承担责任。如今，相国大量接受那些下贱的商人们所贿赂的金钱，竟敢为百姓来索取我的苑林，想以此来讨好百姓，因此我要将他关起来，追究其罪责。"王卫尉说："要说在自己的权责范围内，如果有对民众很有利的事，就为他们朝陛下请求，这确实是宰相应当做的事，陛下怎么竟然会怀疑相国收受商人的贿赂呢？况且当初陛下与楚军在山东之地僵持不下，有几年之久，陈豨、黥布造反时，陛下亲自率军平叛，在那时，相国始终留守关中，如存异心，只要稍有异动，函谷关以西的土地就不再属于陛下所有了。相国不在那时为自己谋利，现在难道会贪求商人的金钱？再说秦朝就是由于不清楚自己的过错而丧失了天下，李斯为主上分担过错的做法，又有什么值得我们去效法的呢？陛下怎么能以如此浅陋的眼光来怀疑宰相。"高祖听后，心中非常不愉快。当天，派遣使者手持符节赦免相国出狱。相国年纪大了，平日向来谦虚谨慎，进宫拜见皇上的时候，光着脚前行来谢罪。高祖说："相国请不要这样！相国为百姓请求上林苑的土地来耕种，我不允许，不过我成了桀、纣那样的君主，而相国却是贤能的宰相。我故意将相国关起来，是希望让百姓们都清楚我的过错。"

萧何向来与曹参关系不好，到萧何病重时，孝惠帝亲自去探视相国的病情，顺便问他："您百年之后，谁能够接任您的职位？"萧何回答："了解臣下的莫过于君王。"

孝惠帝接着问："曹参这个人如何？"萧何叩头说："皇上您已经找到合适的人选了！我死而无憾！"萧何购置土地与房屋肯定会选择贫穷而僻远的地方，营造宅第也从来都不会去修建围墙。他说："后代子孙假如贤德，可以从中学习我的俭朴；如果无贤无能，这种房屋也不会遭到有势力人家的侵夺。"

　　孝惠帝二年，相国萧何去世。谥为文终侯。萧何的后代有四世由于犯罪而被削除爵位，绝封；但是天子总是会寻访萧何的后代，重新将其封为酂侯，使得萧何的侯国可以继续延续，这是其他功臣谁都不具备的。

　　太史公说：萧相国在秦朝时是一位从事文牍工作的小吏，平庸无为，没有惊人的举动。等到大汉兴起，他追随高祖，依靠日月余光的照耀与辉映，才得以名扬天下。萧何谨慎地守卫关中这一根本重地，利用民众痛恨秦朝的严刑苛法的心情，顺应历史的发展潮流，与百姓们共同改革政治。淮阴侯韩信及黥布等功臣都先后被诛杀，而萧何的功勋则显得光辉灿烂。他位居群臣之首，声名流传于后世，能够与周朝的闳夭、散宜生等媲美。

[赏析]

　　萧何眼光深远，为人深谋远虑。身为刘邦的主要助手，他不但承担了大量的具体工作，而且在很多地方都可以从宏观的战略角度着眼于全局，为建立政权打下极为坚实的基础。司马迁运用了对比的手法，在写刘邦率军占据咸阳后，将领们忙于争抢金帛财物，而萧何却专注于保护与整理秦王朝的文献档案，将其珍藏，刘邦由此得以详尽地掌握全国地理、户籍等方面的情况，为最终统一天下创造了有利的条件。在楚汉相争期间，萧何尽管没像韩信、曹参等人那样冲锋陷阵、立下军功，但他留守关中，制定法令，安抚百姓，建设大后方，不断地将粮草、兵员补充到前线，使得数次陷入绝境的刘邦都转危为安。在论功行赏、评定功臣名位的过程中，司马迁借助刘邦以及关内侯鄂君的话，充分肯定了萧何的伟大功绩。

　　但司马迁没有将对萧何的描写脸谱化的，文中在写萧何伟大政绩的同时，又集中刻画了他的自私。萧何非常会识别人才，曾极力推举过韩信；但后来萧何为了保全自己，又与吕后定计杀掉韩信。"萧何追韩信"的历史佳话使得萧何堪称识才惜才的典范，"成也萧何，败也萧何"的史实又让萧何变为反复无常的典型。

　　刘邦与萧何间那种非常微妙的君臣关系，司马迁也进行了较为充分、深入的描写。刘邦觉得萧何的功劳卓著，但又随时提防萧何会反叛。汉三年、十一年、十二年，鲍生、召平以及那个不知名的说客，都先后给萧何敲响了警钟，提出了相应的防范措施。萧

何为了保全自己，采纳了这些建议，博得刘邦的欢心，使得自己没有重蹈韩信等人的覆辙；但因为民请命，又遭受了牢狱之灾。最后"素恭谨"的萧何还是得到了刘邦的赦免。本文将萧何这位汉初重臣曲折壮阔的一生全景展示出来。

萧相国世家

# 吕太后本纪

题·解

《吕太后本纪》选自《史记》卷九，本纪第九。吕后名雉，字娥姁，是中国历史上非常著名的女政治家。这篇本纪非常成功地塑造了吕后这样一个不择手段而颇有政治手腕的后妃形象，详细地记述了吕后专权及吕氏家族覆灭的全过程。

原 文

吕太后者，高祖微时妃也，生孝惠帝、女鲁元太后。及高祖为汉王，得定陶戚姬，爱幸，生赵隐王如意。孝惠为人仁弱，高祖以为不类我，常欲废太子，立戚姬子如意，如意类我。戚姬幸，常从上之关东，日夜啼泣，欲立其子代太子。吕后年长，常留守，希①见上，益疏。如意立为赵王后，几代太子者数矣，赖大臣争②之，及留侯策，太子得毋废。

吕后为人刚毅，佐高祖定天下，所诛大臣多吕后力。吕后兄二人，皆为将。长兄周吕侯死事，封其子吕台为郦侯，子产为交侯；次兄吕释之为建成侯。

高祖十二年四月甲辰，崩长乐宫，太子袭号为帝。是时高祖八子：长男肥，孝惠兄也，异母，肥为齐王；余皆孝惠弟，戚姬子如意为赵王，薄夫人子恒为代王，诸姬子子恢为梁王，子友为淮阳王，子长为淮南王，子建为燕王。高祖弟交为楚王，兄子濞为吴王。非刘氏功臣番君吴芮子臣为长沙王。

---

① 希：同"稀"，少。

② 争：同"诤"，谏诤。

吕后最怨戚夫人及其子赵王，乃令永巷囚戚夫人，而召赵王。使者三反，赵相建平侯周昌谓使者曰："高帝属臣赵王，赵王年少。窃闻太后怨戚夫人，欲召赵王并诛之，臣不敢遣王。王且亦病，不能奉诏。"吕后大怒，乃使人召赵相。赵相征至长安，乃使人复召赵王。王来，未到。孝惠帝慈仁，知太后怒，自迎赵王霸上，与入宫，自挟与赵王起居饮食。太后欲杀之，不得间。孝惠元年十二月，帝晨出射。赵王少，不能蚤起。太后闻其独居，使人持鸩饮之。犂<sup>①</sup>明，孝惠还，赵王已死。于是乃徙淮阳王友为赵王。夏，诏赐郦侯父追谥为令武侯。太后遂断戚夫人手足，去眼，辉<sup>②</sup>耳，饮喑药，使居厕中，命曰"人彘"。居数日，乃召孝惠帝观人彘。孝惠见，问，乃知其戚夫人，乃大哭，因病，岁余不能起。使人请太后曰："此非人所为。臣为太后子，终不能治天下。"孝惠以此日饮为淫乐，不听政，故有病也。

　　二年，楚元王、齐悼惠王皆来朝。十月，孝惠与齐王燕饮太后前，孝惠以为齐王兄，置上坐，如家人之礼。太后怒，乃令酌两卮鸩，置前，令齐王起为寿。齐王起，孝惠亦起，取卮欲俱为寿。太后乃恐，自起泛孝惠卮。齐王怪之，因不敢饮，详醉去。问，知其鸩，齐王恐，自以为不得脱长安，忧。齐内史士说王曰："太后独有孝惠与鲁元公主。今王有七十余城，而公主乃食数城。王诚以一郡上太后，为公主汤沐邑，太后必喜，王必无忧。"于是齐王乃上城阳之郡，尊公主为王太后。吕后喜，许之。乃置酒齐邸，乐饮，罢，归齐王。

　　三年，方筑长安城，四年就半，五年六年城就。诸侯来会。十月朝贺。

　　七年秋八月戊寅，孝惠帝崩。发丧，太后哭，泣不下。留侯子张辟强为侍中，年十五，谓丞相曰："太后独有孝惠，今崩，哭不悲，君知其解乎？"丞相曰："何解？"辟强曰："帝毋壮子，太后畏君等。君今请拜吕台、

----

① **犂**：通"黎"，等到。
② **辉**：通"熏"，用火灼烧。

吕产、吕禄为将，将兵居南北军，及诸吕皆入宫，居中用事，如此则太后心安，君等幸得脱祸矣。"丞相乃如辟强计。太后说，其哭乃哀。吕氏权由此起。乃大赦天下。九月辛丑，葬。太子即位为帝，谒高庙。元年，号令一出太后。

太后称制，议欲立诸吕为王，问右丞相王陵。王陵曰："高帝刑白马盟曰'非刘氏而王，天下共击之'。今王吕氏，非约也。"太后不说。问左丞相陈平、绛侯周勃。勃等对曰："高帝定天下，王子弟，今太后称制，王昆弟诸吕，无所不可。"太后喜，罢朝。

王陵让陈平、绛侯曰："始与高帝唼①<small>shà</small>血盟，诸君不在邪？今高帝崩，太后女主，欲王吕氏，诸君纵②<small>zòng</small>欲阿意背约，何面目见高帝地下？"陈平、绛侯曰："于今面折廷争，臣不如君；夫全社稷，定刘氏之后，君亦不如臣。"王陵无以应之。十一月，太后欲废王陵，乃拜为帝太傅，夺之相权。王陵遂病免归。乃以左丞相平为右丞相，以辟阳侯审食其<small>yì jī</small>为左丞相。左丞相不治事，令监宫中，如郎中令。食其故得幸太后，常用事，公卿皆因而决事。乃追尊郦侯父为悼武王，欲以王诸吕为渐。

四月，太后欲侯诸吕，乃先封高祖之功臣郎中令无择为博城侯。鲁元公主薨<small>hōng</small>，赐谥为鲁元太后。子偃为鲁王。鲁王父，宣平侯张敖也。封齐悼惠王子章为朱虚侯，以吕禄女妻之。齐丞相寿为平定侯。少府延为梧侯。乃封吕种为沛侯，吕平为扶柳侯，张买为南宫侯。

太后欲王吕氏，先立孝惠后宫子强为淮阳王，子不疑为常山王，子山为襄城侯，子朝为轵侯，子武为壶关侯。太后风②大臣，大臣请立郦侯吕台为吕王，太后许之。建成康侯释之卒，嗣子有罪，废，立其弟吕禄为胡陵侯，续康侯后。二年，常山王薨，以其弟襄城侯山为常山王，更名义。十一月，吕王台薨，谥为肃王，太子嘉代立为王。三年，无事。四年，封

---

① 唼：同"歃"。

② 风：通"讽"，以含蓄的话语暗示。

吕婴为临光侯，吕他为俞侯，吕更始为赘其侯，吕忿为吕城侯，及诸侯丞相五人。宣平侯女为孝惠皇后时，无子，详为有身，取美人子名之，杀其母，立所名子为太子。孝惠崩，太子立为帝。帝壮，或闻其母死，非真皇后子，乃出言曰："后安能杀吾母而名我？我未壮，壮即为变。"太后闻而患之，恐其为乱，乃幽之永巷中，言帝病甚，左右莫得见。太后曰："凡有天下治为万民命者，盖之如天，容之如地，上有欢心以安百姓，百姓欣然以事其上，欢欣交通而天下治。今皇帝病久不已，乃失惑惛乱，不能继嗣奉宗庙祭祀，不可属天下，其代之。"群臣皆顿首言："皇太后为天下齐民计所以安宗庙社稷甚深，群臣顿首奉诏。"帝废位，太后幽杀之。五月丙辰，立常山王义为帝，更名曰弘。不称元年者，以太后制天下事也。以轵侯朝为常山王。置太尉官，绛侯勃为太尉。五年八月，淮阳王薨，以弟壶关侯武为淮阳王。六年十月，太后曰吕王嘉居处骄恣，废之，以肃王台弟吕产为吕王。夏，赦天下。封齐悼惠王子兴居为东牟侯。

七年正月，太后召赵王友。友以诸吕女为后，弗爱，爱他姬，诸吕女妒，怒去，谗之于太后，诬以罪过，曰："吕氏安得王！太后百岁后，吾必击之"。太后怒，以故召赵王。赵王至，置邸不见，令卫围守之，弗与食。其群臣或窃馈，辄捕论之，赵王饿，乃歌曰："诸吕用事兮刘氏危，迫胁王侯兮强授我妃。我妃既妒兮诬我以恶，谗女乱国兮上曾不寤。我无忠臣兮何故弃国？自决中野兮苍天举直！于嗟不可悔兮宁蚤自财①。为王而饿死兮谁者怜之！吕氏绝理兮托天报仇。"丁丑，赵王幽死，以民礼葬之长安民冢次。己丑，日食，昼晦。太后恶之，心不乐，乃谓左右曰："此为我也。"

二月，徙梁王恢为赵王。吕王产徙为梁王，梁王不之国，为帝太傅。立皇子平昌侯太为吕王。更名梁曰吕，吕曰济川。太后女弟吕婴有女为营陵侯刘泽妻，泽为大将军。太后王诸吕，恐即崩后刘将军为害，乃

① **财**：通"裁"。

以刘泽为琅邪王，以慰其心。

梁王恢之徙王赵，心怀不乐。太后以吕产女为赵王后。王后从官皆诸吕，擅权，微伺赵王，赵王不得自恣。王有所爱姬，王后使人鸩杀之。王乃为歌诗四章，令乐人歌之。王悲，六月即自杀。太后闻之，以为王用妇人弃宗庙礼，废其嗣。

宣平侯张敖卒，以子偃为鲁王，敖赐谥为鲁元王。

秋，太后使使告代王，欲徙王赵。代王谢，愿守代边。太傅产、丞相平等言，武信侯吕禄上侯，位次第一，请立为赵王。太后许之，追尊禄父康侯为赵昭王。九月，燕灵王建薨，有美人子，太后使人杀之，无后，国除。八年十月，立吕肃王子东平侯吕通为燕王，封通弟吕庄为东平侯。

三月中，吕后祓，还过轵道，见物如苍犬，据高后掖，忽弗复见。卜之，云赵王如意为祟。高后遂病掖伤。

高后为外孙鲁元王偃年少，蚤失父母，孤弱，乃封张敖前姬两子，侈为新都侯，寿为乐昌侯，以辅鲁元王偃。及封中大谒者张释为建陵侯，吕荣为祝兹侯。诸中宦者令丞皆为关内侯，食邑五百户。

七月中，高后病甚，乃令赵王吕禄为上将军，军北军；吕王产居南军。吕太后诫产、禄曰："高帝已定天下，与大臣约，曰'非刘氏王者，天下共击之'。今吕氏王，大臣弗平。我即崩，帝年少，大臣恐为变。必据兵卫宫，慎毋送丧，毋为人所制。"辛巳，高后崩，遗诏赐诸侯王各千金，将相列侯郎吏皆以秩赐金。大赦天下。以吕王产为相国，以吕禄女为帝后。

高后已葬，以左丞相审食其为帝太傅。

朱虚侯刘章有气力，东牟侯兴居其弟也。皆齐哀王弟，居长安。当是时，诸吕用事擅权，欲为乱，畏高帝故大臣绛、灌等，未敢发。朱虚侯妇，吕禄女，阴知其谋。恐见诛，乃阴令人告其兄齐王，欲令发兵西，诛诸吕而立。朱虚侯欲从中与大臣为应。齐王欲发兵，其相弗听。八月

丙午，齐王欲使人诛相，相召平乃反，举兵欲围王，王因杀其相，遂发兵东，诈夺琅邪王兵，并将之而西。语在《齐王》语中。

齐王乃遗诸侯王书曰："高帝平定天下，王诸子弟，悼惠王王齐。悼惠王薨，孝惠帝使留侯良立臣为齐王。孝惠崩，高后用事，春秋高，听诸吕，擅废帝更立，又比杀三赵王，灭梁、赵、燕以王诸吕，分齐为四。忠臣进谏，上惑乱弗听。今高后崩，而帝春秋富，未能治天下，固恃大臣诸侯。而诸吕又擅自尊官，聚兵严威，劫列侯忠臣，矫制以令天下，宗庙所以危。寡人率兵入诛不当为王者。"汉闻之，相国吕产等乃遣颍阴侯灌婴将兵击之。灌婴至荥阳，乃谋曰："诸吕权兵关中，欲危刘氏而自立。今我破齐还报，此益吕氏之资也。"乃留屯荥阳，使使谕齐王及诸侯，与连和，以待吕氏变，共诛之。齐王闻之，乃还兵西界待约。

吕禄、吕产欲发乱关中，内惮<sub>dàn</sub>绛侯、朱虚等，外畏齐、楚兵，又恐灌婴畔之，欲待灌婴兵与齐合而发，犹豫未决。当是时，济川王太、淮阳王武、常山王朝名为少帝弟，及鲁元王吕后外孙，皆年少未之国，居长安。赵王禄、梁王产各将兵居南北军，皆吕氏之人。列侯群臣莫自坚其命。

太尉绛侯勃不得入军中主兵。曲周侯郦商老病，其子寄与吕禄善。绛侯乃与丞相陈平谋，使人劫郦商。令其子寄往绐<sub>dài</sub>说吕禄曰："高帝与吕后共定天下，刘氏所立九王，吕氏所立三王，皆大臣之议，事已布告诸侯，诸侯皆以为宜。今太后崩，帝少，而足下佩赵王印，不急之国守藩，乃为上将，将兵留此，为大臣诸侯所疑。足下何不归印，以兵属太尉？请梁王归相国印，与大臣盟而之国，齐兵必罢，大臣得安，足下高枕而王千里，此万世之利也。"吕禄信然其计，欲归将印，以兵属太尉。使人报吕产及诸吕老人，或以为便，或曰不便，计犹豫未有所决。吕禄信郦寄，时与出游猎。过其姑吕媭，媭大怒，曰："若为将而弃军，吕氏今无处矣。"乃悉出珠玉宝器散堂下，曰："毋为他人守也。"

左丞相食其免。

吕太后本纪

三一七

八月庚申旦，平阳侯窋（zhú）行御史大夫事，见相国产计事。郎中令贾寿使从齐来，因数产曰："王不蚤（zǎo）之国，今虽欲行，尚可得邪？"具以灌婴与齐楚合纵，欲诛诸吕告产，乃趣（cù）产急入宫。平阳侯颇闻其语，乃驰告丞相、太尉。太尉欲入北军，不得入。襄平侯通尚符节。乃令持节矫内太尉北军。太尉复令郦寄与典客刘揭先说吕禄曰："帝使太尉守北军，欲足下之国，急归将印辞去，不然，祸且起。"吕禄以为郦兄不欺己，遂解印属典客，而以兵授太尉。太尉将之入军门，行令军中曰："为吕氏右袒，为刘氏左袒。"军中皆左袒为刘氏。太尉行至，将军吕禄亦已解上将印去，太尉遂将北军。

　　然尚有南军。平阳侯闻之，以吕产谋告丞相平，丞相平乃召朱虚侯佐太尉。太尉令朱虚侯监军门。令平阳侯告卫尉："毋入相国产殿门。"吕产不知吕禄已去北军，乃入未央宫，欲为乱，殿门弗得入，裴回[①]（pái huái）往来。平阳侯恐弗胜，驰语太尉。太尉尚恐不胜诸吕，未敢讼（sòng）言诛之，乃遣朱虚侯谓曰："急入宫卫帝。"朱虚侯请卒，太尉予卒千余人。入未央宫门，遂见产廷中。日铺时，遂击产。产走，天风大起，以故其从官乱，莫敢斗。逐产，杀之郎中府吏厕中。

　　朱虚侯已杀产，帝命谒者持节劳朱虚侯。朱虚侯欲夺节信，谒者不肯，朱虚侯则从与载，因节信驰走，斩长乐卫尉吕更始。还，驰入北军，报太尉。太尉起，拜贺朱虚侯曰："所患独吕产，今已诛，天下定矣。"遂遣人分部悉捕诸吕男女，无少长皆斩之。

　　辛酉，捕斩吕禄，而笞（chī）杀吕嬃（yǒu）。使人诛燕王吕通，而废鲁王偃。壬戌，以帝太傅食其（xǔ）复为左丞相。戊辰，徙济川王王梁，立赵幽王子遂为赵王。遣朱虚侯章以诛诸吕氏事告齐王，令罢兵。灌婴兵亦罢荥（xíng）阳而归。

　　诸大臣相与阴谋曰："少帝及梁、淮阳、常山王，皆非真孝惠子也。吕后以计诈名他人子，杀其母，养后宫，令孝惠子之，立以为后，及诸王，

---

　　① **裴回**：同"徘徊"，在一个地方来回地走，比喻犹豫不决。

以强吕氏。今皆已夷灭诸吕，而置所立，即长用事，吾属无类矣。不如视诸王最贤者立之。"或言"齐悼惠王高帝长子，今其适子为齐王，推本言之，高帝适长孙，可立也"。大臣皆曰："吕氏以外家恶而几危宗庙，乱功臣，今齐王母家驷，驷钧，恶人也。即立齐王，则复为吕氏。"欲立淮南王，以为少，母家又恶。乃曰："代王方今高帝见子，最长，仁孝宽厚。太后家薄氏谨良。且立长故顺，以仁孝闻于天下，便。"乃相与共阴使人召代王。代王使人辞谢。再反，然后乘六乘传。后九月晦日己酉，至长安，舍代邸。大臣皆往谒，奉天子玺上代王，共尊立为天子。代王数让，群臣固请，然后听。

东牟侯兴居曰："诛吕氏吾无功，请得除宫。"乃与太仆汝阴侯滕公入宫，前谓少帝曰："足下非刘氏，不当立。"乃顾麾① 左右执戟者掊兵罢去。有数人不肯去兵，宦者令张泽谕告，亦去兵。滕公乃召乘舆车载少帝出。少帝曰："欲将我安之乎？"滕公曰："出就舍。"舍少府。乃奉天子法驾，迎代王于邸。报曰："宫谨除。"代王即夕入未央宫。有谒者十人持戟卫端门，曰："天子在也，足下何为者而入？"代王乃谓太尉。太尉往谕，谒者十人皆掊兵而去。代王遂入而听政。夜，有司分部诛灭梁、淮阳、常山王及少帝于邸。

代王立为天子。二十三年崩，谥为孝文皇帝。

太史公曰：孝惠皇帝、高后之时，黎民得离战国之苦，君臣俱欲休息乎无为，故惠帝垂拱，高后女主称制，政不出房户，天下晏然。刑罚罕用，罪人是希。民务稼穑，衣食滋殖。

译文

吕太后是高祖身份低微时的妻子，生下孝惠帝以及鲁元太后。等到高祖当上汉王时，在定陶得到戚姬，非常宠爱她，生下赵隐王如意。孝惠帝为人仁慈而柔弱，高祖认为他不像自己，经常想要废掉太子，另立戚姬的儿子如意，认为如意像自己。戚姬得到宠幸，常常跟随高祖前往关东之地，她日夜哭泣，希望让自己的儿子当太子，取

———————
① 麾：同"挥"，挥手示意。

代原来的太子。吕后年龄大了，经常留守在关中，很少能见到高祖，和高祖关系也日益疏远。如意被封为赵王后，好几次都险些取代了太子之位，幸亏有众位大臣进谏，再加上留侯张良献上的计策，太子才没有被废。

吕后为人刚强而坚毅，辅助高祖统一天下，诛杀大臣，很多事都得力于吕后。吕后有两个哥哥，都是将军。大哥周吕侯殉职，封其子吕台为郦侯，吕产为交侯；二哥吕释之被封为建成侯。

高祖十二年四月二十五日，驾崩于长乐宫，太子继承皇位。高祖一共有八个儿子：长子刘肥，是孝惠帝的哥哥，与孝惠帝是同父异母，被封为齐王；其他的都是孝惠帝的弟弟，戚姬的儿子刘如意被封为赵王，薄夫人的儿子刘恒被封为代王，其他姬妾所生的儿子中，刘恢被封为梁王，刘友被封为淮阳王，刘长被封为淮南王，刘建被封为燕王。高祖的弟弟刘交封为楚王，哥哥的儿子刘濞被封为吴王。非刘氏子弟的功臣番君吴芮的儿子吴臣被封为长沙王。

吕后非常怨恨戚夫人还有她儿子赵王，就下令将戚夫人囚禁到永巷，又召赵王前来都城。使者往返了数次，赵相建平侯周昌告诉使者：“高帝将赵王托付给我，赵王的年龄还很小。听说太后对戚夫人心存怨恨，想将赵王召去一同杀死，我不敢将赵王送走。况且赵王也生病了，无法奉诏前往。”吕后大怒，就派人将赵相召到都城。赵相被召到长安，就派人再过去召赵王，赵王来了，还没有抵达都城。孝惠帝很仁慈，知道太后发怒，亲自来到霸上迎接赵王，与赵王一起返回宫里，与赵王一起饮食，共同起居。太后想要杀掉赵王，但找不到机会。孝惠帝元年十二月，孝惠帝清晨出去射猎。赵王年龄还小，没能早起。太后听说赵王独自在家，就派人拿毒酒给他喝。等到天明，孝惠帝回来，赵王已死。于是将淮阳王刘友改封为赵王。夏天，下诏追谥郦侯的父亲为令武侯。太后砍断戚夫人的手脚，挖掉她的眼睛，用火熏聋她的耳朵，又给她喝下哑药，让她居住在猪圈里，还给她起名叫“人彘”。过了几天，吕后让孝惠帝去观看人彘。孝惠帝看到后，经询问，才知道这原来是戚夫人，于是放声大哭，从此得病，一年多无法起身，他派人去见太后说：“这不是人所能做出来的事情。我身为太后的儿子，终究无法治理天下。”从此孝惠帝天天饮酒逸乐，不管朝政，所以患病。

二年，楚元王、齐悼惠王都前来朝见。十月，孝惠帝与齐王在太后面前设宴饮酒，孝惠帝觉得齐王是自己的兄长，让齐王坐在上首的位置，与百姓的礼节相同。太后非常生气，就让人倒下两杯毒酒，放在前面，让齐王起来饮酒。齐王站起来，孝惠帝也一起站起来，拿过酒杯想一起向太后祝福。太后大惊，亲自站起来将孝惠帝杯子里的酒倒掉。齐王感到非常奇怪，就没敢喝下这杯酒，假装酒醉离开了。后来一问，才得

知是毒酒。齐王非常害怕，自以为无法从长安脱身，心里感到忧虑。齐国的谋士劝齐王说："太后只有孝惠帝与鲁元公主两个子女。如今你拥有七十多个城邑，而公主才只有几个城邑。你如果能将一个郡献给太后，来作为公主的汤沐邑，太后肯定会高兴，你也就没有什么值得忧虑的了。"于是齐王就献出城阳郡，尊崇公主为王太后。吕后非常高兴，答应了齐王的请求，在齐王的官邸内摆酒设宴，高兴地喝了一席酒，酒宴结束后，让齐王平安返回了封国。

三年，开始修建长安城，四年，修完一半，五年六年，全部完工。诸侯前来京城会聚。十月，诸侯向皇帝朝贺。

七年秋天八月十二日，孝惠帝去世。发丧时，太后为之哭泣，但没有流眼泪。留侯的儿子张辟强担任侍中，当时十五岁，他对丞相说："太后唯有孝惠帝这一个儿子，如今去世了，她哭得却并不悲伤，你清楚其中的缘故吗？"丞相说："这是因为什么缘故？"张辟强说："皇帝没有已经成年的儿子，太后害怕你们这些大臣。你如今请求拜吕台、吕产、吕禄为将军，统率南北军，等到吕氏这群人都进入朝廷为官，在朝廷当中掌握实权，你们这些大臣才可以摆脱灾难。"丞相按照张辟强的计策去做了。太后非常高兴，她的哭声才变得哀痛起来。吕氏的权势从此崛起。大赦天下。九月五日，安葬孝惠帝。太子继位为皇帝，拜谒高祖的陵庙。元年，朝廷的号令全部由太后决断。

太后代行皇帝的职权，打算分封吕氏子弟为王，首先询问右丞相王陵。王陵说："高帝杀掉白马与大臣们盟誓说：'并非刘氏子弟而称王的，天下人要一起消灭他。'如今封吕氏子弟为王，是违背盟誓的。"太后非常不高兴。转而询问左丞相陈平与绛侯周勃。周勃等人回答："高帝平定天下，封其子弟为王，现在太后临朝称制，封弟兄及吕氏诸子弟为王，没有什么不可以的。"太后变得高兴起来，退朝回宫。

王陵责怪陈平、绛侯说："当初与高帝歃血盟誓，你们难道不在场吗？如今高帝死了，太后以女主身份临朝，意欲封吕氏子弟为王，你们就算想要阿谀逢迎，背弃盟誓，但死后有何脸目在九泉之下去见高帝？"陈平、绛侯说："如今在太后面前公然反对，当朝力争，我们不如你；要说到保全国家，安定刘氏后裔的君王地位，你就不如我们了。"王陵无言以对。十一月，太后想罢免王陵的官职，就拜他为皇帝的太傅，剥夺其丞相职权。于是，王陵谎称有病，被免官回家。然后任命左丞相陈平为右丞相，任命辟阳侯审食其为左丞相。左丞相不管政务，让他监督宫中发生的事情，与郎中令类似。因此，审食其得到太后的宠幸，时常决断政务，公卿大臣都依靠他来决断重要的事情。接着又追尊郦侯的父亲为悼武王，打算以此来作为封吕氏子弟为王的开端。

四月，太后准备封吕氏子弟为侯，就首先封高祖的功臣郎中令冯无择为博城侯。

鲁元公主去世，赐谥为鲁元太后。其儿子张偃被封为鲁王。鲁王的父亲也就是宣平侯张敖。封齐悼惠王的儿子刘章为朱虚侯，将吕禄的女儿嫁给他。齐丞相齐寿被封为平定侯。少府阳成延被封为梧侯，接着封吕种为沛侯，吕平为扶柳侯，张买为南宫侯。

　　太后想封吕氏子弟为王，首先立孝惠帝后宫生下的儿子刘强为淮阳王，刘不疑为常山王，刘山为襄城侯，刘朝为轵侯，刘武为壶关侯。太后暗示大臣，大臣请求封郦侯吕台为吕王，太后答应了这一请求。建成康侯吕释之去世，袭封的儿子犯罪，被废黜了，封其弟弟吕禄为胡陵侯，作为继承康侯的人。二年，常山王去世，让其弟弟襄城侯刘山接任常山王，改名刘义。十一月，吕王吕台去世，谥为肃王，世子吕嘉代立为王。三年，没有发生什么重大的事情。四年，封吕嬃为临光侯，吕他为俞侯，吕更始为赘其侯，吕忿为吕城侯，此外又封诸侯、丞相等五人为侯。宣平侯的女儿当孝惠皇后时，没有生下儿子，假装有孕在身，抱来一位美人所生的儿子假充自己的儿子，然后杀掉了孩子的母亲，立这个孩子为太子。孝惠帝去世，太子继位为皇帝。皇帝长大了，听说他的亲生母亲已死，他并非是皇后亲生，于是说："母后怎能杀死我的生身母亲而将我称作是她的儿子？我还没长大，长大就要报仇。"太后听到这句话后，深感忧虑，害怕他叛变，就将他幽禁到永巷中，对外声称皇帝病得厉害，左右的侍臣都见不到皇帝。太后说："凡是占据天下，治理万民的人，犹如天一般覆盖一切，犹如地一样容纳万物，皇帝心怀欢爱的心情来抚慰百姓，百姓可以快乐地侍奉皇帝，上下感情可以欣然交融，天下得以大治。如今皇帝久病不愈，导致迷惑昏乱，不能作为皇位的继承人来奉祀宗庙，将天下托付给他是错误的，应该找人取代他。"大臣们全都叩头说："皇太后是为天下百姓的利益，安定宗庙社稷，考虑得实在是深远，我们全体叩头，奉行诏令。"皇帝于是被废掉，太后暗中杀害了他。五月十一日，立常山王刘义为皇帝，改名刘弘。皇帝继位，没有改元，是因为太后专制天下。以轵侯刘朝出任常山王。设置太尉这一官职，让绛侯周勃出任太尉。五年八月，淮阳王去世，让他的弟弟壶关侯刘武继任淮阳王。六年十月，太后说吕王吕嘉平日里骄横放纵，废掉了他的王位，让肃王吕台的弟弟吕产担任吕王。夏天，大赦天下。封齐悼惠王的儿子刘兴居为东牟侯。

　　七年正月，太后召赵王刘友前往都城。刘友娶吕氏的女儿为王后，却不喜欢她，喜欢其他姬妾。这个吕氏的女儿心存忌妒，非常气愤地走了，来到太后那里讲他的坏话，诬告他犯罪，说赵王曾表示"吕氏怎能封王？太后百年之后，我必定会消灭他们"。太后大怒，因此将赵王招来都城。赵王来到都城，将他安置在官邸中，并不接见他，命令卫士将官邸围困起来，不给他送吃的。他的臣属有敢暗中给他送饭吃的，就抓来论罪。赵王饥饿难耐，就唱起歌来："诸吕专权，刘氏已经岌岌可危！胁迫王侯啊，硬要我娶吕氏之女为妃。我妃忌妒啊，诬蔑我犯罪。谗女乱国啊，在上的人竟然不能醒悟。我没有忠臣啊，否则为何我丧失了自己的封国？自杀于荒野啊，苍天办事应当公正！哎呀！没有可后悔的事啊，宁愿早点自裁。身为王爵而被饿死啊，有谁可以怜悯我？吕氏无理啊，只好希望上天能为我报仇。"十八日，赵王被幽禁致死，采用平民的礼仪将他埋葬在长安百姓的坟墓旁。三十日，出现日食，白天昏暗。太后感到很厌恶，心中倍感闷闷不乐，就对左右随侍人员说："这是由于我的缘故吧。"

二月，改封梁王刘恢为赵王。吕王吕产改封为梁王，梁王没有前往封国就任，留在都城担任皇帝的太傅。立皇帝之子昌平侯刘太为吕王。把梁国改名为吕国，吕国改名为济川国。太后的妹妹吕媭有一个女儿是营陵侯刘泽的妻子，刘泽担任大将军。太后封吕氏子弟为王，害怕自己死后刘大将军会作乱，就任命刘泽为琅琊王，来宽慰其心。

梁王刘恢被改封为赵王，心里非常不高兴。太后封吕产的女儿为赵王王后。王后的随侍官员全都是吕氏家族的人，他们专权用事，暗中监视赵王，赵王无法安心生活。赵王有一个非常宠爱的姬妾，王后派人用毒酒将她杀害。于是赵王写了四首诗歌，让乐工歌唱，赵王极度悲伤，六月就自杀了。太后听说这件事，认为赵王为了女人而背弃宗庙礼教，不再让他的后代继承王位。

宣平侯张敖去世，因为他的儿子张偃为鲁王，所以将张敖的谥号定为鲁元王。

秋天，太后派遣使者告知代王，希望将他迁徙到赵地为王。代王谢绝，希望能够继续守卫代国这一边地。太傅吕产、丞相陈平等人都认为，武信侯吕禄在侯爵当中名列第一，请求被立为赵王。太后答应了这一请求，追尊吕禄的父亲康侯为赵昭王。九月，燕灵王刘建去世，他有一个美人所生下的儿子，太后派人杀掉了这个儿子，燕灵王无后，封国被废除。八年十月，立吕肃王的儿子东平侯吕通为燕王，封吕通的弟弟吕庄为东平侯。

三月中旬，吕后举行祓祭，回程途中路过轵道，看见一个东西犹如黑狗，盘踞在高后的腋下，忽然又不见了。占卜后，认为是赵王如意作祟。于是高后腋下得病。

高后由于外孙鲁王张偃年幼，过早失去父母，孤零零的，势力又很薄弱，就封张敖姬妾所生的两个儿子为侯，张侈被封为新都侯，张寿被封为乐昌侯，以此辅助张偃。又封中大谒者张释为建陵侯，吕荣为祝兹侯。那些在宫中由宦官充任的令、丞，都被封为关内侯，每人的食邑有五百户。

七月，高后的病情开始恶化，就命令赵王吕禄担任上将军，统率北军；吕王吕产统率南军。吕太后告诫吕产与吕禄："高帝平定天下之后，与大臣们约定，'并非刘氏

子弟而称王的,天下人要一同消灭他'。如今吕氏为王,大臣们都愤愤不平。我快要死了,皇帝的年龄还小,恐怕大臣们会发起叛乱。你们必须掌控住军队,保卫好宫廷,千万不要为我送丧,不要被人所控制。"八月一日,高后去世,留下诏书奖赏给诸侯王每人金一千斤,将、相、列侯、郎吏都依据秩位来赏赐金。大赦天下。任命吕王吕产为相国,由吕禄的女儿出任皇后。

高后被安葬以后,由左丞相审食其出任皇帝的太傅。

朱虚侯刘章非常勇猛,东牟侯刘兴居是其弟弟,他们全都是齐哀王的弟弟,住在长安。当时,吕氏一伙人专权,准备作乱,但畏惧高帝昔日的大臣绛侯、灌婴等人,没敢发动。朱虚侯的妻子是吕禄的女儿,因此,清楚他们的阴谋,他怕被杀害,就私下派人告知他的哥哥齐王,想让他带兵西进,诛灭吕氏子弟而自立为帝。朱虚侯准备与大臣们在内和齐王彼此呼应。齐王准备发兵,他的丞相不肯跟随。八月二十六日,齐王准备派人杀掉丞相,丞相召平造反,打算发兵围攻齐王,齐王乘机杀掉了丞相,于是发兵东进,采取欺诈的方法夺取琅琊王的军队,两支军队都由他统率,向西进兵。这件事被记载在《齐悼惠王世家》当中。

齐王写信给诸侯王:"高帝平定天下,将子弟封王,悼惠王被封在齐地为王。悼惠王去世,孝惠帝派留侯张良将我立为齐王。孝惠帝去世,高后执政,她年事已高,听从吕氏一伙人的意见,擅自废立皇帝,又接连杀害三任赵王,废除梁国、赵国、燕国的刘姓王,改封吕氏子弟为王,齐国也被瓜分成四国。忠臣进言劝诫,高后昏乱,不肯接受。现在高后已去世,而皇帝的年龄还小,无法治理天下,只能依靠大臣、诸侯。而吕氏一伙人擅自占据显要的职位,聚集军队,以壮声威,胁迫忠臣,假借诏命,以号令天下,因此刘氏宗庙现在陷入危机之中。我率军队前往朝廷去除掉那些不应当封王的人。"汉朝廷听说这一消息,相国吕产等人就派遣颍阴侯灌婴率领军队去攻打齐王。灌婴来到荥阳,就与人商量:"吕氏一伙人在关中掌控了军队,想要消灭刘氏而自己当皇帝。如果现在我击垮齐国的军队而回去复命,这就越发壮大了吕氏势力。"于是灌婴屯兵于荥阳,派使者告知齐王及各国诸侯,要同他们联合起来,等待吕氏发动叛乱,共同除掉吕氏。齐王听说这一消息后,就将军队撤回至齐国西部边界,等待消息,按约定行事。

吕禄、吕产准备在关中地区发动叛乱,但是在内畏惧绛侯、朱虚侯等人,在外畏惧齐国、楚国的军队,又害怕灌婴叛变,准备等灌婴的军队与齐国的军队进行交战后再发动叛乱,还在犹豫未决。这时,名义上是少帝弟弟的济川王刘太、淮阳王刘武、常山王刘朝,以及吕后外孙鲁元王,都由于年纪幼小而没有前往封国,住在长安。赵

王吕禄、梁王吕产各自统兵待在南北军中，他们全都是吕氏的人。列侯群臣没人敢确信自己可以保命。

太尉绛侯周勃无法掌握兵权。曲周侯郦商年事已高身体病弱，他的儿子郦寄与吕禄的关系很好。绛侯就与丞相陈平商量对策，派人劫持郦商，使得他的儿子郦寄去欺骗吕禄："高帝与吕后一起平定天下，刘氏一共被封了九个王，吕氏则被封了三个王，全都是大臣们议定的，这件事情已通告诸侯，诸侯都觉得是妥当的。如今太后已死，皇帝年幼，而你佩带赵王的印绶，不尽快回国守卫国土，却出任上将军，率领军队停留在这里，被大臣和诸侯所猜疑。你为何不将将军印绶上交，把军队交给太尉？并请梁王将相国印绶交

●周勃

回，与大臣们订立下盟约，前往自己的封国，这样齐王一定会停息兵戈，大臣能够安定，你可以为此高枕无忧，称王于千里的国家，这将会有利于子孙万代。"吕禄非常信任郦寄，准备将将军印绶交出去，将军队归属于太尉。派人去告知吕产与吕氏宗族的老人，他们有的认为这样做妥当，有的人认为不妥，都很犹豫，拿不定主意。吕禄很信任郦寄，时常与他外出游猎。有一次途经姑母吕媭家，姑母大怒，说："你身为将军却放弃执掌军队，吕氏宗族将没有安身立命之所了。"于是拿出所有的珠玉宝器都抛散于堂下，说："不要为别人看守这些东西了。"

左丞相审食其被罢免。

八月十日早晨，代行御史大夫职务的平阳侯，与相国吕产见面商量事情。郎中令贾寿前往齐国出使回来，指责吕产："你不尽早前往自己的封国，现在就算想走，还能走吗？"他将灌婴与齐、楚联合，准备诛灭吕氏宗族的事情都告诉了吕产，催促吕产尽快进入宫廷。平阳侯听到这些话，就骑马跑去报告给丞相与太尉。太尉打算进入北军，但无法进去。襄平侯纪通执掌符节，太尉就让他持节假传诏令，让太尉进入北军。太尉又让郦寄与典客刘揭先去劝说吕禄："皇帝派太尉统领北军，想让你前往封国，尽快归还将军印绶，离开这里，不然的话，将要出现大祸。"吕禄认为郦寄不能欺骗自己，于是解下印绶交给了典客，将兵权交给太尉。太尉掌握兵权后来到军门之内，对军中下令："拥护吕氏的请袒露出右臂，拥护刘氏的请袒露出左臂。"军中的士卒全

都袒露出左臂，拥护刘氏。太尉即将抵达北军时，将军吕禄已经解下印绶离开，于是太尉统领了北军。

然而还有南军没有被控制住。平阳侯听见贾寿对吕产说的一些话，将吕产的阴谋告知丞相陈平，丞相陈平就找来朱虚侯帮助太尉。太尉让朱虚侯守住营门。派平阳侯告知卫尉："不可以让相国吕产走入殿门。"吕产不清楚吕禄已离开北军，就来到未央宫，想要作乱，但是无法进入殿门，在那里不断徘徊。平阳侯担心无法取胜，骑马跑去将情况告知太尉。太尉担心无法战胜吕氏等人，因此没敢公开宣称要诛灭吕氏，就调遣朱虚侯，对他说："赶快进宫保护皇帝。"朱虚侯需要一些兵力，太尉就调拨给他士卒一千多人，朱虚侯进入未央宫大门，见到吕产在宫廷中。黄昏时，领兵进攻吕产，吕产逃走。天空当中刮起了大风，因此吕产的随从顿时一片混乱，不敢抵抗。朱虚侯追赶吕产，将他杀死在郎中令府邸当中的厕所里面。

朱虚侯已杀掉了吕产，皇帝派谒者手拿符节慰劳朱虚侯。朱虚侯想要将符节夺过来，谒者不答应，朱虚侯就与他一同乘车，利用符节驱车飞奔，杀掉长乐官卫尉吕更始。回来时，驱车进入北军，报告给太尉。太尉起身对朱虚侯拜贺："我们所担心的只有吕产，现在已经将他杀死，天下大局已定。"随后派人分别将吕氏家族的人都给逮捕起来，无论老少，全部处死。

九月十一日，抓获吕禄将其斩首，用鞭子与棍棒击杀吕嬃。派人诛杀燕王吕通，废黜鲁王张偃。九月十二日，又任命皇帝的太傅审食其为左丞相。九月十八日，改封济川王为梁王，立赵幽王的儿子刘遂为赵王。派遣朱虚侯刘章将诛除吕氏的事情告知齐王，让他撤回军队。灌婴的军队也从荥阳罢兵返回都城。

大臣们彼此商量："少帝与梁王、淮阳王、常山王，都并非是孝惠帝的儿子。吕后使用欺诈手段将别人的儿子伪装成孝惠帝的儿子，杀死孩子的母亲，养育在后宫当中，让孝惠帝当成是自己的儿子，立为皇帝的继承人以及封为诸王，以此来增强吕氏的势力。现在已经全部诛灭了吕氏宗族，如果让他们所立的人继续当皇帝，等到他长大掌权后，我们这些人都会被诛杀。不如从诸王当中挑选一个最为贤明的人立为皇帝。"有的说："齐悼惠王是高帝的长子。现在他的嫡子担任齐王，从亲疏嫡庶方面来探求本源，齐王为高帝的嫡长孙，可以被立为皇帝。"大臣们都说："吕氏以外戚的身份专权作恶，几乎倾覆刘氏的宗庙，摧残功臣。现在齐王外祖母家驷氏的驷钧，是个恶人，如果立齐王为帝，就会再次出现吕氏专权的局面。"想立淮南王为皇帝，又觉得他年轻，外祖母家也非常凶恶。大家就说："代王是高帝如今还活着的儿子中最年长的，为人仁孝而宽厚。太后薄氏的家族非常谨慎善良。而且立排行最长的皇子本来就是名正言

史记精华本

顺，再加上代王向来以仁孝名闻天下，被立为帝是最妥当的。"于是就一起暗中派人召代王前来都城。代王派人辞谢。使者第二次前去迎接，然后代王才乘坐着六匹马拉的传车，起程出发。闰九月月底己酉这一天，抵达长安，住在代王的官邸当中。大臣们都前去拜见代王，献上天子印玺，一致尊立代王为天子。代王再三推让，大臣们坚持请求，代王最终答应了。

东牟侯刘兴居说："诛除吕氏我没有立下功劳，请让我来将宫廷清理出来。"他就与太仆汝阴侯滕公一起来到宫内，上前对少帝说："你并非刘氏子孙，不应当称帝。"于是命令少帝左右执戟的侍卫放下武器离开宫廷。有几个人不肯交出武器，宦官的首领张泽过去说了一些话，他们也放下了武器。滕公就叫车驾搭载上少帝出宫。少帝说："想要将我拉到哪里去？"滕公说："到宫外居住。"少帝被安置在少府中住宿。接着使用天子的法驾，去代王官邸迎接代王。向代王报告："宫内已经被清理过了。"代王当天晚上就住进未央宫。有十名谒者持戟守住正门，说："天子在此处，你进去干什么？"代王将情况告知太尉。太尉前去进行了说明，十名谒者就都放下武器离开了。代王随后入宫处理政事。夜间，官吏分头将梁王、淮阳王、常山王与少帝杀死在官邸当中。

代王继位成为天子。在位二十三年去世，谥号为孝文皇帝。

太史公说：孝惠皇帝与吕后在位期间，百姓得以摆脱战国时代的苦难，君臣都希望通过无为而治来达到休养生息的目的，因此惠帝垂衣拱手，显得安闲无为，吕后以女主的身份代行皇帝的职权，施政从不出门户，天下却也能够安然无事。刑罪很少使用，犯罪的人数也很少。百姓专心从事农耕生产，衣食就此富足起来。

右太后本纪

三二七

吕氏家族的专权与最终灭亡是关系到汉室存亡兴替的重要大事，司马迁紧扣这一关键进行布局谋篇，充分展现了作为一名史学家的卓越识见。作者多处运用非常简洁的漫画笔法来辛辣讽刺吕后处心积虑培植吕氏家族势力的种种表现：惠帝死后，"太后哭，泣不下"；丞相陈平请求封吕台、吕产、吕禄为将，掌握住南北军军权，诸吕入宫，居中用事，则"太后悦，其哭乃哀"。同样都是哭泣，产生了极为绝妙的讽刺效果。

两汉四百年间，外戚专权多次出现，曾经给汉王朝的统治带来多次危机，西汉王朝更是直接亡于外戚王莽的篡权。吕后作为汉朝第一个专权擅政的外戚代表，有着非常重要的历史特性，司马迁没有为这一时期汉惠帝等皇帝单独写本纪，而是将其包含在吕太后本纪之中，这在历代史书当中都是极为特殊的立传方式，也反映出司马迁录史唯实的理念。因为这一时期，吕后才是真正的最高统治者。

这篇本纪记事非常真实，刻画人物的性格鲜明而深刻：如吕后令人发指地残害戚姬、连杀三任赵王等事件的本身就足以展现出其残忍狠毒的性格，而作者还用貌似不经意的笔法，不动声色地表达自己对吕后的憎恶，从而增强了作品的艺术感染力。如惠帝得知"人彘"即是戚夫人后，有"此非人所为"的哀叹，借用吕后亲生儿子之口，强有力地讽刺了这位心狠手辣的权贵。在描写诛灭诸吕的过程中，周勃、陈平的多谋与机警，朱虚侯的勇武，齐哀王的果断，灌婴的沉稳等，也都描绘得恰如其分。正是因为这些性格各异的人物的通力合作，加上人心所向，才使得过程虽然曲折，却又总是能够绝处逢生，最终诛尽诸吕而大快人心。

史记精华本

# 孝文本纪

**题解**

　　《孝文本纪》选自《史记》卷十,本纪第十。这篇本纪记载了汉文帝刘恒在位二十三年期间的种种仁政,以及开创文景之治的伟大历史功绩,赞颂了他宽厚仁爱、谦让俭朴的品德,刻画出一个贤能的封建帝王的形象。

**原文**

　　孝文皇帝,高祖中子也。高祖十一年春,已破陈豨军,定代地,立为代王,都中都。太后薄氏子。即位十七年,高后八年七月,高后崩。九月,诸吕吕产等欲为乱,以危刘氏,大臣共诛之,谋召立代王,事在《吕后》语中。

　　丞相陈平、太尉周勃等使人迎代王。代王问左右郎中令张武等。张武等议曰:"汉大臣皆故高帝时大将,习兵,多谋诈,此其属意非止此也,特畏高帝、吕太后威耳。今已诛诸吕,新啑(dié)血京师,此以迎大王为名,实不可信。愿大王称疾毋往,以观其变。"中尉宋昌进曰:"群臣之议皆非也。夫秦失其政,诸侯豪桀并起,人人自以为得之者以万数,然卒践天子之位者,刘氏也,天下绝望,一矣。高帝封王子弟,地犬牙相制,此所谓磐石之宗也,天下服其强,二矣。汉兴,除秦苛政,约法令,施德惠,人人自安,难动摇,三矣。夫以吕太后之严,立诸吕为三王,擅权专制,然而太尉以一节入北军,一呼士皆左袒(tǎn),为刘氏,叛诸吕,卒以灭之。此乃天授,非人力也。今大臣虽欲为变,百姓弗为使,其党宁能专一邪? 方今内有朱虚、东牟之亲,外畏吴、楚、淮南、琅邪、齐、代之强。

●汉文帝亲尝汤药

　　文帝以仁慈、孝顺而闻名于天下，侍奉母亲从来没有懈怠的时候。薄太后曾经卧病三年，他时常目不交睫，衣不解带。母亲所要服用的汤药，他都要在亲口尝过后才放心让母亲服食。后人将亲尝汤药的故事编入二十四孝之中。

　　方今高帝子独淮南王与大王，大王又长，贤圣仁孝，闻于天下，故大臣因天下之心而欲迎立大王，大王勿疑也。"代王报太后计之，犹与<sup>①</sup>未定。卜之龟，卦兆得大横。占曰："大横庚庚，余为天王，夏启以光。"代王曰："寡人固已为王矣，又何王？"卜人曰："所谓天王者乃天子。"于是代王乃遣太后弟薄昭往见绛侯，绛侯等具为昭言所以迎立王意。薄昭还报曰："信矣，毋可疑者。"代王乃笑谓宋昌曰："果如公言。"乃命宋昌参乘，张武等六人乘传诣长安。至高陵休止，而使宋昌先驰之长安观变。

　　昌至渭桥，丞相以下皆迎。宋昌还报。代王驰至渭桥，群臣拜谒称臣。代王下车拜。太尉勃进曰："愿请间<sup>jiàn</sup>言。"宋昌曰："所言公，公言之。所言私，王者不受私。"太尉乃跪上天子玺符。代王谢曰："至代邸<sup>dǐ</sup>而议之。"遂驰入代邸。群臣从至。丞相陈平、太尉周勃、大将军陈武、御史大夫张苍、宗正刘郢、朱虚侯刘章、东牟侯刘兴居、典客刘揭皆再拜言曰："子弘等皆非孝惠帝子，不当奉宗庙。臣谨请与阴安侯列侯顷王后与琅邪王、宗室、大臣、列侯、吏二千石议曰：'大王高帝长子，宜为高帝嗣。'愿大王即天子位。"代王曰："奉高帝宗庙，重事也。寡人不佞，不足以称宗庙。愿请楚王计宜者，

史记精华本

三三〇

────────

　　① 犹与：同"犹豫"。

寡人不敢当。"群臣皆伏固请。代王西乡让者三,南乡让者再。丞相平等皆曰:"臣伏计之,大王奉高帝宗庙最宜称,虽天下诸侯万民以为宜。臣等为宗庙社稷计,不敢忽。愿大王幸听臣等。臣谨奉天子玺符再拜上。"代王曰:"宗室将相王列侯以为莫宜寡人,寡人不敢辞。"遂即天子位。

　　群臣以礼次侍。乃使太仆婴与东牟侯兴居清宫,奉天子法驾,迎于代邸。皇帝即日夕入未央宫。乃夜拜宋昌为卫将军,镇抚南北军。以张武为郎中令,行殿中。还坐前殿。于是夜下诏书曰:"间者诸吕用事擅权,谋为大逆,欲以危刘氏宗庙,赖将相列侯宗室大臣诛之,皆伏其辜。朕初即位,其赦天下,赐民爵一级,女子百户牛酒,酺<sup>pú</sup>五日。"

　　孝文皇帝元年十月庚戌,徙立故琅邪王泽为燕王。

　　辛亥,皇帝即阼<sup>yè</sup>,谒高庙。右丞相平徙为左丞相,太尉勃为右丞相,大将军灌婴为太尉。诸吕所夺齐楚故地,皆复与之。

　　壬子,遣车骑将军薄昭迎皇太后于代。皇帝曰:"吕产自置为相国,吕禄为上将军,擅矫遣灌将军婴将兵击齐,欲代刘氏,婴留荥阳弗击,与诸侯合谋以诛吕氏。吕产欲为不善,丞相陈平与太尉周勃谋夺吕产等军。朱虚侯刘章首先捕吕产等。太尉身率襄平侯通持节承诏入北军。典客刘揭身夺赵王吕禄印。益封太尉勃万户,赐金五千斤。丞相陈平、灌将军婴邑各三千户,金二千斤。朱虚侯刘章、襄平侯通、东牟侯刘兴居邑各二千户,金千斤。封典客揭为阳信侯,赐金千斤。"

　　十二月,上曰:"法者,治之正<sup>①</sup>也,所以禁暴而率善人也。今犯法已论,而使毋罪之父母妻子同产坐之,及为收帑<sup>②</sup>,朕甚不取。其议之。"有司皆曰:"民不能自治,故为法以禁之。相坐坐收,所以累其心,使重犯法,所从来远矣。如故便。"上曰:"朕闻法正则民悫,罪当则民从。

①　正:通"证",凭证。
②　帑:通"孥",妻子与儿女。

且夫牧民而导之善者,吏也。其既不能导,又以不正之法罪之,是反害于民为暴者也。何以禁之?朕未见其便,其孰计之。"有司皆曰:"陛下加大惠,德甚盛,非臣等所及也。请奉诏书,除收帑诸相坐律令。"

正月,有司言曰:"蚤建太子,所以尊宗庙。请立太子。"上曰:"朕既不德,上帝神明未歆享,天下人民未有嗛①志。今纵不能博求天下贤圣有德之人而禅天下焉,而曰豫②建太子,是重吾不德也。谓天下何?其安之。"有司曰:"豫建太子,所以重宗庙社稷,不忘天下也。"上曰:"楚王,季父也,春秋高,阅天下之义理多矣,明于国家之大体。吴王于朕,兄也,惠仁以好德。淮南王,弟也,秉德以陪朕。岂为不豫哉!诸侯王宗室昆弟有功臣,多贤及有德义者,若举有德以陪朕之不能终,是社稷之灵,天下之福也。今不选举焉,而曰必子,人其以朕为忘贤有德者而专于子,非所以忧天下也。朕甚不取也。"有司皆固请曰:"古者殷周有国,治安皆千余岁,古之有天下者莫长焉,用此道也。立嗣必子,所从来远矣。高帝亲率士大夫,始平天下,建诸侯,为帝者太祖。诸侯王及列侯始受国者皆亦为其国祖。子孙继嗣(sì),世世弗绝,天下之大义也,故高帝设之以抚海内。今释宜建而更选于诸侯及宗室,非高帝之志也。更议不宜。子某最长,纯厚慈仁,请建以为太子。"上乃许之。因赐天下民当代父后者爵各一级。封将军薄昭为轵侯。

三月,有司请立皇后。薄太后曰:"诸侯皆同姓,立太子母为皇后。"皇后姓窦氏。上为立后故,赐天下鳏寡孤独穷困及年八十已③上孤儿九岁已下布帛米肉各有数。上从代来,初即位,施德惠天下,镇抚诸侯四夷皆洽欢,乃循从代来功臣。上曰:"方大臣之诛诸吕迎朕,朕狐疑,皆止朕,唯中尉宋昌劝朕,朕以得保奉宗庙。已尊昌为卫将军,其封昌为

---

① 嗛:通"慊",满足。

② 豫:同"预",预先。

③ 已:同"以"。

史记精华本

壮武侯。诸从朕六人，官皆至九卿。"上曰："列侯从高帝入蜀、汉中者六十八人皆益封各三百户，故吏二千石以上从高帝颍川守尊等十人食邑六百户，淮阳守申徒嘉等十人五百户，卫尉定等十人四百户。封淮南王舅父赵兼为周阳侯，齐王舅父驷钧为清郭侯。"秋，封故常山丞相蔡兼为樊侯。

人或说右丞相曰："君本诛诸吕，迎代王，今又矜其功，受上赏，处尊位，祸且及身。"右丞相勃乃谢病免罢，左丞相平专为丞相。

二年十月，丞相平卒，复以绛侯勃为丞相。上曰："朕闻古者诸侯建国千余，各守其地，以时入贡，民不劳苦，上下欢欣，靡有遗德。今列侯多居长安，邑远，吏卒给输费苦，而列侯亦无由教驯其民。其令列侯之国，为吏及诏所止者，遣太子。"

十一月晦，日有食之。十二月望，日又食。上曰："朕闻之，天生蒸①民，为之置君以养治之。人主不德，布政不均，则天示之以菑，以诫不治。乃十一月晦，日有食之，适见于天，菑孰大焉！朕获保宗庙，以微眇之身托于兆民君王之上，天下治乱，在朕一人，唯二三执政犹吾股肱也。朕下不能理育群生，上以累三光之明，其不德大矣。令至，其悉思朕之过失，及知见思之所不及，匄②以告朕。及举贤良方正能直言极谏者，以匡朕之不逮。因各饬其任职，务省繇费以便民。朕既不能远德，故悯然念外人之有非，是以设备未息。今纵不能罢边屯戍，而又饬兵厚卫，其罢卫将军军。太仆见马遗财③足，余皆以给传置。"

正月，上曰："农，天下之本，其开籍田，朕亲率耕，以给宗庙粢盛。"

三月，有司请立皇子为诸侯王。上曰："赵幽王幽死，朕甚怜之，已立其长子遂为赵王。遂弟辟强及齐悼惠王子朱虚侯章、东牟侯兴居有

---

① 蒸：通"烝"，众多。

② 匄：同"丐"，乞求，希望。

③ 财：通"才"，仅仅。

功,可王。"乃立赵幽王少子辟强为河间王,以齐剧郡立朱虚侯为城阳王,立东牟侯为济北王,皇子武为代王,子参为太原王,子揖为梁王。

上曰:"古之治天下,朝有进善之旌,诽谤之木,所以通治道而来谏者。今法有诽谤妖言之罪,是使众臣不敢尽情,而上无由闻过失也。将何以来远方之贤良?其除之。民或祝诅上以相约结而后相谩,吏以为大逆,其有他言,而吏又以为诽谤。此细民之愚无知抵死,朕甚不取。自今以来,有犯此者勿听治。"

九月,初与郡国守相为铜虎符、竹使符。

三年十月丁酉晦,日有食之。十一月,上曰:"前日诏遣列侯之国,或辞未行。丞相朕之所重,其为朕率列侯之国。"绛侯勃免丞相就国,以太尉颍阴侯婴为丞相。罢太尉官,属丞相。四月,城阳王章薨。淮南王长与从者魏敬杀辟阳侯审食其。

五月,匈奴入北地,居河南为寇。帝初幸甘泉。六月,帝曰:"汉与匈奴约为昆弟,毋使害边境,所以输遗匈奴甚厚。今右贤王离其国,将众居河南降地,非常故,往来近塞,捕杀吏卒,驱保塞蛮夷,令不得居其故,陵轹边吏,入盗,甚敖①无道,非约也。其发边吏骑八万五千诣高奴,遣丞相颍阴侯灌婴击匈奴。"匈奴去,发中尉材官属卫将军军长安。

辛卯,帝自甘泉之高奴,因幸太原,见故群臣,皆赐之。举功行赏,诸民里赐牛酒。复晋阳中都民三岁。留游太原十余日。

济北王兴居闻帝之代,欲往击胡,乃反,发兵欲袭荥阳。于是诏罢丞相兵,遣棘蒲侯陈武为大将军,将十万往击之。祁侯贺为将军,军荥阳。七月辛亥,帝自太原至长安。乃诏有司曰:"济北王背德反上,诖误吏民,为大逆。济北吏民兵未至先自定,及以军地邑降者,皆赦之,复官爵。与王兴居去来,亦赦之。"八月,破济北军,虏其王。赦济北诸吏民与王反者。

① 敖:通"傲",傲慢。

六年，有司言淮南王长废先帝法，不听天子诏，居处毋度，出入拟于天子，擅为法令，与棘蒲侯太子奇谋反，遣人使闽越及匈奴，发其兵，欲以危宗庙社稷。群臣议，皆曰"长当弃市"。帝不忍致法于王，赦其罪，废勿王。群臣请处王蜀严道、邛都，帝许之。长未到处所，行病死，上怜之。后十六年，追尊淮南王长谥为厉王，立其子三人为淮南王、衡山王、庐江王。

十三年夏，上曰："盖闻天道祸自怨起而福繇德兴。百官之非，宜由朕躬。今秘祝之官移过于下，以彰吾之不德，朕甚不取。其除之。"

五月，齐太仓令淳于公有罪当刑，诏狱逮徙系长安。太仓公无男，有女五人。太仓公将行会逮，骂其女曰："生子不生男，有缓急非有益也！"其少女缇萦自伤泣，乃随其父至长安，上书曰："妾父为吏，齐中皆称其廉平，今坐法当刑。妾伤夫死者不可复生，刑者不可复属，虽复欲改过自新，其道无由也。妾愿没入为官婢，赎父刑罪，使得自新。"书奏天子，天子怜悲其意，乃下诏曰："盖闻有虞氏之时，画衣冠异章服以为戮，而民不犯。何则？至治也。今法有肉刑三，而奸不止，其咎安在？非乃朕德薄而教不明欤？吾甚自愧。故夫驯道不纯而愚民陷焉。《诗》曰'恺悌君子，民之父母'。今人有过，教未施而刑加焉，或欲改行为善而道毋由也。朕甚怜之。夫刑至断支体，刻肌肤，终身不息，何其楚痛而不德也，岂称为民父母之意哉！其除肉刑。"

上曰："农，天下之本，务莫大焉。今勤身从事而有租税之赋，是为本末者毋以异，其于劝农之道未备。其除田之租税。"

十四年冬，匈奴谋入边为寇，攻朝郍塞，杀北地都尉卬。上乃遣三将军军陇西、北地、上郡，中尉周舍为卫将军，郎中令张武为车骑将军，军渭北，车千乘，骑卒十万。帝亲自劳军，勒兵申教令，赐军吏卒。帝欲自将击匈奴，群臣谏，皆不听。皇太后固要帝，帝乃止。于是以东阳侯张相如为大将军，成侯赤为内史，栾布为将军，击匈奴。匈奴遁走。

春，上曰："朕获执牺牲珪币以事上帝宗庙，十四年于今，历日绵长，以不敏不明而久抚临天下，朕甚自愧。其广增诸祀墠场珪币。昔先王远施不求其报，望祀不祈其福，右贤左戚，先民后己，至明之极也。今吾闻祠官祝釐<sup>①</sup>，皆归福朕躬，不为百姓，朕甚愧之。夫以朕不德，而躬享独美其福，百姓不与焉，是重吾不德。其令祠官致敬，毋有所祈。"

是时北平侯张苍为丞相，方明律历。鲁人公孙臣上书陈终始传五德事，言方今土德时，土德应黄龙见，当改正朔服色制度。天子下其事与丞相议。丞相推以为今水德，始明正十月上黑事，以为其言非是，请罢之。

十五年，黄龙见成纪，天子乃复召鲁公孙臣，以为博士，申明土德事。于是上乃下诏曰："有异物之神见于成纪，无害于民，岁以有年。朕亲郊祀上帝诸神。礼官议，毋讳以劳朕。"有司礼官皆曰："古者天子夏躬亲礼祀上帝于郊，故曰郊。"于是天子始幸雍，郊见五帝，以孟夏四月答礼焉。赵人新垣平以望气见，因说上设立渭阳五庙。欲出周鼎，当有玉英见。

十六年，上亲郊见渭阳五帝庙，亦以夏答礼而尚赤。

十七年，得玉杯，刻曰"人主延寿"。于是天子始更为元年，令天下大酺（pú）。其岁，新垣平事觉，夷三族。

后二年，上曰："朕既不明，不能远德，是以使方外之国或不宁息。夫四荒之外不安其生，封畿（jī）之内勤劳不处，二者之咎，皆自于朕之德薄而不能远达也。间者累年，匈奴并暴边境，多杀吏民，边臣兵吏又不能谕吾内志，以重吾不德也。夫久结难连兵，中外之国将何以自宁？今朕夙兴夜寐，勤劳天下，忧苦万民，为之怛惕（dá tì）不安，未尝一日忘于心，故遣使者冠盖相望，结轶（zhé）<sup>②</sup>于道，以谕朕意于单于（chán）。今单于反古之道，计社

①釐：通"禧"，吉祥。

②轶：通"辙"，车轮所轧出的痕迹。

稷之安，便万民之利，亲与朕俱弃细过，偕之大道，结兄弟之义，以全天下元元之民。和亲已定，始于今年。"

后六年冬，匈奴三万人入上郡，三万人入云中。以中大夫令勉为车骑将军，军飞狐；故楚相苏意为将军，军句注；将军张武屯北地；河内守周亚夫为将军，居细柳；宗正刘礼为将军，居霸上；祝兹侯军棘门：以备胡。数月，胡人去，亦罢。

天下旱，蝗。帝加惠：令诸侯毋入贡，弛山泽，减诸服御狗马，损郎吏员，发仓庾以振贫民，民得卖爵。

孝文帝从代来，即位二十三年，宫室苑囿狗马服御无所增益，有不便，辄弛以利民。尝欲作露台，召匠计之，直百金。上曰："百金中民十家之产，吾奉先帝宫室，常恐羞之，何以台为！"上常衣绨衣，所幸慎夫人，令衣不得曳地，帏帐不得文绣，以示敦朴，为天下先。治霸陵皆以瓦器，不得以金银铜锡为饰，不治坟，欲为省，毋烦民。南越王尉佗自立为武帝，然上召贵尉佗兄弟，以德报之，佗遂去帝称臣。与匈奴和亲，匈奴背约入盗，然令边备守，不发兵深入，恶烦苦百姓。吴王诈病不朝，就赐几杖。群臣如袁盎等称说虽切，常假借用之。群臣如张武等受赂遗金钱，觉，上乃发御府金钱赐之，以愧其心，弗下吏。专务以德化民，是以海内殷富，兴于礼义。

后七年六月己亥，帝崩于未央宫。遗诏曰："朕闻盖天下万物之萌生，靡不有死。死者天地之理，物之自然者，奚可甚哀。当今之时，世咸嘉生而恶死，厚葬以破业，重服以伤生，吾甚不取。且朕既不德，无以佐百姓；今崩，又使重服久临，以离寒暑之数，哀人之父子，伤长幼之志，损其饮食，绝鬼神之祭祀，以重吾不德也，谓天下何！朕获保宗庙，以眇眇之身托于天下君王之上，二十有余年矣。赖天地之灵，社稷之福，方内安宁，靡有兵革。朕既不敏，常畏过行，以羞先帝之遗德；维年之久长，惧于不终。今乃幸以天年，得复供养于高庙。朕之不明与嘉之，其奚哀悲之有！其令天下吏民，令到出临三日，皆释服。毋禁取妇嫁女祠祀饮酒食肉者。自当给丧事服临者，皆无践<sup>①</sup>（xiǎn）。绖带无过三寸，毋布车及兵器，毋发民男女哭临宫殿。宫殿中当临者，皆以旦夕各十五举声，礼毕罢。非旦夕临时，禁毋得擅哭。已下，服大功十五日，小功十四日，纤七日，释服。佗（tā）不在令中者，皆以此令比率从事。布告天下，使明知朕意。霸陵山川因其故，毋有所改。归夫人以下至少使。"令中尉亚夫为车骑将军，属国悍为将屯将军，郎中令武为复土将军，发近县见卒万六千人，发内史卒万五千人，藏郭<sup>②</sup>（guǒ）穿复土属将军武。

乙巳，群臣皆顿首上尊号曰孝文皇帝。

太子即位于高庙。丁未，袭号曰皇帝。

孝景皇帝元年十月，制诏御史："盖闻古者祖有功而宗有德，制礼乐各有由。闻歌者，所以发德也；舞者，所以明功也。高庙酎（zhòu），奏《武德》《文始》《五行》之舞。孝惠庙酎，奏《文始》《五行》之舞。孝文皇帝临天下，通关梁，不异远方。除诽谤，去肉刑，赏赐长老，收恤孤独，以育群生。减嗜欲，不受献，不私其利也。罪人不帑（nú），不诛无罪。除宫刑，出美人，重绝人之世。朕既不敏，不能识。此皆上古之所不及，而孝文皇帝亲行之。德厚侔天地，利泽施四海，靡不获福焉。明象乎日月，而庙乐不称。朕甚惧焉。其为孝文皇帝庙为《昭德》之舞，以明休德。然后祖宗之功德着于竹帛（yì），施于万世，永永无穷，朕甚嘉之。其与丞相、列侯、中二千石、礼官具为礼仪奏。"丞相臣嘉等言："陛下永思孝道，立《昭德》之舞以明孝文皇帝之盛德。皆臣嘉等愚所不及。臣谨议：世功莫大于高皇帝，德莫盛于孝文皇帝，高皇庙宜为帝者太祖之庙，孝文皇帝庙宜为帝者太宗之庙。天子宜世世献祖宗之庙。郡国诸侯宜各为孝文皇帝立太宗之庙。诸侯王列侯使者侍祠天子，岁献祖宗之庙。请著之竹帛，宣布天下。"

① 践：通"跣"，赤足。

② 郭：同"椁"，外棺。

制曰:"可。"

太史公曰:孔子言"必世然后仁。善人之治国百年,亦可以胜残去杀"。诚哉是言!汉兴,至孝文四十有余载,德至盛也。廪廪乡改正服封禅矣,谦让未成于今。呜呼,岂不仁哉!

**译 文**

孝文皇帝刘恒,是高祖排行居中的儿子。高祖十一年春天,高祖打垮陈豨的叛军,平定代地,刘恒被封为代王,建都于中都。他是太后薄氏的儿子。在当代王的第十七年,这时是高后八年七月,高后去世。九月,吕后的家族吕产等人准备叛乱,推翻刘氏的政权,大臣们一同诛灭了吕氏家族,商议召代王来到都城,将其立为皇帝,这件事情被记载在《吕太后本纪》中。

丞相陈平、太尉周勃等派人前去迎接代王。代王询问身边的近臣郎中令张武等人的意见。张武等人建议:"汉朝廷当中的大臣全都是过去高帝时的大将,熟悉军事,多谋善诈,他们的真正意图并不在此,这样做,只是由于畏惧高帝、吕太后的威势而已。如今已诛灭吕氏宗族,血洗了京城,来这里名义上是要迎接大王,实际上并不可信赖。希望大王佯装有病,不可以前往京城,坐观事态变化。"中尉宋昌进言:"群臣的意见都是错误的。当秦朝腐败瓦解时,诸侯豪杰并起,自认可以得到天下的人数以万计,然而最终登上天子之位的只有刘氏,逐鹿天下的人断绝了当皇帝的希望,这是第一点。高帝封子弟为王,封国领土彼此犬牙交错,这便是人们所说的磐石般坚固的宗族关系,天下的人全都屈服于刘氏的强大,这是第二点。汉朝兴起,废除了秦朝所使用的苛刻政令,简化了法令,施恩德于民,人人都能够生活得相当安宁,无法动摇,这是第三点。以吕太后的威严,封吕氏子弟中的三人为王,擅权专制,然而太尉持节来到北军,一声呼唤,士卒都袒露出左臂,表示会拥护刘氏,背叛吕氏,结果覆灭了吕氏宗族。这是上天所授,并非人力所能改变的。现在就算大臣想要叛变,百姓也不肯为他们所驱使,他们的党羽难道会一心一意地团结到一起吗?现在的京城里有朱虚侯、东牟侯这样的亲族,京城外又害怕吴王、楚王、淮南王、琅琊王、齐王、代王这些王强大的实力。现在,高帝的儿子当中仅有淮南王与大王还健在,大王又年长、贤能、圣德、仁爱、孝顺,闻名于天下,所以大臣们才会顺应天下百姓的心愿,而想迎接大王继位为皇帝,大王不可以疑虑。"代王将此事报告给太后,进行磋商,犹豫不决,没法拿定主意。以龟甲来进行占卜,卦象得到大横。兆辞说:"大横预示更替,我成为天王,像夏启一般发扬光大先帝的事业。"代王说:"我现在是诸侯王了,还要做什么王？”占卜的人说：“所说的天王便是天子。”于是代王就派太后的弟弟薄昭前往京城会见绛侯，绛侯等人把要迎立代王为皇帝的意图全都告诉了薄昭。薄昭返回后报告：“情况属实，没有什么值得怀疑的。”代王于是笑着告诉宋昌：“果然如你所说。”就让宋昌在车的右侧陪乘，张武等六人乘传车陪同代王前往长安。到达高陵后停下来，派宋昌首先驱车到长安观察局势变化情况。

宋昌抵达渭桥，丞相以下的各级官员都来迎接。宋昌返回向代王进行了汇报。代王驱车赶到渭桥，大臣们都前来拜见，自称为臣。代王下车进行答拜。太尉周勃进见说：“希望能单独与您说话。”宋昌说：“所说的属于公事，就应该公开说。所说的属私事，为王者不接受私情。”太尉就跪下奉上天子的印玺与符节。代王辞谢：“前往代国官邸去商议。”于是驱车来到代国官邸。大臣们也都跟着来到代国的官邸。丞相陈平、太尉周勃、大将军陈武、御史大夫张苍、宗正刘郢、朱虚侯刘章、东牟侯刘兴居、典客刘揭都行礼后进言：“皇子刘弘等都并非是孝惠帝的儿子，不应当做皇帝，奉祀宗庙。我们请求阴安侯、顷王后，以及琅琊王、宗室、大臣、列侯、二千石以上官员进行商议：‘大王如今是高帝排行最长的儿子，适合作为高帝的继承人。’希望大王能够继位为天子。”代王说：“奉祀高帝的宗庙，是一件极为重大的事。我没有才能，不足以奉祀宗庙。希望请楚王考虑一个更加适合的人，我不敢担当重任。”大臣们都拜伏在地上，坚决地予以请求。代王面朝西谦让了数次，面朝南又谦让了两次。丞相陈平等人都表示：“我们进行商议，大王奉祀高帝的宗庙是最为适宜的，就是天下的诸侯与万民也认为是最妥当的。我们是为了宗庙与国家考虑，不敢轻忽从事。希望大王能够听从我们的建议。我们郑重而恭敬地献上天子的玺印与符节。”代王说：“宗室、将相、诸王、列侯都认为没人比我更适宜，那么我就不敢再次推辞了。”于是继位为天子。

大臣们依照礼仪，依秩位的高下列侍。派太仆夏侯婴与东牟侯刘兴居将宫廷清理出来，用天子法驾前往代王的官邸迎接皇帝。皇帝当晚来到未央宫。夜间任命宋昌为卫将军，镇伏与安抚南北军。任命张武为郎中令，巡行于殿中。皇帝回到前殿坐朝。在当夜下诏：“近来吕氏子弟专权，阴谋叛逆，打算倾危刘氏宗庙，幸亏由将相、列侯、宗室、大臣一起消灭了他们，使他们都得到了惩罚。我刚刚继位，大赦天下，赐予百姓当中的男户主爵位一级，女户主每百户给予牛与酒的赏赐，允许相聚宴饮五天。”

孝文皇帝元年十月一日，将原来的琅琊王刘泽改封为燕王。

二日，皇帝继位，拜谒高庙，右丞相陈平改封左丞相，太尉周勃任右丞相，大将军灌婴任太尉。吕氏夺取的齐国、楚国的固有封地，又都归还给齐、楚。

三日，派遣车骑将军薄昭前往代国迎接皇太后。皇帝说：“吕产自任相国，吕禄自任上将军，擅自假造诏令派遣将军灌婴统领军队出击齐国，希望取代刘氏。灌婴停留于荥阳，按兵不动，与诸侯合谋诛灭吕氏。吕产试图发动叛乱，丞相陈平与太尉周勃用计夺取了吕产等人的兵权。朱虚侯刘章首先抓获吕产等人。太尉亲率襄平侯纪通持节奉诏夺取北军的控制权。典客刘揭亲手夺取赵王吕禄的印信。因此，加封太尉周勃一万户食邑，赐予五千斤金。加封丞相陈平、将军灌婴每人三千户食邑，赐予两千斤金。加封朱虚侯刘章、襄平侯纪通、东牟侯刘兴居每人二千户食邑，赐予一千斤金。封典客刘揭为阳信侯，赐予一千斤金。”

十二月，皇帝说：“法律是治理国家的重要准则，用它来禁绝强暴，引导人们向善。如今在犯法定的罪过后，而让无罪的父母、妻子、兄弟被连坐，收没妻子儿女去当官府的奴婢，我很不赞成这种做法。大家来进行讨论。”官员们都认为：“百姓无法治理自己，所以制定法律来给予他们约束。互相连坐，收没妻子儿女为官府的奴婢，以此来束缚百姓，使他们不敢轻易去触犯法律，这种做法其实由来已久。犹如从前一样的做法是比较适宜的。”皇帝说：“我听说法律公正则百姓能够变得忠厚，论罪量刑得当则百姓可以顺从。况且管理百姓而引导他们向善，是官吏的应有职责。官吏既不能予以引导，又采取不公正的法律去将其论罪，这反而对百姓有害，使他们为暴作乱，法律怎能加以禁止呢？我看不出这种法律有什么便利的地方。你们再加以深思熟虑。”官员们都说：“皇帝对民众的恩惠非常浩荡，德泽极为深厚，不是我们臣下所能够赶得上的。让我们遵奉诏书，废除一人有罪，妻室都被收为官府的奴婢和一些彼此连坐的法令。”

正月，官员们进言：“早些立太子，是为了尊奉宗庙。请现在就确立太子。”皇帝说：“我已是德行浅薄之人，上帝的神灵没能享受我的祭祀，天下的百姓没有感到满足。现在我既不能广泛地寻找天下圣明有德的人来禅让天下，却说什么要及早确立太子，这是使我更加德薄，让我向天下人怎么交代呢？这件事还是暂缓进行。”官员们说：“预先确立太子，是以宗庙与国家为重，表示没有忘怀天下。”皇帝说：“楚王为我的叔父，年龄大，阅历丰富，懂很多治理天下的道理，明白国家的大体。吴王是我的哥哥，为人仁惠，喜欢以德待人。淮南王为我的弟弟，身怀美德前来辅佐我。这难道不是预先解决了皇位继承人的问题吗？诸侯王、宗室、弟兄、有功劳的大臣，很多人都是贤明与有德义的人，如果推荐有道德的人来帮助与继承我这个由于德薄而无法终位的人，这是社稷神明有灵，是天下人的福分。如今不选举，而认为必须要传位于儿子，人们会认为我忘记了贤明而有德的人，而只坚持立自己的儿子，不为天下人着想。我非常不赞同这种做法。”官员们都很坚决地请求：“古代时，殷朝、周朝立国，安治天下都长达一千多年，古代拥有天下的人没有能比殷、周立国时间更久远的了，这是由于殷、周采取了传位于子的办法，一定将自己的儿子作为继承人，很久以前就是这样做的。高帝亲率文臣武将，平定天下，分封诸侯，成为诸国的始祖。最初接受封国的诸侯王与列侯也成为自己封国的始祖。子孙先后嗣位，世代不绝，这是天下大义之所在，因此高帝建立传位给儿子的制度来安定海内。如今放弃应成为继承人的人选，而另外从诸侯与宗室当中挑选，这不是高帝的想法。再议论立谁为继承人是不合时宜的。子某是长子，纯厚而仁慈，请立他为太子。"皇帝答应了。并因此赏赐天下百姓应当为父后嗣的长子每人爵位一级。封将军薄昭为轵侯。

三月，官员们请求册立皇后。薄太后说："诸侯王均为同姓，不可以从同姓当中选择皇后，就立太子的母亲当皇后吧。"皇后姓窦。皇帝由于册立皇后的缘故，赐予天下鳏寡孤独以及贫穷困苦的人，还有年龄在八十岁以上的老人、九岁以下的孤儿、一定数量的布、帛、米、肉。皇帝从代国抵达都城，继位不久，就对天下百姓广施恩德，安抚诸侯以及四方的少数民族，他们都非常欢欣而融洽，于是依次赏赐从代国追随到都城的功臣。皇帝说："当大臣诛灭吕氏子弟前来迎接我时，我感到犹豫不决，大家都在阻拦我，唯有中尉宋昌劝我不必怀疑，这样我才得以事奉宗庙。此前已封宋昌为卫将军，再封宋昌为壮武侯。那些跟随我来都城的六个人，官职都位列九卿。"皇帝说："列侯当中曾追随高帝前往蜀地、汉中的六十八个人都各自加封食邑三百户，过去追随高帝二千石以上的官吏颍川郡郡守尊等十人，各加封食邑六百户，淮阳郡郡守申徒嘉等十人各加封食邑五百户，卫尉定等十人各加封食邑四百户。封淮南王的舅父赵兼为周阳侯，齐王舅父驷钧为清郭侯。"秋天，封此前的常山国丞相蔡兼为樊侯。

有人劝说右丞相："您本就主持诛除吕氏子弟，迎接代王为天子，如今又居功自傲，接受了最丰厚的赏赐，处于最显贵的地位，不久就会灾难临头。"右丞相周勃就推托自己有病，辞去右丞相的职务，左丞相陈平一人独任丞相。

二年十月，丞相陈平去世，又任命绛侯周勃为丞相。皇帝说："我听说古代的诸侯国有一千多个，各自守卫着自己的封地，按规定时间给天子纳贡，百姓不会感到劳苦，上下欢喜，没有道德有缺失的地方。现在列侯多数居住在长安，距离封邑很遥远，那里的官吏与士卒为他们供给、输送所需的各类物资，费力而劳苦，列侯也没有办法去教导其民众。命令列侯返回封国去，在朝廷担任官职与有诏令令其留下的，派遣世子前往封国。"

十一月的最后一天，出现了日食。十二月十五日，又出现了日食。皇帝说："我听说上天生养万民，为他们设立君主来抚育与治理他们。君主不够仁德，施政达不到公平，上天就会用灾异的事件来示警，来告诫他天下还没有被治理好。出乎意料，居然在十一月的最后一天，出现了日食，上天向我显示了谴责的意思，灾异没有比这更加严重的了。我能够守护宗庙，以渺小的个人身处亿万民众与各诸侯王之上，天下治乱，责任在我一人，只有两三个执政大臣犹如我的臂膀。我对下无法治理与养育万物生灵，对上则有损日、月、星辰的光辉，我的不仁德真的是太严重了。我的命令下达时，总是要思考一下我的错误，还有我所知、所见、所想都无法到达的地方，请求你们告诉我。并推选出贤良而能进谏的人，来纠正我的过失。趁这一时机各自整顿自己所担负的职责，力求减轻徭役与税收，以便利于百姓。我既然无法远施德泽，因此心里非常不安，担心边远地区的人们会有人为非作歹，由于这一缘故没能解除军事戒备。现在纵然无法免除边塞的屯戍，而又命令士卒严密地保卫我，是没有必要的，撤掉卫将军所统领的军队。太仆现存的马匹只留下必备的，多余的马匹都送给驿站。"

正月，皇帝说："农业为国家根基，我要开垦良田，亲自带领耕种，以供给祭祀宗庙时所使用的谷物。"

三月，官员们请求分封皇子为诸侯王。皇帝说："赵幽王被幽禁离世，我很怜悯他，已经分封其长子刘遂为赵王。刘遂的弟弟刘辟强还有齐悼惠王的儿子朱虚侯刘章、东牟侯刘兴居立有功勋，可以封王。"于是封赵幽王的小儿子辟强为河间王，将齐国的一些重要郡地分封给朱虚侯，让其担任城阳王，立东牟侯为济北王，立皇子刘武为代王，皇子刘参为太原王，皇子刘揖为梁王。

皇帝说："古代的时候治理天下，朝廷设置有进献善言的旌旗以及供书写建议言论的木柱，以此来维持进献治国之道的通畅，使得直言正谏的人能够前来发表意见。如今法律上有诽谤妖言之罪，这就导致大臣们不敢畅所欲言，皇帝没办法听到自己的过失。这怎么能够让远方的贤良人士能够来到朝廷呢？应当废除这样的法令。百姓当中有人诅咒皇帝，约定彼此隐瞒，而后来又互相揭发，官吏就认定是大逆不道，如果还有其他的言论，官吏又认为是诽谤，这些完全是小民的愚昧无知，就这样治以死罪，我很不赞成。从今以后，有触犯这种罪行的，不要加以审理与治罪。"

九月，开始将调兵遣将所使用的铜虎符，还有使者出入征发使用的竹使符授予郡守与封国丞相。

三年十月三十日，出现日食。十一月，皇帝说："前些日子下诏让列侯都前往自己的封国，有些人推辞不去。丞相是我非常器重的，应该率领列侯赶往封国。"绛侯周勃被免除丞相职务，返回封国，任命太尉颍阴侯灌婴为丞相。废除太尉的职位，把它的权限归属于丞相。四月，城阳王刘章去世。淮南王刘长及其随从魏敬杀害了辟阳侯审食其。

五月，匈奴进攻北地郡，占据了黄河以南地区，寇掠为害。皇帝初次来到甘泉宫。六月，皇帝说："汉朝和匈奴彼此结为兄弟，不让它侵扰边境，为此送给匈奴的礼物极为丰厚。现在右贤王远离自己的国土，带领部众驻扎于黄河以南已经臣服于汉朝的地区，改变了原有的状况，在边塞地区出入往来，捕杀官吏及士卒，驱逐城堡要塞等地的少数民族，不让他们居住在原来的地方，欺凌边地的官吏，进入内地抢劫，极为傲慢无道，违背了以往的约定。现在调发边境地区的官吏以及骑兵八万五千人前往高奴，派遣丞相颍阴侯灌婴进攻匈奴。"匈奴撤离边塞。调遣中尉材官归属于卫将军，驻扎于长安地区。

二十七日，皇帝从甘泉宫前往高奴，顺路到达太原，接见以往代国的群臣，全部进行赏赐。又选取比较有功劳的大臣额外进行封赏，那些里中百姓赐给牛与酒。免除晋阳、中都民众三年的徭役及赋税。在太原巡游了十多天。

济北王刘兴居听说皇帝驾临代地，准备与匈奴交战，于是乘机反叛，调遣军队打算进攻荥阳。于是皇帝下诏命令丞相停止进攻匈奴，派棘蒲侯陈武为大将军，统率十万军队前去进攻济北王。祁侯缯贺担任将军，驻扎于荥阳。七月十八日，皇帝从太原返回长安，下诏给有关部门说："济北王违背道德，背叛皇帝，连累官吏与民众，大逆不道。如果大军到达时，济北官吏和民众自己能够安定下来，以及以军队与地方城邑投降的人，一律加以赦免，恢复原有的官职和爵位。与济北王刘兴居一同反叛又悔悟的，也予以赦免。"八月，打垮了济北国的军队，俘虏了济北王。赦免济北国追随济北王造反的官吏和民众。

六年，官员们举报淮南王刘长废弃先帝的法令，没有听从天子诏命，居住的宫室僭越法度，出入时车马仪仗都模仿天子的规格，擅自制定法令，与棘蒲侯的世子陈奇阴谋造反，派人出使闽越及匈奴，想要借用他们的军队，危害宗庙与国家。大臣们讨论，都认为"刘长应当在街头处死，暴尸示众"。皇帝不忍心按法律来处置淮南王，赦免其罪过，废除其王位。大臣们请求将淮南王安置到蜀郡的严道和邛都，皇帝答应了。刘长没有抵达安置他的地方，就病死于路上，皇帝非常怜悯他。十六年后，将淮南王刘长的谥号定为厉王，封他的三个儿子为淮南王、衡山王、庐江王。

十三年夏天，皇帝说："我听说祸患源自于怨恨，幸福源自于美德，这是上天的规律。百官的错误，应该由我亲自负责。现在秘密进行祷祝的官员把过错推卸给下面的大臣，这使得我的不道德越发昭彰，我很不赞同这种做法。应该废除。"

五月，齐国的太仓令淳于公犯罪，应当受肉刑，诏狱将他逮捕之后送往长安。太仓公没有儿子，只有五个女儿。太仓公被捕临走时，呵斥他的女儿说："没有儿子，全是女孩，有个危急的事情，丝毫用处也没有。"他的小女儿缇萦独自伤心哭泣，跟随其父亲来到长安。她上书说："我父亲做官，齐国地区的人都称颂他的廉洁公平，如今犯法应当受刑。我悲伤已死的人无法复活，身受肉刑的人不可能再将断掉的肢体连接起来，即便想要改过自新，也无路可走。我愿意被收入官府作为奴婢，来抵赎父亲的罪过，使父亲得以改过自新。"缇萦的上书送交皇帝，皇帝哀怜其孝心，就下诏："听说在有虞氏时期，图画罪犯的衣帽，使其与普通人有所不同，以此来羞辱罪犯，而民众不敢违犯法令。这是由于什么原因呢？是因为政治非常清明。现在法律当中存在三种肉刑，而奸邪犯法的事依旧无法禁止，过错在哪里呢？不就是因为我的德薄，教化不显著的缘故吗？我自己感到非常惭愧。所以训导不善，愚昧无知的民众就会陷入刑网中。《诗》中说'和易近人的君子，才是民众的父母'。现在人们犯下过错，没有进行教育就使其刑罚加身，有些人打算改过向善，也没有办法可行。我非常怜悯这些人。刑罚之重，以至于断裂肢体，刻肌刺肤，终身无法恢复，这是多么痛苦而又不道德的行为呀，哪里是符合身为民众父母的行为呢？应当废除肉刑。"

皇帝说："农业为天下之根本，各项事情没有比农业更加重要的了。如今辛勤进行农业生产的人反而要缴纳租税，这是将务本与逐末的人没能加以区别，对于劝民务农的方法未能完备。应当免除农田的租税。"

十四年冬天，匈奴策划入侵边境掳掠，攻打要塞，杀死了北地郡的都尉孙卬。皇帝就派遣三位将军驻扎于陇西、北地、上郡，中尉周舍担任卫将军，郎中令张武出任车骑将军，驻扎于渭水的北面，统领战车一千辆，骑兵十万。皇帝亲自犒劳士卒，训练军队，申明教令，赏赐官兵。皇帝准备亲自领兵出击匈奴，大臣们前来劝阻，他一律都不采纳。皇太后坚决阻拦皇帝，皇帝这才取消了原本的计划。于是任命东阳侯张相如为大将军，成侯董赤为内史，栾布为将军，出兵进攻匈奴，匈奴逃走。

春天，皇帝说："我能够以牺牲与玉帛来祭祀上帝及宗庙，到如今已有十四年。经历了漫长的岁月，以我这样一个并不聪明、圣明的人而长期掌控天下，深感自愧。应该扩大各种祭祀的场所并增多祭祀所用的玉帛。过去先王远施恩德而不谋图报答，举行祭祀而不祈求上天可以福佑自己，尊崇贤才，不重亲戚，先民后己，圣明已经到了极点。现在我听说主管祭祀的官员对神灵祈求福佑时，都只是为我一个人来祈福，而不是为百姓祈福，我很惭愧。以我这样缺少德行的人，而独自享受神灵的福佑，百姓无法分享，这就加重了我的不德。现在命令主管祭祀的官员按时对神灵致敬，不要为我进行祈祷。"

这时北平侯张苍担任丞相，正在制定乐律以及历法。鲁地人公孙臣上书阐述五德终始的学说，提出如今是土德时期，土德就有黄龙出现，应当改变历法的正朔、官服颜色还有各种制度。皇帝将这件事交下去，让大臣们与丞相进行讨论。丞相研究后认为如今是水德，就开始将十月为一年的开端和崇尚黑色这件事明确下来。由于他认为公孙臣上书所说是错误的，所以要求不去采纳公孙臣的建议。

十五年，黄龙出现于成纪，皇帝再次召见鲁地的公孙臣，任命他为博士，阐明当今应当为土德的道理。于是皇帝下达诏令："有一个奇异的神物在成纪现身，无害于民，今年会有一个好收成。我亲自前往郊外去祭祀上帝及其他神。掌管礼仪的官员讨论所应当举行的礼仪，不要怕我劳累而进行隐讳。"大臣与掌管礼仪的官员都认为："古时，天子在夏天亲自前往郊外依礼祭祀上帝，所以称之为'郊'。"于是皇帝初次驾临雍县，郊祀五帝，在夏季四月举行祭礼。赵地人新垣平以望气之术求见皇帝，乘机劝说皇帝在渭阳修建五帝庙。并说要想发现周朝的传国宝鼎，应当会有玉石的精华出现。

十六年，皇帝亲自郊祀渭阳的五帝庙，也在夏天进行祭礼，决定崇尚赤色。

十七年，得到一个玉杯，上面刻着"人主延寿"。于是皇帝开始将这一年改为后元元年，下令天下百姓进行盛大的聚会，设宴饮酒。就在这一年，新垣平诈骗的行为被发觉，将其三族全部杀死。

后元二年，皇帝说："我并不是英明的君主，做不到远施德泽，所以导致中原之外的国家不得安宁。四方荒远地区的百姓无法安稳地生活，国内的百姓则辛勤劳苦，无法安居，这两种过错全都是因为我缺少德行，无法让德泽流布远方。最近匈奴不断侵犯边境，杀死很多官吏与民众，边区的官员及将领又无法理解我内在的心意，以致加重我的不德。这样长期作战，灾难不解，中原内外的国家如何可以获得安宁？如今我早起晚睡，辛苦地操劳天下大事，为千千万万的百姓感到愁苦，心里忧惧，没有一天可以将这件事情忘却。因此其派出的使者络绎不绝，道路之上冠盖相望，车辙痕迹彼此交接，让他们去向匈奴单于说明我的看法。现在单于返回到古代正确的道路上，考虑到国家安宁，为千万百姓谋求利益，亲自与我一同抛弃那些细小的过失，在正确的原则之下彼此团结一致，结下兄弟一般的情谊，来保全天下善良的百姓。和亲的事已经被确定下来，以今年作为开端。"

后元六年冬天，匈奴派出三万人进犯上郡，三万人进犯云中。皇帝任命中大夫令勉为车骑将军，驻扎于飞狐；以过去的楚国丞相苏意为将军，驻军于句注；将军张武屯守于北地；任命河内郡郡守周亚夫为将军，驻扎于细柳；以宗正刘礼任将军，屯兵于霸上；祝兹侯驻军于棘门，来共同防范匈奴。几个月后，匈奴人撤走，各路军队也都撤回来。

全国出现了旱灾，蝗虫为害。皇帝施恩天下，命令诸侯不用向朝廷进贡，放开对山林湖泽的禁令，减少皇帝的服饰、用具以及用于游玩的狗马，裁减郎官人数，打开粮仓，赈济贫苦的百姓，民间允许买卖爵位。

孝文帝从代国来到都城，在位二十三年，宫室、苑囿、狗马、服饰、用具，没有增加，有对百姓不便利的地方，就进行更改，以便使其利于百姓。曾经准备修建露台，叫工匠计算费用，需要金一百斤。皇帝说："一百斤金与中等百姓十家的产业相等，我奉守先帝的宫室，时常还会担心给它带来羞辱，修建这露台能干什么呢？"皇帝经常身穿粗丝衣服，他非常宠爱的慎夫人，也不准许让衣服拖到地面，帷帐不许使用织文绣锦，以此表示敦厚质朴，为天下做出表率。修建霸陵全都采用瓦器，不许使用金、银、铜、锡来作为装饰，不修建高大的封土，想要节省一些，不去骚扰百姓。南越王尉佗自称武帝，然而皇帝却找来尉佗的兄弟，赐予其高官厚禄，以德相报，尉佗取消帝号，对汉朝称臣。与匈奴和亲，匈奴违背了盟约，入边寇掠，然而皇帝仅仅是命令边塞加强防备，不出兵进攻匈奴的腹地，害怕会烦扰百姓。吴王假称有病，不到都城朝见，皇帝马上赏赐他坐几及手杖。群臣之中如袁盎等人论述事情尽管尖锐而急切，但皇帝往往都能以宽容的态度采纳他们的建议。大臣当中如张武等人收受贿赂，被发觉后，皇帝就拿出自己府库当中的金钱赏赐给他们，使他们内心倍感惭愧，而不是将其交给官吏治罪。皇帝一心一意地致力于以道德来教化百姓，因此，四海之内，殷实富足，出现了讲究礼义的风气。

后元七年六月初一，皇帝在未央宫病逝。临终前留下遗诏："我听说天下的万物生长，没有不会死亡的。死亡是天地之间的常理，万物的自然现象，何必为此过于悲哀。现在，世人都好生恶死，大量财物都用于陪葬，导致倾家荡产，长期服丧，导致伤害了身体，这些做法我是不赞成的。况且我生前缺少德行，无益于百姓，如今快要死了，又让人们长期服丧为我哭悼，经历了寒暑变化，使得人家的父子感到悲哀，对老幼的心灵有所损伤，减少饮食，中断对鬼神的祭祀，这更让我的不德加重，怎能对得起天下的百姓呢？我得以奉守宗庙，以渺小之躯凌驾于天下诸侯之上，到如今已有二十多年了。依靠天地间的神灵，社稷的福祉，国内安宁，没有战乱。我并不是聪敏的人，时常担心会出现错误的行为，使先帝的遗德遭受耻辱；时间久了，更是害怕无法善终。如今幸运地依靠天年得以供养侍奉高祖于地下，以我这样的不贤明的人，而能有这样好的结果，还有什么值得悲哀的呢？向天下的官吏与百姓下达命令，命令到达之后服丧三天，然后全都脱掉丧服。不可以禁止娶妻嫁女、祭祀鬼神以及饮酒食肉。

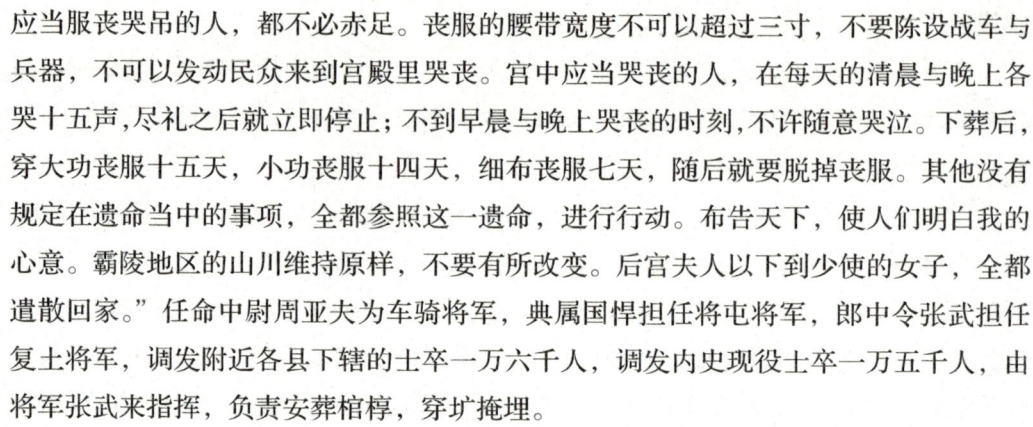

应当服丧哭吊的人，都不必赤足。丧服的腰带宽度不可以超过三寸，不要陈设战车与兵器，不可以发动民众来到宫殿里哭丧。宫中应当哭丧的人，在每天的清晨与晚上各哭十五声，尽礼之后就立即停止；不到早晨与晚上哭丧的时刻，不许随意哭泣。下葬后，穿大功丧服十五天，小功丧服十四天，细布丧服七天，随后就要脱掉丧服。其他没有规定在遗命当中的事项，全都参照这一遗命，进行行动。布告天下，使人们明白我的心意。霸陵地区的山川维持原样，不要有所改变。后宫夫人以下到少使的女子，全都遣散回家。"任命中尉周亚夫为车骑将军，典属国悍担任将屯将军，郎中令张武担任复土将军，调发附近各县下辖的士卒一万六千人，调发内史现役士卒一万五千人，由将军张武来指挥，负责安葬棺椁，穿圹掩埋。

六月七日，大臣们都叩首，对已去世的皇帝上尊号为孝文皇帝。

太子在高庙继位，六月九日继位为皇帝。

孝景皇帝元年十月，对御史下诏："听说古代帝王当中能被称为祖的是有功的人，称宗的是有德之人，制礼作乐各有一定的原则。又听说乐歌是用来发扬德行的，舞蹈是用来彰显功业的，以醇酒祭祀高庙，表演《武德》《文始》《五行》之舞。以醇酒祭祀孝惠庙，表演《文始》《五行》之舞。孝文皇帝君临天下，使得关塞津梁能够畅通无阻，远近之地都能同等对待。废除诽谤罪，废除肉刑，赏赐老人，收养孤独、抚育众生。减少嗜欲享乐，不接受进贡的物品，不私自占有多余的利益。犯罪的人，不会没收他的妻子儿女，不去诛杀无罪的人。废除宫刑，将后宫美人放到宫外，很重视不会绝人后嗣。我并不聪敏，对这些事情不能完全有所认识。实际上，这些事情全都是上古帝王所赶不上的，而孝文皇帝却自己做到了。圣德的浩大犹如天地，惠泽遍及四海，没有一个人没得到幸福。光明犹如日月，而庙中的乐舞并不相称，我感到很恐惧。应该为孝文皇帝编排《昭德》舞，用来彰显他那美好的德行。然后将祖宗的功德记录于史册之上，流传万世，永远没有穷尽，这种做法，我是非常称赞的。应当与丞相、列侯，品级为中二千石的官员还有掌管礼制的官员拟定好礼仪上奏。"丞相申徒嘉等人表示："陛下永远都想着孝敬先帝，编排《昭德》舞来彰显孝文皇帝的盛大功德，这全都是臣子申徒嘉等人由于愚昧而没有想到。臣子郑重而恭敬地提出建议：功劳没有能大过高皇帝的，德业没有能超过孝文皇帝的，高皇帝庙应该是本朝皇帝的太祖庙，孝文皇帝庙应该是本朝皇帝的太宗庙。天下应当世代献祭于祖宗之庙。各郡国的诸侯应当给孝文皇帝建立起太宗庙。诸侯王、列侯的使者跟随天子祭祀，天子每年都会献祭于祖宗之庙。请将这些规定明文记录下来，向全国公布。"景帝下令："可以。"

太史公说：孔子说"一定要经过三十年的时间，然后仁政才能够成功。一个品德

好的人可以治理国家百年,也能够战胜残暴,废除刑杀"。这话说得实在是非常正确啊!从汉朝建国到孝文皇帝时期的四十多年间,德政到达极盛。渐渐地向修改历法、确定服色、举行封禅大典等目标接近了,可是因为他的谦让,至今没有完成。啊,这难道不是仁德吗?

赏　析

这篇本纪的突出特点之一就是记录了众多的文帝诏书,以此凸显核心主旨,展现文帝的贤德。这些诏书一方面反映了文帝治理天下的突出才能,一方面也反映出文帝仁爱的内心世界以及俭朴的思想品格,而后者更加能够感染读者。如废除连坐法以及肉刑的两个诏令,就体现出文帝能够不株连无辜、不摧残肉体的人道主义精神。再如遣列侯去封国及遗诏等,都贯穿着文帝不愿意劳苦百姓以及节省财力的用心。诏令大多以"上曰"的形式直接展现出来,口吻真实,感情诚挚,可谓入情入理,对于展现文帝"专务以德化民"的执政特点起了重要作用。

汉文帝时期政治相对平稳,文帝采用黄老学说治国,针对秦末多年动乱,百姓急需休养生息的时代特点,轻税薄赋,让百姓能够专心生产,开创了文景之治的盛世,同时积蓄力量,为日后汉武帝时代扬国威于四海奠定了坚实基础。可以说汉文帝是西汉诸帝当中起到承上启下关键作用的皇帝,也是深受司马迁尊敬的一位皇帝。

在这篇本纪的末尾,作者还巧妙地利用景帝的诏书、群臣的评价,以"功莫大于高皇帝,德莫大于孝文皇帝"展现出司马迁对文帝的赞颂之情。本纪的最后,作者满怀深情地发出了"廪廪向改正服封禅矣,谦让未成于今"的慨叹。

孝文本纪

# 孝景本纪

**题 解**

《孝景本纪》选自《史记》卷十一，本纪第十一。这篇本纪是本纪当中最为简明扼要的一篇，是以大事记的形式，简要记录了汉景帝刘启在位的十六年间所发生的主要事件。

**原 文**

孝景皇帝者，孝文之中子也。母窦太后。孝文在代时，前后有三男，及窦太后得幸，前后死，及三子更死，故孝景得立。

元年四月乙卯，赦（shè）天下。乙巳，赐民爵一级。五月，除田半租，为孝文立太宗庙。令群臣无朝贺。匈奴入代，与约和亲。

二年春，封故相国萧何孙系为武陵侯。男子二十而得傅。四月壬午，孝文太后崩。广川、长沙王皆之国。丞相申屠嘉卒。八月，以御史大夫开封侯陶青为丞相。彗星出东北。秋，衡山雨雹，大者五寸，深者二尺。荧惑逆行，守北辰。月出北辰间。岁星逆行天廷中。置南陵及内史、祋（duì）祤（xǔ）为县。

三年正月乙巳，赦天下。长星出西方。天火燔（fán）雒阳东宫大殿城室。吴王濞、楚王戊、赵王遂、胶西王卬、济南王辟光、菑川王贤、胶东王雄渠（zī）反，发兵西乡。天子为诛晁错，遣袁盎谕告，不止，遂西围梁。上乃遣大将军窦婴、太尉周亚夫将兵诛之。六月乙亥。赦亡军及楚元王子艺等与谋反者。封大将军窦婴为魏其侯。立楚元王子平陆侯礼为楚王。立皇子端为胶西王，子胜为中山王。徙济北王志为菑川王，淮阳王馀为鲁王，汝南王非为江都王。齐王将庐、燕王嘉皆薨。

四年夏，立太子。立皇子彻为胶东王。六月甲戌，赦天下。后九月，更以易阳为阳陵。复置津关，用传出入。冬，以赵国为邯郸郡。

五年三月，作阳陵、渭桥。五月，募徙阳陵，予钱二十万。江都大暴风从西方来，坏城十二丈。丁卯，封长公主子蟜为隆虑侯。徙广川王为赵王。

六年春，封中尉绾为建陵侯，江都丞相嘉为建平侯，陇西太守浑邪为平曲侯，赵丞相嘉为江陵侯，故将军布为鄃侯。梁楚二王皆薨。后九月，伐驰道树，殖兰池。

七年冬，废栗太子为临江王。十一月晦，日有食之。春，免徒隶作阳陵者。丞相青免。二月乙巳，以太尉条侯周亚夫为丞相。四月乙巳，立胶东王太后为皇后。丁巳，立胶东王为太子。名彻。

中元年，封故御史大夫周苛孙平为绳侯，故御史大夫周昌孙左车为安阳侯，四月乙巳，赦天下，赐爵一级。除禁锢。地动。衡山、原都雨雹，大者尺八寸。

中二年二月，匈奴入燕，遂不和亲。三月，召临江王来。即死中尉府中。夏，立皇子越为广川王，子寄为胶东王。封四侯。九月甲戌，日食。

中三年冬，罢诸侯御史中丞。春，匈奴王二人率其徒来降，皆封为列侯。立皇子方乘为清河王。三月，彗星出西北。丞相周亚夫免，以御史大夫桃侯刘舍为丞相。四月，地动。九月戊戌晦，日食。军东都门外。

中四年三月，置德阳宫。大蝗。秋，赦徒作阳陵者。

中五年夏，立皇子舜为常山王。

●汉景帝

封十侯。六月丁巳，赦天下，赐爵一级。天下大潦<sup>①</sup>。更命诸侯丞相曰相。秋，地动。

中六年二月己卯，行幸雍，郊见五帝。三月，雨雹。四月，梁孝王、城阳共王、汝南王皆薨。立梁孝王子明为济川王，子彭离为济东王，子定为山阳王，子不识为济阴王。梁分为五。封四侯。更命廷尉为大理，将作少府为将作大匠，主爵中尉为都尉，长信詹事为长信少府，将行为大长秋，大行为行人，奉常为太常，典客为大行，治粟内史为大农。以大内为二千石，置左右内官，属大内。七月辛亥，日食。八月，匈奴入上郡。

后元年冬，更命中大夫令为卫尉。三月丁酉，赦天下，赐爵一级，中二千石、诸侯相爵右庶长。四月，大酺。五月丙戌，地动，其蚤食时复动。上庸地动二十二日，坏城垣。七月乙巳，日食。丞相刘舍免。八月壬辰，以御史大夫绾为丞相，封建陵侯。

后二年正月，地一日三动。郅将军击匈奴。酺五日。令内史郡不得食马粟，没入县官。令徒隶衣七緵布。止马舂。为岁不登，禁天下食不造岁。省列侯遣之国。三月，匈奴入雁门。十月，租长陵田。大旱。衡山国、河东、云中郡民疫。

后三年十月，日月皆赤五日。十二月晦，雷。日如紫。五星逆行守太微。月贯天廷中。正月甲寅，皇太子冠。甲子，孝景皇帝崩。遗诏赐诸侯王以下至民为父后爵一级，天下户百钱。出宫人归其家，复无所与。太子即位，是为孝武皇帝。三月，封皇太后弟蚡为武安侯，弟胜为周阳侯。置阳陵。

太史公曰：汉兴，孝文施大德，天下怀安，至孝景，不复忧异姓，而晁错刻削诸侯，遂使七国俱起，合纵而西乡，以诸侯太盛，而错为之不以渐也。及主父偃言之，而诸侯以弱，卒以安。安危之机，岂不以谋哉？

---

① 潦：同"涝"，雨多成灾。

孝景皇帝是孝文皇帝排行居中的儿子。窦太后是其生母。孝文皇帝在代国为王时，前一个王后生下了三个男孩，等到窦太后得宠，前一任王后去世，三个儿子也先后死亡，所以孝景皇帝得以继位。

景帝元年四月二十二日，皇帝大赦天下，二十四日，赐予百姓爵一级。五月，减免一半的田租。为孝文皇帝修建了太宗庙。命令大臣们不必上朝拜贺。匈奴进攻代地，汉朝与匈奴议和、和亲。

二年春天，封原相国萧何的孙子萧系为武陵侯。男子二十岁时必须登记到簿籍服徭役。四月二十五日，孝文太后去世。广川王、长沙王都赶往自己的封国。丞相申屠嘉去世。八月，任命御史大夫开封侯陶青任丞相。彗星出现于东北方。秋天，衡山出现如雨的冰雹，最大的冰雹直径达到了五寸，冰雹堆积最深的地方有二尺。荧惑逆轨道运行，进入北辰的位置。月亮出现于北辰的中间。岁星在天庭当中倒着运行。将南陵、内史、祋祤设为县。

三年正月二十二日，景帝大赦天下。一颗光芒相当长的星出现于西方。天火焚毁了雒阳东宫大殿以及城楼。吴王刘濞、楚王刘戊、赵王刘遂、胶西王刘卬、济南王刘辟光、淄川王刘贤、胶东王刘雄渠起兵反叛，出兵朝西进发。天子由于此事而处死了晁错，派袁盎谕告七国，七国依旧没有停止进兵，向西围攻梁国。于是，皇帝派遣大将军窦婴、太尉周亚夫领兵平定了叛乱。六月二十五日，赦免七国战败的士卒及楚元王的儿子刘艺等参与叛乱的人。封大将军窦婴为魏其侯。封楚元王的儿子平陆侯刘礼为楚王。封皇子刘端为胶西王，皇子刘胜为中山王。改封济北王刘志为淄川王，淮阳王刘馀为鲁王，汝南王刘非为江都王。齐王刘将庐、燕王刘嘉都去世了。

四年夏天，册封皇太子。封皇子刘彻为胶东王。六月二十九日，大赦天下。九月，将易阳改名为阳陵。又在渡口及关口设立哨卡，凭符信才能出入。冬天，将赵国改置为邯郸郡。

五年三月，修建阳陵及渭桥。五月，招募百姓迁徙到阳陵，给予钱币二十万。江都地区从西方刮起大风暴，毁坏了十二丈的城墙。二十八日，封长公主的儿子陈蟜为隆虑侯。改封广川王为赵王。

六年春天，封中尉卫绾为建陵侯，江都丞相程嘉为建平侯，陇西太守公孙浑邪为平曲侯，赵国丞相苏嘉为江陵侯，前将军栾布为鄃侯。梁王、楚王都去世了。九月，砍伐驰道旁边的树木，填入兰池。

七年冬天，废掉栗太子，将其改封为临江王。十一月的最后一天，出现了日食。春天，赦免修建阳陵的刑徒。丞相陶青被免掉职务。二月十六日，任命太尉条侯周亚夫为丞相。四月十七日，立胶东王太后为皇后。二十九日，立胶东王为太子。皇太子的名字是刘彻。

中元元年，封前任御史大夫周苛的孙子周平为绳侯，前任御史大夫周昌的孙子周左车担任安阳侯。四月二十三日，大赦天下，赐百姓爵位一级。取消禁锢的规定。发生地震。衡山、原都下冰雹，最大的直径达到一尺八寸。

中元二年二月，匈奴进攻燕地，于是不再与匈奴和亲。三月，传召临江王来到都城，不久其死在中尉府中。夏天，立皇子刘越为广川王，皇子刘寄为胶东王。封四人为侯。九月三十日，出现日食。

中元三年冬天，废除诸侯王国当中御史中丞这一官职。春天，匈奴的两个国王率领其部属前来投降，都被封为列侯。立皇子刘方乘为清河王。三月，彗星出现于西北方的天空，丞相周亚夫被免职，以御史大夫桃侯刘舍为丞相。四月，出现地震。九月的最后一天，出现日食。军队驻扎于都城的东都门外。

中元四年三月，修建德阳宫。出现严重蝗灾。秋天，赦免修筑阳陵的刑徒。

中元五年夏天，封皇子刘舜为常山王。封十人为侯。六月二十九日，大赦天下，赐予百姓爵位一级。全国出现严重涝灾。将诸侯王国的丞相改名为相。秋天，出现地震。

中元六年二月二十五日，皇帝来到雍县，祭祀五帝。三月，下起了冰雹。四月，梁孝王、城阳共王、汝南王都去世了。立梁孝王的儿子刘明为济川王，刘彭离为济东王，刘定为山阳王，刘不识为济阴王。此前的梁国被拆分为五国。封四人为侯。将廷尉改名为大理，将作少府为将作大匠，主爵中尉为都尉，长信詹事为长信少府，将行为大长秋，大行为行人，奉常为太常，典客为大行，治粟内史为大农。将大内的官秩定为二千石，设置左内官与右内官，隶属大内。七月二十九日，出现日食。八月，匈奴进攻上郡。

后元元年冬天，将中大夫令改名为卫尉。三月十九日，大赦天下，赐予百姓爵位一级，将右庶长这一爵位赏赐给中二千石的官员与诸侯国的相。四月，允许百姓进行欢聚宴饮。五月九日，出现地震，早饭时又再次地震。上庸的地震持续了二十二天，城墙毁坏。七月二十九日，出现日食。丞相刘舍被免职。八月，任命御史大夫卫绾为丞相，封建陵侯。

后元二年正月，一天出现三次地震。郅将军进攻匈奴。允许百姓宴饮五日。命令内史郡不可以用粮食来喂马，否则要将马匹收归官府。让刑徒穿着非常粗劣的衣服。

禁止用马来舂粟，以便让贫民得到一些粮食。由于收成不好，禁止天下百姓在一年内就将当年收获的粮食提前吃完。减少在京城居住的列侯数量，让他们都回到自己的封国。三月，匈奴进入雁门。十月，出租长陵四周的耕地。出现严重旱灾。衡山国、河东郡、云中郡的百姓中出现瘟疫。

后元三年十月，太阳及月亮有五天出现红色。十二月的最后一天，出现雷震。太阳呈现出紫色。五星逆行，归入到太微垣。月亮横穿于天庭。正月十七日，皇太子举行冠礼。二十七日，孝景皇帝去世。遗诏赏赐诸侯王以下直到百姓中作为父亲后嗣的儿子每人爵位一级，天下百姓每户一百钱。放出宫女，让她们返回到自己家中，免除赋役，不再让其服任何徭役。太子继位，这就是孝武皇帝。三月，封皇太后的弟弟田蚡为武安侯，田胜为周阳侯。以阳陵作为景帝的陵墓。

太史公说：从汉朝兴盛以来，孝文皇帝广施恩德，天下百姓对朝廷感恩而安定。到了孝景皇帝时期，不再为异姓诸侯王感到忧虑。然而晁错削夺同姓诸侯王的领地，导致七国共同起兵，联合向西进攻。这是因为诸侯王的势力太过强大，而晁错在行动时并没有采取逐渐削弱的方法。等到主父偃提出《推恩令》，被孝武帝所采纳，诸侯王的势力才真正逐渐衰弱下来，国家得到安定。由此看来国家安危的关键，难道不是使用谋略吗？

赏 析

作者对景帝的功绩大体上还是肯定的。这篇本纪虽然内容很简略，但从中依旧可以看出景帝在基本国策上是对文帝的继承及发展。司马迁对"除禁锢"的宽松政策、"省列侯遣之国"等节俭举措，还有遗诏当中所提到的"出宫人归其家"的善举等，特别对景帝果断平定吴楚七国之乱，还有鼓励农业生产、稳定天下局势等进行了肯定。《太史公自序》当中提及："诸侯骄恣，吴首为乱，京师行诛，七国伏辜，天下翕然，大安殷富。作《孝景本纪》。"这篇本纪总体上体现出这一思想。相对于《孝文本纪》的详细记载其诏书与德泽，《孝景本纪》只是按照年月记录大事。这一详一略，说明文景二帝在作者心目当中的地位还是有较大差距的。实际上所谓"文景之治"的主要功绩应当归属于文帝，而且在治国与用人等方面，景帝也与文帝有较大差距。

这篇本纪非常简略的另一个原因，还与作者在景帝的儿子武帝手下为官而心存戒惧，唯恐言多语失，招致灾祸。尽管如此，与后世后一朝修前一朝历史的习惯做法相比，司马迁敢于秉笔直书本朝历史，甚至敢为汉武帝写下本纪，这种勇气与录史唯实的精神还是非常了不起的。

虽然这篇本纪没有直接记录景帝过失的文字，但从其他篇章当中还是能够看到作

者对景帝在用人方面的非议。如在《绛侯周勃世家》当中记载景帝意气用事，导致敢于直谏、拥有平定七国之乱的功臣周亚夫含冤而死；在《袁盎晁错列传》中记录颇有远见、为朝廷鞠躬尽瘁的晁错，最后却成为景帝试图平息叛乱的牺牲品。作者没有由于景帝的功绩，而不记录其过失，还对其进行了相对尖锐的批判。这篇本纪最后的赞语只谈到了七国之乱一事，表面上指责晁错削夺诸侯封地操之过急，实际上也在暗斥景帝审时不明，谋划不周，几乎酿成大祸。

史记精华本